KB194233

서울大學校東洋史學科創立20周年紀念

講座 中國史 IV

—帝國秩序의 完成—

속표지 그림/宋 "燕山五桂鏡"

집필자 소개

崔晶姸 : 국민대강사
曹永祿 : 동국대명예교수
吳金成 : 서울대명예교수
金斗鉉 : 울산대교수
崔甲洵 : 한국외국어대교수
曹秉漢 : 서강대교수

講座 中國史 IV - 帝國秩序의 完成

초판 제 1쇄 발행 1989. 12. 5.
초판 제27쇄 발행 2020. 12. 15.

지은이   서울大學校東洋史研究室
펴낸이   김 경 희
펴낸곳   (주)지식산업사
         본사 ●10881, 경기도 파주시 광인사길 53(문발동)
              전화 (031) 955-4226~7 팩스 (031) 955-4228
         서울사무소 ● 03044, 서울시 종로구 자하문로6길 18-7
              전화 (02) 734-1978 팩스 (02) 720-7900
영문문패   www.jisik.co.kr
전자우편   jsp@jisik.co.kr
등록번호   1-363
등록날짜   1969. 5. 8.

책값은 뒤표지에 있습니다.

ISBN 89-423-2913-6(94910)
ISBN 89-423-0002-2(전7권)

이 책을 읽고 저자에게 문의하고자 하는 이는
지식산업사 전자우편으로 연락 바랍니다.

目　次

總 目 次

明朝의 統治體制와 政治

崔 晶 姸

머 리 말

황제를 정점으로 하고 고도의 관료제(官僚制) 운영을 동반하는 중국의 황제지배체제(皇帝支配體制)는 진한제국(秦漢帝國) 이후 청말(淸末)까지 2천 년 이상 유지된 정치체제로서, 일견 정태적인 것처럼 보이지만 그것은 각각의 시대변화를 흡수하며 변화·발전되어 간 것이었다. 그 변화의 장기적인 추세는 황제권의 절대화(絕對化)이었다. 송대(宋代)를 귀족사회가 몰락하고 사대부관료(士大夫官僚)를 기반으로 황제권이 강화된 한 획기라고 한다면, 명대(明代)는 황제권의 절대화의 또 하나의 획기라고 할 수 있다. 명 태조(太祖)는 몽고족(蒙古族) 원조(元朝) 통치하에서 분권적(分權的)인 특성을 나타낼 수밖에 없었던 정치체제를 일소하고 황제에게 모든 권력을 집중한 정치체제를 수립하였다. 황제권의 전제성(專制性)은 어느 시대에도 나타날 수 있지만 명조의 경우 제도적 장치를 통해 보장해 놓은 것이었다.

한편 황제권의 절대화와 병행하여 관료제도 시대가 지날수록 더욱 고도로 발달해갔다. 중국의 사대부관료는 천하통치(天下統治)를 자신의 책임으로

8

한다는 '치자의식(治者意識)'을 가지고 때로는 황제권을 건제하기도 하는 존재였다. 황제지배체제는 바로 황제와 관료와의 긴장관계와 힘의 균형하에 효과적으로 유지될 수 있는 제도였다. 명 태조는 학교제(學校制)와 과거제(科擧制)를 정비하고 전통적인 유교적(儒敎的) 정치이념의 회복을 표방하였으나 그것은 《맹자(孟子)》의 '역성혁명설(易姓革命說)'과 같은 통치측에 위험이 될 만한 요소는 모두 배제시킨 것이었다.[1] 영락(永樂)시대에 편찬된 《대전(大全)》류는 바로 그러한 체제교학(體制敎學)으로 관학화(官學化)된 주자학(朱子學)을 대변하는 것이다.

그러나 명대사회는 중기 이후 사회경제적으로 크게 변모해갔다. 특히 명초 학교제와 과거제의 결합으로부터 중기 이후 주로 생감층(生監層)을 중심으로 하는 관료예비군적(官僚豫備軍的) 지식인의 수적 확대로서 형성된 신사층(紳士層)은 이갑제(里甲制)의 해체에 따라 향촌사회에서 그 기능을 대신하여 일면으로는 국가통치의 대행자로서, 또한 일면으로는 향촌여론의 대변자로서 기능하여 다양한 역할을 함으로써 신사층의 사회지배를 결과하였다.[2] 이러한 향촌사회를 기반으로 한 신사의 사회지배는 중앙에 대한 분권성(分權性)을 나타내기 쉬웠고, 명 후기로 갈수록 국가통제의 약화와 상공업·상품경제의 발달과 더불어 더욱 뚜렷한 현상이 되었다. 따라서 명대 후기 이갑제의 해체로 동요하는 명조체제를 정부가 중앙집권적으로 재편하려고 할 때 신사는 이에 강력하게 반대하였다. 곧 명조 정부는 명 중기 이후의 사회경제적 변화를 체제내에 효과적으로 흡수하지 못하였고, 동림파(東林派) 관료는 이러한 분권적 성격의 신사층을 대변한 정치운동을 전개한 것이다.

본고는 명대 중앙집권적 성격의 황제전제권과 그에 대한 신사의 분권적 대응이라는 점에 초점을 맞추어 명대 정치사를 추적하려는 것이다. 그를 위해 명대 황제전제권이 중서성(中書省)의 폐지 이후 내각(內閣)과 환관(宦官)이라는 비정규적 정치집단을 발달시켰으므로 그 과정을 제도사적 고찰을 겸해 먼저 살펴보고, 다음 명 후기 내각 수보(首輔) 장거정(張居正)이 시도했던 정치개혁의 성격과, 그에 대한 직접적 대응으로서 결과한 동림(東林)·복사(復社)운동의 전개를 고찰하려고 한다.

---

1) 《孟子節文》; 小野和子, 1967, p. 223.
2) 吳金成, 1986.

명대 정치사에 대한 관심은 사회경제사 분야의 괄목할 만한 성과에 비한다면 다소 홀시되었다고 할 수 있다. 명대의 통치체제는 거의 그대로 청대(淸代)에 계승되었고, 그것이 결국 근·현대 중국혁명의 극복대상이 되고 있다. 그러한 점에서 명대사 각 분야의 상호 관련되고 균형 있는 연구가 요구되고, 중국사 전체에서 명대가 차지하는 비중은 충분히 인식되어야 할 것이다.

I. 明朝 統治體制의 成立

1. 太祖의 專制權 强化

안휘성(安徽省) 호주(濠州; 鳳陽縣)의 농민출신인 명의 태조 주원장(朱元璋; 洪武 : 1368~1398)은[3] 원말(元末)의 농민반란의 와중에서 곽자흥군단(郭子興軍團)에 가담하였다가 독립하고, 1353년 원조(元朝) 군대와의 대전(對戰)을 피해 양자강(揚子江) 도강작전을 전개하여, 1356년 집경(集慶; 南京 應天府)을 점령하고 오국공(吳國公)에 추대됨으로써 명조 건국의 기틀을 잡았다. 이를 전후하여 그는 유교주의(儒敎主義)를 표방하면서 강남지주집단(江南地主集團)과 성공적으로 합작하여 그들의 경제적·군사적·이념적 지원에 크게 힘입었다.[4] 이어 1363년에 서쪽으로 한왕(漢王) 진우량(陳友諒)집단, 1366년에 화북(華北) 홍건농민군(紅巾農民軍)의 중심이었던 대송(大宋) 한림아(韓林兒)·유복통(劉福通) 세력을 차례로 붕괴시키고, 1367년에 오(吳) 원년을 칭하며 절동(浙東)의 방국진(方國珍) 세력과 동으로 오왕(吳王) 장사성(張士誠)을 정복한 후, 1368년 남경(南京)에서 명조를 창건하고 이어 북벌(北伐)하여 원조를 붕괴시켰다.[5]

따라서 명조 창업의 양대 공신집단은 1353년 태조의 기병(起兵) 초기부터 그를 좇은 서달(徐達)·이선장(李先長) 등 24인의 무장을 대표로 하는 태조와

3) 吳含, 1949.
4) Dardess, John W., 1983; 權重達, 1983, pp. 318~320.
5) 孫正容, 1981, pp. 42~172. 朱元璋과 張士誠은 같이 吳王을 칭했으므로 양자를 구별하여 朱吳國, 張吳國이라고도 한다(愛宕松男, 1953).

의 동향(同鄕)집단과, 유기(劉基)·송렴(宋濂) 등으로 대표되는 강남지주집단
이다. 전자는 개국 이래 이선장·서달·왕광양(汪廣洋)·호유용(胡惟庸)으로
이어지며 중서성 좌승상(左丞相)의 관직을 독점하였고 후자도 호부(戶部)를
비롯 각 요직에 포진하였다. 왕조 창업까지는 태조와 일치단결했던 이들이
창업과 동시에 내부적인 모순을 나타냈고 태조도 공신집단의 비대함에 대해
앞으로의 명 황실의 안전을 위한 방책을 강구해야 했다.

먼저 남부출신관료들의 동향집단에 대한 비판이 제기되었다. 이는 태조
가 정치·군사·경제 모든 면에서 아무런 이점이 없는 자신의 고향 임호(臨
濠)에 중도(中都) 건설을 계획하여 강남의 관민(官民)을 대거 사민(徙民)시키
고, 도성(都城)·능침(陵寢)을 조성하여 인력·재력을 소모시킴을 기화로 나
타났다. 유기는 애초 이를 반대하였고 홍무 8년 그가 죽은 후 남부출신관료
의 중도건설에 대한 비판은 급격히 증가하고, 나아가 창업과 수성은 다른데
어떻게 수성을 할 것인가 하는 정치적인 비판이 나오고 있다.[6] 태조는 이러
한 비판 앞에 동향집단이 요직을 독점하고 있는 지배체제에 대해 변화를 강
구해야 했다.

태조가 직면해야 했던 또하나의 문제는 남부출신관료의 문제이다.《명실
록(明實錄)》에는 홍무 연간에 걸쳐 75건의 민란(民亂)이 기록되고 있고, 그 대
부분이 남부지역에서 발생하였다는 것은[7] 초기 강남지주집단에 크게 의존
한 명조정권의 성격을 반영한다. 그러나 남부출신관료의 수적 비대와 그들
과 출신지와의 유착관계는 회뢰(賄賂), 남거(濫擧), 경제적 문란을 동반하고
더욱이 그들 세력의 확대재생산을 초래하는 것이다. 홍무 3년부터 부활되어
3년간 연속 실시된 과거시(科擧試)에서의 회시(會試)면제 등의 변칙적인 운
영이나, 갑작스런 과거시 폐지 이후 홍무 6년 실시된 천거(薦擧) 등은[8] 남부
출신을 억제하고 문사에 약한 북부출신자를 채용하기 위한 편법이라고 할
수 있다. 이는 건국 후 통치영역을 전국적으로 확대함에 따라 북부출신관료
의 수적 균형을 유지하려는 것이었지만 남부출신을 억제한 보다 큰 요인은
그들과 출신지와의 유착을 경계한 것이다. 이와 함께 홍무 4년부터 실시된

6) 萩原淳平, 1967, pp. 61~62.
7) 山根幸夫, 1971, pp. 44~49.
8) 權重達, 1983, pp. 323~324.

남·북출신의 관료로 하여금 서로 지역을 바꾸어 근무케 한 '남북경조제(南北更調制)'도 남부출신관료를 그 세력기반으로부터 단절시키려는 의도였던 것이다.[9]

홍무 9년 북변방위에 여유가 생기자 태조는 내정정비로 들어가 '공인(空印)의 안(案)'을 일으켜 행성(行省) 이하 지방관을 쇄신하였다. 공인의 안이란 매년 호부(戶部)에서 지방재정의 수지결산(收支決算)을 하고 완료 후 호부와 지방관청의 인인(認印)을 찍는 것인데, 왕래가 번거로우므로 지방에서 미리 인인을 찍은 서류를 휴대하는 것이 관례였으나 이때 갑자기 이를 문제삼은 것이다.[10] 이로 인해 초기에 임명된 남인관료들이 처벌을 받고 관료의 대교체가 행해졌다. 이와 더불어 원제(元制)를 답습하였던 행정기구에 대해 명조 독자적인 개혁이 시작되었다. 홍무 9년 민정·군정을 통할하는 지방의 최고행정부로 중앙의 중서성에 속해 있던 행중서성(行中書省)을 폐지하고 새로이 포정사사(布政使司)를 설치하여 민정만을 담당하게 하고 황제에게 직속시킨 것이다. 또한 중앙의 중서성에도 홍무 9년 평장정사(平章政事)와 참지정사(參知政事)를 폐지하고 홍무 10년에는 통정사사(通政使司)를 따로 설치하여 내외장주(內外章奏)를 접수해서 황제에게 직달(直達)시키고 장주를 중서성에 관백(關白)하는 것을 금지하여 중서성의 기능을 축소시켰다. 이는 지방분권적인 성격이 강한 행중서성이 지방세력화하는 것을 막고 중서성의 수족을 절단한 중서성에 대한 일차 개혁이었다.

홍무 13년 태조는 중앙에 대한 대대적인 수술을 단행했는데 이것이 바로 '호유용(胡惟庸)의 옥(獄)'이다. 안휘(安徽) 호주(濠州 ; 定遠縣)의 동향 출신의 개국공신으로 중서성 좌승상의 최고권좌에 있던 호(胡)를 모반죄로 체포, 전격 처형하고 이에 연루하여 1만 5천 명을 처형, 적몰(籍沒)한 것이다.[11] 호유용이 모반을 위해 일본과 북원(北元)에 교섭사신을 파견하였다는 것은 양측의 당시 정황으로 보아 불가능하며,[12] 모반 자체는 의옥(疑獄)이지만 호는 인사권에 작용하여 중서성 내부는 물론 어사대부(御史大夫)까지 자

9) 檀上寬, 1986, pp. 500~503.
10) 檀上寬, 1978, pp. 12~13.
11) 谷應泰, 1658, 卷13, 胡藍之獄 ; 吳晗, 1934.
12) 萩原淳平, 1967, pp. 65~66.

파의 인물로 하였고, 뿐만 아니라 지방관, 민간의 상인, 양장(糧長)까지 호당(胡黨)으로 하고 심지어 민간인에게 금전을 제공하여 상업활동을 하도록 하는 등의 유착관계를 맺었다.[13] 대관료와 강남의 지주와의 유착이라는, 태조로서는 가장 금기해야 할, 사태가 초래되었고 그러한 호가 제거대상이 된 것은 기필이었다. 호옥(胡獄)에 연좌되어 관료뿐 아니라 강남의 토호(土豪)·대지주 등이 철저한 탄압을 받은 것은 그 때문이다.

이 사건의 며칠 후 중서성이 폐지되고 대신 그 밑에 예속되어 있었던 육부(六部)가 승격하여 황제 직속으로 되어 중국 역사상 재상제도(宰相制度)가 종식되고 황제는 모든 정무를 직접 총람하는 절대군주(絶對君主)가 되었다. 아울러 육부상서(六部尙書)는 정3품에서 정2품, 포정사(布政使)는 정2품에서 정3품으로 조정되어 중앙과 지방의 통속관계가 확립되었다. 이미 홍무 4년부터 중서의 직무가 축소되고 육부의 기능이 확대되었으며, 9년에 행중서성이 폐지되는 등 중서성 폐지의 방향이 나타났고[14] 그를 위해 호옥이 필요하였는지도 모른다.

이와 함께 광범한 기구개편이 행해져 홍무 13년 군사제도로서는 원의 추밀원제(樞密院制)를 계승하였던 대도독부(大都督府)를 폐지하고 오군도독부(五軍都督府)로 분할하여 황제에게 직속시켰다. 병부(兵部)는 출병의 명령을 내릴 수 있는 병정(兵政)을 관장하고 도독부는 군대통할권만을 갖도록 하여 병정과 병권(兵權)을 분리시키고 있다.[15] 또한 어사대부 진령(陳寧) 등 호옥에 깊이 연루되었던 어사대(御史臺)도 폐지하고 다만 찰원감찰어사(察院監察御史)만을 남겨 황제의 이목관(耳目官)으로서 대소관료의 감찰을 담당하게 하였다가 홍무 15년 도찰원(都察院)으로 확대 개편하여 관료감찰을 철저히 하였다.[16] 또한 정보정치를 강화하기 위한 특무기관으로 원래 경사(京師)의 방비군의 하나인 금의위(錦衣衛)가 확대 개편되어 모반죄나 백련교도 등을 적발하는 기능을 하고 아울러 조옥(詔獄)·정장(廷杖)과 함께 관료를 억압하는 주요한 수단이 되었다. 지방통치에는 홍무 14년 이후 승선포정사사(承宣

13) 檀上寬, 1978, p.15.
14) 阪倉篤秀, 1977, pp.64~70.
15) 陶希聖, 1967, pp.70~71.
16) 曹永祿, pp.28~31; Hucker, Charles O., 1966; 間野潛龍, 1983.

布政使司)・제형안찰사사(提刑按察使司)・도지휘사사(都指揮使司)로 하여금 민정・사법・군사를 분담케 하여 서로 견제하게 하고 각각 황제에게 직속시켰다.

이러한 관제개혁과 더불어 일반민중을 파악하는 세역징수체계도 새로이 정비되어 홍무 14년 이갑제(里甲制)가[17] 전국적으로 실시되었다. 이전 양장을 중심으로 하는 세역수취체계에서 이장(里長)을 중심으로 하는 체계로 전환하게 되었고, 그 실시에 앞서 대지주는 호옥으로 한번 숙청당한 것이다. 통치측은 향촌지배를 위해 지주층의 협력을 필요로 하면서도 그 지주는 '공(公)'을 위해 자기절제를 행할 수 있는 지주만을 요구했던 것이다.[18] 이 이갑제는 황제권력의 강화를 지향하는 왕조측의 일반민중에 대한 조직화인 것이다.

홍무 9년부터 15년에 걸친 이상의 개혁으로 명조의 기본적 통치체제는 확립되었는데, 그 특성은 신권(臣權)은 분산시키고 황제권에 모든 권력을 집중시킨 절대체제였다.

그러나 이러한 제도적 정비 후에도 실질적인 명조정권의 안정을 위해서는 홍무 후반기 세 차례의 사건, 즉 18년의 '곽환(郭桓)의 안(案)', 23년의 '이선장(李先長)의 옥(獄)', 26년의 '남옥(藍玉)의 옥(獄)'이 뒤따라야 했다. 곽안(郭案)은 호부시랑(戶部侍郞)인 곽환이 북평(北平)의 사관(司官)과 결탁하여 회뢰・부정을 행한 데서 발단하여 육부상서 이하 지방관・일반민에 이르기까지 수만 인이 연루되었던 사건이었다. 사건이 의옥으로 확대되었던 것은 중앙과 지방의 최고관청인 육부와 포정사사가 회뢰로서 유착하고, 그것은 다시 포정사사와 부(府)・주(州)・현(縣) 사이에, 또한 다시 지방관과 일반민 사이에 회뢰에 의한 유착이 구조적으로 순환하기 때문이었다. 이것은 관의 풍기를 쇄신하며 또한 중앙관과 강남지주와의 유착을 배제하려는 의도도 있었던 것이다.[19] 이선장의 옥은 23년에 그를 비롯한 십여 명의 공신들이 호당(胡黨)이라는 혐의를 받아 이선장은 자살하고 나머지 공신들과 그외 1

17) 山根幸夫, 1966; 吳金成, 1978; 1987, 里甲制 부분; 川勝守, 1980, 第一章〈里甲制の成立と構造〉의 학술사적 정리 참조.
18) 檀上寬, 1983. 《鄭氏規範》은 바로 가문의 유지를 위해 절제를 가르치고 있다.
19) 檀上寬, 1978, pp. 21~22.

만 5천 인이 주살되었던 의옥이다.[20] 태조로서는 명조정권의 남은 장애물로서의 건국공신을 제거하기 위해 호옥 10년 후에 다시 그 망령을 빌린 것이다. 이후 살아남은 공신들에 대해서도 환향(還鄕)정책과 그들의 사전(賜田)을 몰수하는 조처가 행해졌다. 남옥의 옥은 개국공신으로 주로 변경평정에 종사하였던 양국공(涼國公) 남옥을 홍무 26년 모반죄로 처형하고, 그외 2만여 명을 연루시켜 적몰(籍沒)하였던 사건으로 공신·관료들에 대한 마지막 탄압이었다. 이 옥은 홍무 25년 황태자가 급사하여 황태손을 후사로 한 후 그의 장래에 대한 태조의 염려에서 비롯한 점도 있다고 할 수 있다.

이상의 의옥에서 총 10여 만 명이 적몰됐는데 그중 관료만이 아니라 상당히 많은 민간인 연루자, 주로 강남의 대지주들이 포함되었다. 이들로부터 적몰한 토지는 관전이 되어 장사성집단으로부터의 적몰관전(籍沒官田)과 함께 명대 강남지역의 중부(重賦)의 한 원인이 되었다.[21] 이는 대관료와 지주의 유착을 방지한다는 점, 명초 국가재정, 군사비의 확보가 시급했던 점 등과 한편으로 원(元)말 이후의 농민반란에 대해 통치자로서 대지주를 억압하고 소농민을 보호할[22] 필요가 있었기 때문이라고 할 수 있다. 남옥의 옥이 있었던 홍무 26년에 태조는 강소(江蘇)·절강(浙江)·강서(江西)인들이 호부의 관직을 갖지 못하도록까지 규정하고 있다.[23] 이상과 같이 명 태조는 몇 차례의 의옥을[24] 일으키면서 황제독재권이 강화된 명조통치체제를 수립하였고 명조의 안정을 위한 기반을 닦았는데, 그가 대비하지 않았던 사태가 그의 사후에 바로 발생하였다.

2. 永樂帝의 專制權 確立

명조는 남경에 수도를 두어 중국의 통일왕조 중 최초로 정치와 경제의 중심지를 일치시켰다. 그러나 몽고의 북원(北元)세력 때문에 변방방비는 중대

<hr/>

[20] 谷應泰, 1658, 卷13. 李先長의 조카와 胡惟庸의 딸이 결혼한 관계가 있다.
[21] 吳緝華, 1970-1, pp. 17~32.
[22] 森正夫, 1988, 第1章.
[23] 李洵, 1986, p. 42.
[24] 관료제가 고도로 발달하여 군주를 견제한다 하여도 군주의 전제권은 모반죄, 근무불성실죄 등의 정치성 범죄, 疑獄을 통해 고도의 관료제를 통제할 수 있다. Kuhn, Philip A., 1987 참조.

한 문제였다. 변경에 대군을 배치하면서 그것이 당대(唐代)의 번진(藩鎭)과 같이 독자세력화하는 위험을 방지하기 위하여, 태조는 자신의 아들들을 변방(邊方)에 봉건(封建)하는 방책을 사용하였다. 홍무 3년부터 24년에 걸쳐 모두 25명의 아들이 분봉(分封)되었고 그중 9왕이 변방에 봉건된 새왕(塞王)이었다. 실제로 취번(就藩)한 시기는 홍무 11년부터인데 이들은 독자의 군대를 갖고 있고 몽고토벌을 통해 그 병력을 강화하였기 때문에 아울러 민정에도 영향을 미치는 강력한 지방정권으로 발전하였다.[25] 그중 서안(西安)에 봉건된 황이자(皇二子) 진왕(秦王), 태원(太原)에 봉건된 황삼자 진왕(晉王), 북평(北平)에 봉건된 황사자 연왕(燕王)의 세력이 가장 막강하였다.

홍무 31년 태조가 죽고 22세로 즉위한 혜제(惠帝 ; 建文 : 1399~1402)는 강남 출신 문관인 병부상서(兵部尙書) 제태(齊泰), 태상경 겸 한림학사(太常卿兼翰林學士) 황자징(黃子澄), 시강 겸 한림문학박사(侍講兼翰林文學博士) 방효유(方孝孺)의 건의에 따라 혁신정책을 수립하고 제왕(諸王)의 세력삭감을 기도하였다.[26] 이에 제왕이 난을 일으켜 그중 세력을 모은 연왕(燕王)이 황제 측근의 난신배를 제거한다는 명목으로 '정란(靖難)의 역(役)'을 일으켜 4년에 걸친 대치 끝에 건문 4년 남경을 정복하였다. 시초 연왕은 2만의 왕부(王府)병력으로 남경측의 50만군에 결코 유리했던 것은 아니나, 홍무 후기의 둔전(屯田)정책의 실시가 화북민에게 불리하여 그 불만이 컸던 화북민과 특히 몽고로부터의 귀복(歸服)민이 연왕에게 적극 협조한 것이 승리의 요인이 되었다고 한다.[27] 반면 건문제측의 패배는 수적 우세에도 불구하고 지휘관이 부재하였던 때문으로 태조시기의 의옥으로 많은 관료가 말살된 데에도 일인이 있다.

이로서 황제위에 오른 영락제(永樂帝 ; 永樂 : 1403~24)는 곧 제태·황자징·방효유 등 남경정부측의 많은 관료들을 처형하였고, 그 연루자는 수만 명에 달하였는데 이를 임오순란(壬午殉難)이라 한다. 또한 영락제는 정통황제로서의 건문제의 지위와 그 연호를 역사상에서 소멸시켰는데, 연호는 만력(萬曆) 23년(1595) 부활되고 혜제(惠帝)라는 묘호(廟號)에 의한 황제로서의 지위

---

25) 吳緝華, 1971, 〈論明代封藩與軍事職權之轉移〉; 黃彰健, 1977-2.
26) 吳緝華, 1971, 〈論建文時的宰輔及其對明代政局的影響〉, pp. 167~169.
27) 荻原淳平, 1967, pp. 79~81.

는 청조(淸朝) 건륭(乾隆) 원년(1736)에 회복되었다. [28]

즉위 후 영락제는 황제권에 대항할 만한 새왕세력을 정리하였고 북경으로
의 천도를 계획하였다. 북경천도는 영락제가 자신의 근거지로 정치의 중심
을 옮기려는 것이었다고 하지만 거기에는 보다 적극적인 의미가 내포되어
있었다. 스스로 새왕으로서 중국의 안위에서 북변방위의 중요성을 인식하
고 있었던 영락제로서는 그 군사력을 직접 통할하고자 하였던 것이다. [29] 한
편 정치·경제의 중심이 일치하는 남경은 공급과 소비가 자체적으로 완결되
는 구조여서 화북의 정치·경제는 소외되어 발전하기 어렵기 때문에 남경체
제는 지역국가의 성격을 갖고 전중국의 통일체로서의 국가발전을 꾀할 수
없는 약점을 갖는다. [30] 이는 태조도 인식한 바로, 그가 남인관료를 억제하
고 관료의 남북교류제를 실시하였으며, 실현은 보지 못했지만 홍무 24년 서
안(西安)천도를 계획한 것은 통일국가의 규모를 염두에 둔 때문이었다. 건
문시기는 일시 남경체제가 강화되었지만 그것은 번왕(藩王)의 위협에 대한
대응의 현상이었다고 할 수 있고 전(全)중국 통일국가체제는 영락제에게 계
승이 되어 실현된 것이다.

영락제는 우선 영락 원년 북평(北平)을 북경이라 하고 '행재(行在)'를 붙
이고 북경에 거주하면서, 5년 신궁전조영계획을 발표하고 15년 착공하여 18
년에 완성하였으며 19년초에 정식으로 천도하였다. 천도에서 무엇보다 중요
한 것은 황제와 방대한 관료군(官僚群), 군대의 소비를 충당할 물자의 원활
한 공급이었다. 따라서 경제중심지인 강남으로부터 물자수송을 위해 영
락 9년 회통하(會通河) 개착을 비롯하여 13년 청강포(淸江浦) 개착 등 조운
(漕運)체계의 완성이 이루어진 후에 천도를 한 것이다. [31] 남부인들은 북경에
수도를 둔다는 것은 인민을 조운에 지나치게 혹사시키는 것이라고 반대했지
만 천도는 남북의 물자교류를 촉진시켜 경제권을 통일시켰다는 적극적 의미
를 갖는다. 영락 18년 천도 직전에 특무기관인 동집사창(東緝事廠)을 설치한

28) 吳緝華, 1971, 〈明代建文帝在傳統皇位上的問題〉, pp. 349~363.
29) Famer, Edward S., 1976, pp. 114~128; 吳含, 1935.
30) 檀上寬, 1978, pp. 21~23. 朱鴻(1989)이 永樂帝의 심리분석을 통해 그의 정치를 해석
함은 흥미로운 관점이나, 천도나 막북친정 등 모든 면을 정신질환자로서의 소영웅주
의로 해석함은 역사성을 결여한 치우친 견해라 취하지 않았다.
31) Farmer, pp. 153~161; 吳緝華, 1970-2, pp. 166~174.

것은 천도에 반대하는 남부인들을 정찰하기 위한 것이 계기가 되었고,[32] 한
편으로는 《성리대전(性理大全)》, 《영락대전(永樂大全)》 등의 편찬을 통해 반
대세력을 흡수하는 문화사업이 병행되기도 하였다.

영락제는 내정에 세심한 배려를 한 태조와는 달리 대외정책면에 적극성을
발휘하여 북경천도와 병행하여 영락 8년부터 24년에 걸쳐 중국황제로서 유
례없이 5차례의 막북친정(漠北親征)을 감행하였다. 그는 중국과 몽고를 통일
지배한 원제국의 규모를 재현하려 한 것이며, 그 점에서 원의 세조(世祖) 쿠
빌라이칸의 계승자라고 불리울 수 있다고 하나[33] 친정의 실질적 효과는 내
부적인 면에 있었다고 하겠다. 즉 '정란의 역' 후의 사후처리로서 대외 전시
비상체제를 강화하여 대내 비판을 희석시키며, 또한 불만을 가진 남경의 군
대를 종군시킴으로써 안전을 도모하고, 군대를 자신의 휘하로 재편・강화
시킬 수 있는 점, 또한 천도에 반대하는 화남인(華南人)들에 대해 북정을 명
분으로 저항 없이 조운의 정비와 경제를 통제할 수 있는 점, 군대 귀환 후에
전공(戰功)의 유무에 관계 없이 논공행상을 통해 관료를 제압할 수 있는
점[34] 등의 효과를 거둘 수 있는 것으로 이는 바로 군주독재체제 확립에 연결
되는 것이다.

또한 영락 3년(1405)부터 선덕(宣德) 8년(1433)에 걸친, 이슬람교도의 환관
정화(鄭和)에 의한 7회의 남해원정(南海遠征), 영락 4년의 안남(安南)의 복
속, 9년의 요동(遼東)의 누르칸도사 설치, 티벳에 대한 간접지배 등은[35] 경
제적 부담을 안겨주기는 하였지만 위와 같은 맥락으로 이해할 수 있다. 그
결과 명조는 30여 개국으로부터 조공(朝貢)을 받는 중화제국(中華帝國)을 이
룬 것이다.

영락제는 태조시기부터 고려된 화남체제의 극복을, 북경천도를 근간으로
막북친정을 수단으로 하여 실현하고 전중국의 통치체제를 수립한 것이며,
그 의미에서 그의 묘호가 가정(嘉靖) 17년 태종(太宗)에서 성조(成祖)로 바뀐
것은 그에 대한 적극적인 평가라고 할 수 있다.[36]

---

32) 吳含, 1980.
33) 宮崎市定, 1969.
34) 萩原淳平, 1967, pp. 101~104.
35) 湯綱 외, pp. 182~205.
36) 창업황제 이외에는 보통 '祖'라는 廟號를 붙이지 않으나, 元의 世祖, 淸의 世祖, 聖

영락제시기의 정치운영에서 특기되는 것은 환관과 내각대학사(內閣大學
士)의 출현이다. 이들은 황제의 측근집단이란 특성으로 이후 실권을 강화하
여 서로 교대로 명조정치를 좌우하게 되었다.

Ⅱ. 皇帝權의 兩輪 : 內閣과 宦官

1. 內閣制度의 發展

태조는 중서성을 폐지한 후 모든 정무를 총람하게 된 황제를 보좌하도록
홍무 13년 사보관(四輔官)을 설치했다가, 15년 이를 폐지하고 전각대학사(殿
閣大學士)를 설치하였다. 그러나 이는 단순한 비서기구일 뿐 국사에 참여하
는 기능은 없었고 원관(原官)이 정 5 품을 넘지 않도록 하였으며, 홍무 18년
이후 이에 임명된 자는 보이지 않아 항상 설치된 것도 아니었다.[37] 건문(建
文)시대에는 제태·황자징·방효유 등이 모두 한림출신으로서 대학사의 명
칭은 없었지만 기무(機務)에 참여하여[38] 기능적으로 후의 내각과 같은 역할
을 하였다. 영락시대에 이르러 남경의 사정에 어둡고 정국을 수습할 강력한
보필기관의 필요성을 절감한 영락제는 즉위하자마자 해진(解縉)·양영(楊
榮)·양사기(楊士奇)·호광(胡廣) 등 7인을 문연각(文淵閣)에 입직시켜 기무에
참여하도록 하였고 영락 14년부터 이들에게 전각대학사를 가수(加授)하기
시작하면서 명실상부한 명조의 내각제도가 출현하게 되었다.[39]

이들 각신(閣臣)의 원관은 모두 한림관이거나, 또는 입각 전에 한림관을
제수받고 입직하여, 이후 각신은 가장 청요(淸要)의 관(官)인 한림으로부터
나온다는 전통을 낳게 되었다. 그러나 이들의 지위는 정 5 품을 넘지 않도록

祖와 같이 정복왕조로서 중국에서 왕조를 개창한 경우나 그에 준하는 경우에 예외적
으로 붙이는데 成祖를 그에 견준 것이다.
37) 吳緝華, 1971, 〈明代四輔官考〉, 〈明初殿閣大學士硏究〉.
38) 주 26).
39) 이하 내각에 대해서는 별도의 주가 없는 한 杜乃濟, 1969; 楊樹藩, 1968; 李天佑,
    1981; 關文發, 1981; 山本隆義, 1968을 참조하였다. 內閣大學士의 명칭은 明代에 華蓋
    殿(世宗시 中極殿으로 개명), 謹身殿(建極殿으로 개명), 文華殿, 武英殿의 4전과 文
    淵閣, 東閣의 2각의 전각명이 붙여졌으나 주로 入直한 곳이 문연각이었기 때문에 그
    명칭이 많이 제수되었다(《明史》, 〈職官志〉一, pp. 1733~1734).

하여 태조가 의도했던 대로 임무는 중요하게 하면서도 질(秩)은 낮게 하여 권신의 출현을 방지하였다. 이 시기 내각은 제사(諸事)에 전제(專制)할 힘이 없는 황제의 사적인 고문의 성격이었으나, 이후 황제권력을 배경으로 환관과 서로 각축하면서 그 위권을 강화해나가 실질적으로 관료제도의 정점에 위치하게 되는 것이다.

영락시대 내각의 각신은 황자(皇子)·황손(皇孫)의 교육을 담당하고 황태자 보도(補導)를 위해 동궁(東宮)의 관을 겸하여 내각의 지위가 높아지게 되는 계기가 되었다. 즉 영락제가 죽고 인종(仁宗; 洪熙 : 1425)이 즉위하자 동궁관이었던 이들의 지위는 크게 상승하여 그중 양사기(楊士奇)는 예부시랑(禮部侍郎), 양영(楊榮) 등은 태상경으로 내각대학사를 겸하고 그외의 각신도 3품관, 1품관까지 제수받게 되어 영락시대까지의 5품관을 넘지 않도록 한 원칙은 깨져버리고 이후 내각대학사는 육부의 상서, 시랑과 대등한 교류를 하게 된 것이다.[40]

인종이 8개월 만에 병사하고 선종(宣宗; 宣德 : 1426~1435)이 즉위하자 양영·양사기·양부(楊溥) 등 소위 삼양(三楊)이 상서의 직을 겸하면서 내각대학사가 되었고, 더욱이 선덕(宣德) 원년 인종(仁宗)의 아우, 한왕(漢王)이 산동(山東)에서 제위찬탈의 반란을 일으켰을 때 그들이 강경책을 건의하여 완승을 거두었으므로 내각의 위권은 높아졌다. 선덕 19년 영종(英宗; 正統 : 1435~1449, 重祚 天順 : 1457~1464)이 9세로 즉위하자 삼양은 보필의 책임을 맡아 각신의 지위는 육부를 압도하게 되어 결국 영락시대부터 정통시기까지 이들 삼양에 의해 내각제도는 확립되었다고 할 수 있다.[41] 또한 이 시기는 태조나 영락제와 같은 황제의 개인적 전권행사는 약화되고, 내각을 위시하여 신료(臣僚)의 비중이 높아져 중요정책은 정의(廷議)에서 결정되었고 관료의 집단적인 행동에 의한 봉박(封駁)이 가능했던 시기였다.[42]

이와 함께 내각기구도 정비되어 중서성의 폐지 후에도 조칙(詔勅)의 등선

---

40) 內閣대학사의 六部 등 외관 겸관은 품계를 나타내는 형식적인 것이고 실제 그 직무를 맡는 것은 아니다. 예외적으로 한림출신 이외의 외관이 입각하거나 실임의 육부상서·시랑이 각신을 겸하는 것은 劉瑾이 전횡한 正德시대, 대례파가 집권한 嘉靖시대, 明末 위기시대인 崇禎시대에 한한다.

41) 吳緝華, 1971, pp.180~187.

42) Lo, Yung-pang, 1969 ; 張治安, 1973.

(贍緒)을 담당하기 위해 존속하였던 중서사인(中書舍人)이, 선덕 연간 내각의 권위가 높아지자, 그 속관으로 들어가게 되었다. 또한 내각의 기능 중 가장 중요한 '표의(票擬)'의 기능도 선덕 연간부터 나타나게 되었다. 원래 모든 장주(章奏)에 대하여 각신이 황제 앞에서 의견을 말하면 황제가 친히 구두로 결제를 내리고 그것을 문서화하여 비답(批答)이 이루어졌는데 영락제까지는 그대로 지켜졌다. 그러나 선종은 각신과의 소대(召對)·밀의(密議)의 번거로움을 피해 각신으로 하여금 모든 장주를 보고 황제가 내려야 할 결정에 관해 안(案)을 세워 상주문 말미에 첨부시키도록 하여, 이를 '조지(條旨)'·'의지(擬旨)'라고 하는데 이는 작은 종이쪽지, 표에 기입되므로 '표의(票擬)'라고 불리우는 것이다. [43] 이 관례는 영종이 어린 나이에 즉위하고 조모 장태후(張太后)가 섭정이 되자 각신과의 면주(面奏)를 피해 일반화하고, 그 후에도 황제의 정무처리의 편의를 위해 표의가 초제(草制)와 함께 내각의 가장 중요한 기능이 되었다.

'토목보(土木堡)의 변(變)'으로 에센의 포로가 되었던 영종이 돌아온 후 복벽(復辟)에 성공하는 데는 이현(李賢)의 역할이 컸기 때문에 그는 대학사로 등용되고 영종은 그를 독대(獨對)하여 정치를 결정하였으므로, 이 시기에 각신 중 수보(首輔)의 제(制)가 출현하여 수보는 재상과 같은 위권을 갖게 되었다. 또한 표의에도 초기에는 번직(番直)하는 각신이 작성하고 작성자의 이름을 명기하지 않았으나 수보제가 출현하면서 수보가 표의를 행하고 서명을 하였다. 각신간의 위계는 겸관하는 관에 따라 정해지는데 대개 이부상서(吏部尙書)를 겸관하는 자가 수보가 되었다. 그러나 수보는 법제적인 최고 행정장관은 아니기 때문에 곧 내각내에서 수보권을 쟁탈하기 위한 분쟁을 발생시키게 되었다. [44]

황제권력의 비호하에 성장할 수 있었던 내각이 공론(公論)을 내세워 황제권력과 대립하였던 사건이 세종(世宗 ; 嘉靖 : 1522~1566)의 즉위와 함께 발생하였다. 무종(武宗 ; 正德 : 1506~1521)이 후사가 없었기 때문에 효종(孝宗 ; 弘治 : 1487~1505)의 아우 홍헌왕(興獻王)의 사자(嗣子), 곧 세종이 즉위하자 홍

---

43) 山本隆義, 1968, pp.505~507 ; 陶希聖 外, pp.58~59.
44) 曾唯一, 1985, pp.5~6. 대례의 논쟁 후 수보는 張聰·夏言·嚴嵩·徐階·高拱·張居正으로 상호공격, 각축에 의해 이어졌다.

현왕에 대한 예우문제로 '대례의(大禮議)' 문제가 발생하였다. 당시 내각수보 양정화(楊廷和)는 조법에 따라 효종을 황고(皇考), 홍헌왕을 황숙부(皇叔父)로 해야 한다고 하였으나, 세종은 효(孝)가 예(禮)라는 구실로 홍헌왕을 황고, 효종을 황백고(皇伯考)로 할 것을 원하였다. 양정화는 구경(九卿) 과도관(科道官)들을 모아 복궐곡쟁(伏闕哭爭)의 집단적인 반대행동을 전개하기도 하였지만, 결국 세종이 대권을 발동하여 3년 만에 양정화 등 반대파를 사직시키고, 자신의 뜻에 따르는 대례파(大禮派) 관료만을 이례적으로 기용하여 주장을 관철하였다.[45] 이는 '국본(國本)' 문제의 하나였으나 그 정치적 의미는 내각이 팔호타도(八狐打倒)를[46] 계획하였던 개혁의지의 흐름을 계승하여, 예론(禮論)을 수단으로 과도관을 동원한 공론에 의해 제권(帝權)의 남용을 견제하려고 한 것이었다. 그러나 내각권이 강해지면 사당(私黨)이 생겨 제권이 침해된다는 군주일원적(君主一元的) 전제론을 가진 대례파에 의해 이들의 집단행동은 붕당결성으로 비난받고 결국 공론에 의한 분권공치(分權公治) 주장은 좌절한 것이다.[47]

　이후 대례파의 이론적 근거를 제공해 주었던 장총(張聰)이 내각수보가 되어 수보권은 강화되었지만 그것은 어디까지나 황제권과 동반자적인 관계였다. 특히 세종이 도교에 심취하여 가정(嘉靖) 18년(1539)부터 서원(西苑)의 만수궁(萬壽宮)에 은거하여 환관세력이 후퇴함에 따라 수보권과 그를 획득하기 위한 쟁탈은 더욱 치열하였다. 그 가운데 엄숭(嚴嵩)은 가정 21년부터 유례없이 전후 20여 년간 수보의 직에 있으면서 그 아들 세번(世蕃)과 함께 언로를 통제하고 표의를 사물화(私物化)하며 회뢰를 행하여 계속된 탄핵 끝에 가정 41년 실각하고 아들은 처형되었다.[48] 수보권은 만력초 장거정(張居正)에 이르러 절정에 이르렀고, 명대 신사층의 확대와 그 공론에 의한 분권공치의 주장은 장거정 사후에 분출되었다.

---

45) 曹永祿, 1988, pp. 143~188; 中山八朗, 1957; 同, 1963; 羅輝映, 1985.
46) 다음 절 참조.
47) 曹永祿, 1988, pp. 171~175.
48) 曹永祿, 1988, pp. 189~198.

2. 宦官의 政治介入

태조는 환관의 정치개입을 엄금하여 환관에게 문자를 가르치지 않도록 하였으나,[49] 영락제는 정란의 역 때 남경의 환관들이 정보를 제공해주었고 또한 실질적인 찬위라는 오명 때문에 반대자를 제압하기 위해 측근인 환관을 중용하였다. 영락시대에 환관의 숫자는 급증하였으며 환관으로 구성되는 12 감(監)·4시(寺)·8국(局)의 소위 24아문(衙門)이 설치되었다. 이들 환관기관은 원래 이부에서 관할하였으나 영락초부터 사례감이 관할하도록 되어[50] 환관세력의 대표인 사례태감(司禮太監)은 황제권의 비호하에 그 권력을 강화해 나갔다. 그러나 품계상으로는 정4품을 넘지는 못하였다. 영락제는 또한 황제직속의 특무기관인 동집사창을 영락 18년 설치하고 이를 환관에게 통합시킴으로써 특무를 위한 환관들의 전국파견은 더욱 증가하였다. 환관이 군대를 감독하고, 세역징수에 관계하며, 관민을 감찰하게 된 것은 모두 영락시기부터 비롯한 것이다.[51] 동창(東廠)은 명대 사례태감이 전담하는 기관이 되었다.

사례감에는 장인태감(掌印太監) 1인과 병필수당태감(秉筆隨堂太監) 8~9인이 있었는데, 그 가장 중요한 기능은 '전선유지(傳宣諭旨)'의 기능과 내외의 장주에 대해 비답을 써넣는 기능이다. 내각의 의지(擬旨)는 원래 각신이 황제를 소대하고 그 의견을 개진한 후에 황제로부터 직접 지(旨)를 듣고 작성하는 것이나, 황제와의 소대가 생략되는 표의제가 시행되자 황제가 구두로 말하면 태감이 기록하여 내각에 전달하는 전지(傳旨)의 기능을 행하게 된 것이다. 또한 장주에 대한 내각의 표의 내용이 황제의 뜻에 맞으면 황제가 그 지를 상주문의 여백에 주필로 써넣는 것이나 황제가 다만 표 위에 체크만 하고 끝내면 옆에 있는 병필태감이 대서해 넣는 것이다. 이러한 과정에서 태감은 자신의 의견을 집어넣어 전지하기도 하고 심지어 표의를 직접 찬개(竄改)하기도 하는 것이다.[52] 그러므로 황종희(黃宗羲)는 《명이대방록(明夷待訪

---

49) 黃彰健, 1977-1, pp. 1~30.
50) 丁易, 1951, p. 6.
51) 陶希聖 外, 1967, p. 124.
52) 陶希聖 外, 1967, p. 127; 丁易, 1951, pp. 7~8.

錄)》〈치상(置相)〉편에서 내각이 재상으로서의 실질기능을 행한다고 하지만 그 표의에 환관이 미리 의지의 내용을 지시하기 때문에 각신의 의정참여가 제대로 기능할 수 없으니 마땅히 재상이 설치되어야 한다고 한 것이다. 명대 환관의 숫자는 영락시대에 1만여 명, 만력 원년부터 6년 사이에 2차례에 걸쳐 새로 모집한 환관의 숫자가 6천 인, 명말에는 7만여 인이었고 외변(外邊)에 분산된 사람까지 합하면 10만여 인에[53] 이르러 정규관료의 숫자보다 많았다고 하겠다. 환관은 중하층민 출신으로서 출세하려는 사람들이 그 지름길로 택하여 자궁환관(自宮宦官)이 많았고[54] 부패정치행태를 나타내기 쉬웠다.

명대 환관의 전횡은 영종의 정통시기 왕진(王振)으로부터 비롯한다. 장태후(張太后)와 삼양(三楊)이 잇달아 죽자, 영종의 황태자시절부터 보필하던 사례태감 왕진이 전권을 행하여 교지(矯旨)하고 인사권을 마음대로 하였다. 그러나 정통 15년(1449) 오이라트의 에센이 침략하자 왕진은 영종에게 친정을 강권하여, 영종은 친정하였다가 퇴각 도중에 토목보(土木堡)에서 포로가 되었고 왕진은 부하에게 살해되었다. 영종의 복벽(復辟)에는 환관 조길상(曹吉祥)의 역할이 컸기 때문에 그는 각신 이현(李賢)과 각축하며 전권을 행사했으나 총애를 잃자 천순 4년 군사정변을 계획했다가 주살되었다.[55]

헌종(憲宗; 成化 : 1465~1487)은 후년에 각신을 소대하지도 않고 대권을 태감 왕직(汪直)에게 위임하여, 왕직은 성화 12년 '요호야출(妖狐夜出)'사건을 기화로 서창(西廠)이란 또 하나의 특무기관을 설치하여 환관전횡을 더하였다.[56] 이어 즉위한 효종(孝宗; 弘治 : 1488~1505)은 환관의 간정(干政)을 방지하고 정치를 쇄신하려고 즉위하자마자 서창을 폐지하고, 각신을 소대하여 의정하며 내각의 표의를 직접 고치기도 하여 이 시기는 '홍치중흥(弘治中興)'이라고 불리운다. 홍치 11년 환관 이광(李廣)이 자살한 후 입수된 그의 수뢰장부(收賂帳簿)에 '아무개는 황미(黃米) 기백석(幾白石), 아무개는 백미(白米) 기천석(幾天石)'을 보냈다는 등의 기록이 계속 나오므로 효종이 '광

53) 丁易, 1951, pp. 12~13.
54) 三田村泰助, 1963.
55) 湯綱 外, 1985, pp. 207~215, 240~249.
56) 丁易, 1951, pp. 25~26.

24

(廣)은 도대체 얼마나 먹길래 이같이 많은가'라고 물으니 좌우가 '황미는 금이고 백미는 은'이라고 답하였다는 일화가 있다. 57)

무종(武宗; 正德 : 1506~1521)시기에는 그의 황태자시절 근시환관(近侍宦官)인 유근(劉瑾)·마영성(馬永成)·장영(張永)을 비롯한 8인의 환관, 소위 '팔호(八狐)'가 농단하였다. 무종이 15세로 즉위하자 고명(顧命)을 받은 각신 유건(劉健)·사천(謝遷) 등이 외료들과 연합하여 팔호탄핵을 복궐, 집단 직소(直訴)의 형태로 행하였으나, 이부상서 초방(焦芳)에 의해 계획을 사전에 보고받은 팔호가 군대를 장악하고 무종에게 호소하는 등 반격에 나서, 유건·사천은 즉일로 사직하고 계획에 참여한 55인은 붕당죄로 처벌받았다. 반면 유근은 도리어 사례태감으로 승진되고 초방은 내각대학사가 되어 내각과 예부를 제외한 육부가 모두 엄당으로 장악되었다. 58) 유근은 서창(西廠)과 내행창(內行廠)을 새로이 창설하여 휘하에 장악하고 특무기관끼리 서로 감시하도록 하는 정보정치를 하였고, 자신의 사가(私家)에서 교지(矯旨)를 행하는 등 전횡하여 당시 '주황제(朱皇帝) 하나, 유황제(劉皇帝) 하나'라는 말이 나돌 정도였다. 59)

유근의 전권시기에 각지에서 농민반란이 일어났는데, 그중 정덕 5년부터 7년에 걸쳐 화북을 중심으로 산동(山東)·산서(山西)·하남(河南) 등지로 파급되었던 유육(劉六)·유칠(劉七)의 난은60) 유근과 중앙의 환관들의 회뢰, 부패정치와 연관되어 발단한 일면이 있다. 이 난을 틈타 정덕 5년 4월 영하(寧夏)의 안화왕(安化王)이 유근의 죄상을 들어 황제 측근의 간(奸)을 제거한다는 명목으로 반기를 들었다가 실패하고 유근은 결국 10월에 주살되었다. 이때 몰수된 유근의 재산목록은 황금 2백50만 량, 은 5천만 량 등이었는데 당시 호부의 세입은 은으로 환산하여 2천만 량 정도로61) 그 부패의 정도를 짐작하게 한다. 그러나 이후 다시 장영이 전권을 행사하여 무종조의 정치는 옹체되었고, 정덕 14년 남창(南昌)의 영왕(寧王)이 정권탈취의 내란을 일으켰

---

57) 谷應泰, 1658, 권42 〈宏治君臣〉, p. 430.
58) 武宗시기 劉瑾 등의 환관전횡에 대해서는 阪倉篤秀, 1983 ; 曺永祿, 1988, pp. 123~142 참조.
59) 石碩 外, 1987, pp. 183~184.
60) 西村元照, 1974.
61) 谷應泰, 1658, 권43 〈劉瑾用事〉, p. 454 ; 寺田隆信, 1974, p. 319.

으나 남감순무(南贛巡撫) 왕수인(王守仁; 陽明)의 용전으로 평정되었다. 도교
와 음사에 탐닉하였던 무종은 명대 황제 중 가장 정치를 방기하였던 황제라
고 할 수 있고, 이 경우 제도적으로 보장된 황제전제권은 환관의 전횡을 초
래한 것이다. 반면 팔호타도 실패 이후 관료집단내에는 체제에 영합하는 무
사안일주의가 만연하여 무종조의 정치를 교정하지 못하였다.[62]

명대 환관 전권으로 특기되는 또 한 사례는 엄당(庵黨)을 결성하여 동림당
(東林黨)을 탄압한 것으로 유명한 천계(天啓) 연간의 위충현(魏忠賢)인데 다
음 장에서 살필 것이다.

3. 首輔 張居正의 專權政治

장거정(張居正; 1525~1582)은[63] 만력초 10년간 내각수보로서 전권을 행사
하였는데 그의 정치적 수완은 융경(隆慶)초에 입각하면서부터 발휘되었다.
가정 41년 수보가 된 서계(徐階)는 양정화가 시도하려 했던 '공론정치'를 계
승하여 언로를 개방하였는데, 가정 45년(1566) 세종이 죽자 그의 유조(遺詔)
문제로 각신간에 분쟁이 일어났다. 가정 연간의 관료처벌 등의 실정(失政)
을 시인하고 계승자가 그것을 시정해주기를 바란 유조는 서계에 의해 작성
되고 목종(穆宗; 隆慶: 1567~1572)의 승인을 받았다. 서계의 비호를 받던 한
림학사 장거정도 목종의 즉위와 함께 대학사가 되어 유조작성에 참여하였
다. 서계는 이로써 세종의 실정으로부터 자신을 분리시키고, 가정시기 탄핵
받은 인사를 복권시킴으로써 그들의 지지를 얻어 수보로서의 권한을 유지하
고자 한 것이었다.[64]

이에 대해 목종의 황태자시절 시강(侍講)으로서 신제(新帝)의 총애를 받을
가능성이 있어 의도적으로 유조작성에서 제외되었던 대학사 고공(高拱)은
서계의 선수에 반격을 가하여 유조가 선제를 비방했다고 공격하였다. 양자
는 내각의 실권을 놓고 공방전을 벌였는데 서계가 언관의 지지를 받고 있으
므로 급사중(給事中)과 어사(御史)가 고공에 대한 집중탄핵을 행하여 융경
원년 고공은 대학사직을 사임하였다. 고공은 사임 후 다시 문하의 급사중을

62) 阪倉篤秀, 1983, pp. 57~58.
63) 朱東潤, 1957.
64) Huang, Ray, 1987, pp. 518~519.

동원하여 서계에 대한 비위를 탄핵하자 이에 대학사 장거정이 서계의 사직 청원을 받아들이도록 표의에 작용하여 융경 2년 서계는 사임하였다.

융경초 환관이 다시 득세하였으므로 장거정은 환관에게 공작하여 융경 3년 과단성 있는 고공을 다시 입각하도록 하여, 고공은 온건한 수보 이춘방 (李春芳) 밑에서 차보(次輔)로서 장거정과 함께 능력 있는 적임자를 적소에 배치시키는 등 추진력 있는 정치를 끌어나갔으나, 과도관에 대해서는 불시 고찰(不時考察)을 단행하면서까지 그들을 교체하였다. 융경 6년 수보가 된 고공은 서계에 대한 적몰을 주장하여 장거정과 대립하게 되고, 이어 목종이 죽자 장은 고공과 대립하였던 사례태감 풍보(馮保)와 결탁하여 고공이 황제 권을 위협했다고 체포하여 유배시켰다.[65] 이로서 10세로 즉위한 신종(神宗; 萬曆 : 1573~1619)의 황태자시절 시강이었던 장거정은 섭정태후의 지지와 함께 수보가 되어 죽기까지 10년간 전권을 행사하였다. 그의 확고한 정치적 기반은 일면 환관과 제휴하여 언관의 비판으로부터 환관을 보호해줌으로써 황제의 지지를 확보하고, 일면으로는 사리를 추구하는 환관에 대한 언관의 비판을 일정 정도 지지함으로써[66] 정치상의 다양한 세력관계를 이용하여 그 균형을 취하면서 통제해나간 데에 있다.

대내적으로 사회경제적 변화, 이갑체제의 붕괴에 의한 질서의 동요와, 대외적으로 북로남왜(北虜南倭)의 위기를 겪고 있던 융경·만력기의 상황에서 장거정은 전권을 가지고 행정·재정개혁을 행하고 대외강화(對外講和)정책을 추진하였다. 먼저 행정개혁으로 관료의 효율성을 높이기 위해 만력 원년부터 고성법(考成法)을 실시하였다. 관료가 상주하여 황제의 재가를 얻은 사안은 반드시 해결되도록 하여 일의 완급(緩急), 거리의 원근(遠近)에 따라 기한을 정하여 그 집행여부를 책으로 만들어 매달 보고하고 매해 총결(總結)을 지어, 지연되거나 보고하지 않은 경우에는 조사하여 책임추궁을 행하고 관료의 근무평가에 이를 반영한 것이다.[67] 따라서 지방관은 관할지역에서의 세역수취, 유적(流賊)발생 등에 대해 철저한 보고와 해결이 요구되었다. 그런데 이 고성법의 실시에서 지방의 무안관(撫按官)이 지체하면 부원(部院)에

65) 丁易, 1951, pp. 52~53.
66) 曹永祿, 1988, pp. 218~221.
67) 劉志琴, 1985, pp. 195~196. 考成法의 실시로 관료는 定期考察과 事案처리에 따른 考成을 종합하여 평가받게 되었다.

서 적발하고, 부원에서 기폐하면 육과(六科)가 들추어내고, 육과에서 숨기면 각신이 들추어내도록 함으로써 관료에 대한 고찰이 직접 내각에 맡겨지게 되었다. 즉 종래 법제상으로는 아무런 통속관계를 갖지 않았던 내각이 관료체계의 정점에 위치하게 되고, 수보의 권한은 법제적으로 보장받고 모든 관료를 통제할 수 있게 된 것이다.[68] 또한 공무처리보고의 문책(文册)도 3벌을 만들어 지방·육과·내각에 보내도록 했기 때문에, 각 기구가 상호 견제, 경쟁하게 되고 관료에게도 상벌을 통해 일을 독촉할 수 있으므로 행정의 효율성은 제고되었다.[69] 그외 장거정은 사적인 인간관계에 영향력을 발휘하여 특히 왕국광(王國光)·양박(楊博)과 같은 자파의 인물을 이부상서로 앉혀 관료의 인사권을 장악하였다. 언관은 고성법에 걸릴까 두려워 비판을 자제하게 되었다. 또한 장거정은 재야 사인층의 정치비판을 금지하기 위해 만력 7년, 그 결합의 장이 되고 있는 서원도 폐쇄·탄압하였다.[70] 이같은 고도의 정치적 수완으로 관료계를 철저히 통제하였기 때문에 과도관들의 장거정의 정책에 대한 반대, 특히 그의 사후에 분출한 격렬한 비판은 개혁의 목표 자체보다는 그것을 달성하는 방법, 곧 관료에 대한 통제 때문이었다고 할 수 있다.

대외정책으로는, 가정 29년(1550) 북경까지 위협하여 '경술지변(庚戌之變)'을 초래하는 등 북변을 괴롭혔던 몽고의 알탄[俺答]칸과 융경 5년(1571) 화의(和議)를 맺었다. 선대총독(宣大總督) 왕숭고(王崇古)의 건의에 따라 융경 4년, 명에 투항한 알탄의 손자 바하나기를 우대하고, 그를 몽고에 거주하는 한인(漢人)반역자[板升][71] 조전(趙全) 등과 교환하는 교섭을 성공시켰으며, 이어 강화를 맺어 알탄칸에게 순의왕(順義王)을 봉하고 호시(互市)를 허가하였다. 이 교섭은 장거정이 중앙에서 적극적으로 추진하고 당시 수보 이춘방(李春芳), 차보(次輔) 고공(高拱)도 찬성하였던 것으로 경술 이래 대외 강경책을 주장하였던 조정길(趙貞吉)은 대학사직을 사임하는 등 중대한 정책변화였다. 이 화의의 배경에는 당시 변상(邊商)과 염상(塩商)으로 크게 활

68) 小野和子, 1983-2.
69) 이 점에서 文革시기 儒法투쟁이 전개되었을 때 張居正은 法家사상가로 높이 평가받았으나 그를 法家사상가로 볼 수 있는가 여부는 문제로 남아 있다(施達靑, 1975).
70) Meskill, John, 1982, p.139.
71) 萩原淳平, 1975.

약한 산서상인가(山西商人家) 출신관료들의 적극적인 추진이 있었고, 이들은 화의와 더불어 장거정과의 결합을 공고히 하여 장거정의 수보시절 육부와 내각의 요직을 거의 독차지하였다.[72] 강화에 동반한 호시(互市)는 국가의 보장을 받는 안전한 무역으로 이들의 출신배경인 산서상인들에게 직접적인 이익을 준 것이다. 이러한 몽고와의 강화노선은 장거정의 재임기간중 관철되어 무장평화(武裝平和)를 유지함으로써[73] 군사비가 절감되어 국가재정에는 도움이 되었다.

장거정의 개혁정치 중에서 가장 큰 비중을 차지한 것은 재정문제였고, 위의 문제들도 결국 재정문제에 수렴되는 것이었다. 가정 이래 군사비의 필요에 따라 수시로 행해진 부가세, 화폐경제의 발전에 따라 지역에 따라 다양하게 전개된 세역의 은납화 등으로 통합체계가 결여되어 재정문란은 심각하였다. 만력 원년 왕국광의 호부상서 취임 직후 착수된 재정개혁은 재정구조의 재편이 불가능하였기 때문에 재무행정의 정돈과 모든 관서에 대한 재정절감을 실시하는 것이었다. 불필요한 관서운영은 유보되며, 관학의 장학생이 감소되고 지방관은 역(役)의 지출을 1/3로 절감해야 했고, 우역(郵驛)의 마필공급도 최소로 축소되고 변경수비군은 1/5을 감소하고 군둔(軍屯)노동력을 증대시키는 등의 긴축재정이 시행되었다.[74] 이러한 절감책은 민에 대한 세역감면이 없이 행해져 그 절감분은 그대로 국고에 들어가 재정의 잉여가 생겼다. 재무행정상으로는 지방관으로 하여금 관할지역의 세입·세출·존류(存留)·기운(起運)·체납상황(滯納狀況) 등을 기록한 주소책(奏銷册)을 매년 호부에 보고하여 감사를 받게 하고 세역수취성적을 고과(考課)에 반영시켰다. 이로서 비상군사비 염출을 위해 증대되었던 지방관의 지방재정에 대한 자율성은 극도로 제한되었다. 또한 호부에서도 각 성별로 재정을 관리하던 체계를 전량(錢糧)·염과(塩課)·관세(關稅) 등의 항목별로 관할을 통일하는 체계로 고쳐 책임소재를 분명히 하였다.[75] 또한 당시 대토지 집적과 은전(隱田)이 증가하는 상황에서 균형있는 세역징수를 위하여 그 기초가 되

72) 小野和子, 1986.
73) 劉志琴, p.189. "外示羈縻, 內倚戰守"의 互市에 의한 기미정책이다.
74) Huang, Ray, 1987, pp.524~525.
75) 黃國强, 1986.

는 장량(丈量)을 전국적으로 실시하여[76] 과세대상을 바로잡고 이에 근거하여 일조편법(一條鞭法)[77]이란 세역징수개혁을 실시했다.

이러한 개혁은 재정의 중앙집권화정책으로 지방재정을 파악한 위에 장기적 전망에 의한 국가재정을 확립하려고 한 것으로, 이에 산서상인가 출신의 합리적 경영정신을 가진 관료가 필요했던 것이다. 이러한 개혁의 실시로 북변군사비는 연 100만 량을 절약할 수 있게 되고, 16세기 전혀 국고보유가 없던 일반적 상황에서 장거정이 죽기 전 국고에는 9년분의 미(米)가 비축되었고 은고(銀庫)에는 600만 량, 내고(內庫)에는 400만 량의 잉여가 보유될 수 있었다.[78]

그러나 그의 개혁실시에는 많은 비판도 따랐다. 내각에 대한 과도한 권력집중과 고성법에 의한 관료통제는 실시초부터 관료들의 반대를 야기하였고, 특히 고성법 때문에 탄핵을 자유로이 할 수 없었던 과도관들은 고성법이 언로를 막는 것, 정치비판을 억압하는 것이라고 비판하였다. 국고의 잉여라는 것도 역으로는 지방의 재정자율권을 축소하고 고성법에 매인 지방관의 민중에 대한 수탈강화를 초래한 것이었다. 몽고와의 강화도 결과적으로 경계심을 해이하게 하여 방위체제(防衛體制)를 약화시키고, 필수품인 중국의 포백을 가지고 무용한 노마(駑馬)와 교환할 뿐이라고 이부상서 장한(張翰)은 비판하였다. 장한은 항주부(杭州府)의 중소견직물생산가출신으로 특권대상인가출신인 산서관료와 대조적인 견해를 나타내고 있는 것이다.[79] 장량은 고성의 성적을 올리려는 관료에 의해 증액보고되는 문제점이 있었다.

장거정의 정책에 대해 이러한 비판을 한 관료, 특히 언관들이 모두 처벌된 상황하에서 만력 5년 9월 장거정이 부상(父喪)을 당하자 그 복상(服喪)문제를 놓고 관계(官界)가 다시 비등하였다. 예대로 하면 장은 복상을 위해 27개월간의 정우(丁憂)를 치러야 했으나, 장의 지지자들에 의해 탈정(奪情)이 제안되고 신종이 사직과 창생을 위해 그를 허가한다는 지(旨)를 내리자 주로 육부·한림을 중심으로 탈정에 대한 반대가 제기되었다.[80] 탈정 자체는

76) 西村元照, 1971; 川勝守, 1980.
77) 梁方仲, 1936; 小山正明, 1971; 川勝守, 1980-3.
78) Huang, Ray, 1988, p. 522.
79) 小野和子, 1986, pp. 587~588.
80) 小野和子, 1983-2, pp. 78~83.

봉건도덕상의 문제이나 그보다는 장을 퇴진시키는 기회로서 정치적 의미가 중요한 것이었다. 장은 이에 대해 가차없는 탄압을 가하여 이부상서 장한은 곧 사직해야 했고, 4품 이상 경관(京官)들은 자기평가서인 '자진(自陳)'을 제출해야 했으며, 6년마다 행하는 정기 경찰(京察)시기가 아닌데도 불구하고 임시의 경찰이 단행되어 반대파는 제거되었다. 이후 관료의 근무평가인 고찰(考察), 경찰은[81] 당쟁에서 반대파를 제거하는 수단으로 이용되었다.

장거정의 엄격한 통제하에 있던 관료계는 만력 10년 그가 죽자, 이부·과도관·한림이 중심이 되어 장에 대한 사후탄핵을 단행하고 고성법을 폐지하며 장당(張黨)을 모두 제기하여 그의 10년간의 개혁정치는 종식되었다. 장거정에 대한 탄핵은 그의 정치목표에 대한 평가는 없이 그의 개인생활의 비합법적·비도덕적인 면에만 관심이 집중되었다.[82] 그러나 그의 개혁정치는 대내·외적인 위기상황에서 황제일원적인 중앙집권지배를 강화하여 효율적으로 부국강병을 이루려는 것이었으나 관료에 대한 엄격한 통제로 분권공치(分權公治)를 주장하는, 후에 동림당으로 불리우는 인사들의 격렬한 반대를 받은 것이다. 내각수보로서 장의 개혁정치는 행정구조 자체를 재조직할 수 없는 한계성을 갖는 것으로, 그의 실권은 승상과 같이 법제적으로 육부에 대한 통속체계를 갖는 것이 아닌 사적인 정치였던 것이다. 따라서 그의 사후 상황과 같이 관료계가 그의 동조자가 아닌 경우 그의 계획은 수포로 돌아가는 것이었다. 황제권력의 집중화 현상으로서 명대 내각정치는 그의 단계에서 절정을 이루고, 이후 내각의 권위는 쇠퇴하여 각신의 진퇴가 이부의 영향력에 의해 좌우되는 상황이 되었다.

Ⅲ. 專制的 中央集權化에 대한 紳士의 對應

1. 東林運動

장거정의 사후, 그의 위세에 압도되었던 신종의 일시적인 비호하에 봇물

---

81) 和田正廣, 1983; Hucker, Charles O., 1958(1968), pp. 73~74.
82) 劉志琴, 1985, pp. 207~208. 《萬曆野獲編》,《涌堂小品》,《五雜俎》 등 대부분의 明末淸初의 筆記類가 이러한 경향이다.

처럼 터져나온 장에 대한 탄핵으로 결국 장은 만력 12년 부관육시(剖棺戮
尸)·적몰(籍沒)당하였다. 이 탄핵에 앞장섰던 것은 과도관들로서 그들은 각
신(閣臣)·부신(部臣)에 대해 하료(下僚) 정치집단의 비중을 확고히 한 것이
었다. 그러나 반장거정운동으로 일치하였던 관료계는 곧 분열하여 파당을
형성하고 당쟁을 전개하였는데, 그것은 주로 내각파와 반내각파의 대립과
같은 양상이었다. 당쟁의 주된 쟁점은 신종의 황태자 책봉, 소위 '국본(國
本)'문제와, 만력 24년부터의 환관의 파견에 의한 광세·상세의 징수문제에
집중하였고 이를 둘러싼 대립은 양파의 정치적 입장, 사회적 기반을 분명히
드러내는 것이었다.[83]

국본문제는 만력 14년 신종의 총애를 받는 정귀비(鄭貴妃)가 황자 상순(常
洵)을 낳자 바로 제기되어, 황태자책봉을 미루는 신종에 영합하는 수보 신
시행(申時行) 등 내각파와, 황장자(皇長子) 상락(常洛)의 책봉을 주장하는 반
내각파와의 대립이 시작되었다. 황태자책봉을 촉구하는 과도관들은 좌천되
었고, 신(申)내각은 언로를 탄압하기 위하여 고안한, 관료가 자기의 직책을
벗어나 건언하는 것을 금지하는 '백관출위월직지금(百官出位越職之禁)'에 걸
어 반내각파를 처벌하였다. 만력 18년에는 청해(靑海)에 집결하고 있던 몽고
인 화락적(火落赤)·진상(眞相) 등이 조주(洮州)·임조(臨洮) 등지를 공격하여
몽고와의 화평관계가 깨진 '조하(洮河)의 변(變)'을 계기로 내각파의 미외적
(媚外的)인 대외소극책이 언관들에 의해 비판받는 상황하에서,[84] 신종은 황
태자책립을 또 연기하고 만력 19년 성변(星變)을 이유로 언관에 대한 일률적
인 탈봉을 명령하여 언관의 비판을 막으려고 하였다. 만력 19년 표면적으로
는 태자책립 연기를 반대했던 신시행이 신종을 지지하는 밀게(密揭)가 폭로
되어 신이 수보의 직을 사임하자, 각신의 정추(廷推)를[85] 주장했던 이부는
반내각파의 중심이 되어[86] 신의 사천(私薦)에 의해 성립한 내각과 대립하게
되었고 이는 그만큼 내각권의 약화를 나타내는 것이었다.

만력 21년은 신종이 책립을 약속한 해였으나 신종은 이를 전후하여 황태

83) 金鐘博, 1981; 李洵, 1957; 許大齡, 1981; 小野和子, 1958; 木久保英子, 1976.
84) 小野和子, 1983-1. pp. 287~288.
85) 張治安, 1974.
86) 城井隆志, 1984. pp. 52~64.

32

자책립을 논의한 과도관과 각신 왕가병(王家屛)을 사임시키고 왕석작(王錫
爵)을 내각에 복귀시켜 황장자·황삼자·황오자를 병봉하여 태자책립을 연
기시킴으로써 강한 비판을 받게 되었다. 마침 이 해는 6년마다 시행되는 경
관(京官)에 대한 고찰(考察; 京察)이 있는 해였다. 이 계사경찰(癸巳京察)은
이부상서 손룡(孫瀧)과 고공랑중(考功郞中) 조남성(趙南星), 이부랑중(吏部郞
中) 고헌성(顧憲成)이 주관하였는데, 손룡은 이부의 독립성, 내각으로부터
의 불간섭주의를 강조하며 내각파 왕석작계열의 인물을 탄핵하였다. 이에
불만을 가진 내각파들은 곧 이어 실시된 고찰에 빠진 자들에 대한 과도관
들의 고찰습유(考察拾遺)를 이용하여, 이부가 이를 부당하게 처리했다고 반
격을 가하여 양측의 대립은 심각하게 되었다. 결국 이부는 '전권결당(專權結
黨)'하였다는 이유로 손(孫)은 탈봉되고, 고(顧)·조(趙)는 강등의 처분을 받
았다. 또한 행인 고반룡(高攀龍)도 왕석작과 대립하여 사직하고 만력 22년에
는 고헌성이 각신의 회추(會推)문제로 사직하였다. [87]

고헌성은 귀향하여 아우 고윤성(顧允成), 고반룡(高攀龍) 등과 함께 경
제·문화적으로 최적의 환경에서 잠재적 회원과 정치비판을 한다는 이념
을 가지고 재야활동을 할 수 있는 기반을 닦았다. 이들은 그 10년 후 만력
32년 고(顧)의 고향 무석(無錫)에서 송대 이래의 동림서원(東林書院)을 중건
하여 중앙정치에 대한 새로운 투쟁단계에 들어갔다. 유교의 정통성을 강령
으로 내세우고 서원창립대회를 3일간 개최하였는데, 이에는 순무(巡撫)도
참석하고 지방관들이 공금(公金)을 회사할 정도로 처음에는 문제시되지 않
았다. 동림서원은 매달 소회(小會)를 열고 1년에 한번 대회를 열었으며, 고
헌성은 각지의 관계학교를 방문하여 강학을 하였는데 그 주관심은 학술적인
것과 함께 정치문제, 관료의 도덕성 분석 등에 더욱 치중하였다. [88] 이로써
동림서원을 중심으로 강남지방 신사들의 중앙정치에 대한 비판그룹이 형성
되어 당시 수보 심일관(沈一貫)은 이들을 동림당이라고 불렀다. 동림당인사

---

87) 謝國楨, 1967(1934), pp.30~33; Huang, Ray, 1988, pp.532~540. 東林黨의 형성은
이 시기부터 잡는다.
88) Hucker, 1957; 小野和子, 1958; 1983-1. 東林이 중앙정계의 인물과도 교류하고 당시
東林黨으로 불리운 인사가 명백히 일치하는 것은 아니기 때문에 넓게는 東林書院과
직접 관계가 없어도 그들과 정치적 입장을 같이 하는 인사들까지 東林黨이라고 할 수
있다(溝口雄三, 1978, pp.115~127).

들은 만력기의 주요사건에 대해 저초(邸鈔)를 초록하여 《만력저초(萬曆邸鈔)》를 편찬하고, 또한 정부가 공개하기를 꺼리는 만력기의 주소(奏疏)를 뽑아 《만력소초(萬曆疏鈔)》를 편찬하여 그들의 정치적 입장을 선전하였다.[89]

한편 만력 삼대정(三大征)과 궁전의 조영으로 재정이 고갈되자, 신종은 명 중기 이후 발달해간 수공업상품생산과 광산의 개발에 대해 그것을 새로운 조세수입원으로 파악하여, 만력 24년부터 환관을 전국 각지에 파견하여 광세(鑛稅), 상세(商稅)를 징수하였다. 신종이 당시 거임(去任)한 지방관직을 충원하지 않아 원결(員缺)상태로 두고, 또한 광세사로서 정규관료가 아니라 환관을 파견한 것은, 조야의 반대에 직면하여 사인(私人)을 파견해야 했던 사정을 말한다. 이들 광감(鑛監), 세감(稅監)은 휘하에 천여 명까지 달하는 사역인(使役人)을 두었는데, 그들은 대개 그 지역의 무뢰배들로서 높은 세금 외에도 그들의 불법적 주구가 가혹하였고 또한 일반민정에까지 개입함으로써 관민의 반대가 심하여 민변(民變)까지 초래하게 되었다.[90] 동림당은 이 광감, 세감의 파견에 강력하게 반대하였다. 만력 27년 회안(淮安)지역의 총독조운순무(總督漕運巡撫)가 된 이삼재(李三才)는 세감의 폐단을 목도하고 광·상세를 감세하여 민생을 구할 것을 신종에게 상주하고 또한 자기 관할지역에서 횡포를 부렸던 환관 진증(陳增) 등을 자살케 하여 명성이 알려지게 되었다.[91] 동림당은 만력 30년 수보 심일관이 신종의 급환에 의한 광세사 폐지의 기회를 성공시키지 못했다고 비판하고, 이부의 회추로 입각했던 동림계 심리(沈鯉)는 광세사 폐지를 주장하여, 만력 33년 개광을 금지한다는 신종의 상유가 나오게 되었으나 심수보의 저지로 실천되지는 못하였다.[92] 이러한 동림의 광세·상세반대운동은, 상공업발달의 새로운 이익을 수탈해가는 여민쟁리(與民爭利)의 중앙정부—황제·내각에 대해 지방의 상공업자에게 그 이익을 확보시키려고 하는 지역사회의 대변자로서의 행동이었다. 실제로 고헌성을 비롯한 동림당인사들 자신이 중소상공업가 출신으로 그 사회적 배경을 반영하는 것이기도 하였다.[93]

---

89) 小野和子, 1981.
90) 田中正俊, 1961.
91) 小野和子, 1980, pp.567~562.
92) 小野和子, 1980, pp.575~577.
93) 金鐘博, 1981.

한편 심일관내각시기는, 만력 23년의 외관고찰(外官考察; 乙未外計) 때에 이부상서 손비양(孫丕揚)이 절강참정(浙江參政) 정차여(丁此與)를 탄핵함으로써 반장운동(反張運動)으로 일치하였던 반내각파가 분열하기 시작한 이후, 이부의 권한이 약화되고 당쟁이 복잡한 양상을 나타내던 시기였다.[94] 심일관은 절강 근현(鄞縣)출신으로 자파세력을 각 관서에 배치하여 절당(浙黨)을 형성하고 휘하의 '사인과도관(私人科道官)'을 동원하여 파당정치를 행하였다. 여론에 못이겨 만력 29년 결국 황장자가 황태자로 책봉되었으나, 만력 31~32년에는 다시 심내각이 황태자를 바꾸려 한다는 요서(妖書)사건이 발생하고, 또한 초왕(楚王)의 정통문제를 둘러싼 사건으로 심내각과 황태자지지파가 대립하였다.[95] 이어 만력 33년 실시된 경찰은 심과 적대한 이부시랑 양시교(楊時喬)와 동림계 도어사 온순(溫純) 등이 주찰하여 280여 명의 내각파가 건책되었다. 그러나 신종은 이를 유중(留中)시켜 인가하지 않고 도리어 심의 사인과도관은 주찰자(主察者)에 대한 탄핵을 제기하는 등 혼미를 거듭하다가 결국 찰전(察典)대로 처리되었다. 위치가 불안한 심은 과도관들의 탄핵으로 만력 34년 사임하였다. 이후 정국의 주도권은 내각, 부원대신(部院大臣)의 손에서 하부의 과도관으로 옮겨갔고 과도관들도 파당으로 서로 분열하면서 위로부터의 규제력이 상실된 채 각 세력간의 대립은 더욱 치열하게 되었다.[96]

만력 36년 각신으로 동림계 엽향고(葉向高) 1인만 남은 가운데, 각신의 추천을 놓고 동림파에서는 회무(淮撫) 이삼재(李三才)를 추천하고 다른 측에서는 제주(祭主) 탕빈윤(湯賓尹)을 추천하여 대립하였다. 반동림세력이 회뢰, 결당(結黨) 등 12조항에 걸쳐 이삼재를 탄핵하자 고헌성은 요로에 서찰을 보내 이(李)를 변호하였지만 이는 스스로 사직하고 말았다. 이삼재는 동림서원 관계자가 아니면서도 그 정치방향이 같고 한림출신이 아닌 점에서 동림당이 우호적으로 여긴 것이다.[97] 여기에서 반동림세력이 구체화되어 선성인(宣城人) 탕빈윤을 중심으로 하는 선당(宣黨), 곤산인(崑山人) 고천준(顧天俊)을 중심으로 하는 곤당(崑黨), 심일관 중심의 절당(浙黨) 등의 인맥이 형성

94) 城井隆志, 1984.
95) 城井隆志, 1985, pp. 95~133.
96) 위와 같음.
97) 小野和子, 1980.

되었다.98) 이어 만력 39년 엽향고의 동조를 얻어 이부상서 손비양이 경찰을 주관하고 선(宣)·곤(崑)·절(浙) 삼당의 과도를 비롯한 핵심인물을 견책하였다. 그러나 삼당과도들은 동림이 결당하여 조정정치에 악영향을 끼친다고 공개적으로 공격하였고, 손비양의 고헌성·조남성·추원표(鄒元標)·전일본(錢一本) 등 동림거물 추천도 신종의 승인을 얻지 못하자 손은 사임하고 말았다.99) 이후 동림은 중앙정계에서 고위인사와 연결기회를 갖지 못하였다. 만력 40년 이후는 제(齊)·초(楚)·절당(浙黨) 등이100) 곤(崑)·선당(宣黨)과 함께 서로 경쟁하면서도 동림 공격에서는 일치하였고 그 주된 활동은 과도관들이 담당하였다.

만력말에서 천계초에 걸친 당쟁의 사안은 삼안(三案)이었다. 삼안 중 가장 먼저 발생한 정격안(挺擊案)은 만력 42년 상순(常洵)이 복왕(福王)으로 관례보다 10여 년 늦게 취번(就藩)한 후 만력 43년 몽둥이를 든 괴인이 태자궁에 침입한 사건이다. 정계가 비등한 가운데 제·초·절 삼당에서는 단순사건으로 신속 해결하려 하고 동림에서는 철저한 조사를 요구하였으나 곧 이어 시행된 45년의 경찰은 삼당 과도의 뜻대로 되고 동림인사는 제거되었다. 홍환안(紅丸案)은 태창(泰昌) 원년 신종이 죽고 광종(光宗; 泰昌 : 1620)이 즉위하자 곧 이질을 앓았는데 홍로시관(鴻臚侍官) 이가작(李可灼)이 준 홍환을 먹고 재위 1개월 만에 급사한 사건이다. 이궁안(移宮案)은 광종의 장자 희종(熹宗; 天啓 : 1621~1627)이 즉위하자, 그 유모였던 선시(選侍) 이씨(李氏)가 황제와 함께 건청궁(乾淸宮)에서 기거하며 정귀비(鄭貴妃)세력과 연결맺고 황후가 되려고 하니 동림파 관료가 이씨를 별궁으로 옮겨 이씨의 정치개입을 막은 사건이다. 광종의 책립을 주장했던 동림당은 이 시기 득세하여 천계초이 사건들을 놓고 삼당과 치열하게 논쟁하였다.101) 이에는 급사중 양련(楊漣), 어사 좌광두(左光斗), 위대중(魏大中) 등이 동림당을 대표하였고 풍전(馮銓), 완대성(阮大鋮)이 반대파를 대변하였다.

신종은 황태자 책립문제를 일찍이 확정짓지 않음으로써 만력 14 년에 시

98) 謝國楨, 1967, pp.33~35.
99) 謝國楨, 1967, p.37.
100) 曹永祿, 1988. pp.254~256.
101) 小野和子, 1958; 1983-1.

작된 황태자책립문제가 삼안사건으로까지 연계되어 30여 년간 암투와 당쟁의 논쟁거리를 제공하였다는 점에서 비판을 면할 수 없다. 결국 동림관료들의 공론으로 신종이 자신의 뜻을 관철시킬 수 없었던 것은 세종이 대례를 관철시켰던 것과 비교하면 그만큼 사회상황이 변하여 공의(公議)의 영향력이 확대된 것을 반영한다. 계속되는 당쟁에 대한 신종의 반응은 관료행정의 정상적인 운영을 저해하는 것이었다. 만력 중반 이후 신종은 '무위지치(無爲之治)'를 시도하여[102] 말 많은 언관을 무더기로 처분하고 육부·지부(知府) 등 상하의 관, 세감(稅監) 이외의 환관·사례태감 등을 상당수 임명하지 않고 원결(員缺)상태로 방치하고 장주는 비답하지 않은 채 유중(留中)시켰다.[103] 이러한 황제의 태도는 관료의 행정능력, 사기를 감소시킨 것으로 새로운 시대변화에 따른 사회의 요구를 통치측에서 수용할 수 없었던 것이다.

천계초 동림당 인사는 북경에서 수선서원(首善書院)을 건립하고 동림파 대학사 엽향고 아래 등용된 이부상서 조남성(趙南星), 대리시경 추원표(鄒元標) 등을 통해 정국을 주도한 가운데 천계 3년의 경찰에서 삼당의 인사를 모조리 탄핵하였다. 그러자 반동림파 삼당은 희종의 유모 객씨(客氏)를 통해 희종의 신임을 얻고 있던 환관 위충현과 결탁하여 엄당을 결성하였다. 또한 부도어사 양련이 위충현의 24대죄를 들어 탄핵하자 위충현과 비동림파의 결합은 공고해졌다. 이에 위충현 중심의 엄당은 천계 5년 왕문언(汪文言)의 옥사(獄事)를 확대하여 동림당에 대한 대규모 탄압을 가하기 시작했다. 천계 5년 6월 양련, 좌광두, 위대중이 조옥(詔獄)에서 죽고, 7월 동림서원, 수선서원이 폐쇄되었으며 어사 주종건(朱宗建), 황존소(黃尊素), 응천순무(應天巡撫) 주기원(周起元) 등은 옥사하고 고반룡은 자살하여 동림지도자는 거의 소멸하게 되었다. 대신 빈 자리를 차지한 것은 엄당이었고 이들은 동림의 삼안사건 처리를 비방하여 자신들의 정당성을 주장한《삼조요전(三朝要典)》을 편찬했다.[104] 천계 6년 면직되어 귀향해 있던 주순창(朱順昌)을 체포하려 했을 때에 소주(蘇州) 시민이 자발적으로 보여준 반대운동, '개독(開讀)의 변(變)'은[105] 주순창 스스로도 놀랐을 정도로 동림의 활동이 얼마나 일반여론

102) 黃仁宇, 1982, p. 38.
103) Huang, Ray, 1988, pp. 553~554 ; 和田正廣, 1975.
104) 謝國楨, 1967, pp. 58~68.
105) 田中正俊, 1961.

의 암묵적 지지를 받고 있었는가를 웅변해 준 사건이었다. 동림·비동림의 당쟁은 위충현으로 하여금 더욱 정치적 실권을 장악하게 하는 계기가 되었으며, 그는 동창을 지배하면서 동림당을 탄압하고 심지어는 자신의 생사(生祠)를 전국 각지에 건립하는 등 전횡하였다.

그러나 천계 7년 희종이 죽고 의종(毅宗; 崇禎 : 1628~1644)이 즉위하자마자 엄당에 대한 탄핵이 비등하니 위충현은 어쩔 수 없이 자살하여 육시(戮尸)되었고 최정수(崔呈秀) 등 엄당은 삭적되었다. 잔존한 동림당인사가 등용되고 숭정(崇禎) 2년 《흠정역안(欽定逆案)》이 확정되어 동림의 명예가 회복되었다.[106] 그러나 한편으로는 숭정 원년 중망(衆望)을 얻고 있어 각신의 회추에서 후보가 된 예부시랑 전겸익(錢謙益)에 대해 추천에 오르지 못한 예부상서 온체인(溫體仁), 우시랑 주연유(朱延儒)가 절강 향시에서의 전(錢)의 관절(關節)사건을 들고 나와 전을 면관시켰다. 이로써 동림파가 결속할 수 있는 기회는 다시 좌절되었다. 이어 숭정 2년에는 요동(遼東)을 성공적으로 방어하고 있던 원숭환(袁崇煥)이 군사비를 횡령한 총병 모문룡(毛文龍)을 살해하자 모(毛)와 동향이며 그로부터 뇌물을 받던 온체인 등 절당이 모략하여 원(袁)이 만주와 내통했다고 탄핵, 처형시키고 원과 관계있는 동림파관료들을 파직시켰다.[107]

이리하여 숭정 2년에는 주연유가, 3년에는 온체인이 입각하고, 숭정 4년 주연유가, 6년에는 주연유와 반목하여 주(朱)를 사퇴시킨 온체인이, 이어 12년에는 설국관(薛國觀)이 수보(首輔)가 되는 비동림파 내각이 계속되었다. 이들은 환관을 군대에 파견하여 군지휘권을 침해하고 군사비 부정을 행하였으며 만주에 대한 타협책을 주장하여 철저항전을 주장한 요동총병(遼東總兵) 노상승(盧象昇)을 방해하였다. 이미 이자성(李自成)의 농민반란이 확대되고, 만주족이 산동(山東)·직예(直隷)까지 유린하는 내외 위기하에서 설국관 내각의 병부상서 양사창(楊嗣昌)은 연향(練餉)·요향(遼餉)·초향(剿餉)의 소위 삼향의 수탈을 강화하여[108] 결과적으로 농민을 유적화시킬 뿐이었다. 이러한 시기 강남지역의 소장파 신사들을 중심으로 한 복사가 동림을 계승

---

106) 謝國禎, 1967, p.73 ; 小野和子, 1961.
107) 兪伯濂, 1958.
108) 吉尾寬, 1986.

하여 정치활동을 전개하였다.

2. 復社運動

중앙에서 동림당의 활동이 탄압받을 즈음 강남을 중심으로 새로운 재야집단의 정치활동이 시작되고 있었다. 복사의 등장이다.[109] 장거정의 서원탄압 이후 서원과는 다소 성격을 달리하는 문사(文社)의 결성이 각지에서 유행했다. 유교적 도덕의 실천을 천명하는 서원과 달리 문사는 시초 문학을 논하고 과거시험의 문장연마를 위한 집단이었다. 당시 기술적인 형식면에 치우친 과거문장에 대한 반성으로 고학부흥운동(古學復興運動)이 일어나는 가운데, 천계 4년(1624) 소주에서는 주종(周鐘), 오창시(吳昌時), 장부(張溥), 양정추(楊廷樞) 등이 주동이 되어 응사(應社)를 조직, 고학에 근거한 팔고문(八股文) 평선(評選)활동을 하였다. 숭정 2년(1629) 손순(孫淳)이 전국조직활동을 하여 오강지현(吳江知縣) 웅개원(熊開元)의 지원하에 복사를 설립하자, 응사는 복사로 통합·확대되어 장부를 맹주로 제 1 회 문회(文會)인 윤산대회(尹山大會)를 개최하였다. 강북(江北)의 광사(匡社), 송강(松江)의 기사(幾社), 절서(浙西)의 장사(莊社) 등 여러 사가 규합되고 각지의 독서인들이 운집하여 문장을 발표하였다. 연합결사의 이름을 복사라고 한 것은 고학부흥을 표방한 것이다. 숭정 3년에는 남직예(南直隸)향시를 계기로 다시 장부가 맹주가 되어 제 2 회 남경대회(南京大會)를 개최하였다. 숭정 4년의 북경회시는 수보 주연유가 주고관(主考官)이었고, 복사동인 오위업(吳偉業)이 장원을 하고 장부 등 다수의 동인이 합격하여, 복사는 관계에서도 파벌을 형성하고 신분 이상으로 중앙·지방정치에서 큰 실력을 발휘하게 되었다.[110] 장부는 이때 한림원 서길사(庶吉士)가 되고 명사대접을 받았으나 온체인을 탄핵하고, 다음해 숭정 5년 부상(父喪)을 평계로 고향 소주부(蘇州府) 태창주(太倉州)로 돌아가 귀임(歸任)하지 않은 채 '향신(鄕紳)'으로 생활하면서 복사운동을 주도하였다.[111] 숭정 6년 장부의 주도하에 소주의 호구(虎口)에서 제 3

---

109) 復社에 관해서는 별도 주기가 없는 한 謝國楨, 1967, pp. 145~186; 小野和子, 1961 (1986); 동, 1962; Atwell, William S., 1975를 참조하였다.
110) 小野和子, 1962.
111) 宮崎市定, 1974.

차 대회가 열렸다. 대회에서는 단순한 문장토론, 교제뿐만 아니라 당국자에 대한 인물·문장의 평가가 행해져 그를 통해 여론이 형성되고 정치비판, 당국자에 대한 압력을 행사하게 되었다. 중앙대신들도 이들의 여론을 무시할 수 없어 이들에 영합하는 면도 있었다.

복사는 사규를 만들고 태창주를 본부로 각지의 부현(府縣)에 사장(社長)을 두어 유기체적인 활동을 전개하였다. 복사는 전국적으로 2,264명의 동인을 가졌는데, 그중 강남지역인이 절대다수를 차지하였고 동림과 마찬가지로 그 사회적 기반은 중소지주·상공업자였다고 할 수 있다.[112] 장부는 스스로 공자를 본따고 많은 제자를 거느리면서 모든 기회를 동원하여 고시관에게 영향력을 행사하면서까지 복사동인을 과거시에 합격시켰고, 따라서 복사지망자는 날로 증가하고 장부의 명성은 높아갔다. 장부가 관계에 다시 진출하지 않은 것은 관료로서 활동에 규제를 받기보다는 '향신'으로 있으면서 복사의 조직을 통해 광범한 정보망을 장악하여 중앙관료의 과거 지방관 시절의 비행을 입수함으로써 중앙의 인사에 관여하는 것이 가능하고, 실제적 부·권세·명성을 얻을 수 있었기 때문이었다.

동림은 관료들의 그룹으로 당의 결성이 금지되어 활동이 제한적이었음에 비해, 복사는 하급신사(下級紳士)·생원(生員)·독서인(讀書人)이 절대다수로서 문장연구의 명목하에 공공연히 사(社)를 결성하여 통일된 집단행동을 취하는 것이 가능하였다. 응사가 복사로 재편성된 것은 환관파에 대항하는 조직의 강화라는 의미를 갖고, 복사는 동림의 정치운동을 계승한 것이다.

복사는 실제로 집단행동으로 현실정치에 영향을 미쳤다. 강남지방행정에 관한 것으로, 숭정 6년 태창주의 기근 때에 조운을 줄여 구제책을 삼아 명망을 얻은 지주(知州) 유사두(劉士斗)를 탄핵한, 소주지부서리(蘇州知府署理) 주지기(周之夔)에 대한 배척운동을 전개하였다. 주(周)는 복사의 배척운동으로 지부를 사직하고, 이어 오강현(吳江縣) 서지현(署知縣)의 직에서도 숭정 7년의 과시가 불공정했다고 생원들이 집단항의하여 사직했고, 결국 그들의 냉대에 추관(推官)의 임(任)에서도 휴직할 수밖에 없었다. 주는 그 때문에 〈복사혹문(復社或問)〉이란 글을 써서 복사의 전횡을 비난하기도 하였다. 다

---

112) 小野和子, 1961, pp.452~453.

음 숭정초에 처벌받아 남경에 있던 엄당 완대성이 다시 복귀할 움직임을 보이자 그에 대한 배척운동도 전개하였다. 숭정 11년 장부 등 복사 동인은 국문광학사(國門廣學社)와 함께 〈남도방란공게(南都防亂公揭)〉라는 완대성(阮大鋮) 배척 성명서를 만들어 그의 죄상을 동인들의 서명을 받아 발표하였다. [113] 여기에는 죽은 동림의 자제들인 고헌성의 손자 고고(顧杲), 황존소의 아들 황종회, 위대중의 아들 위학렴(魏學濂) 등의 순서로 140여 명이 서명하였다. 이 성명서는 어사를 통해 상주할 예정이었으나 어사의 체포로 실현되지는 못하였지만 남경에는 널리 유포되어 완은 결국 은둔할 수밖에 없었다.

숭정 14년에는 복사의 후원에 의한 주연유내각이 성립하게까지 되었다. 원래 장부·오위업 등은 임관하자마자 온체인을 탄핵하여 양파는 서로 대립하였는데, 숭정 7년 수보가 된 온체인은 주지기, 육문성(陸文聲) 등으로 하여금 복사의 전횡사실을 조사시키고 탄핵하였다. 숭정 10년 온(溫)이 은퇴하고 그 측근 설국관(薛國觀)이 수보가 되었다가 환관 조화순(曹化淳)과 불화하여 사직하자 오창시(吳昌時)는 설(薛)의 수뢰사실을 폭로하여 설은 하옥되고 자살하였다. 이어 숭정초 수보시절에 온체인과 대립하였던 주연유가 다시 수보에 복귀한 것은 구신을 등용하겠다는 의종(毅宗)의 뜻이 있다고는 해도, 장부·오창시 등이 그들의 주고관이었던 주를 위해 동인들로부터 모금하여 조화순에게 회뢰하는 등 복사의 옹립운동에 힘입은 것이다. 장부는 주연유에게 몇 항목의 정책요구서를 제출하였고, 주는 그 시행을 약속하여 숭정 14년 수보가 되었으며 자연 복사에 대한 탄압은 중지되었다. 그러나 일개 '향신'으로서 무위의 재상으로서의 영향력을 행사하던 장부는 그 직전 병사하고 말아 복사는 그 중심지도자를 잃고 정책은 실천을 보지 못했다. [114]

주연유내각은 조량체납분을 면제하고 정삼준(鄭三俊), 유종주(劉宗周), 예원로(倪元璐) 등의 동림인사를 정계에 복귀시키고 환관의 감군(監軍)을 폐지하는 등 동림의 정책을 실현시키려고 하였다. 그러나 주내각 자체가 동림·복사파와 환관파의 세력균형 위에서 성립한 내각이었고, 장부 사후 주는 환관파 마사영(馬士英)을 기용하여 뇌물수수를 하는 등 부패상을 보였다. 이에 다시 동림·복사의 주연유에 대한 비판이 일어날 때 반동림파에서 동림측

113) 小野和子, 1967, pp. 67~85.
114) 謝國楨, 1967, pp. 72~87 ; 小野和子, 1967, pp. 105~106.

조사(朝士) 24인을 빗댄 '이십사기지설(二十四氣之說)'을 유포하였고, 의종이 이 설에 미혹되지 않기를 상주한 급사중 강채(姜采)와, 주연유를 탄핵하려 했던 행인사부(行人司副) 웅개원이 처벌된 '웅강(熊姜)의 옥(獄)'이 숭정 15년 발생하였다.[115] 도찰원 도어사 유종주, 형부상서 서석기는 이들을 변호하다 면관되었다. 이 사건은 관료계내의 착종한 대립관계와 의종의 신료에 대한 불신으로 사건이 확대된 것이었다. 결국 동림과 결별한 주연유는 숭정 16년 청병(淸兵)이 기내(畿內)를 침략하였을 때 싸우지 않고 은상만 받은 것이 폭로되고 환관파마저 그를 탄핵하여 면관된 후 자살하였고 뇌물수수로 문제가 있던 오창시는 기시(棄市)되었다.

즉위초 엄당을 처단하고 파당을 극도로 혐오한 숭정제였지만 그는 관료에 대한 극도의 불신감만을 가져, 환관을 다시 기용하고 숭정 17년간 50재보(宰輔)를 교체시키는 등 오히려 파당을 조장한 결과를 초래하였을 뿐 변화하는 내외정세에 대응하지 못한 채 명조는 이자성 농민군에 의해 붕괴되었다. 남명(南明)정권하에서도 엄당과 동림의 당쟁은 지속하였고,[116] 복왕(福王)정권하의 완대성, 마사영 등 집권파는 동림·복사에 대한 블랙리스트인《황남록(蝗蝻錄)》을 작성하여 이들을 탄압하였다. 이에 동림·복사인들의 행동도 분열하여 주종(周鐘)과 같이 농민반란군에게 협조한 파, 오응기(吳應箕), 고고, 황종희와 같이 청군의 남하에 대해 의용군을 조직하여 반청활동을 전개한 파, 전겸익, 진명하(陳名夏)와 같이 청조에 투항한 파 등으로 갈라졌다.[117] 그러나 동림·복사의 정치지향성은 청조하에서도 강남신사를 중심으로 중앙정치비판의 저류로서 잔존하여 청조의 강남신사 탄압을 초래하였다. 청조의 이러한 탄압하에서 초기 복사가 지향했던 고학부흥의 학술활동은 그 경세적 성격을 사상당한 채 고증학(考證學)을 발달시키게 된 것이다.

맺 음 말——東林·復社運動의 성격과 관련하여

명조의 통치체제는 홍무~영락시기에 걸쳐 확립되었다. 태조는 황권의

---

115) 福本雅一, 1986.
116) Struve, 1987; 謝國禎, 1967, pp. 99~116.
117) 小野和子, 1961, pp. 465~466.

42

안정과 남부중심체제의 극복을 위해 여러 차례 의옥을 일으켜 동향의 건국
공신집단과 남부출신관료들을 제거하였다. 토착세력과 유착하기 쉬운 남인
관료에 대한 견제는 영락제의 북경천도에 의해 해소되고 중국 전역의 통일
적 지배체제가 성립하였다. 태조는 관료기구의 정점에 있는 중서성과 승상
을 단계적으로 폐지한 개혁을 비롯하여 행정·사법·군사의 모든 권한을 황
제에게로 집중시켜 이갑(里甲)농민을 기저로 한 황제일원적 지배를 확립하
였다. 만기(萬機)를 직접 통할하게 된 황제에게는 자연 그 업무의 보조자가
필요하였다. 따라서 황제의 가장 측근집단인 환관이 정치에 개입하고, 황제
의 비서관으로 출발한 내각이 정치에 참여하게 되는 것이 영락제시기부터
시작되었다. 명대의 황제독재체제는 이 환관과 내각이라는 두 사적 기구를
버팀돌로 하여 가능하였다. 118)

환관세력의 대표인 사례태감은 지위상으로는 4품에 불과하나 표의와 인
사에 영향력을 끼칠 수 있으므로 전권을 행사하지만 일단 황제의 총애가 끝
나면 바로 비극적 종말을 맞을 수밖에 없는 제도적으로는 제한된 성격의 기
구였다. 명대 환관의 정치행태는 황제의 사적 이익추구를 돕고 회뢰 등의
개인적 부패를 노정하였다. 내각은 초기에는 하품의 청요관인 한림원 수찬
(修撰)·편수(編修) 등이 입각하여 비서적인 기능을 행하였으나, 장주의 표
의권이 있으므로 점차 정책결정기구로서 기능하고, 각신도 상서겸관으로
입각함으로써 실질적으로 관료계의 정상에 위치하게 되었다. 내각은 원래
황제의 사적 기구라는 성격이지만 그 기능·지위상으로 이같이 관료계의 정
점에 위치하게 되자 가정초 대례의 논쟁의 경우와 같이 황제와 대립하는 경
우도 발생하였다. 그러나 대례의 논쟁에서 내각을 중심으로 한 관료계가 황
제 의지를 꺾지 못하고, 그 결과 황제의지에 영합하는 대례파가 내각을 차
지하게 됨으로써 이후 내각의 수보권은 더욱 강화되어 갔지만, 그것은 황제
일원적인 지배와의 밀착만을 나타내는 것이었다. 내각이 황제의 사적 이익
추구기구라는 성격을 강하게 드러낼 때 일반관료들로부터 비판받기 시작하

118) 明代의 황제독재체제의 골격은 淸代에 그대로 계승되었지만, 차이점은 滿洲族 왕조
로서 공문서에 국어를 사용하도록 한 원칙이 문서처리를 더디게 하고 불편하였으므로
奏摺制度의 실시와 함께 軍機處라는 별도의 특설기구를 설치하여 기무를 처리하도록
하여 청대 내각은 형해화하였고(宮崎市定, 1947), 환관은 단순한 사역인으로서 그 기
능을 극히 제한시켰다.

는 것이다. 환관과 내각의 두 사적 기구를 기반으로 한 명대황제권은 관료가 제공할 수 있는 합리적 행정지원으로부터 고립되어 명 후기로 갈수록 사적인 정치성격을 나타낸 것이다.

명대 내각이 가장 막강했던 시기는 융경말~만력초의 10년간 장거정수보 시기였다. 그는 당시의 내외위기상황에 대처하기 위해 중앙집권적인 황제 일원적 지배체제의 강화를 통해 효율적으로 부국강병을 이루려고 하였다. 그 밑에서 내각은 고성법(考成法)의 실시를 통해 실질적으로 관료기구의 정점에 위치하게 되었으나, 그 시책은 장거정의 개인적 정치역량에 의존했던 것이다. 장거정 자신도 관료기구, 행정구조내에서 육부와 하등의 통속관계를 갖지 않는 내각에 대해 그 관료행정구조 자체를 변혁하지는 않았다. 결국 그러한 구조가 명 후기 당쟁을 격화시킨 한 원인이 된 것이다. 또한 내각은 한림출신에 독점되어 특수한 경우를 제외하고는[119] 외료에 배타적이었기 때문에 일반 정신(廷臣)과 대립할 여지가 컸다. 더욱이 장거정내각은 그러한 배타성을 강하게 드러내고 관료와 독서인을 강하게 통제·탄압하였다. 장량실시, 세역징수도 관료의 효율성만을 극대화시키면서 중앙권력 주도로 행하였다. 또한 장거정은 재정절감책으로 상당한 국고잉여를 결과하였지만 그 이상 공공재정을 조절하기 위해 그것을 이용하지는 못하였다.[120]

이러한 장거정의 정치는 명 중기 이후의 사회경제적인 변화, 특히 이갑제의 해체하에 향촌의 모든 질서를 대신 유지해나가던 신사의 존재를 적극적으로 인식하지 못한 것이었다. 이미 관료들은 중앙의 통제를 일방적으로 받는 존재이기보다는 향촌의 신사로서 자신이 기반을 두고 있는 향촌의 이익을 대변하는 존재였던 것이다. 따라서 장거정의 전권정치에 대한 반대에서부터 명조의 당쟁은 기원하고, 그 점에서 명조의 전제지배체제(專制支配體制)는 만력기부터 붕괴한다고 할 수 있다. 장거정 이후의 내각은 인사권을 갖고 있는 이부의 견제를 받고 또한 당쟁이 관료의 고찰 때의 탄핵의 형태로 계속 진행됨에 따라 7품의 하료이지만 탄핵을 주로 담당하는 과도관(科道官)의 정치비중이 높아갔다.

동림당이란 명칭은 집권내각과 엄당에 의해 붙여진 것이나 그 구성원에

---

119) 주 40).
120) Huang, 1988, p. 527.

명확한 구분이 있는 것은 아니고 당시를 전후하여 일정한 정치경향을 같이 하는 인사들을 총칭할 수 있다. 동림운동은 협의로는 반환관(反宦官)·반내각(反內閣)집권파의 파벌적 정치운동이지만, 광의로는 이갑제적 전제체제의 붕괴과정에서 체제의 위기를 둘러싼 정치투쟁으로, 황제일원적인 전제지배체제를 반대하고 분권공치(分權公治)적인 군주주의(君主主義)를 표방한 것에 시대적인 적극적 의미가 있다. 동림은 시대변화에 따른 구체적인 정책의 제시와 그를 위한 대립보다는 유교적인 도덕원칙, 개인의 비행에 대한 탄핵에 치중했다는 한계가 지적되고도 있다.[121] 그러나 황태자 책립문제는 황실의 '사(私)'에 국한된 문제가 아니라 만민의 '공(公)'에 해당하는 문제이기 때문에 동림은 단순한 도덕적 원칙을 고집한 것이 아니고 황제와 그 측근집단의 사적인 처리를 반대한 것이다. 신종이 자신의 태자책립 의도를 관철시킬 수 없었던 것은 그만큼 공론의 비중이 커진 것을 의미한다. 삼안사건도 사건 자체보다는 동림의 엄당전횡에 대한 항쟁으로 중요한 것이다.

동림당의 반광세·상세투쟁은 국가가 '여민쟁리(與民爭利)'하는 것을 반대하고 민(民)의 이익, '사(私)'를 보장하고자 한 것이다. 이 시기의 '공(公)'이란 개개인의 사(私), 즉 천하의 사를 합함으로써 천하의 공이 이루어지는 것이고, 천하의 '사'를 위하는 것이 군주에게는 공인 것이다.[122] 동림·복사의 근거지역은 중국의 경제적 최선진지대로서 지주제(地主制), 수공업 상품생산, 상업이 가장 발달하고 이갑체제가 가장 먼저 해체되기 시작했던 강남지역이었다. 해체하는 이갑제의 기능을 대신한, 향촌의 신사를 중심으로 향촌의 자율적인 질서는 유지되어 갔고 그들은 공(公)의 실현을 위해 때로 자기 이익을 억제하기도 하였다. 동림·복사는 그러한 명말의 신사를 대표하는 정치그룹으로 향촌의 자율적인 지배기능을 중앙정치에 반영하고자 한 것이다. 주로 중소지주·신흥상공인가 출신이 많았던 동림의 반광세투쟁은 바로 이들 향촌세력의 자기 주장이었다. 복사가 조운경감문제로 주지기배척운동을 벌인 것도 중앙이익에 대해 지방이익을 확보하고자 한 것이다. 숭정 9년 강남 부호의 재산을 강제징발하여 군비에 충당하자는 무생

---

121) 劉志琴, 1979, pp. 114~128 ; 동, 1985. 劉는 이러한 점에서 東林이 張居正보다 보수적이라고 하였다.
122) 溝口雄三, 1978, pp. 203~205.

(武生) 이진(李進)의 건의에 동림파관료 전사승(錢士升)이 극력 반대하고 사임한 것이나,[123] 부호(富戶)에게 중과한 양사창의 초향안을 동림이 반대한 것은,[124] 지주층의 안정이 향촌의 안정의 기초가 되고 있는 향촌의 자율적인 질서를 중시하는 치정을 요구한 것이다. 개독의 변도 중앙권력에 대항하는 향촌세력의 공감대의 한 예증이었다. 또한 막강한 위세를 가졌던 향신 장부의 배경에는 구태여 중앙관계의 지위를 필요로 하지 않을 정도의 향촌에서의 그의 공고한 기반이 있었던 것이다.

명대 이갑제적 전제지배체제의 해체위기하에서 장거정은 황제일원적인 전제지배체제의 강화에 의한 부국강병으로 위기를 타개하려 했고, 동림·복사는 향촌의 공론과 이익이 보장되는 분권공치의 정치주장으로 상황을 해결하려고 했다. 이 두 방향은 새로운 변화를 모색한 점에서는 모두 '신(新)'이라고 할 수 있으나,[125] 차이는 장은 위로부터, 동림은 아래로부터 그것을 주도했다는 점이고 이는 양자가 근거한 사회적 기반과도 관계가 있다. 명대 사회의 변화는 신사의 향촌지배를 불가결한 것으로 하고 후자의 방향으로 나아갔다.

명초 태조의 중앙집권체제 수립에서 주된 장애대상으로 여겨져 탄압을 받았던 강남지역의 지주·관료들은 명말 향촌을 지배하는 신사로서 또 다시 분권경향을 나타내었고, 이어 이민족 청조통치하에서도 반청 흐름의 중심이 됨과 함께 역사적인 지역특성이라 할 수 있는 중앙정부에 대한 원심력을 나타내 청초 강남신사는 또 한번 대규모 탄압을 받아야 했다.[126]

참고문헌

《明史》 校勘標点本, 경인문화사 영인본.
《明實錄》, 臺灣, 中央硏究院 歷史語言硏究所 校印本.
谷應泰, 《明史紀事本末》, 1658(臺灣, 華世出版社, 1976년간본).
黃宗羲, 《明夷待訪錄》, 1663(《黃宗羲全集》, 浙江古籍出版社, 1985년간본).

---

123) 溝口雄三, 1978, p. 151.
124) 吉尾寬, 1986.
125) 小野和子, 1983-2, pp. 97~98.
126) 吳金成, 1989.

46

吳金成, 《中國近世社會經濟史研究 ── 明代 紳士層의 形成과 社會經濟的 役割 ──》, 일조각, 1986.

曺永祿, 《中國近世政治史研究》, 지식산업사, 1988.

陶希聖·沈任遠,《明淸政治制度》, 臺灣 商務印書館, 1967.

杜乃濟, 《明代內閣制度》, 臺北, 1969.

謝國楨, 《明淸之際黨社運動考》, 臺北, 1967.

石碩·段玉明 외, 《宦官大觀》, 西安, 1987.

孫正容, 《朱元璋系年要錄》, 浙江人民出版社, 1981.

吳緝華, 《明代制度史論叢》, 臺灣 學生書局, 1971.

吳 含, 《朱元璋傳》, 三聯書店, 1949.

丁 易, 《明代特務政治》, 北京, 1951.

朱東潤, 《張居正大全》, 湖北, 1957.

朱 鴻, 《明成祖與永樂政治》, 國立臺灣師範大學 歷史研究所, 1988.

湯綱·南炳文, 《明史》, 上海人民出版社, 1985.

黃仁宇, 《萬曆十五年》, 北京, 1982 (Huang, Ray, *1587, A Year of No Significance ── The Ming Dynasty in Decline*, Yale Univ. Press, 1981).

大久保英子, 《明淸時代書院の研究》, 國書刊行會, 1976.

山根幸夫, 《明代徭役制度の展開》, 東京, 1966.

山本隆義, 《中國政治制度の研究 ── 內閣制度の起源と發展 ──》, 京都, 同朋社 1968.

三田村泰助, 《宦官》, 中公新書, 1963.

小野和子, 《黃宗羲》, 東京, 1967.

Dardess, John W., *Confucianism and Autocracy ── Professional Elites in the Founding of the Ming Dynasty*, Univ. of Californis Press, 1983.

Farmer, Edward L., *Early Ming Government : The Evolution of Dual Capitals*, East Asian Research Center, Harvard Univ., 1976.

Hucker, Charles O., *The Censorial System of Ming China*, Stanford Univ. Press, 1966.

Meskill, John, *Academies in Ming China; A historical Eassy*, The Univ. of Arisona Press, 1982.

Mote & Twitchett eds., *The Cambridge History of China, Vol. 7, The Ming History, 1368~1644, Part I*, Cambridge Univ. Press, 1988.

Struve, Lynn A., *The Southern Ming; 1644~1662*, Yale Univ. Press, 1984.

權重達, 〈明代의 敎育制度 ── 특히 明王朝의 君主獨裁的 性格과 관련하여〉, 《大同文化研究》17, 1983.

金鍾博, 〈明代東林黨爭과 그 社會背景〉, 《東洋史學研究》16, 1981.

吳金成, 〈日本에 있어서 中國 明·淸時代 紳士層 研究에 대하여〉, 《東亞文化》15, 1987.

吳金成, 〈日本에서의 明淸社會의 性格研究에 대하여〉, 《東亞文化》 22, 1987.

―――, 〈順治親政期의 淸朝權力과 江南紳士〉, 《歷史學報》 122, 1989.

關文發, 〈試論明朝內閣制度的形成和發展〉, 《明淸國際學術討論會論文集》, 天津人民出版社, 1981.

羅輝映, 〈論明代 大禮議〉, 《明史研究論叢》 3, 1985.

梁方仲, 〈一條鞭法〉, 《中國近代經濟史研究集刊》 4-1, 1936.

揚樹藩, 〈明代的內閣〉, 《國立政治大學學報》 18, 1968.

吳緝華, 〈論《明史食貨志》載太祖遷怒與蘇松重賦〉, 《明代社會經濟史論叢》, 臺灣, 學生書局, 1970.

―――, 〈明成祖向北方的發展與南北轉運的建立〉, 上同.

吳 含, 〈明代靖難之役與國都北遷〉, 《淸華學報》 10-4, 1935.

―――, 〈胡惟庸黨案考〉, 《燕京學報》 15, 1934.

―――, 〈明代的錦衣衛和東西廠〉, 《灯下集》, 三聯書店, 1960.

李 洵, 〈論明末政局〉, 《史學集刊》, 長春, 1986-1 (→《復引報刊資料》 明淸史, 1986-6).

―――, 〈東林黨的政治主張 ―― 十六世紀末到十七世紀初的政治鬪爭〉, 《歷史敎學》, 1957-1.

李天佑, 〈明代的內閣〉, 《明淸國際學術討論會論文集》, 天津人民出版社, 1981.

劉伯涵, 〈論袁崇煥與東林黨的關係〉, 《歷史研究》 1958-4.

劉志琴, 〈論東林黨的興亡〉, 《中國史研究》 1979-3, 中國社會科學院歷史研究所.

―――, 〈論張居正改革的成敗〉, 《明史研究論叢》 3, 1985.

張治安, 〈明代廷議之研究〉, 《國立政治大學學報》 27, 臺北, 1973.

―――, 〈明代廷推之研究〉, 《國立政治大學學報》 29, 臺北, 1974.

曾唯一, 〈朱元璋的執權與明中後期的政治腐敗〉, 《四川師院學報》 1985-3 (→《復引報刊資料》 明淸史, 1985-11).

許大齡, 〈試論明代後期的東林黨人〉, 《明淸國際學術討論會論文集》, 天津人民出版社, 1981.

黃國强, 〈論張居正整頓吏治和改革財政的措施〉, 《華南師範大學學報》 1986-4, 廣州, (→《復引報刊資料》 明淸史, 1987-1).

黃彰健, 〈論《祖訓錄》所記明初宦官制度〉, 《明淸史研究叢考》, 臺灣商務印書館, 1977.

―――, 〈論《祖訓錄》頒行年代並論明初封建諸王制度〉, 上同.

間野潛龍, 〈洪武朝の都察院について〉, 《大谷大學研究年報》 13, 1983.

溝口雄三, 〈いわゆる東林派人士の思想 ―― 前近代期における中國思想の展開 ――〉, 《東洋文化研究所紀要》 75, 1978.

宮崎市定, 〈淸朝における國語問題の一面〉, 《東方史論叢》 1, 1947 (→《アジア史研究》 3, 京都, 1975).

―――, 〈明代蘇松地方の士大夫と民衆〉, 《史林》 37-3, 1953 (→《アジア史研究》 4,

1975).

宮崎市定,〈洪武から永樂へ――初期明朝政權の性格〉,《東洋史研究》27-4, 1969.

――――,〈張溥とその時代〉,《東洋史研究》33-3, 1974(→《アジア史研究》5, 京都, 1978).

吉尾寬,〈明末楊嗣昌の'剿餉'案について〉,《東方學報》58, 京都, 1986.

檀上寬,〈明王朝成立期の軌跡――洪武朝の疑獄事件と京師問題をめぐって〉,《東洋史研究》37-3, 1978.

――――,〈《鄭氏規範》の世界〉, 小野和子 編,《明清時代の政治と社會》, 京都, 1983.

――――,〈明代科擧改革の政治的背景〉,《東方學報》58, 京都, 1986.

福本雅一,〈熊姜の獄〉,《明清時代の政治と社會》, 京都, 1983.

山根幸夫,〈明帝國の形成とその發展〉,《世界の歷史》11, 筑摩書房, 東京, 1961(윤혜영 편역,《中國史》, 弘盛社, 1986).

――――,〈明太祖政權の確立期について〉,《史論》13, 1965.

――――,〈元末の叛亂と明朝支配の確立〉,《岩波講座 世界歷史》11, 1971.

寺田隆信,〈守成の時代〉,《中國の歷史》6, 元・明, 講談社, 1974.

森正夫,〈十四世紀後半における明代江南官田の形成〉,《明代江南土地制度の研究》, 京都, 同朋社, 1988.

西村元照,〈明代後記の丈量について〉,《史林》54-5, 1971.

――――,〈張居正の土地丈量〉,《東洋史研究》30-1・2, 1971.

――――,〈劉六・劉七の亂について〉,《東洋史研究》32-4, 1974.

城井隆志,〈萬曆二十年代の吏部と黨爭〉,《九州大東洋史論集》13, 1984.

――――,〈萬曆三十年代における沈一貫の政治と黨爭〉,《史淵》122, 1985.

小山正明,〈賦役制度の變革〉,《岩波講座 世界歷史》12, 1971.

小野和子,〈東林派とその政治思想〉,《東方學報》28, 京都, 1958.

――――,〈明末清初知識人の政治行動〉,《世界の歷史》11, 筑摩書房, 東京, 1961(윤혜영 편역,《中國史》, 弘盛社, 1986).

――――,〈明末結社に關する一考察――とくに復社について〉,《史林》45-2・3, 1962.

――――,〈東林黨考(一)――淮撫李三才をめぐって――〉,《東方學報》52, 京都, 1980.

――――,〈東林黨考(二)――その形成過程をめぐって――〉,《東方學報》55, 京都, 1983.

――――,〈萬曆邸鈔と萬曆疏鈔〉,《東洋史研究》39-4, 1981.

――――,〈東林黨と張居正――考成法を中心に――〉,《明清時代の政治と社會》, 1983.

――――,〈山西商人と張居正〉,《東方學報》58, 京都, 1986.

田中正俊,〈民變・抗租奴變〉,《世界の歷史》11, 筑摩書房, 東京, 1961(윤혜영 편역,《中國史》, 弘盛社, 1986).

中山八朗,〈明の嘉靖朝の大禮問題の發展〉《人文研究》8-9, 1957.

――――,〈再び嘉靖朝の大禮問題の發端に就いて〉,《清水博士追悼紀念明代史論叢》, 東京, 1963.

川勝守, 〈里甲制の成立と構造〉, 《中國封建國家の支配構造》, 東京大學出版會, 1980.

——, 〈張居正丈量策の展開〉, 上同.

——, 〈一條鞭法による賦役制度改革と鄕紳的土地所有の展開〉, 上同.

萩原淳平, 〈明朝の政治體制〉, 《京大文學部硏究紀要》11, 1967.

——, 〈アルタン・カーンと板升〉, 《東洋史硏究》34-3, 1975.

阪倉篤秀, 〈明初中書省の變遷〉, 《東洋史硏究》36-1, 1977.

——, 〈武宗朝における八虎打倒計劃について〉, 《明淸時代の政治と社會》, 1983.

和田正廣, 〈萬曆政治における員缺の位置〉, 《九州大東洋史論集》4, 1975.

——, 〈考察「八法」の形成過程〉, 《九州大東洋史論集》11, 1983.

Atwell, William S., "From Education to Politics : The Fu She," in *The Unfolding of Neo Confucianism*, ed. by De Bary W.T., Columbia Univ. Press, 1975.

Huang Ray, "The Lung-ch'ing and Wan-li Reigns, 1567~1620," in Mote & Twitchett eds., *The Cambridge History of China, Vol. 7, The Ming History, 1368~1644, Part I*, Cambridge Univ. Press, 1988.

Hucker, Charles O., "The Tung-lin Movement of the Late Ming Period," in *Chinese Thought and Institutions*, ed. by Fairbank, John K., The University of Chicago Press, 1957.

——, "Governmental Organization of the Ming Dynasty," HJAS, 21, 1958. (→Bishop, John L., ed., *Studies of Governmental Institutions in Chinese History*, Harvard Univ. Press, 1968).

Kuhn, Philip A., "Political Crime and Bureaucratic Monarchy: A Chinese Case of 1768," *Late Imperial China*, 8-1, 1987.

Lo, Jung-pang, "Policy Formation and Decision-Making on Issues Respecting Peace and War," in *Chinese Goverment in Ming Times : Seven Studies*, ed. by Hucker, Charles O., Colombia Univ. Press, 1969.

Mote, Frederick W., "Introductions", "The Rise of the Ming Dynasty, 1330~1367," in Mote & Twitchett eds., *The Cambridge History of China, Vol. 7, The Ming History, 1368~1644, Part I*.

陽明學의 成立과 展開

曺　永　祿

緒　言

　주자학(朱子學)이 송대(宋代)의 학술사상을 대표한다면 명대(明代)의 사상은 양명학(陽明學)이 대표한다. 왕양명(王陽明; 名; 守仁, 1472~1529)이 명 중기에 나와 성리학적(性理學的) 사상 풍토에서 심즉리설(心卽理說)을 표방하고, 이를 기점으로 지행합일설(知行合一說), 치양지설(致良知說)을 속속 제출하여 주자학에 대립되는 방대한 사상체계를 이룩하였다는 것은 명대 학술사상계에 일대 변혁이었다.

　주지하는 바와 같이 홍무제(洪武帝)가 명 왕조를 창건하자 원대(元代) 이래 군주전제지배체제를 합리화하는 데 편리한 주자학을 체제교학(體制敎學)으로 수용하여 군현학(郡縣學)의 전국적 설립과 《성리대전(性理大全)》등 영락조(永樂朝)의 국가적 편찬사업을 통하여 전국의 사자(士子)들로 하여금 충실한 신민이 되게 하였다. 그 후 관·학의 유착상태가 일반화되어 갔으며 이러한 주자학 일색의 학술사상계에 양명학이 풍미할 수 있게 되었던 것은 여러 가지 여건이 그에 수반하지 않고는 불가능한 일이었다.

본고는 양명학의 성립배경과 그 사상내용 및 특징, 그리고 그 전개과정을 개략적으로 살피려 한다. 그러나 양명학의 전개과정을 살피는 일은 그 내용이 다양·다기(多岐)하기 때문에 이를 포괄적으로 다루기는 어려우므로 그 가운데서도 특색 있는 한 유파를 택할 수밖에 없다. 황종희(黃宗羲)는 《명유학안(明儒學案)》〈태주학안서(泰州學案序)〉에서

> 양명선생(陽明先生)의 학(學)이 태주(泰州)와 용계(龍溪)를 통하여 천하에 유행하게 되었으며, 또한 태주와 용계로 말미암아 그 전(傳)을 점차 잃게 되었다. 태주와 용계는 때때로 그 사설(師說)에 만족하지 않고 불교의 비밀을 열어 선생에게 돌리니 대개 양명을 뛰어넘어 선(禪)이 되었다. 그러나 용계의 뒤는, 역량이 용계보다 뛰어난 자가 없었고, 또한 강우(江右)를 얻어 바른 길로 들어섰기 때문에 십분(十分) 결렬되기에 이르지 않았다. 태주의 뒤는 그 사람들이 능히 맨손〔赤手〕으로 용사(龍蛇)를 잡으려 덤볐으니 안산농(顔山農), 하심은(何心隱) 일파에 이르러서는 다시는 명교(名敎)측에서 능히 재제(裁制)할 수 없게 되었다.

하여 양명학의 한 물줄기가 태주와 용계로 흐르고, 태주에서 다시 안산농, 하심은으로 이어지면서 명교적(名敎的) 궤도에서 이탈하였다고 비판하고 있다.

이러한 비판에도 불구하고 양명학의 여러 특징은 태주, 용계와 같은 기백 있는 제자들에 의하여 천하를 풍미하게 되었으며, 이러한 가운데서 학문의 분파작용도 있게 되었다. 비교적 온건한 노선을 취하면서 명교적 입장에 서는 우파(右派)와, 명교에 비판적 입장을 취하면서 극단론으로 흐르는 좌파(左派)가 그것으로, 태주파(泰州派)가 양명학 좌파를 대표함[1]은 위의 지적과 같다.

---

1) 양명학 좌파라는 말을 처음 쓰게 된 것은 嵇文甫, 《左派王學》에서부터이다. 그러나 그 후의 중국학계에서는 泰州派를 王學左派로 보지 않으려는 시각이 지배적이다. 예컨대 侯外盧는 '진보적인' 泰州學을 '보수반동적인' 陽明學에서 분리시켜야 한다는 이유에서 王學左派라 하면 태주파도 역시 양명학의 일파로 인정한다는 것이니 이는 부당하다는 주장이다(《中國思想通史》四卷下, p.971). 이러한 주장은 지나친 편견으로서 陽明學이 朱子學에 비하여 진보적이며 '王學左派'는 역시 진보적이라는 順理的 논지로 수정되어야 할 것이다(荒木見悟, 1984 참조).

다만 본고에서는 황종희의 〈태주학안서〉의 예에 따라 서술의 대상을 하심은까지에 한하고 일반적으로 심은(心隱)과 함께 다루는 태주파의 극단론자 이탁오(李卓吾)의 경우는 일단 제외한다.

I. 陽明學의 성립

1. 明代 心學의 대두

1) 朱子學과 明代 前期의 사상계

왕양명은 송대 육상산(陸象山)의 문집을 간행할 때, 그 서문에서 "성인(聖人)의 학(學)은 심학(心學)이다"하여 상산의 심학을 추존하였다.

심학은 이학(理學)의 대칭으로서 주자학에 대한 상산(象山)의 학문을 일컫는 것이다. 그 양자의 원래의 차이는, 《중용(中庸)》에서 성인이 되려면 덕성(德性)을 존중하고 학문에 의존한다(尊德性而道問學)는 말의 해석상의 차이에서 비롯된 것이다. 이 해석에서 주자는 학문에 의존하는 일이 우선한다고 주장한 데 대하여, 상산은 "아직 덕성을 알지 못하는데 어찌 학문에 따를 수 있겠는가?"[2]라고 반박한 것이다.

주자학이 이학이 되는 까닭은 성즉리설(性卽理說)에 있다. 즉 인간의 도덕적 본성을 하늘의 이법[天理]이라고 하는 사고를 기반으로 하여, 인간이 성인이 되기 위해서는 사서오경을 공부하여 천하사물의 이법을 밝히는 일이 무엇보다도 중요하다는 것이다. 여기에 대하여 상산이 제창하고 양명이 계승한 심즉리설(心卽理說) 또한 이학이 아닌 것은 아니다. 심즉리의 이(理)는 바로 심(心) 그 자체로서 인간의 심 바깥에 따로 이가 존재하는 것이 아니기 때문에 심을 함양하면 그것으로 족하지 군이 학문을 통할 필요가 없다는 것이다. 이것이 심학을 이학과 구별하는 소이인 것이다.[3]

상산의 심학이 주자의 이학에 우위를 뺏긴 이래 주자학은 원대(元代)를 통하여 관학(官學)으로서의 위치를 누렸으며, 명의 태조가 지배체제를 형성하자 주자학은 체제이데올로기로서 확고한 지반을 군혔다. 태조가 선포한 육

---

2) 《象山全集》 卷 34.
3) 山下龍二, 1971, p.124.

유(六諭)는 주자학의 교육지침을 그대로 따른 것이며, 제(帝)의 좌우에서 정치에 참여한 유기(劉基)·송렴(宋濂)·방효유(方孝儒) 등은 주자학의 신봉자로서 누구라도 송유(宋儒)를 비방하는 일이 있으면 내용의 타당성 여부는 고사하고 단지 성학(聖學)을 모독하였다는 이유만으로 용서하지 않았다. 이리하여 명초부터 군신(君臣)의 의(義)가 절대화되고 《맹자(孟子)》의 역성혁명설(易姓革命說)이 부정되어 사회의 변화에 대하여도 '이(理)'의 이름 아래 수구적인 전통이 강조되었으며,[4] 팔고문(八股文)의 제정으로 과거를 통한 사상의 통제를 꾀하는가 하면, 《영락대전(永樂大全)》, 《성리대전》 등 주자학의 부흥을 위한 국가적 사업을 일으켰다.

이와 같이 주자학이 명대에 와서 국가의 지도이념으로 확립되어 군주권과 밀착되면서부터 그 사상 내용은 점차 희박하게 되고 형식적 허구성만 남게 되었다. 오직 주자학을 좇아 실천하는 일이 강조될 뿐이어서 명 중기의 주자학자 설선(薛瑄; 1389~1464)은 "주자 이래로 이[儒] 도(道)가 크게 밝았으니 번거롭게 저작(著作)하지 말고 곧장 모름지기 실천할 따름인저!"[5]라고 한 말이 당시 학계의 상황을 잘 대변해 주고 있다. 이 말은 이미 형해화한 성리학의 침체성을 지적함과 동시에 새로운 명대 심학의 발흥을 예고한 신호라 할 것이다.

양명에 한발 앞서 심학을 제창한 이로 진헌장(陳獻章; 號; 白沙, 1428~1500)이 있다. 진(陳)의 스승 오여필(吳與弼)은 설선과 마찬가지로 주자학자로서 제자들로 하여금 되도록 경서를 많이 읽고 도덕적 실천을 행하도록 가르쳤으나, 진헌장은 끝내 자신의 심(心)이 이(理)와 하나됨을 얻지 못해 결국 그 문하를 떠났다. 그는 독서를 떠나 정좌(靜坐)에 힘쓴 결과 "곳에 따라 천리를 체인한다(隨處體認天理)"[6]는 새로운 심학의 경지를 열게 되었다. 이리하여 황종희가 《명유학안》에서 "명대의 심학은 백사(白沙)에서 시작하여 양명에 이르러 대성하였다"[7]고 한 바와 같이 백사와 양명이 전후하여 명대 심학을 일으키게 되었다.

---

4) 曹永祿, 1973, pp. 79~81.
5) 《明史》, 列傳 170; 《儒林》 1, 薛瑄.
6) 《白沙子全集》 卷 2, 與湛民澤第十一書.
7) 《明儒學案》 卷 10, 姚江學案序.

2) 陽明의 格物致知의 새 해석

양명도 처음부터 가정적으로나 사회적으로 철저한 주자학적 분위기에서 주자학의 요체인 격물치지설(格物致知說)을 체득해 보려는 필사적인 노력을 경주하였다. 그는 일찍이 주자학자 오여필의 제자 누량(婁諒)을 찾아가 송유(宋儒)의 격물설(格物說)을 배울 때 "성인(聖人)의 경지는 배워서 도달할 수 있다"는 말에 감복하고, 이를 실천하기 위하여 이른바 일초일목(一草一木)의 이(理)를 궁구(窮究)한다는 자세로 뜰앞의 대나무를 대상으로 격물하는 공부에 본격적으로 착수하였으나 결국 7일 만에 병을 얻고 말았다.[8] 성인이 되어 보려 한 양명의 노력이 이같이 좌절된 후 향시(鄕試)에 합격하였으며, 홍치(弘治) 12년(1499)에는 28세로 진사(進士)가 되었다. 그 후 그는 옛시문(詩文)에 심취하였으며 또 몇 년 뒤에는 도인술(道引術)에 빠지는 등 다방면에로의 편력을 통하여 그의 재사(才士)로서의 면모를 살필 수 있다. 정덕(正德) 원년(1506)에는 환관(宦官) 유근(劉瑾)의 무도한 정치에 대한 조정 신하들의 반대운동에 참가하여 투옥되었다가 곧이어 귀주성(貴州省) 용장(龍場)의 역승(驛丞)으로 유배되었다. 용장은 요족(徭族)이 사는 미개한 산지로서 양명도 그들과 함께 야만적 생활을 하지 않을 수 없었다. 양명은 만약 성인이 이런 경우에 처하였더라면 어떻게 대처할 것인가를 골똘히 생각하면서 석실(石室) 하나를 지어 그 안에서 성인될 공부에 착수하였다. 그는 밤낮을 가리지 않고 정좌(靜坐)하여 명상하던 어느날 밤 홀연히 대오(大悟)하여 "성인의 도가 나의 성(性)에 자족(自足)하니 따로 사물에서 이(理)를 구하는 것은 잘못이다"[9] 하여 드디어 주자의 격물설과 결별을 하게 된 것이다. 이것이 이른바 '용장의 오(悟)'로서 이러한 그의 심즉리의 입장은 주자학의 성즉리설(性卽理說)에서 출발하여 여러 사상의 편력과 각고의 노력의 결과로 얻어진 것이었다.

이같이 양명의 심즉리설이 《대학(大學)》의 격물치지에 대한 주자와의 해

---

8) 《傳習錄》, 下 118(傳習錄의 숫자 표시는 山本正一, 譯註의 목차에 따름) 및 年譜 一, 孝宗弘治, 二年己酉條.

9) 年譜 二. 武宗 正德二年戊辰條, 이밖에 陽明의 생애에 관한 기록은 黃綰 '陽明先生 行狀', 《明史》 卷 195, 本傳, 《明儒學案》 卷 10, 〈姚江學案〉 참조.

석상의 차이에서부터 출발한 것인 만큼 우선 그 내용에 대하여 잠시 살펴보아야 할 것이다. 주자는 격물(格物)의 격을 지(至), 물을 사물이라 하여 격물치지를 사물에 지(至)하여 지(知)를 이룬다고 해석하였다. 따라서 그는 "모든 천하의 사물에 나아가 그 이법을 궁구하면 일조(一朝)에 활연(豁然)히 관통하게 된다"[10] 하였다. 이에 대하여 양명은 격(格)을 정(正), 물은 사물이 아니라 조금이라도 뜻이 있는 심중(心中)의 물(物)이라 보아 격물을 심(心)의 부정(不正)을 바로 하는 것이라 한다. 그리고 치지(致知)의 지는 양지(良知)이며 치는 완성이니, 말하자면 사람이 타고난 본연의 지(知) 즉 양지를 실현한다는 것이다.[11] 그는

> 내가 말하는 치지격물(致知格物)은 내 마음의 양지(良知)를 사사물물(事事物物)에 치(致)하는 것이다. 내 마음의 양지는 천리(天理)이다. 내 마음의 양지의 천리를 사사물물에 치(致)하면 사사물물이 모두 그 이(理)를 얻게 된다. 내 마음의 양지를 치하는 것이 치지(致知)이며 사사물물 모두 그 이를 얻는 것이 격물(格物)이다. 결국 나의 입장은 심(心)과 이(理)를 합쳐 하나로 하는 것에 불과하다.[12]

하여 결국 치지란 지식을 얻는다는 것이 아니라 인간이 천부적으로 타고난지, 맹자가 말한 양지(良知)·양능(良能), 즉 배우지 않고 생각하지 않아도 알 수 있는 인간본연의 지, 그것을 실현한다는 것이니, 양명의 이 격물치지의 해석이야말로 심즉리를 사고의 바탕으로 하여 가능한 것이며 이 점이 바로 주자 해석과의 차이점인 것이다.

이와 같이 격물의 물이 객관적으로 존재하는 사물이라고 보아 이를 마음으로 깨친다는 주자학을 객관적 유심론이라고 하는 데 대하여, 물이 심(心)의 물이라는 육왕학(陸王學)을 주관적 유심론이라고도 한다.[13] 그런데 같은 심즉리설을 주장하였다고 하여 상산과 양명의 심즉리의 내용이 반드시 일치하는 것이 아니다. 상산은 인간이 이 세상에 태어나기 이전에도 천리(天理)는 존재하였고 그것이 인간에 내재화하였기 때문에 심과 이(理)는 합일하는

---

10) 《大學章句》傳 5 章에 대한 朱子의 補傳 및 《近思錄》3, 致知類 9.
11) 《陽明全書》卷 26, 續編 1, 大學問.
12) 《傳習錄》中, 答羅整庵小宰書.
13) 島田虔次, 1970, pp. 5~10.

것이라고 한 데 대하여, 양명은 거꾸로 인간의 심이 이를 낳았다고 생각하였다.[14] 상산은 박학(博學)이 먼저 있고 역행(力行)이 뒤에 있다고 하여 박학하여 행할 이(理)를 알고 난 다음에 실천한다는 이른바 '지선행후(知先行後)'설은 주자의 설과 동일하였으나, 양명은 지행합일설(知行合一說)을 주장하였다.[15] 즉 지는 행을 통하여 성립한다는 것이니, 이를테면 효(孝)라고 하는 덕목은 그 행위의 형식을 배워서 아는 것이 아니라 어버이를 공경하는 자연적 마음에서 효행이 우러나온다는 것이다. 따라서 효심과 효행은 하나인 것이다. 행을 떠난 지, 지를 떠난 행은 양명의 지행합일설과 다른 것이다.

2. 陽明學의 인간관

1) 聖人觀

양명학에서는 심(心)이 인간의 주체요, 인간이 사회나 우주의 주인이라는 철두철미한 주관적 입장에 선다. 그의 인간관은 자주 인용되는 정금(精金)의 비유에서 다음과 같이 설명되고 있다.

　　성인(聖人)이 성인되는 소이는 그 마음이 어느 정도로 천리(天理)에 순(純)하고 인욕(人欲)의 잡(雜)됨이 없는가에 달려 있는 것이니 마치 순금(純金)이 순금되는 소이가 100%의 순도를 지녀야지 동이나 연(鉛)이 섞여서는 안되는 것과 같은 것이다. 그런데 성인의 재력(才力)에는 역시 대소(大小)가 있는데 그것은 마치 금에 중량이 있는 것과 같다. 이를테면 요(堯)·순(舜)은 만일(萬鎰), 문왕(文王)·공자(孔子)는 9천일(九千鎰), 백이(伯夷)·이윤(伊尹)은 4·5천일로서 각각 재력이 같지 않으나 천리에 순(純)하는 점은 한가지여서 모두 성인이 된다.……[16]

하여 인간평가의 기준을 본질에 두고 재력의 유무에 두지 않는다. 양명의 인간관은 본질적으로 평등하다 하면서도 정금(精金)에 비유할 때 요·순·공자가 구천일, 이윤이 4·5천일이면 일반인도 수백 혹은 수십 일은 될 것이니 현실적으로 일(鎰)의 차이가 없는 것이 아니다. 그리하여 그는 성인의 분(分)과 현인(賢人)의 분, 다시 말하면 양지(良知)와 양능(良能)은 성과 현

———————————

　14) 山下龍二, 1971, pp.134~136；同氏, 1977, p.214.
　15) 山下龍二, 1971, pp.137~142；同氏, 1977, p.214.
　16) 《傳習錄》上, 99.

58

이 같으나 단지 그것을 이루느냐, 이루지 못하느냐에 그 구분점이 있다는 것이다. [17] 그는 성(聖)·현(賢)·중인(衆人)의 차이에 대하여

> 솔성지위도(率性之謂道)는 성인분상(聖人分上)의 일에 속하고, 수도지위교(修道之謂敎)는 현인분상(賢人分上)의 일에 속한다. 중인(衆人)도 역시 솔성(率性)이지마는 다만 솔성은 비교적 성인분상에 많고, 성인도 수도지마는 다만 현인분상에 많다. [18]

고 하여 성인과 중인의 분이 있기는 하나, 그 구분은 단층적·절대적인 것이 아니라 비교적·상대적인 것으로 규정짓는다.

이와 같이 양명의 인간관은 도덕적 본질적으로 평등한 것으로 보기 때문에 현실적으로 나타나는 인간의 성(聖)·우(愚)나 상하존비(上下尊卑)의 차별은 별개의 문제로 친다. 제자 전덕홍(錢德洪)이 《맹자》의 교력성지설(巧力聖智說)에 관하여 물었을 때, 인간은 각기 특징이 있는데 이는 선천적인 '재력의 분한(分限)'이 다르기 때문으로 이를 따로 문제삼을 것이 없다고 하였다. [19] 양명학에서 인간의 양지·양능은 금(金)의 순도와 마찬가지로 본래 동질적이기 때문에 재력의 고하와는 관계없이 평등하다. 그가 "거리에 찬 사람은 모두 성인이다(滿街都是聖人)" [20]라고 한 유명한 말은 그의 인간관의 다른 표현에 지나지 않는 것이다.

2) 四民平等觀

양명의 주자비판은 격물에 대한 해석에서 비롯하여 만년에는 주자의 〈대학장구(大學章句)〉를 물리치고 《예기(禮記)》에 있는 그대로의 《대학》, 이른바 《고본대학(古本大學)》을 취하였다. 따로 〈대학문(大學問)〉을 지어, 여기서 그는 3강령(綱領) 중의 하나인 '친민(親民)'을 주자학에서처럼 '신민(新民)' 즉 백성을 새롭게 한다라고 읽지 않고 백성을 친하게 한다라고 읽었다. 친민이어야지만 "교(敎)와 양(養)의 두 가지 뜻을 겸할 수 있으며 신민이라고 하면 (敎의) 한쪽만 치우치게 된다"고 비판하였다. 말하자면 주자의 입장은

---

17) 같은 책 下, 113.
18) 같은 책 下, 30.
19) 같은 책 下, 86.
20) 같은 책 下, 113.

분명히 높은 곳에서 민(民)을 지도, 교화한다는 것으로, 이는 주자학 자체가 원래 사대부관료(士大夫官僚)의 서민을 상대로 한 치자적(治者的) 입장을 강하게 반영한 것이다. 그러나 양명학은 그와는 대조적이다. 양명 자신이 사대부관료인 점에서는 주자와 마찬가지지만 그는 주자와는 달리 서민을 도덕실천의 직접 대상으로서가 아니라 그 실천주체로서 파악하기 때문에 어디까지나 그들로 하여금 도덕실천의 책임을 지우려 하였다.[21]

양명의 친민설(親民說)은 그의 사민평등관(四民平等觀)의 기초 위에서 성립한다. 그는 인간이 타고난 재능에서 결과한 상하의 분이나 사(士)와 농(農)·공(工)·상(商)의 분이 서로 모순하지 않는 기능적 분업적 차이에 지나지 않는 것으로 보아 사민평등주의에 입각하고 있다. 그는 처음에 사였던 방린(方麟)이 뒤에 상업으로, 다시 농업으로 전업한 데 대하여 다음과 같이 평하고 있다.

　　옛날에는 사민(四民)이 업(業)을 달리하더라도 도(道)는 같이 하였다. 그 마음을 다하는 것은 한가지인 것이다. 치(治)는 닦고, 농(農)은 기르는 데〔養〕이바지하고, 공(工)은 기(器)를 이(利)하고, 상(商)은 화(貨)를 통(通)한다. 각기 그 자질(資質)의 가까운 바, 힘이 미치는 바에 따라 그것을 업으로 하여 그 마음을 다하기를 구하니 그의 돌아갈 바가 생인(生人)의 도에 유익한 데 있기는 모두 같다. ……때문에 사민은 업을 달리하나 도를 같이 한다.……[22]

고 하여 이업동도(異業同道)의 사민평등을 말하고 있다. 사민의 구분은 '자질'과 '능력'에 따라 정해지나 그 '분'은 생인을 위하여 각각 분업에 의한 일체적 대동(大同)을 이룬다는 점에서는 같기 때문에 그것은 상하계층이 아니라 기능적 차이에 지나지 않는다는 것이다. 도가 같으니 학(學)도 사민의 공유일 수밖에 없다. 종래 과거의 학과 밀착된 주자학이 사의 전유물로 해 온 유교를 양명은 사민에게 공개함으로써 사민동도(四民同道) 사민공학(四民共學)에 의한 대동사회의 건설 즉 "심체(心體)의 동연(同然)함을 회복하여 일체(一體)의 인(仁)을 이루어야 한다"는 대동적 이상사회의 건설이 양명의 궁

---

21) 鄭寅普, 1955, pp. 154~156; 島田虔次, 1967, pp. 103~104, pp. 133~134; 溝口雄三, 1987, p. 322.
22) 《陽明全書》卷 25, 節庵方公墓表.

극적 소망이었다.[23]

그러나 그의 열렬한 소망에도 불구하고 막상 그 대동사회를 이룩하기 위한 방법은 인간 각자가 "숭비(崇卑)를 경중(輕重)으로, 노일(勞逸)을 미악(美惡)으로 생각하지 말고, 번거롭고 보잘것없는 일자리도 고(苦)되다거나 천하다고 생각하지 말아야 된다"는 개인의 도덕적 자각에 호소할 뿐이었다.[24] 즉 양지라는 점에서 보면 모든 인간은 평등하다는 그의 성인관을 사회적 인간관계에도 그대로 적용하여 도덕적인 점에서 사민은 평등하다는 사민평등론을 제출한 것이다.

이러한 양명의 사민평등관은 분명히 주자학에서 사대부관료를 실천주체로 하여 민(民)을 위에서부터 덕화(德化)한다는 방식과 그 실천을 위한 독서, 궁리(窮理) 등의 방법론이 도학군자적(道學君子的)인 방법과의 사이에 차이가 있었다. 이 차이를 보다 명확히 이해하기 위해서는 주자학의 정분론(定分論)에 대한 양명의 비판을 일별할 필요가 있겠다.

3. 陽明學 성립의 사회적 배경

1) 주자학의 '定分論' 비판

주자의 경세론(經世論)은 이기론(理氣論)의 철학적 사유 구조를 토대로 하여 전개된다. 그의 이기론에서 이(理)를 천지만물의 각각에 성(性)=동일성(同一性)을 부여하는 원리로, 기(氣)는 거기에 형(形)=차별상(差別相)을 부여하는 원리로 본다. 사물에는 이와 기의 두 원리가 함께 내재함으로서 본질적으로는 동일성이 존재하면서 동시에 각각에는 차별상이 나타난다는 것이다. 그러나 그는 이기이원론(理氣二元論)에는 만족하지 않고 이를 기에 대하여 근원적 절대적 위치에 끌어올리기 위하여 태극(太極)을 설정하여 일원적 이원론을 세웠다. 염계(濂溪)의 태극도설(太極圖說)을 발전시킨 주자학의 태극은 "일사일물(一事一物)의 극(極)이며 천지만물의 이를 총괄하는" 이의 극대화된 원리로서 이와 기를 초월한 절대적 권위를 갖게 된 것이다.[25]

주자는 명도(明道)·횡거(橫渠)계통의 학설을 종합하지만 직접적으로는

---

23) 《傳習錄》 中, 答顧東橋答書 혹은 答人論學書 中 拔本塞源論.
24) 위와 같음.
25) 曹永祿, 1973, p. 74.

이천(伊川)의 영향을 받아 이기론=우주론(宇宙論)을 완성하였다. 주자의 인성론(人性論)도 거기에 대응, 전개시킨 데 불과하다. 이는 인간에서는 본연의 성[善]으로, 기는 기질의 성[惡]으로 설명한다.[26] 성인(聖人)은 그 본연의 성이 회복된 상태이며, 범인은 기질의 성에 은폐된 상태의 인간으로 보기 때문에 인간세계는 결국 기질의 성의 청탁(淸濁)한 정도에 따라 위로는 성인에서 아래로는 범인에 이르기까지 종적 상하관계로 형성되어 졌다는 것이다. 여기에 주자학의 인간을 포함한 우주적 자연질서가 계제적(階梯的)으로 구축되게 된 것이다.[27]

정주학(程朱學)의 이기론은 양명학에서는 관심 밖의 일이었다. 양명학에서는 이(理)를 심(心)으로 환원시킴으로써 항상 심[良知]이 관심사일 뿐 이기는 달리 문제될 것이 없었다. 심이 곧 이이기 때문에[心卽理] 이를 말할 때는 기는 일방적으로 거부되며, 기가 문제될 때는 기의 조리(條理)를 이로 보아 넘긴다.[28]

따라서 그는 분(分)=차별은 기(氣)의 작용이 아니라 재능의 결과로 보아 '분'을 원리상으로 부정하려 한 데서 주자와 대립한다.

그러나 정주학에서는 기의 작용에 의한 차별상은 인간사회에서는 상하, 빈부, 귀천이라는 불평등으로 나타나게 되는데, 이는 이의 당연한 바로서 긍정되어진다. 여기에 분=신분에 의한 하이어라르키가 기대된다.

이와 같이 주자의 사회적인 분 즉 신분은 도리성(道理性)을 그 본질로 하고 있기 때문에 절대적인 위력을 갖게 되어 강제성을 띠게 된다. 다음의 사료는[29] 주자의 봉건적 신분관을 전형적으로 설명해 준다.

······형(刑)이 가벼우면 가벼울수록 민중의 풍속을 순후하게 하기는커녕 오히려 헝클어지게 하여 작란(作亂)할 마음을 조장시키는 결과를 자주 낳는다······근년 이래 혹은 처가 남편을 죽이고, 혹은 족자(族子)가 족부(族父)를 죽이며, 혹은 지객(地客)이 지주(地主)를 죽이는 데도 담당관은 형을 논의하되 유유(流宥)의 법에

---

26) 守本順一郎, pp. 125~128.
27) 위의 책, pp. 100~103.
28) 陽明學에서의 理氣는 분리될 수 없는 일체이기 때문에 理의 입장에서는 전체가 理이며 氣의 편에서는 '一氣의 流通'이 된다. 양명학을 氣學으로 보는 이유도 이 점에 있다. 山下龍二, 1971(成立篇), p. 3, pp. 93~95, pp. 367~371.
29) 《朱子大全》卷14, 戊申延和奏箚.

쫓아 살인자를 사형에 처하지 않고, 상인자(傷人者)를 형벌하지 않는다. …… 옥공(獄訟)이 있으면 반드시 먼저 그 존비(尊卑) 상하(上下) 장유(長幼) 친소(親疎)의 공(公)을 논한 다음에 그 내용의 곡직(曲直)을 들어야 한다. 만일 하위자가 상위자를 범하고 비천한 자가 존귀한 자를 능매(凌罵)하였다면 비록 옳았더라도 도와주지 말아야 하며……(방점표시는 필자)

주자의 "천하의 일에 이(理) 없는 것이 없다……군신된 자는 군신의 이(理)가 있고 부자된 자는 부자의 이가 있고…… 군신의 큰 것에서부터 사물의 작은 일에 이르기까지 그 소이연(所以然)과 그 당연한 바가 있다"[30]는 사고방법에서 보면 현상적(現象的)으로 존재하는 일체의 인간관계는 이=도리에 의하여 보장되어야 하며 만일 이에 어긋날 때는 가차없는 형벌이 내려져야 한다는 흡사 법가적(法家的) 주장이 나오게 되는 것이다. 이와 같이 주자학의 이=정리(定理)는 상하의 인간관계에서는 '정분(定分)'이라고 하는 윤리적 권위를 갖고 항상 상위자의 편에서 하위자에게 도리를 강요하며 반대로 만일 하위자가 이를 내세우게 되면 도리어 패륜으로 몰리게 될 뿐이다.[31]

이와 같이 주자와 양명의 '분'이론은 전자의 이기론과 후자의 재능론과의 차이에서부터 각각 달리 전개되었다. 전자에게 원리적으로 긍정된 '분'은 사회적으로는 계급성을 띤 신분으로 나타나게 되어 그것에 의한 계제적(階梯的) 일체사회설(一體社會說)이 제출되었으나, 후자는 인간의 천부적인 재능에 의한 '분'을 인정하면서도 사민평등론을 내세워 주자학적 정분론을 타파하려 하였다. 여기에서 우리는 양명의 '분'이론이 주자학적 정분론을 극복하려 하는 새로운 의지를 엿볼 수 있게 된다.[32]

이와 같이 양명의 주자학에 대한 수정 내지 비판 과정은 곧 양명학의 성립 과정을 의미한다고 할 수 있다. 백사에서 시작되어 양명에서 완성된 명대의 심학(心學)이 성립하게 되는 사회적 배경을 간과할 수 없다.

2) 명대 심학 성립의 사회적 배경
명대 초기부터 실시한 이갑제(里甲制)는 군주 일원적(一元的) 전제지배체

---

30) 같은 책 卷14, 甲寅行宮便殿奏箚.
31) 戴震, 《孟子字義疎證》理五理十.
32) 曺永祿, 1973, p.79.

제의 강화를 실현하기 위하여 편제된 농촌조직으로서, 이갑호(里甲戶)의 민은 천편일률적으로 군(君)·관(官)의 지배 아래 놓이게 되었던 것이다. 그러나 명 중기 이후로 이갑제의 해체가 이루어지게 되면서 향촌에는 향신지주(鄕紳地主)와 훈척 등 세습적 특권지주가 나타나는가 하면, 상공업의 발전으로 부의 축적이 이루어졌다. 이들 지주층이 영세한 농민을 전호(佃戶)나 노복(奴僕), 혹은 용공(傭工)으로 지배하게 되는 등 계층의 분화가 심화하게 됨으로써 사회적 모순이 나타나게 되었다.[33]

양명이 활동하던 정덕 연간(正德年間)에는 이갑제를 실시하는 데 빈부의 격차를 시정하기 위하여 십단법(十段法)이라고 하는 호등제(戶等制)를 도입하는 등 사회모순을 해결하기 위한 여러 가지 방책을 강구하였으나 이갑제적 질서의 해체를 근원적으로 막을 수는 없었다. 양명 자신도 이러한 현실에 대처하기 위한 방편으로 향약(鄕約)과 보갑법(保甲法)을 창도하여 향촌질서의 재편을 시도하였다.[34] 이러한 사회적 변화가 일어나고 있는 상황에서 주자학적 정리론(定理論)으로는 여러 가지 국면에 대응하기 어려웠다. 명대에 이르러 단순화되고 형해화된 이(理)가 특히 명대 중기 이후의 사회변화에 대응할 능력을 잃고 있었으므로 여기에 새로운 원리 내지 이론의 창출이 기대되었다. 이러한 기대에 부응하여 나타난 것이 명대의 심학이요, 양명의 심즉리에 입각한 양지설(良知說)이다. 양지설은 정리론에 비하면 훨씬 순발력을 가지고 있어서 사회변화에 대처할 능력이 있었다.[35] 말하자면 명 왕조의 창업군주들은 체제의 유지에 이용하기 편리한 주자학을 일방적으로 강요하였던 것이었으나 점차로 그 형해화한 이(理)의 지루함과 형식화한 의(義)의 경직성은 유동하는 중기 사회의 인심(人心)에 적용되지 못하였다. 그리하여 거기에 알맞는 심학이 새로 대두되었고 그 총결산으로서 양명의 양지설이 나오게 된 것이다.[36]

그렇다고 하여 양명의 양지설이 전통적 질서기반을 부정하는 것이 아니다. 이를테면 양명이 주자의 신민설(新民說)의 잘못을 지적하고, 스스로 친

33) 吳金成, pp. 88~107; 溝口, 1987, pp. 324~326.
34) 《陽明全書》卷 16, 十家牌法告論各府父老子弟, 案行各分巡道督編十家牌 및 年譜 一, 47歲條; 徐復觀, 1986, pp. 227~229 참조.
35) 溝口, 1980, pp. 63~66.
36) 曹永祿, 1973, p. 81~82.

민설(親民說)을 주장한 것도 향촌의 질서를 민(民)의 지평(地平)에 서서 재편성하려 한 시도로 볼 수 있을 것이다.[37] 지주와 전호의 관계도 송·원대(宋·元代)의 '주복(主僕)의 분(分)'에서 '장유(長幼)의 분'으로 전환할 만큼 명·청대의 전호의 신분은 현저히 상승하고 있었다.[38] 주자학이 군과 관에 관한 언급이 잦은 데 비하여, 양명학이 효제(孝悌)에 관한 언급이 잦은 것도 향촌질서가 이전까지의 주복의 상하 존비의 관계에서 장유의 횡적 관계로 이행되어 간 현실사회의 반영이라고 보아야 할 것이다. 여기서도 사회의 진전에 대응한 양명학의 진보적 성격을 살필 수가 있다.

4. 萬物一體思想과 三敎觀

양명의 양지설과 그것을 기초로 한 사민평등관도 중국의 전통적 정치사상의 하나의 특질인 대동사상과 관계가 깊다. 그가 〈대학문〉에서 "천하 보기를 자기집과 같이 하고, 세상 보기를 한 사람처럼 한다(其視天下猶一家, 中國猶一人焉)"는 말도 《예기》〈예운편(禮運篇)〉의 천하위공(天下爲公)의 대동사상에서 나온 것이다. 이 《예기》의 대동사상은 양명학에 와서는 만물일체사상(萬物一體思想)으로 발전되게 되었다. 양명은 유명한 발본색원론(拔本塞源論)에서 이렇게 강조하고 있다.

(성인은)……이 때문에 그 천지만물일체(天地萬物一體)의 인(仁)을 미루어 써 천하를 가르쳐 이들로 하여금 모두 그 사(私)를 이기고 그 폐(蔽)를 떨쳐버리어 그 심체(心體)의 동일함에로 복귀토록 한 것이다.……그리하여 천하의 인민은 가족처럼 친하여 재질(才質)이 낮은 이는 농(農)·공(工)·상고(商賈)의 분(分)을 지켜 각기 그 업(業)에 힘써 상생(相生) 상양(相養)할 것이며 높은 것을 바라고 분수의 바깥을 내다보는 일이 없도록 하고…… 천지만물의 인(仁)을 이루면 정신과 지기(志氣)가 관통하여 인(人)·기(己)의 구분과 물(物)·아(我)의 간격이 없어져 마치 신체의 눈은 보고 귀는 들으며, 손은 잡고 발은 다니어 신체의 운용을 함과 같다.……가장 중요한 것은 오직 심체(心體)의 동일함으로 복귀하는 데 있는 것이니 지식과 기능은 문제 삼을 것이 아니다.

이 논설은 삼대(三代) 이후 천여 년 동안 인간은 모두 이기(利己)·사욕(私

---

37) 溝口, 1987, pp. 322~324.
38) 仁井田陞, pp. 45~49; 細野浩二, p. 62; 今永清二, pp. 180~184.

慾)의 습성에 젖어 명군(明君)의 정교(政敎)와 현철(賢哲)의 학설이 끊임없이
쏟아져 나왔으나 이를 제거하기는커녕 오히려 조장할 뿐이었으니 그 병의
근원을 발본색원하지 않고서는 삼대의 대동사회를 실현할 수가 없다는 것이
며, 발본색원하는 방법은 만물일체의 인(仁)을 회복하는 데 있다는 것이다.
양명이 강조한 이 만물일체의 사상은 중국 고대의 대동사상이 송유의 만물
일체사상을 거쳐 발전하게 된 것이다. 그것은 정명도(程明道)의 만물일체사
상과 장횡거(張橫渠)의 민포여물(民胞與物)의 수평주의적 경향을 띤 것으로
서, 이천·주자계통의 계제적 대동사회설과는 다르다.[39]

　여하튼 명도·횡거계통의 수평주의적 만물일체사상은 양명학에서는 심즉
리, 지행합일 그리고 치양지설과 밀접한 관계하에 계승되었다. 특히 그것은
양명의 학문이 완숙기를 맞아 제창된 치양지설의 기초가 되었다. 양지는 인
간의 본래적인 심정(心情)으로서, 하늘에서 부여한 덕성이 아니라 인심(人
心)의 원천에서 용솟음쳐 나오는 것이어서 인간의 작의(作意)나 사유분별을
타파하는 성질을 지닌다. 양명은

　　사람은 천지의 마음, 천지만물은 원래 나와 일체이다. 생민(生民)의 곤란과 고
　　통은 하나같이 내 몸의 아픔이 아닌 것이 있는가? 내 몸의 아픔을 알지 못하는 자
　　는 시비를 분별하는 마음이 없다 할 것이다. 시비를 분별하는 마음은 생각지 않아
　　도 알고 배우지 않아도 할 수 있는 것, 즉 양지이다. 양지는 성(聖)과 우(愚), 고
　　(古)와 금(今)을 불문하고 동일한 것이다.[40]

하여 만물일체의 인은 곧 양지에 불과한 것이며 그것은 통일의 원리요 자타
와 고금과 성우(聖愚)의 구별을 허물어 버릴 용솟음치는 심 본연의 성질이라
는 것이다. 양명학에서는 이 양지를 이루는 것[致良知], 만물일체의 인을 이
루는 것이 중요하다. 이룬다는 것은 실현한다는 뜻이다. 그것은 '존천리거
인욕(存天理去人欲)'이라는 자기억제적인 방법이 아니라 일상생활에서 자기
의 양지에 따라 행하여 가는 것이다. 구체적인 일에 직면하여 거기에 대응
할 행동양식을 경서에서 구하거나, 정좌하여 명상할 것이 아니라 자기의 양
지를 믿고 이를 발휘하는 것이다. 그러는 사이에 단련이 되는 것이니 이것

39) 島田虔次, 1958, pp. 15~17; 同氏, 1967, pp. 67~70.
40) 《傳習錄》中, 答聶父蔚書.

이 사상연마론(事上練磨論)이다.[41] 치양지는 만물일체의 인을 실현하는 것이다. 양명은

> 이제 진실로 호걸동지(豪傑同志)의 사(士)를 얻어 서로 돕고 보충하여 함께 양지(良知)의 학(學)을 천하에 밝혀 천하 사람으로 하여금 모두 양지를 이루게 하여 서로 상안(相安) 상양하며, 자사(自私) 자리(自利)의 폐를 버리고 시기질투하는 습성을 일소하여 마침내 대동(大同)을 실현하게 되면 나의 광병(狂病)과 상심(喪心)이 홀연히 완치될 것이니 어찌 쾌하지 아니할까 ![42]

하여 모든 사람이 양지를 발휘하여 만물일체의 인을 이루면 곧 대동사회가 된다는 것이다. 천하의 상하 귀천이 각기 사리를 좇아 대립 갈등하는 습성을 씻어 대동사회를 이루도록 계도해 나갈 자는 뜻을 같이 하는 호걸지사에 기대할 뿐이다. 그는 빈부일체·귀천일체·왕민(王民)일체의 대동사회를 강조함에 자신이 명문출신임에도 불구하고, 난폭한 민중은 그 본성이 나빠서가 아니라, 관인사대부(官人士大夫)의 무도한 정치와 교육의 부재에 그 책임을 돌리고 있다.[43] 주자학이 사서(士庶)의 분을 강조하는 태도와는 달리 양명은 사민의 평등을 강조하면서도 현실적으로 존재하는 귀천 앞에서는 단지 '지족안분(知足安分)', '동심일덕(同心一德)'이란 도덕적 자각에 호소하는 도리밖에 없었다. 사람은 각기 재력(才力)의 분한(分限)에 따라 나타난 현재의 지위에 지족안분하여야 한다는 양명의 교설(敎說)은 결국 주자학과 마찬가지로 도덕적 당위론으로 흐를 수밖에 없었다. 그러나 대동의 이상사회를 갈구하는 양명의 '광병'과 '상심'은 시간이 갈수록 더욱 깊어갔다.[44] 광(狂)은 이상주의적 정열을 뜻한다. 양명의 광의식(狂意識)은 일종의 종교적 정열로서 그와 뜻을 같이 할 호걸지사를 모아 천하대동을 이룩하려는 것이었다. 그것은 다른 말로 표현하면 주관적·원리적으로 인간의 차등을 부정하려는 의욕과 현실적·객관적으로 엄존하는 사회적 불평등과의 사이에서 일어나는 갈등의식의 표현이라 할 것이다.[45]

41) 吉田松平, 《王陽明》(下), 1986, p. 58; 拙稿, 1965, pp. 64~65.
42) 《傳習錄》中, 答聶文蔚書.
43) 《陽明全書》卷 17, 南贛鄕約.
44) 《傳習錄》下, 112.
45) 曺永祿, 1973, p. 73.

양명이 즐겨 쓰는 광의 경전상의 의미는 성현(聖賢)이 되기 위하여 좌우를 돌아보지 않고 미친 듯이 매진한다는 뜻이다. 그런데 양명학에서는 양지를 가진 모든 사람은 모두 성현이 될 수 있으나, 다만 문제는 그 양지를 실현하느냐 못하느냐에 달려 있다. 모든 사람이 양지를 실현하여 성인이 되게 할 사대부의 책임의식이 양명으로 하여금 광병을 앓게 하였다. 양지는 마음의 양지이며 따라서 심학은 성인의 학이다. 심학에서는 경전관(經典觀)도 성인관(聖人觀)과 마찬가지로 거기에 절대적인 권위를 부여하지 않는다. 상산도 일찍이 "육경(六經)은 내 마음의 각주(脚註)"[46]라 하였다. 양명도 역시 "육경은 다른 것이 아니다. 내 마음의 상도(常道)이다. 때문에 육경은 우리 마음의 재산목록이다"[47] 하여 성인의 도(道)가 육경 중에 담겨 있는 것이 아니라 인간의 심중에 있는 까닭에 경서는 더이상 신성불가침의 성전(聖傳)이 될 수 없는 것이다.[48] 경(經)과 사(史)와의 관계도 마찬가지이다. 사실의 기록이라고 하는 측면에서는 사라 하고 도덕의 기록이라고 하는 측면에서는 경이라고 하여 경·사가 둘이 아니라 하나임을 말한다.[49]

이와 같이 성인관·경전관이 양명학에 이르러 전통적인 관점과는 크게 변질되어 나타났다. 이는 인간의 마음을 지상의 가치로 한 데서 성인과 경전의 가치가 상대적으로 절하되어 나타난 결과로 이러한 관점에서 보면 불교와 도교에 대한 전통적인 평가도 달라지게 마련이다.

> 이씨(二氏)의 용(用)은 우리 모두의 용이다.……성인은 천지민물(天地民物)과 동체로서 유(儒)·불(佛)·노장(老莊)은 모두 우리의 용이기 때문에 이를 대도(大道)라고 한다. 이씨는 그 몸을 자사(自私)하므로 이를 소도(小道)라고 한다.[50]

하여 유교와 불교·노장의 도가 서로 다르다고 보지 않고 다만 유교는 대공(大公)을 추구하기 때문에 대도(大道), 불로(佛老)는 사(私)에서 출발하기 때문에 소도(小道)의 차이가 있을 뿐이라는 양명의 삼교일치(三敎一致)의 견해는 모든 대립을 초월하는 양지설의 당연한 귀결이라 하겠다. 이러한 점에서

---

46) 《象山全集》 卷 34, 語錄.
47) 《陽明全書》 卷 7, 稽山書院尊經閣記.
48) 菰口治, 1986, pp. 182～192 참조.
49) 《傳習錄》 上, 徐愛問答.
50) 《年譜》 3, 嘉靖2年癸未條.

는 물리(物理)를 사물에서 구하는 주자학이나, 반대로 일상적 인륜과 사물을 떠나 공허에 빠진 불로는 한가지로 정도라 할 수가 없다.[51]

이와 같이 양지라고 하는 초월적 원리에 입각한 양명학은 전통적인 성인 관·경전관의 불가침적인 장벽을 허물고 정통과 이단에 가치기준을 혼란시 켰다. 여기에 반유교적 요소가 잉태되고 있었다.

II. 陽明學의 展開

1. 四句教와 양명학의 좌우분파

왕양명이 치양지라는 독자적 사상체계를 천발하고 강학(講學)을 통하여 이를 전파하는 일에 심혈을 기울인 결과, 그것이 심도있고 광범하게 토론되 는 과정에서 제자들 사이에 학설의 분파작용이 일기 시작하였다. 문제의 발 단은 사구교(四句教)[52]에 있었다.

> 선(善)도 없고 악(惡)도 없는 것은 마음의 본체요(無善無惡心之體).
> 선이 있고 악이 있는 것은 의욕의 움직임이요(有善有惡意之動).
> 선을 알고 악을 아는 것은 양지요(知善知惡是良知).
> 선을 하고 악을 버리는 것은 격물이다(爲善去惡是格物).

한 것이 그것이다. 이 교언(教言)을 둘러싸고 전서산(錢緒山; 德洪, 1496~ 1574)과 왕용계(王龍溪; 畿, 1498~1583)의 해결 없는 논쟁이 벌어지게 된 것이 다. 먼저 용계(龍溪)가

> 이것은 최선의 교법(教法)이 아니다. 만약 마음의 본체가 착하지도 악하지도 않 은 것이라면, 의욕도 역시 착하지도 악하지도 않은 의욕이 되어야 하고, 지(知)도 역시 착하지도 악하지도 않은 지가 되어야 하며, 사물도 역시 선하지도 악하지도 않은 사물이 되어야 할 것이다. 만약 의욕에 선악이 있다고 하면 필경 마음의 본 체에도 선악이 있어야 할 것이다.

---

51) 《陽明全書》 卷7, 象山文集序.
52) 四句教에 관한 기록은 《傳習錄》 下, 115. 年譜 三, 嘉靖 6年 丁亥條 및 《王龍溪先生
全集》 卷1, 天泉證道紀. 여기에 관해서는 曹永祿, 1965 참조.

하여 사구교는 선생의 정법(正法)이 아니라 어디까지나 권법(權法)에 불과한 것이라고 하였다. 그러나 서산은

> 마음의 본체는 천명(天命)의 성(性)으로 원래 착하지도 악하지도 아니한 것이다. 그러나 인간에게는 후천적인 마음[習心]이 있어 생각이 일어날 때 선악도 따라서 나타나게 되는 것이니 격물(格物) 치지(致知) 성의(誠意) 정심(正心) 수신(修身) 등은 바로 성의 본체를 회복하는 공부이다.

라고 하여 마음의 본체는 선하지도 않고 악하지도 않지만 후천적으로 오염된 마음은 공부에 의하여 떨쳐버려야 한다는 이 사구교법은 선생의 정론이라 주장하였다.

서산과 용계는 다같이 절강(浙江) 사람으로 함께 벼슬하였고 뒤에 양명의 제자가 되어 때로는 함께 양명의 문도(門徒)를 분담하여 가르치기도 하였다. 그들은 선생이 죽고 난 이후에도 30년 안팎으로 더 살면서 사구교의 해석을 비롯하여 선생의 학문을 각기 자기 나름으로 전개시켜 나갔다. 서산은 학문하는 방법을 항상 양명의 〈대학문〉의 정신에서 구하고자 하여 양지는 공부를 필요로 하는 곳이 아니고 지(知)의 조각(照覺)하는 의념(意念)에서야 비로소 일할 것이 있게 된다. 그 의념은 허하게 일어나는 것이 아니라 사물에 접촉할 때 감응(感應)하는 것이므로 힘쓸 곳은 사물에 감응하여 일어나는 의념에 있는 것이지, 지 그 자체에 있는 것이 아니다"[53]고 하였다. 용계는 이와 반대로

> 선천적인 마음의 본체에는 의욕이 일어나도 스스로 착하지 아니함이 없어 세정(世情)의 탐욕이 용납되지 아니할 것이니 자연히 간이하여 힘들 것이 없다. 그러나 후천적으로 의욕이 움직이는 곳에 뿌리를 내리면 아무리 하여도 세정의 탐욕이 섞여 있어 치지공부(致知工夫)가 갈수록 번잡해진다.[54]

고 하여 선천적인 마음의 본체를 깨치는 일이 중요하지 후천적인 의념을 문제삼을 것이 못된다는 주장이다.

이렇게 서산은 공부의 중요성을 강조하는 데 대하여 용계는 본체의 중요

53) 《明儒學案》卷11, 員外錢緒山先生德洪會語
54) 같은 책 卷12, 郎中王龍溪先生畿, 語錄.

성을 역설하고 있다. 전자를 사유설(四有說)이라고 하고 후자를 사무설(四無說)이라고도 하는데, 이는 마치 주자와 상산의 차이점이 《중용》의 존덕성(尊德性)과 도문학(道問學)에 있었던 점과 흡사하다. 주자는 학문에 의지한다는 입장에서 아래서부터 닦아 올라가는 방법을 택하고, 상산은 덕성을 존중하면 학문은 따라오는 것이라 하여 위에서부터 내려가는 방법을 택하여 대립하였다. 그러나 주자학도 시대가 내려옴에 따라서 지루함과 허식을 일삼는 아류의 폐단이 생겼고, 상산의 뒤에도 양자호(楊慈湖)와 같은 극단론자가 나왔다.[55] 이러한 내력을 두루 살핀 양명은 사유설과 사무설이 서로 극단적으로 흐를 것을 염려하였다. 그리하여 그는 서산의 사유설과 용계의 사무설이 어느 한쪽만 고집하지 말고 서로 절충 보완하도록 당부하였다.

이렇게 볼 때 양명학은 그 자체 모순성을 내포하고 있었는데 그것이 사무설과 사유설로 표출된 것임을 알 수가 있다. 사유설은 양명학의 명교적(名敎的) 측면을 강조하고 있기 때문에 이를 우파라 하고, 사무설은 반(反)명교적 요소를 전개시켰기 때문에 좌파라고 부른다. 따라서 양명학이 주자학에 대립하여 성립하였다고 한다면 그 특징은 역시 좌파에 의하여 발전적으로 계승되었다고 할 것이다.[56] 사구교에 한하여 보더라도 용계는 그것이 스승의 주장이라 하더라도 무조건 따르지 않았으며 양명의 사후에도 항상 자신의 사무설이 최선의 것임을 강조하였다.

용계의 사무설이 양명학의 좌파를 여는 계기가 되었을 뿐 아니라 이후 태주파(泰州派)에도 심대한 영향을 끼쳤기 때문에 우파 학자측으로부터 호된 비판이 가해졌다. 특히 동림학자(東林學者)들의 비판을 소개하면서 황종희는

> 당시에 양명을 시비하는 자, 이것으로써 표적을 삼았다. 어찌 이것이 양명과는 전혀 무관하였음을 알지 못하는가? 아! 천천증도(天泉證道)로 말미암아 용계가 양명에 끼친 누는 실로 크다.[57]

하여 사무설이 양명과는 전혀 무관함을 들어 명교적 입장에서 보호하려 하

55) 石田和夫, 1986, pp. 9~26.
56) 山下龍二, 1971(展開編), pp. 7~9.
57) 《明儒學案》卷 58, 東林學案 1, 端文顧涇陽先生憲成條.

고 있다. 이와 같이 천천증도기(天泉證道紀)가 양명의 진의를 왜곡하여 기술한 용계의 잘못 때문이라는 지적은 양명학 우파 내지는 주왕절충학파(朱王折衷學派)측의 공통된 논거였다.[58] 그러나 다음 장에서 용계의 현성양지론(現成良知論)을 보게 되면 그러한 주장은 이탁오(李卓吾)와 같은 양명학 좌파의 극단론자로부터 양명을 명교주의자로 보호하려는 강변이었음을 알게 될 것이다.

2. 王龍溪의 現成良知說

용계는 양명의 출생지와 가까운 절강(浙江) 산음(山陰) 출신으로 약 2년간의 관리생활을 한 것 이외에는 치양지설을 열정적으로 신봉하여 이의 보급에 일생을 바친 양명의 수제자 중의 한 사람이다. 그는 양명이 그렇게도 갈구하던 광기 있는 청년으로 입문하여,[59] 선생의 학을 보급한 데 그친 것이 아니라 스스로 개발한 분야도 적지 않다. 사무설에서 번뜩인 그 명석한 두뇌는 선생의 양지설을 한층 발전시켜 현성양지라고 하는 새로운 차원의 이론을 제출하였다. 그는 "착하지도 않고 악하지도 아니한 마음의 본체를 다름아닌 양지라 한다",[60] "양지야말로 성체자연(性體自然)의 각(覺)이다. 어찌하여 여기에 우선하는 것이 있겠는가?"[61] 하여 양지는 우주의 근원일 뿐아니라 그 성질은 "일체 말래야 말 수 없는 생기(生機)"[62]로서 동적(動的)이다. 그러한 본원적 동적 성격의 양지는 순간순간에 이(理)를 창조하며 이의 절대화·고정화를 용인하지 아니한다.[63]

양명학에서 이기(理氣)문제는 별로 중요하지 않다. 양명은 "이는 기의 조리(條理)요, 기는 이의 운용(運用)이다"[64]고 하였고, 용계도 "천지의 사이는

---

58) 같은 책 卷 35；〈泰州學案〉 4, 明經方本菴先生學漸條에도 비슷한 내용이 보인다. 拙稿 1965, p. 66 참조.
59) 山下龍二, 1971(展開編), pp. 28~29.
60) 《王龍溪先生全集》 卷 7, 南遊會紀. 致良知說의 전개를 광범하게 다룬 연구서로서는 麥仲貴, 1973 참조.
61) 같은 책 卷 6, 致知議辯.
62) 같은 책 卷 4, 留都會紀.
63) 柴田篤, 1986, p. 291.
64) 《傳習錄》 中, 答陸原靜書.

일기(一氣)뿐······ 그 기의 영(靈)을 양지라 한다."[65] "양지는 천지의 영기(靈氣)",[66] "양지의 유행은 곧 이른바 기(氣)"[67]라는 등 양명에게서는 드물게 보이는 기에 관한 표현이 이렇게 잦아지고 있다. 그 까닭은 양지의 동적 성격이 기의 철학과 더욱 깊은 관계를 갖고 전개되어 갔음을 말하여 주는 것이다. "성(性)은 마음의 생리에서 성선(性善)의 단서가 나타날 때 비로소 보인다. 측은한 마음, 부끄러운 마음은 기(氣)다. 기가 없으면 성이라 이름할 수 없다"고 하고 맹자가 말한 성도 결코 기질(氣質)을 떠날 수 있는 것이 아니라 하여 주자학에서 악으로 보던 기질(감정·욕망)을 긍정하고 있다.[68]

이와 같이 생기(生氣)에 차고 주류(周流)하는 양지는 '정리(定理)'에 대해서는 일단 완강한 거부를 일으킬 것이 분명하다. 정리는 어제와 오늘이라는 시간에 구애되지 아니한다. 그러나 양지는 항상 '현재'가 기준이 되어 생기 발랄하게 움직이는 성질이 있다.

그런데 문제는 이 '현재의 양지'를 어떻게 이루느냐에 있다. 용계는 '현재의 양지'는 현재 그대로 완전한 것이기 때문에 따로 어떠한 공부를 기다리지 않고 그 기능을 충분히 발휘(致)하여야 한다는 것이다. 이것이 그의 현성양지론이다. 용계의 현성양지론에 대하여 동문(同門)의 나염암(羅念菴)은 양지를 말하기는 쉽지만 그 기능을 발휘하기 위하여는 반드시 일정한 공부가 있어야 한다고 정면으로 반론을 제기하였다.[69] 이에 대하여 용계는

> 이른바 양지(良知)는 요·순과 다를 것이 없지마는 만약 스스로 이를 믿지 못하면 그것은 스스로를 비방하는 것(誣)이다. 진실로 치지(致知)의 공(功)을 쓰지 않으면 때때로 이 마음을 보임(保任)하며, 때때로 잡념을 없앨 수 없다고 하여 헛되이 현성(現成)이 허견(虛見)임을 알아 욕근(欲根)에 부화(附和)할 것이다. 그러면서도 요·순과 같지 않음이 없다고 한다면 이는 스스로를 속이는 것이다.[70]

하여 완전구족(完全具足)한 '현성양지'를 확신하고 이를 그대로 실현하는 일이 중요한 것이지 염암처럼 공부를 통하여 양지의 완전함을 이룬다고 하는

---

65)《王龍溪先生全集》卷 8, 易與天地準一章大旨.
66) 같은 책 卷 13, 太平杜氏重修家譜序.
67) 같은 책 卷 15, 易測授張叔學.
68) 山下龍二, 1971(展開編), p.118；同氏, 1977, p.222.
69)《羅念庵文錄》卷 2, 寄謝高泉.
70)《王龍溪先生全集》卷 2, 松原晤語.

말하자면 현성양지에 도달하는 수단이 공부라는 견해와는 다르다. 물론 용계도 공부[漸修]를 인정하지 않는 것은 아니지만 그것은 사구교언(四句敎言)에 대한 해석에서 본 바와 같이 어디까지나 방편에 지나지 않는다고 생각하였다.

용계는 사무설이나 현성양지설 이외에 삼교합일에 관한 설명 또한 깊이가 있다. 삼교합일의 요소는 양지설이 원래 내포하고 있었다. 다시 말하면 양지는 모든 대립을 초월하는 성질을 띠고 있기 때문에 유·불·도 삼교의 상호 대립적 장벽을 뛰어넘을 잠재력을 갖고 있었다. 용계는 불교와 도교에 대하여

> 이씨(二氏)의 학(學)은 우리 유(儒)와 다르다. 그러나 우리 유와 함께 전승되어 없어지지 아니한 까닭은 거기에도 도(道)가 있음이니, 모두 심(心)을 가졌기 때문이다.[71]

하여 삼교가 모두 심학의 요소를 지닌 공통성이 있다는 것이다. 그러나 성인의 학은 체(體)와 용(用)을 겸비하고 있는 데 대하여 이씨는 그렇지 못하다는 것이다. 체는 심의 체 즉 양지요, 용은 경세치용(經世致用)으로 결국 불로(佛老)는 비세간법(非世間法)이라는 뜻이다.[72] 그는 또

> 우리 유(儒)에서 말하는 양지는 불교에서 말하는 각(覺), 노자(老子)에서 말하는 현(玄)으로서 각각 뜻에 중점 두는 바는 있으나 작용이 다르다. 대개 우리 유는 경세(經世)를 주로 하지만 이씨(二氏)는 출세를 주로 한다.[73]

하여 양명학이 경세를 주도하는 유학의 입장에 서고 있다. 그러면서도 양지만은 유(儒)의 전유물이 아니고 유를 유답게 하고 불(佛)을 불답게 하며, 도(道)를 도답게 하는 것이라 하여 그 초월성을 강조하고 있다. 바꾸어 말하면 현성양지 그 자체는 유도 도도 불도 아니다. 어떤 주의·주장이나 어떤 입장에 서기 이전의 근원적 주체이다. 그의 이러한 양지에 대한 믿음은 "선생의 양지의 학이야말로 3교의 핵심"[74]이라고 한 데서도 단적으로 나타나고

---

71) 같은 책 卷 7, 南遊會紀.
72) 위와 같음.
73) 같은 책 卷 10, 與李中溪.
74) 같은 책 卷 1, 復陽堂會語.

74

있다.

이러한 논리를 확대하면 그것은 3교에만 한하지 않고 유가로부터 이단으로 배척되어 온 제가(諸家)의 학설에 대하여도 마찬가지로 적용될 수밖에 없다. 용계의 양지에 대한 확신은 이단에 대한 이같은 포용적인 태도와 함께 성인이나 육경(六經)에 대하여도 역시 포용적 태도를 취하게 하였다. 그는

> 도(道)는 인심(人心)에 있다. 육경은 우리 마음의 주각(註脚)이어서 진시황의 분서(焚書)를 겪고서도 우리 마음의 온전한 경(經)은 결코 없어지지 않았다.[75]

한 것은 양명이 '경(經)에서 심(心)으로의 전환'을 외친 〈존경각기(尊經閣記)〉의 표현보다 훨씬 강하고 구체적이다. 이와 같이 용계의 이단에 대한 포용적 태도 때문에 고염무(顧炎武)는 "용계의 학문이 한 번 전하여 하심은이 되고, 두 번 전하여 이탁오가 되었다"[76] 하여 하심은, 이탁오와 같은 명교비판의 거두들을 용계의 학문계통에 직접 연결시키고 있다.

그러나 양명학 좌파의 창시자 용계는 사회문제에 대해서는 대단히 소극적이었다. 이를테면 동지(同志)와 함께 정한 규약(規約)에는 "관사(官司)의 득실, 타인에 대한 시비는 일체 입에 올리지 아니한다. 어긴 자는 벌준다"[77] 하여 학자는 외부와는 담을 쌓고 오로지 학문에만 전념할 것을 당부한 것이라든지 "사(士)가 상고(商賈)와 다른 것은 그 의(義)를 숭상하고 이(利)를 멀리하는 데 있다"[78] 하여 이윤의 추구와 생산노동을 통하여 발생하는 직업윤리에 대해서는 사인(士人)의 그것과 구분하는 등 대(對)사회적으로는 소극적 태도를 보이고 있다.

3. 王心齊의 淮南格物說

왕심제(王心齊; 艮, 1483~1540)는 왕용계와 함께 양명의 제자로서 그 좌파를 연 쌍벽이다. 심제는 용계의 학풍과는 달리 아주 분망하고 사회적으로도 적극적이었다. 허경암(許敬庵)은 그들의 학문상의 특색에 대하여

75) 같은 책 卷 1, 撫州擬峴台會語.
76) 《日知錄》 卷 18.
77) 《王龍溪先生全書》 卷 5, 嚴約說.
78) 같은 책 卷 5, 申約後語.

회남(淮南)은 항(亢)하여 높고 산음(山陰)은 원(圓)하여 통한다. 그러나 항과 원은 각각 그 유폐가 있으니 안(顏; 山農)·양(梁; 汝元)의 무리는 항에 근거하여 방자함에 흘렀다.[79]

고 평하고 있다. 항고(亢高)·원통(圓通)은 《주역(周易)》의 용어이다. 원은 현성양지가 갖는 성질, 즉 어떠한 인위나 제약을 거부하는 성질, 그것은 어떤 전요(典要)나 격식을 무시하고는 성립하지 않으면서 또한 전요 격식에 순응하려 하는 것도 아닌 원융(圓融)을 뜻하는 것이다. 그리고 항(亢)은 항룡(亢龍)에서 유래하는 말로 그 뜻은 역사와 운명에 반발하여 진퇴 흥망의 절도를 무시하고 자기중심적 충동에 몸을 맡긴 자의 정신구조를 상징한 것이다.[80]

심제(心齊)는 양주부(揚州府) 안풍장인(安豊場人)으로 그 출신부터 특이하다. 장(場)은 염장(塩場)을 일컫는 것으로 심제는 원래 염정(塩丁)의 아들이다. 양명학은 이 염정 출신의 심제를 시조로 하는 태주파의 출현으로 명대 중기 이후부터 성행한 서원강학(書院講學)의 조류를 타고 서민층에까지 확대되어 일세를 풍미하게 되었던 것이니 이는 명대 사상사에서 분명히 특필할 일이 아닐 수 없다.

염장에 종사하던 심제가 25세가 되어 비로소 성학(聖學)에 뜻을 두게 되었으며, 그 학문이 주로 사서(四書)에 한정되었던 것도 가정환경 탓이었다. 이와 같이 만학(晚學)에다 용계와는 대조적으로 독서의 폭이 넓지 못했으나,[81] 그의 학문의 성격이 사회성이 강하고 실천적이라는 특성을 지녔다. 먼저 그의 학문의 특색을 살펴보기 위해서는 《대학》의 격물설에 대한 독특한 해석을 살펴보아야 한다.

　격(格)은 격식(格式)의 격이며, 신(身)으로부터 가(家) 국(國)천하(天下)가 모두 물(物)이다. 물은 모두 본(本)과 말(末)이 있는 것이니 신은 본이요, 가·국·천하는 말이다. 말의 부정(不正)은 그 본의 부정 때문이니 말을 바로 하려 한다면 본을 바로 하여야 할 것이니 본은 곧 말의 식(式)이다. 그러므로 격물(格物)이라

79) 《敬和堂集》卷5, 答周海門司封諦解.
80) 荒木見悟, 1972, pp. 100~108.
81) 山下龍二, 1971(展開編), pp. 12~13.

한다.82)

황종희는 이 심제의 격물설을 회남격물설(淮南格物說)이라고 부르고83) 있거니와 이는 분명히 양명의 격물해(格物解)와도 다르다. 《대학》의 '수신(修身) 제가(齊家) 치국(治國) 평천하(平天下)'의 신·가·국·천하 가운데서 신이 본이요, 가·국·천하는 말이라 하여 신인 본을 중시하는 견해는 확실히 특이하다. 다시 그는

> 신(身)을 편안하게 함은 천하의 대본(大本)을 세우는 것이다. 명덕(明德)을 밝히고 민(民)을 친(親)함에서 몸이 편안하지 못하면 본이 서지 아니할 것이니, 그래서는 지(地)를 주재하고 조화를 알선치 못할 것이다.……몸이 곧 천하·국·가의 본임을 알면 천지 만물로서 내 몸에 의지할 것이며 내 몸으로써 천지 만물에 의지하지 아니할 것이다.84)

고 하여 몸은 천하·국가·가정만이 아니라 천지만물의 근본으로서 천지만물에 대한 책임을 지는 까닭에 몸을 다스려 편안하게 하는 일이 무엇보다도 중요한 것이라 한다. 이와 같이 그는 천하 만물의 주체인 몸을 중시하기 때문에 명철보신론(明哲保身論)을 비롯하여 애신(愛身), 경신(敬身), 존신(尊身) 등 신에 관한 표현을 여러 각도에서 하고 있다.

그의 논설은 치밀성은 덜하지만 간결하고 실천성이 강하다. 대장부론(大丈夫論)에서 그는

> 대장부는 남에게 차마 하지 못하는 마음을 가져서 천지만물로 하여금 자기에 의존하게 한다. 때문에 나아가면 반드시 제왕(帝王)의 사(師)가 되고, 야(野)에 있을 때는 천하만세의 사가 된다. 나아가서 제왕의 사가 되지 못하면 그 본(本)을 잃는 것이요, 야에 있으면서 천하만세의 사가 되지 못하면 그 말(末)을 놓치는 것이다.85)

라고 한 대장부론은 송대 범중엄(范仲淹) 이래 강조되어 온 사대부의식의 흐름을 계승한 것이기는 하지만 만일 대장부가 나아가 제왕의 스승이 되지 못

---

82) 《王心齊全集》卷 3.
83) 《明儒學案》卷 32, 處士王心齊先生艮條.
84) 《王心齊全集》卷 3.
85) 같은 책 卷 2.

하거나 물러가 천하인의 스승이 되지 못한다면 이는 첩부(妾婦)의 도로 전락할 뿐이라는 과감한 주장은 명말 청초의 대유(大儒) 황종희의 정치사상에도 다시 계승되게 된 것이다.[86] 어떻든 《대학》의 수신제가치국평천하 사상을 기본으로 하여 이를 자기의 소임으로 강조하고 있는 것은 분명히 송대 이래 사대부학의 하나의 특징이지만,[87] 그 해석에서 자기 몸을 가정·국가·천하의 근본이라 하여 본말관계로 인식한 회남격물론은 탁견이라 하지 않을 수 없다. 태주파에 대하여 비판적 입장에 서는 유종주(柳宗周)와 그 제자 황종희도 회남격물설을 격물해의 으뜸으로 치고 있는[88] 까닭도 그것이 기초가 되어 송대 이래 사대부학의 최고의 한 봉우리를 쌓아 올렸기 때문이다. 원래 사대부의 천하 국가를 다스린다는 치자(治者) 의식에 한쪽으로는 군주의 분신으로서 충성한다는 면과 또 한쪽으로는 사대부만이 천명(天命)의 소재를 알아 천자(天子)까지도 계도(啓導)할 책임이 있다는 모순된 두 측면이 있다. 여기 후자에서부터 소왕(素王)의식이 나타날 수 있는 바 심제의 제왕사론(帝王師論)도 그 의식의 극단적 발전에 따른 것임을 알 수가 있다.

심제의 이러한 고양된 사대부의식에 대하여 명말의 학자 관지도(管志道; 1536~1608)는 "사도(師道)로서 신도(臣道)를 가리워 천하인으로 하여금 군주를 깔보는 마음을 열어 놓게 하는 것"[89]이라 하여 군주를 정점으로 하는 전통적 통치질서를 파괴할 위험성이 있다고 신랄하게 비난하고 있다. 어떻든 심제의 학문은 용계의 비사회적 소극성과는 대조적이다. 예컨대 같은 양명학자 주해문(周海門; 1547~1629)은 각자 자기의 처지와 지위에 따라 그 분수를 지켜야 한다는 이른바 소위안분설(素位安分說)을 주장하였던 데[90] 비하여, 심제는 "사람의 천분(天分)이 동일한 것은 아니지만 학문에서는 천분을 반드시 논할 것은 아니다"[91] 한 것이라든지, 또한 "일반 백성은 천분에 따르지만 대인(大人)은 그 명(命)을 개조한다"[92]고 한 대인조명설(大人造命說)은

---

86) 《明夷待訪錄》, 原臣.
87) 島田虔次; 1967, pp. 26~27.
88) 《明儒學案》卷 32, 處士王心齊先生艮條.
89) 《師門求正牘》卷 中, 32丁.
90) 荒木見悟, 1972, pp. 243~250.
91) 《王心齊全集》卷 2.
92) 위와 같음.

제왕의 스승론과 함께 그의 사의식(士意識)의 독특한 표현이다.

이와 같은 심제의 대장부론·대인론(大人論)은 어디까지 양지학(良知學)을 바탕으로 한 것은 물론이다. 그는 "도(道)는 하나일 뿐이다. 중(中)이요 양지요, 성(性)이요 일(一)이다. 이 이치를 알면 현현성성(現現成成)하며 자자재재(自自在在)하게 된다"93) 하여 양지의 현성자재(現成自在)함을 말하면서 동시에 "성인의 도는 백성일용(百姓日用)에 다름이 없다. 무릇 다르다면 이를 이단이라 한다"94) 하여 양지의 학은 성인의 학이요, 이는 곧 백성일용의 학에 불과한 것이라 했다.

심제가 양지설을 성학(聖學)과 동일시하면서 그 권위를 왕권에 등치시키는 등 간이하면서도 직절(直截)한 그의 논설에 대하여, 온건한 동문 학자들로부터는 성(聖)을 모독한다는 비난을 불러일으키기도 하였다. 이러한 비난에 대하여 그의 제자 경천태(耿天台; 1524~1596)는

> 선생의 덕(德)이 지극한 데도 세상 사람들은 한두 말류(末流)의 광탄(狂誕)함을 보고 선생의 학을 비난하고 있으니, 이는 목이 아프다고 음식을 폐하려는 것과 같다. 선생의 학은 민생일용(民生日用)의 음식과 같은 것이니 가히 폐할 수 있겠는가?95)

라고 하여 태주학파를 연 심제의 학이 일상적 실천성을 높이 보고 있는 데서 알 수 있듯이, 그는 염정(塩丁)출신으로서 그 학문도 명대 후기 사회에 성장한 서민적 기풍을 반영하고 있다. 심제의 문하에서도 역시 서민학자가 배출되고 있다. 초부(樵夫) 주서(朱恕), 도장(陶匠) 한낙오(韓樂吾), 전부(田夫) 하수(夏叟) 등이 그들로서 사류(士流), 진신(搢紳)에 어울려 요순공맹(堯舜孔孟)의 학을 강론하였다는 사실은 양명학 특히 태주학파의 분위기를 짐작하게 한다.96) 주서는 초언장(草偃場)으로 일하러 갈 때마다 심제의 강당(講堂) 뒷전에서 청강하였고, 도장 한정(韓貞)은 도를 창도하여 속(俗)을 교화함을 임무로 하여 공고(工賈)·용례(傭隷)를 가리지 않고 계도한 자 천 명을 헤아릴 정도였다 한다. 그들은 가을 수확을 마치고 농한기가 되면 제자들과 함

---

93) 같은 책 卷3.
94) 같은 책 卷2.
95) 《重鐫心齊王先生全集》, 疏傳合編, 別傳類編 下, 特傳類(末見, 재인용)
96) 《明儒學案》 卷32, 泰州學案一, 處士王東崖先生, 附傳.

께 자리를 깔고 앉아 며칠씩이나 강론하고 홍이 식으면 배를 대어 서로 노래하며 다른 마을로 가서 강론하였다 하니,[97] 염정 출신의 심제를 시조로 한 태주파의 출현으로 양명학은 서민층에까지 확대하여 일세를 풍미하게 되었던 것이다.

심제는 용계와 함께 양명학 좌파를 열어 이왕(二王)으로 알려져 있으면서도 그들의 학문 특징이 이른바 항고와 원통으로 표현되듯이 서로 달랐다. 특히 심제는 행동성이 강한 학자로 범(凡)에서 성(聖)으로의 전기(轉機)를 찾으려는 광자적(狂者的) 구세정신이 충만해 있었다. 그가 일찍이 양명과 상면할 때 '천하사를 종횡으로 논하던' 그런 정열은 용계와는 달리 명대 사상사에 특필되는 태주학파를 형성할 수 있었다. 태주파 가운데서도 안산농·하심은 일파는 황종희의 표현과 같이 '맨손으로 용사(龍蛇)를 잡으려 덤벼드는 인물'로서 양명학의 명교적 성격에서부터 그 궤도를 한층 더 벗어나게 된다.

4. 何心隱의 反名敎的 思想

1) 山農·心隱의 욕망긍정사상

하심은(何心隱; 1517~1579)의 본명은 양여원(梁汝元), 길주(吉州) 영풍(永豐)의 명문 출신으로 일찍이 향시(鄕試)에 합격하였으나 인근의 안산농에게 사사(師事)하여 심제의 학문을 듣고 거업(擧業)을 포기, 강학활동에 전념하였다. 처음에는 군읍(郡邑)의 향족(鄕族)을 대상으로 강학하다가 향리를 떠나지 않으면 안될 사건이 발생하였다. 그것은 가정(嘉靖) 38년 세량(稅糧)문제가 발생하였을 때 황목은량(皇木銀兩)을 착복하였다는 죄명으로 투옥되었기 때문이다.[98] 출옥 후 각지로 전전하며 강학하였는데 특히 북경에서는 경천태의 소개로 뒤에 수상(首相)이 되어 자신의 목숨을 앗아간 국자감사업(國子監司業) 장거정(張居正)을 만나게 된 것은 기연(奇緣)이었다. 하심은은 당시 장거정의 인상에 대하여 "장공(張公)의 관(官)이 수상에 올라 반드시 강학을 탄압할 것이며, 반드시 원(元)을 죽일 것이다"[99] 하였는데 과연 그 말

97) 《耿天台先生文集》 卷14, 王心齊先生傳, 樵朱陶韓二子附.
98) 容肇祖, p.218(何의 생애에 관해서는 森紀子, 〈何心隱論〉 참조).
99) 《何心隱集》 卷4, 上祈門姚大尹書.

이 적중하였다는 이야기는 널리 알려져 있다. 여하튼 그 두 사람의 만남은 당시에 성행하던 강학의 기수라 할 하심은과 당시의 느슨한 사회 분위기를 군주전제적 차원에서 기강을 세우려는 측과의 대결을 상징적으로 묘사한 것이다. 심은은 당시 북경에서 복공당(復孔堂)을 열어 동지들과 함께 강학하고 곡문회관(谷門會館)을 열어 사방의 인사를 모으니 방기잡류(方技雜流)도 여기 어울렸다고 할 정도로 인기를 모았다 한다.[100]

당시 권신(權臣) 엄숭(嚴嵩)에 대한 시중의 평판이 몹시 나빠 있었는데, 심은은 밀계(密計)로써 그를 실각시키는 일에 가담하였다가 그 보복을 피하여 하심은이라 변성명하고 남쪽으로 도피하였다.[101] 마침 강학 동료 정학박(程學博)이 지부(知府)가 되자 함께 중경(重慶)으로 들어가 백련교(白蓮敎) 탄압에 일역을 담당하였으며,[102] 황안(黃安)에 구인회관(求人會館)을 열어 강학하자 천여 인이 모일 정도로 성황이었다고 한다.[103] 만력 4년 효감(孝感)에서 강학하다 체포되어 처형되기까지 그의 생애는 강학으로 마쳤다 하여도 과언이 아니다. 양명학 좌파의 강학 내용은 자연히 반권력적 반체제적 성향이 강하였으며,[104] 이러한 강학 풍토에 대하여 점차 그 비판의 소리를 높이고 있던 위정자측으로부터 비난과 탄압도 그에게 집중되었다. 왕세정(王世貞)은

가정(嘉靖)·융경(隆慶) 사이 강학자(講學者)가 국내에 성행하였다. 그 폐단을 보면 강학을 빌려 호협(豪俠)의 도구로 삼고, 호협을 빌려 탐횡(貪橫)의 사(私)로 한다. 그 술(術)은 본래 사람을 동원할 수가 없으므로 건달패거리가 서로 모여 우익(羽翼)이 되어 떼지어 다니니 사람들로 하여금 황건오두(黃巾五斗)의 근심을 갖게 한다.[105]

고 한 강학에 대한 욕설이 실은 안산농, 하심은을 두고 한 것이었다. 서원(書院)강학에 대한 탄압은 만력 3년 수보(首輔) 장거정의 상소로 시작되었으

---

100) 鄒元標, 梁夫山傳, 《何心隱集》 附錄 및 黃宗羲, 泰州學案序, 梁汝元條, 容肇祖, p. 219.
101) 위와 같음.
102) 위와 같음.
103) 위와 같음.
104) 森紀子, p. 29.
105) 《弇州史料後集》 卷 35, 嘉隆江湖大俠.

며, 이때 심은에 대한 체포령도 함께 내려졌다. [106] 5년에는 심제의 제자 나
근계(羅近溪)가 관에서 쫓겨나고, 그 제자 양복소(楊復所)도 탄핵되었으며
그 후 7년에는 기문(祈門)에서 체포된 심은이 '명교(名敎)의 죄인'으로 몰려
장형(杖刑)으로 죽었다. [107]

심은의 스승인 안산농의 학문에 대하여 황종희는 "성품에 따라 행동할 뿐
으로 선유(先儒)의 견문, 도리, 격식은 오히려 도(道)에 장애가 된다"고 하
여 극단적 현성양지의 주장이 이미 유교의 규범에서 많이 벗어나고 있음을
지적하고 있다. [108] 왕세정도 "사람이 재색(財色)을 호탐(好貪)함은 모두 성
(性)으로부터 나온다. 그 한때의 소위(所爲)는 천기(天機)의 발동으로 이는
결코 막을 수 없는 것이다"고 한 안산농의 말을 인용하면서 태주학이 변하
여 산농에 이르자 더이상 구제할 수 없게 되었다고 개탄하고 있다. [109] 이와
같은 산농의 욕망긍정적 사고는 송학(宋學)의 천리인욕설(天理人欲說)에 비
하면 분명히 반명교적이다. 그러나 태주파의 학자들은 송유의 천리·인욕
설에 문제가 있다는 것이다. 예컨대 맹자의 "마음을 기르는 것[養心]이 욕심
을 적게 하는 것[寡欲]만 같지 못하다"한 경우, 이는 어디까지나 욕심을 줄
이라는 뜻이지 욕망의 존재 그 자체를 부정한 것은 아니다. 그런데도 주렴
계(周濂溪)는 과욕을 무욕(無欲)으로까지 지나친 해석을 한 것이라 하여 하
심은은

> 살려고 하고 의(義)로우려 함도 욕(欲)이다. 생(生)을 버리고 의를 취함은 욕을
> 줄이는 것이다. 줄이고 또 줄여서 무(無)에 이르게 되면 심(心)이 존재하겠는
> 가? [110]

하여 주(周)의 무욕설(無欲說)을 정면으로 부정하였다.

산농과 심은의 욕망긍정적 사고는 양명의 심즉리설에 이미 그 싹을 잉태
하고 있었으나 태주와 용계에 와서도 그 궤도를 크게 이탈하지 않았다. 그
러나 명교측에서 구제 불능의 상태에까지 이르게 되었다고 본 것은 산농과

106) 張居正, 請申舊章飾學政以振興人才疏, 《張太岳先生文集》 卷 39.
107) 《明史》 卷 224, 楊時喬傳 및 같은 책 卷 283, 王畿傳.
108) 《明儒學案》 卷 32, 泰州學案序 顏鈞條.
109) 《弇州史料後集》 卷 35, 嘉隆江湖大俠.
110) 《何心隱集》 卷 2, 寡無欲.

심은부터이며, 그 평가의 기준은 바로 이 욕망긍정의 논리에 있었다.[111]

2) 心隱의 家·會·朋友論

가정 이래 현저한 상품경제의 발달은 직업에 따른 사회계층의 구조에도 변동을 초래하였으며, 이러한 변동은 하심은의 사민(四民)의 순차(順次)에 대한 인식에도 예민하게 반영되었다. 그는 "상고(商賈)는 농(農)·공(工)보다도 크고, 사(士)는 상고보다도 크며, 성현(聖賢)은 사보다 크다"[112]고 하여 사·농·공·상이라는 전통적인 사민의 순서를 무시하고 성현·사·상고·농·공의 구도를 새로 설정하였다. 이는 당시 신흥세력인 상고가 농공보다 상향이동을 하였다는 사회현상을 솔직히 표현한 데 불과한 것이라고는 하지만 일반적으로 관념상 고정화된 사민구조가 유독 심은에게 인식의 변화를 주었다는 사실은 계층간의 상향이동이 가능하다는 사회변화에 대한 그의 믿음을 보여주는 것이라 할 수 있다. 다시 말하면 사·상·농·공이 각기 그들의 현 위치에서 아래 위치로 내려가려고는 하지 않겠지만 농공에서 상고로, 상고에서 사로 그리고 사에서 성현으로 오르려고 하는 욕망은 인지상정이라는 것이다.

> 인정(人情)은 내다보는 안목이 짧아서 그렇지, 안목을 가졌으면서도 오르지 못하는 자는 없는 것이다. 농공은 뛰어서 상고가 되고 상고는 뛰어서 사가 된다. 사람은 여기를 뛰어서 저것이 된다.[113]

고 한 그의 주장은 분명히 주자의 정분설에 대한 도전이다. 뿐만 아니라 양명의 계층관에 대해서도 상당한 수정을 가하고 있다. 우선 양명의 발본색원론의 일절을 다시 보자.

> (三代에는) 학교에서 덕(德)을 이루는 데만 힘써 재능의 차이에 따라……그 능한 바를 학교에서 더욱 연마한 뒤 그 덕을 보아 한번 임용하면 종신토록 그 직(職)을 바꾸지 아니하였다.…… 그리하여 천하의 인민은 가족처럼 친하여 재질이 낮은 자는 농·공·상고의 분을 지켜 각기 그 업(業)에 힘써 상생상양(相生相養)할 뿐 높은 것을 바라고 분수의 바깥을 내다보는 일이 없으며……

---

111) 森紀子, pp. 39~41.
112) 《何心隱集》 卷3, 答作主.
113) 위와 같음.

라고 한 질서유지적 사회계층관에 비하면 심은의 사·농·공·상의 상향이
동은 인정의 자연스런 욕구로서 이는 결코 막을 수 없는 것이라는 주장이 훨
씬 설득력이 있다. 이러한 논리는 좌파적 현성양지학자(現成良知學者)가 명
말 상품경제의 발전과 그에 따라 사회이동으로 야기되는 하극상의 시대상을
그대로 느끼고 표현한 것이다.[114]

하심은은 심제와는 달리 수만금을 가진 부가(富家)에다 일족(一族) 수천을
헤아리는[115] 지방의 명족 출신으로 그 자신 족의(族議)를 주도하여 취화당
(聚和堂)을 설립하고 일족을 모아 교육하였다. 뿐만 아니라 부역에서 관혼상
제와 환과고독에 이르기까지 족정(族政)을 총람하여 족의(族誼)가 돈독하고
예교와 신의의 풍속이 빈번히 일어나서 수년 만에 삼대의 은성함을 이루었
다 할 정도로 성과를 올렸다 한다.[116] 이같은 심은의 취화당 교육과 족정은
《대학》의 '제가(齊家)'의 실험이라고 하는 점에서 흥미롭다. 그는

> 요강(姚江)이 처음으로 양지(良知)의 지(旨)를 발명하여 눈이 뜨였으나 아직 신
> (身)을 드러내지 못했다. 태주(泰州)가 본(本)을 세운다는 지(旨)를 천발하여 신
> 을 높일 것을 알았으나 아직 가(家)를 드러내지 못했다. 이에 벗을 모아 써 공씨
> (孔氏)의 가를 이룰 것을 바랐다.[117]

고 하여 가가 단순한 가정을 뜻하는 것이 아니라 유가의 가문(家門)을 말한
다. 심제의 회남격물설에서는 신이 가·국·천하의 근본으로서 보신(保身),
안신(安身)에 의하여 천하 국 가가 태평하게 된다는 것이었는데 심은은 그
연장으로서 가를 더 중요시한 것이다. 그는 심(心)·의(意)·지(知)는 신(身)
에서의 신이며, 신은 가(家)에서의 신, 가는 국(國)에서의 신, 국은 천하에
서의 신이라는 것이다. 이를 역으로 하면 천하는 국의 가이며, 국은 가의
가, 가는 신의 가, 신은 심(心)·의(意)·지(知)의 가가 된다.[118]

이처럼 심·의·지와 천하·국을 신과 가의 두 개념으로 흡수한 것은 심
제가 제출한 신과 그 확대로서의 가를 일원적으로 파악했기 때문이다. 그러

---

114) 森紀子, pp. 41～43.
115) 《耿天台先生文集》卷16, 里中三異傳.
116) 梁夫山傳, 《明儒學案》卷32, 泰州學案序 및 森紀子, p. 52.
117) 《耿天台先生文集》卷16, 里中三異傳.
118) 《何心隱集》卷2, 矩.

84

면서도 심은은 심제와는 결론을 달리하였다. 즉 신(身)은 신(伸)으로서 반드시 배워서 법으로 할 것[矩]은 몸[身]이 상하 전후 좌우로 뻗어나가는 것[伸]을 의미한다는 것이다. 마찬가지로 가는 가(嘉;加)와 같은 뜻을 가지므로 반드시 배워서 법으로 살아야 할 것은, 가(家)는 상하 전후 좌우로 더하여 가는 것[加]이다. 그리하여 결국 신과 가는 부단히 뻗고 더하여 무한히 확대하여 가면, 결국 천하·국의 신·가에 도달하게 된다.[119] 이를 가능하게 하는 매개항에 대하여 그는

> 무릇 회(會)는 가(家)에서 형상을 취하여 그 몸을 간직한다. 그리하여 서로 더불어서 회를 주(主)하는 자는 신(身)에서 형상을 취하여 그 가를 드러내는 것이다.……곧 회는 천하·국의 신의, (천하·국의) 가의 그 신, 그 가를 드러내고 간직할 수 있는 것이다.[120]

라 하여 회(會)의 개념을 도입하여 그것의 도움에 의해 비로소 신·가에서 천하·국으로의 확대가 가능하다는 것이다.

심은은 원강원학(原講原學)에서

> 모(貌)가 있는 이상 반드시 사(事)가 있고 학(學)이 있다. 학이란 모를 근거[原]로 하는 것이다.……언(言)이 있는 이상 반드시 사(事)가 있고 강(講)이 있다. 강은 언을 근거로 하는 것이다.[121]

고 했다. 이때의 사는 관념으로서의 사물이 아니라 구체적으로 외재하는 사물을 말하는 것으로 학문은 이를 근거로 성립하기 때문에 그 학문은 결코 공리 공담이 될 수 없다. 따라서 그가 주장하는 원학원강은 "천하에 심외(心外)의 사(事), 심외의 이(理)가 없다"고 주장한 양명의 심즉리의 입장과 대립하고 있다. 어떻든 사가 있어야 학이 있다는 입장에서 보면 이념이란 반드시 현실의 인간사회에 실현되어야 할 것으로서 그와 같은 인식에 도달된 자만이 주회자(主會者)로서 현실로서의 천하 국가를 자신의 신·가와 일치시켜 나가는 노력을 주체적 능동적으로 수행할 수 있을 것이다.

가의 형상으로서의 회는 그 구성원이 이미 가족은 아니다. 심제에게는 부

---

119) 위와 같음.
120) 같은 책 卷2, 語會.
121) 같은 책 卷1, 原學原講.

자·형제·부부관계는 천하 국가의 통치 차원과는 무관한 것이며 따라서 비혈연관계인 군신·붕우관계가 중요시되지 않을 수 없다. 그는 오륜(五倫) 가운데서도 붕우관계를 가장 중시하여

  '천지(天地)의 교(交)를 태(泰)라 한다.' 교는 우(友)에서 다하며, 우는 병(秉) 에서 다하며, 도(道)로서 학(學)함은 우의 교에서 다한다. 곤제(昆弟)가 교 아님 이 아니지만 교하여 친하며……부부, 부자, 군신도 교가 아님이 아니지만 혹 교하 여 짝하고, 혹 교하여 친하며, 혹 교하여 능멸되고 원조한다……122)

하여 교에서 교우(交友)가 가장 순수한 사회적 관계로서 이것은 오륜 가운 데서 붕우관계가 중요하다는 것이다. 이탁오는 "인륜에 다섯이 있으나 공 (公)은 그 넷을 버리고 몸을 사우(師友), 현성(賢聖) 사이에 두었다"123)고 평 하여 하심은의 학문과 생애가 얼마나 사회적 관심이 깊었는가를 단적으로 표현하고 있다. 바로 이 점이 심은이 명교의 죄인으로 생명까지 잃게 된 중 요한 하나의 원인임을 탁오 자신이 알면서도, 그 자신도 그 뒤를 따르기는 하였지만.

結 言

  왕양명은 일찍이 주자학의 격물치지설(格物致知說)을 체득하기 위하여 각 고의 노력을 기울였으나 결국 실패하고 하늘의 이법[天理]이 유교경전이나 사물에 존재하는 것이 아니라 "마음이 곧 이(理)이다. 마음 밖의 사(事)나 마음 밖의 이는 없다"는 결론에 도달하였다.
  이와 같이 명초 이래 주자학적 세계에서 양명이 주자학의 성즉리설에 대 하여 심즉리라는 학설의 반기를 들고 일어나 천하를 풍미하게 된 데에는 그 만한 역사적·사회적 조건이 성숙되었기 때문이다. 말하자면 주자학적인 방법으로는 명 중기의 유동적인 사회현실에는 대처하기 어려웠던 것이다. 다시 말하면 명초의 이갑제는 중기 이후 상품경제의 진전으로 점차 해체되 기 시작함으로써 사회적 변동을 초래하였다. 관권(官權)과 결탁한 향신지주

---

122) 《何心隱集》 卷 3, 論友.
123) 《焚書》 卷 3, 何心隱論.

(鄕紳地主)나 훈척(勳戚) 등 특권계급을 낳는가 하면, 신흥 상공업을 통하여 부를 축적하는 등 심한 빈부의 격차로 사회모순이 노정되었다.

이처럼 유동하는 사회변화에 대하여 방대한 경전과 문물전장(文物典章)을 연구하고 주경정좌(主敬靜坐)로 외재하는 사물의 이법을 궁구한다고 하는 주자학적 방법으로는 대응 능력을 잃을 수밖에 없었다. 이러한 상황에서 진 백사(陳白沙)·왕양명(王陽明)이 심즉리학을 제출한 것이다. 특히 양명학의 양지는 주자학의 정리(定理)에 비하면 순발력이 있어서 당시 사회의 인심에 적응할 수 있었다.

이와 같이 양명의 심즉리설 내지 양지설은 명대 사회의 역사적 산물로서 이는 결코 송대 육상산의 심즉리설과는 그 발생 배경부터 다르다. 특히 양 명학 좌파의 현성양지설은 양명의 만물일체사상과 결합하면서 명대 심학의 특징을 발전시키는 데 이바지하였다.

양명의 격물치지에 대한 새 해석에서 심즉리를 비롯하여 지행합일(知行合 一), 치양지설(致良知說)이 도출된 것으로 이는 이후 양명학의 전개에서 사 유의 기본이 된다. 태주파를 연 왕심제(王心齊)의 이른바 회남격물설은 수신 제가치국평천하에서 수신의 신(身)을 본(本)으로 하고 가(家)·국(國)·천하 (天下)를 말(末)로 하여 본을 바로잡아야[格] 말을 바로잡을 수 있다는 주장 이다. 천하의 근본인 신을 높이는 회남격물설에서는 대장부(혹은 大人)는 천 하의 주체로서 관직으로 나아가서는 제왕의 스승이 되고 물러가서는 천하만 민의 스승이 되어야 한다는 강렬한 사대부의식을 볼 수가 있다.

이러한 몸을 근본으로 하여 존중하는 심제의 대장부론은 하심은에 와서는 신과 가를 일원적으로 파악하여 이 신·가가 상하 좌우 전후로 확대되어 천 하와 국가를 이루게 된다는 것이었다. 이 경우 신·가와 천하·국가를 매개 로 하는 회라고 하는 새로운 개념을 그는 세웠다. 가의 구성원은 가족이지 만 회의 구성원은 비혈연적 관계로서 심은은 오륜 가운데서 횡적인 붕우관 계를 중시하게 된다. 이탁오가 "인륜에 다섯이 있는데 공은 그 넷을 버리고 오직 몸을 사우(師友)와 현성(賢聖) 사이에 두었다"고 한 까닭이 여기에 있 었다.

명대 후기의 사회적 변화는 여러 가지 점에서 심은의 사상에 투영되었다. 심은은 당시 사회에 현실적으로 존재하던 하극상의 정당성을 인식하게 되었다. 원래 주자학적 정리론(定理論)＝정분론(定分論)은 사회적 신분질서를 고정화하려는 논리였으며, 양명학에서는 원리적으로는 '분'의 타파와 그로 인한 사민평등론을 전개하면서도 현실적으로는 재질에 의한 사회적 계층질서를 부정하지 않았다. 그러던 것이 심은에 이르러서는 계층간의 상향이동은 인정(人情)의 자연스런 욕구로서 이를 정당화하게 되었던 것이다.

인간 욕망의 긍정은 양명학 좌파에서 특징적으로 보이는 사상이다. 주자학에서는 인간의 본성을 천리로 보기 때문에 천리는 선(善), 인욕(人欲)은 악(惡)으로 구분한 데 대하여 양명학 좌파를 여는 하나의 계기가 되는 용계의 사무설(四無說)은 심〔良知〕의 본체는 무선무악(無善無惡)으로 보았다. 그러나 용계는 욕망에 관한 언급은 구체적으로 하지 않고 '생(生)'이니 '생생(生生)', '생기(生機)'니 '활발발지(活潑潑地)'니 하여 인간의 자연적 측면을 강조하고 있으며, 이러한 형이하학적 자연의 성질은 염정(塩丁) 출신인 심제의 '백성의 일용(日用)'과 다른 것이 아니다. 이들의 학문을 종합적으로 계승한 태주파의 안산농은 "사람이 재색(財色)을 좋아함은 모두 성(性)으로부터 나온다" 하여 인간의 욕망을 적극적으로 긍정하게 되었으며, 이것은 하심은의 송유의 무욕설(無欲說) 비판을 거쳐 이탁오의 동심설을 낳았다. 탁오는 "옷 입고 밥 먹는 것(穿衣吃飯)은 인륜물리(人倫物理)이다"[124]고 한 유명한 말도 거기에 연원을 갖는다. 물론 그 궁극적 연원은 양명의 양지설에 있다. 양명도 주자와 마찬가지로 '존천리(存天理) 거인욕(去人欲)'을 주장하였지만 이는 사구교에서 본 바와 마찬가지로 어디까지나 그가 명교적 입장에 서면서도 심〔良知〕의 본체를 무선무악으로 보는 용계의 주장을 결코 부정하지 않았던 점을 상기할 필요가 있다.

황종희는 이른바 명교의 죄인으로서 명교측으로부터 처벌된 하심은·이탁오 두 사람 가운데서 후자를 제외하고 전자까지만을 〈태주학안(泰州學案)〉에 수록하면서 "심은의 학은 영향이 땅에 떨어지지 않았다" 하였다. 이는 심은의 학이 회남격물의 발전적 계승을 인정했기 때문이다. 그러나 이탁오에 대해서는 동심설을 바탕으로 한 삼교일치설, 반유교적 역사비평 등 이 계통의 사상을 더욱 극단적으로 전개시켜 이단에 떨어졌다고 규정하여 그를

---

124) 같은 책 卷 1, 答鄧石陽 ; 溝口雄三, 1980, pp. 114∼115 참조.

아예 '명유(明儒)'의 열에서 제외시키고 말았다.

황종희는 태주파에 대하여 불만을 가지면서도 그 장점은 과감히 수용하였다. 예컨대 《명이대방록(明夷待訪錄)》의 서두에서

> 인류의 역사가 시작될 때에는 인간은 각기 사(私)를 추구하고 이(利)를 추구하여, 천하에 공리(公利)가 있어도 이를 일으킬 줄 모르고 공해(公害)가 있어도 이를 제거하지 않았다.125)

고 하여 인간의 욕망을 적극적으로 긍정하고 있다. 욕망의 긍정은 인지상정이지만 정치적·사회적 지도자로서의 사대부만은 관료가 되어서는 제왕의 사우가 되어 공인(公人)으로서 자기 희생적 봉사를 아끼지 말아야 하며 그렇지 못할 때는 첩부(妾婦)의 도(道)에 불과하다는 것이다. 이같이 《명이대방록》의 정치세계는 사대부천하(士大夫天下)였으며126) 이는 회남격물설을 비롯 강렬한 사대부의식의 직접적 수용이라 할 것이었다.

참고문헌

耿定向, 《耿天台先生文集》
顧炎武, 《日知錄》
管志道, 《師門求正牘》
戴 震, 《孟子字義疏證》
羅洪先, 《羅念庵文錄》
王 艮, 《重鎸心齊王先生文集》
王 畿, 《龍溪先生全集》
王世貞, 《弇州史料後集》
王陽明, 《陽明全書》
———, 《傳習錄》, 《年譜》
陸象山, 《象山全集》
李 贄, 《焚書》
張居正, 《張太岳先生文集》
朱 熹, 《大學或問》

---

125) 《明夷待訪錄》 原君.
126) 曹永祿, 1976 참조.

朱　熹, 《朱子大全》

朱子·呂祖謙 共編, 《近思錄》

陳獻章, 《白沙子全集》

何心隱, 《何心隱集》

許孚遠, 《敬和堂集》

黄宗羲, 《明儒學案》

───, 《明夷待訪錄》

麥仲貴, 《王門諸子致良知學之發展》, 香港, 1973.

容肇祖, 《明代思想史》, 開明書店, 1941.

嵇文甫, 《左派王學》, 開明書店, 1935.

候外廬 主編, 《中國思想通史》, 北京, 1960.

岡田武彦 編著, 《陽明學の世界》, 東京, 1986.

溝口雄三, 《中國前近代思想の屈折と展開》, 東京, 1979.

───, 《儒教史》, 東京, 1987.

島田虔次, 《中國における近代思惟の挫折》, 東京, 1970.

───, 《朱子學と陽明學》, 東京, 1967.

山本正一 譯注, 《傳習錄》, 東京, 1966.

山井　湧, 《明淸思想史の研究》, 東京, 1980.

山下龍二, 《陽明學研究》, 東京, 1971.

守本順一郎, 《東洋政治思想史研究》, 東京, 1967.

仁井田陞, 《中國の法と社會と歷史》, 東京, 1968.

荒木見悟, 《明代思想研究》, 東京, 1972.

───, 《陽明學の展開と佛敎》, 東京, 1984.

鄭寅普, 〈陽明學演論〉, 《薝園國學散藁》 1955.

孤口治, 〈王陽明と經學〉, 《陽明學の世界》, 東京, 1986.

吉田松平, 〈王陽明〉(下), 《陽明學の世界》, 東京, 1986.

島田虔次, 〈中國近世の主觀唯心論について ── 萬物一體の仁の思想〉, 《東方學報》 28, 京都, 1958.

森紀子, 〈何心隱論 ── 名敎逸脫の構圖〉, 《史林》, 60-5, 1977.

徐復觀, 〈政治家としての王陽明〉, 《陽明學の世界》, 東京, 1986.

石田和夫, 〈陸象山とその後繼〉, 《陽明學の世界》, 東京, 1986.

細野浩二, 〈明末淸初江南における地主奴僕關係〉, 《東洋學報》 50-3, 東京, 1967.

柴田篤, 〈良知現成の思想〉, 《陽明學の世界》, 東京, 1986.

荒木見悟, 〈陽明學評價の問題 ── 中國の學界動向をめぐって ──〉, 《陽明學の展開と佛敎》, 東京, 1984.

曺永祿, 〈明夷待訪錄에 보이는 職分論——宋代 이래 位分觀의 變遷上에서 본——〉,
《東洋史學硏究》10, 1976.
————, 〈陽明學에 있어서 '分'의 問題——社會思想的性格〉, 《東洋史學硏究》6, 1973.
————, 〈天泉證道紀와 東林學派〉, 《東國史學》8輯, 1965.

明末・淸初의 社會變化

吳　金　成

Ⅰ. 序　言

세계의 역사학계에서는 송대(宋代)로부터 아편전쟁 이전의 청대(淸代) 중엽까지(10세기 중엽~19세기 중엽)의 900여 년간을 기본적으로 동질적인 사회로 보는 경향이 있다. 그 이면(裏面)에는, 유교적 지식인이고 대체로 지주인 사대부(士大夫)를 사회의 지배층으로 하는 사회구조가 송대에 확립되어 본질적으로는 변하지 않은 채 청대까지 계속되었다는 인식이 깔려 있다.

그러나 또 한편, 위와 같은 기본 전제는 인정하면서도 명말(明末)・청초(淸初)의 시기(16세기~18세기)는 하나의 '역사적인 획기(劃期)'가 될 수 있다는 인식이 1960년대 이래 대두되기 시작하여,[1] 금일에는 거의 공통된 인식으로 굳어져 가고 있다. 이러한 인식의 이면에는 ① '중국사회의 정체론'을 비판・극복하고 중국사에도 세계사적인 법칙성이 존재함을 밝히기 위해서 명말・청초에 광범하게 전개된 상품생산의 발전의 역사적 성격을 전향적으로 평가하려는 목적, ② 중공정권이 추진한 토지제도의 개혁으로 양기(揚

---

1) 吳金成, 1978.

棄)된 구래의 토지소유제의 역사적 기점이 되는 시기를 명말·청초에 비정할 수 있다는 인식, 바꾸어 말하면 일조편법(一條鞭法)에서 지정은제(地丁銀制)로 이어지는 부·역제도(賦·役制度)의 개혁은 당말(唐末) 이래의 양세법(兩稅法)체계를 최종적으로 방기한 것인데, 이것은 지주제의 획기적인 변질을 반영하는 것이고 그 시기가 명말·청초이며 그러한 지주제의 형태가 마지막으로 사라진 것이 중공정권의 개혁이라는 인식, ③ 명초부터 실시된 이갑제는 부·역(賦·役) 징수기능, 향촌의 공동체적 기능, 향촌의 질서유지 기능 등을 공유한 것이었으나, 명 중기부터 점차 해체되기 시작하여 명말·청초의 시기에는 향촌질서가 새로이 재편되는데, 명 중기부터 이갑제 기능의 대역을 맡은 것이 신사층(紳士層)이라는 사회구조적 측면의 인식 등이 존재하고 있다. 다시 말하면 토지제도(지주제)와 부·역제도의 변화, 사회구조의 변화, 상품생산의 전개 등 세 가지 측면의 변화가 동시에 진행되었고 그 때가 마침 왕조교체기(王朝交替期)와 중첩된다는 의미에서 '명말·청초 획기론(明末·淸初劃期論)'이 나타난 것이다.

본고에서는 이상의 여러 측면을 고려하면서, 특히 다음 문제를 중점적으로 분석·정리해 보겠다. 첫째 향촌질서의 재편을 중심으로 한 사회구조의 변화 측면, 둘째 인구이동과 인구분포의 재편과정에서 나타난 경제구조의 재편적 측면, 셋째 상품생산의 전개 중에서 특히 강남지방의 직물업의 내용과 그것이 가지는 사회적·역사적 성격 등을 분석할 것이다. 그리고 이와 아울러 이 시기의 사회변화가 가지는 역사적인 의미를 음미해 볼 것이다.

II. 鄕村秩序의 解體와 再編

1. 里甲制秩序의 解體

명조는 향촌지배를 위한 기본조직으로서 이갑제(里甲制)를 시행하였다. 이것은 종전부터 형성되어 있던 촌락의 공동체질서를 그대로 존속시키면서 원칙적으로 자급자족이 가능한 110호를 1리(里)로 편성하고, 인정(人丁)과 재산의 다과에 따라 호등(戶等)을 구분하는 제도였다.[2] 이 110호 중 상등호

---

2) 그러므로 1里는 자급자족이 가능한 110호와 不定數의 貧窮戶(이를 畸零戶라 한)로

(上等戶) 10호를 이장호(里長戶)로 하고 나머지 100호를 갑수호(甲首戶)로 하여, 10갑(甲)에 각 10호씩 배속시켰다. 매년 이장 1명과 각 갑에서 차출된 갑수 10명이 이내(里內)의 부·역의 징수,[3] 치안유지, 재판, 교화, 부역황책(賦役黃冊; 호적대장)의 작성 등 향촌통치의 거의 모든 기능을 수행하였다. 이장·갑수의 이러한 의무〔里甲正役〕는 10년에 한번씩 부담하도록 되어 있었다. 또 각 리에는 이장 외에 이노인(里老人)을 별도로 설치하여 이내의 여론을 대변하고 질서유지와 권농·상호부조 역할 등을 맡도록 하였다. 화남의 일부 지역에는 양장(糧長; 數個 里~十數 里의 里長을 통솔)과 당장(塘長; 水利 관계의 책임을 맡음) 등의 역(役)도 두었다. 이장·이노인·양장·당장 등은 대개 대토지를 소유한 지주로서 중국 고래로 향촌의 관습법적 질서의 지배자였다. 그런데 명조(明朝) 국가권력의 위임에 따라 새로이 향촌지배를 위한 여러 가지 역을 부담하는 것을 대가로 하여, 이들은 향촌사회의 실질적인 지배자의 위치를 새롭게 확인한 셈이었다.

명초에는 이러한 이갑제질서를 기반으로 하여 사회가 비교적 안정되어 있었다. 그러나 1400년대 중엽, 즉 명대의 중기로부터 말기에 걸쳐서 점차로 이갑제질서가 변질·해체되어 갔다.[4] 그러한 변화가 가장 단적으로 표면화된 현상이 곧 중국 전역에 걸쳐 일어난 농촌의 계층분화, 호구(戶口)의 격감, 인구이동, 반란의 봉기 등이었다.

이갑제질서하에서의 공적인 지배층은 이장·이노인·양장층이었다.[5] 그러나 명조로부터 이들에게 위임된 이갑정역(里甲正役)[6]은 10년 1회의 윤번제였으므로 부·역징수에 따른 권력이 특정한 호(戶)에게 고정화되지는 못

편성되었다. 韋慶遠, 1961; 鶴見尙弘, 1964; 山根幸夫, 1966; 栗林宣夫, 1971; 小山正明, 1971.

3) 매년 이것을 원활히 하기 위해서는 里民의 이탈 방지, 권농, 수리시설의 관리, 재해복구 등 재생산유지방책을 강구해야 하는 부차적인 임무도 있었다. 鶴見尙弘, 1971; 小山正明, 1971.

4) 賴家度, 1956; 李洵, 1980; 張海瀛, 1981; 淸水泰次, 1935; 橫田整三, 1938; 森正夫, 1988, 第3·4章; 谷口規矩雄, 1965; 西村元照, 1971.

5) 江南의 官田지대에서 명초에 稅糧收取體制를 개혁할 수밖에 없었던 것도 이들의 횡포와 소농민에 대한 부담 전가 때문이다. 森正夫, 1988, 第2·3章 참조.

6) 里甲制下의 里甲正役과 雜役 및 그 후의 변화에 대하여는 梁方仲, 1936,1957; 山根幸夫, 1966; 栗林宣夫, 1971; 小山正明, 1969,1971; 鶴見尙弘, 1971; 川勝守, 1980; 濱島敦俊, 1982 등 참조.

94

하였다. 또한 재산의 제자균분상속(諸子均分相續), 재해(수재·한재·蝗災), 질병, 전란 등 제도와는 무관한 원인도 향촌사회에서 계층분화 요소로 작용 하였다. 명조가 시종 버리지 못한 부·역의 원액주의(原額主義),[7] 원적발환 주의(原籍發還主義; 原籍主義, 後述) 원칙도 결과적으로 보면 이갑체제의 해 체에 순기능(順機能)을 한 셈이었다. 그런데도 명조의 재정 규모는 계속 확 대되었고 국가재정과 관리들의 은(銀)에 대한 수요는 증대되어 갔다. 그 때 문에 명초에는 비교적 가벼웠던 부·역이 점차 증가하였고 은납화(銀納化) 되어 갔다.[8] 농민들에게는 부·역의 증가는 물론 은납화도 도리어 부담을 가중시키는 경우도 있었으므로 농민의 부담은 갈수록 무거워졌다.

그런데 또 한편, 명초부터 향촌에는 관료체계를 매개로 나타난 관직경력 자(官職經歷者; 현직·퇴직·휴직 관료) 25,000명 내외와, 이와는 별도로 과거 제(科擧制)와 학교제(學校制)를 매개로 나타난 학위소지자(學位所持者; 擧人· 監生·生員) 70,000여 명, 도합 10여 만에 달하는 특권층이 존재하였다. 이들 은 형식적으로는 이갑제질서내에 포섭되어 있었으나 대개는 지주였을 뿐 아 니라 우면(優免; 徭役免除) 등 특권을 향유하고 있었다.[9] 명초에는 이들의 수가 전국민의 0.15% 정도[10]에 불과하였고 사회도 비교적 안정되어 있었으 므로, 향촌의 재생산 유지기능도 이장·이노인 등을 통하여 어느 정도 수행 되고 있었다. 그러나 15세기 중엽에는 그들 특권층의 수가 35만 정도, 명 말·청초에는 55만 정도(전인구의 0.37%)로 증가하였다. 이들은 농토를 새로 이 개간하거나 매입하는 방법으로 점차 토지를 겸병하여 가면서도 그들이 국가로부터 받은 우면특권과 사회적 영향력을 이용하여 오히려 부·역을 기 피하였다. 더구나 요역의 증가와 일부 은납화가 진전되는 과정에서 그 할당 기준이 호등(戶等)보다도 전토(田土; 혹은 稅糧)를 중시하게 되었고, 이갑정 역(里甲正役)의 일부마저 우면의 대상이 되었으므로,[11]신사(紳士)와 비특권

7) 洪武 24 年의 賦役黃册의 등록액수를 그대로 유지하려는 것, 따라서 戶口가 줄어들면
  그 부분을 타인이 부담하게 되어 몰락이 가속화되었다. 韋慶遠, 1961.
8) 梁方仲, 1936; 淸水泰次, 1950; 山根幸夫, 1966; 小山正明, 1971.
9) 吳金成, 1986, 第1章 참조.
10) Ho, ping-ti, 1959, p.277; Perkins, Dwight H., 1969, p.216.
11) 山根幸夫, 1966, pp.120~121; 川勝守, 1980, 第7章; 和田正廣, 1978; 濱島敦俊,
  1982, 第4·5章.

이갑호 사이의 부담의 격차는 더욱 커지게 되었다. 유력한 신사와 상인은 도시에 거주하면서 부재지주(不在地主; 寄生地主)로서 부·역은 탈면하였다. 이 때문에 이장·이노인 등 향촌의 비특권지주와 소농민[甲首戶]은 본래의 자기 부담 부분 외에 신사나 부재지주의 우면·탈면 부분까지도 아울러 부담해야 되었다. 이것은 호등에 따라 요역이 할당되도록 되어 있던 이갑제질서하의 요역수취체제와는 크게 모순되는 것이었다.

그러나 명 중기 이후로 점차 중앙·지방의 통치력이 약화되어 갔을 뿐 아니라 서리(胥吏)의 부정까지도 개재되었으므로 정부에서는 토지나 호구의 변화를 완전히 파악하지도 못하였고 또 파악하려는 노력도 부족하였다. 비특권지주들은 과중한 부담을 회피하기 위하여 연납(捐納; 돈을 내고 관직이나 학위를 얻는 방법)을 이용하거나 종족결합(宗族結合) 등 온갖 수단을 동원하여 스스로 학위층(學位層) 이상의 신사가 되려 하였고, 그 길이 여의치 못할 때는 토지를 신사나 왕부(王府)에 투헌(投獻)·궤기(詭寄)하고,[12] 혹은 관리에게 회뢰(賄賂)나 청탁을 하여 부역황책(賦役黃册)을 변조하기도 하였다. 이렇게 해서 탈면된 부·역 부분은 물론 약소 농민에게 전가되었다. 또 한편, 명 중기 이후의 농업생산력의 발전, 상품생산의 전개와 서민의식(庶民意識)의 고양에 따라 전호(佃戶; 소작인)의 자립화가 진전되면서[13] 나타난, 전호의 항조운동(抗租運動)과 노변(奴變; 第 Ⅳ-2 참조) 등 때문에 비특권 지주의 소작료 수취는 더욱더 제약을 받게 되었다.

이상과 같이 관리와 서리의 부정과 가렴주구(苛斂誅求), 토지의 편중과 부·역의 번중(繁重) 및 불균등, 상인과 고리대자본의 수탈 및 기타의 원인으로 명 중기 이후에는 갑수호(자작농)뿐 아니고 이장·양장호마저 몰락하는 사례가 심화되어 갔다.[14] 이러한 현상이 곧 농촌의 계층분화현상이었고 이갑제질서의 해체현상이었다. 이제는 호구편성원칙(戶口編成原則)에 의한

12) 濱島敦俊, 1982, pp. 240~241.
13) 小山正明, 1957, 1958. 단, 이 논문은 明末淸初를 古代 末期, 中世의 初期로 보고 있는 점에 주의해야 한다.
14) 森正夫, 1988, 第 4·5 章; 吳金成, 1986, 第 2 編. 그러나 전체로서 장기적인 안목에서 보면, 소수의 신사나 대지주가 광대한 토지를 겸병하고 대부분의 중·소농민이 몰락한 결과 大地主와 佃戶로 사회가 양극분화되는 것은 아니고, 몰락과 재상승을 반복하였다.

이갑제질서와 그것을 기초로 한 부·역 수취체제 및 향촌질서의 유지는 불가능하게 되어 갔다. 16세기 중엽의 가정(嘉靖) 연간(1521~1566)에 이르면, 이러한 현상은 더 이상 방치할 수 없는 심각한 국가 현안으로 인식되기에 이르렀다.

2. 鄕村秩序의 再編

명 중기 이후부터 시작되고 심화되어 갔던, 이상과 같은 이갑제질서의 해체현상에 대하여 명조 국가권력도 수시로 다음과 같은 대응책을 강구하였다. 첫째는 '원적발환주의(原籍發還主義; 原籍主義)'를 완화하는 대신 필요에 따라 '부적주의(附籍主義)'를 채택하였다.15) 명초에는 110호로 된 이갑제를 유지하기 위하여 외래의 유민이나 객민(客民)은 원적지로 돌려보내는 것을 원칙으로 하였다. 그 때문에 유민이 어느 지역으로 이주하여 정착하고 자급자족이 가능한 정도 이상으로 자립하는 경우에도 그 지역의 관부(官府)에서는 그를 부역황책에 편입시켜 부·역을 부과하지 못하였다. 또 원적지에서는 본인이 없으므로 요역을 부과할 수 없었다. 그러므로

> "영도(寧都)에는 향(鄕)이 6이 있는데 상삼향(上三鄕)[의 佃耕者]은 모두 토착인으로서 변동이 없으나 하삼향(下三鄕)[의 佃耕者]은 모두 복건인(福建人)이다. 대개 건녕(建寧)·영화(寧化)인이 10의 7·8이요, 상항(上杭)·연성인(連城人)이 2·3이니 모두 백여 리내에서 온 사람들이다……(土着田主는 갖가지 稅·役 때문에) 소득(所得)이 전호의 5분의 1에 지나지 않지만 전호는 이중(二重)으로 일체(一切) 면제받음으로써 소득이 전주(田主)의 4배나 된다. 이 때문에 복건에서 온 전호는 일찍이 적빈(赤貧)으로 임경(賃耕)을 시작하여 왕왕 부요(富饒)에 이르기도 한다"16)

고 하듯이 유이민(流移民)은 두 지역에서 모두 부·역을 탈면하였다. 국가에서는 그 탈면 부분을 원적지에 남아 있던 여타의 이갑호에게 전가시킬 수밖에 없었고, 그 때문에 남아 있던 이갑호도 몰락·유산하게 되는 '도미노'현

---

15) 《大明會典》 卷19, 戶部 6, 逃戶·流民; 淸水泰次, 1935(二), pp. 74~81; 谷口規矩雄, 1965, pp. 204~206 참조.
16) 魏禮, 〈與李邑侯書〉, 《魏季子文集》 卷 8.

상이 많았다.

　명조는 영락(永樂) 연간(1403~1424)까지는 원적주의를 강력하게 지켰으나 선덕(宣德) 5년(1430)에는 이주해서 50무(畝) 이상의 토지를 갖게 된 객민의 기적(寄籍)을 허락하였다.[17] 그런데 정통제(正統帝)의 즉위조(卽位詔; 1435)에서는 다시 '유민복업령(流民復業令)'을 강력히 시달[18]할 만큼 '원적주의'를 지키려 하였다. 그러나 그 후로도 각지에서 무수한 유민이 발생하였으므로 이 문제를 해결하기 위하여 '원적주의'를 완화하면서 필요한 지역에 '객민부적(客民附籍; 現住地附籍)'을 실시하였다. 그 결과 객민이 많이 유입된 지역에서는 객민을 부적시킴으로써 현(縣)이나 리(里)가 증편(增編)되는 곳도 많았다.[19] 또 반대로 호구가 감소된 지역에서는 리를 감편(減編)하여 현실화시킴으로써 남아 있는 이갑호의 부·역 부담을 덜어 주었다.[20] 그러나 명조의 이러한 정책은 '원적발환주의'를 완전히 포기한 것이 아니고, 될수록 원적지로 보내야 하지만 경우에 따라서는 부적시킨다는 편의적인 대증요법에 불과하였다. 그러므로 명말까지도 인구 유입이 많았던 호광지방(湖廣地方)에서는 각 지방관의 상주(上奏)가 있을 때만 객민을 부적시켰으므로, 부적되기까지는 성장하여 자립한 객민도 요역을 탈면할 수 있었다.[21]

　둘째는 십단법(十段法)[22]에서 일조편법[23]으로 이어지는 부·역제도의 개혁이었다. 이러한 개혁은 요역의 부과기준이 호등보다도 전토(田土; 혹은 세량)를 중시하고 하세(夏稅)와 추량(秋糧)을 일괄 징수하며 은납화하고, 신사의 우면을 제한하는 방향으로 진행되었다. 특히 16세기 후반기에 일조편법의 성립으로 부·역의 수취가 간소화되고 유력호의 탈세나 관청의 부당 착취가 어느 정도 근절될 수 있었으므로 명조 정부와 납세자에게 모두 편리한 제도였다. 그러나 은·전비가(銀·錢比價)의 문제, 납기(納期)가 추수(秋收) 직전인 점, 이갑정역(里甲正役) 중 행정관리(行政管理) 부분이 아직 남아 있던 점 등은 앞으로 해결되어야 할 문제로 남아 있었다. 다만 일조편법을 시

17)《大明會典》卷 19, 戶部 6, 戶口 1, 逃戶.
18)《英宗實錄》卷 1, 宣德 10 年 正月 壬午條(p. 16).
19) 吳金成, 1986, 第 2 編 참조.
20) 森正夫, 1988, 第 3 章; 吳金成, 1986, p. 191, 244.
21) 吳金成, 1986, pp. 244~245.
22) 小山正明, 1967, 1968, 1971.
23) 山根幸夫, 1961; 小山正明, 1971.

98

행한 결과, '호수편성 원칙을 기초로 한 이갑제'의 존재의의는 크게 약화되었다.

셋째는 향약(鄕約)·보갑제(保甲制)를 통하여 향촌사회에서 교화와 상호부조, 치안유지 등을 유지해 보려 하였다. 향약은 북송(北宋)의 여대균(呂大鈞)의 여씨향약(呂氏鄕約)을 주회(朱熹)가 증손(增損)한 향약이 기원이었다. 명대에는 왕수인(王守仁; 陽明, 1465~1528)이 남감순무(南贛巡撫)로서 재직중 1518년에 강서(江西) 남부에서 실시한 것이 계기가 되었다.24) 그것은 정덕 연간(1506~1521)에 이 지역에서 광범하게 일어난 반란25)을 평정한 양명(陽明)이 종족조직을 배경으로 향촌의 교화, 민중 상호간의 권선징악, 상호부조, 재판, 질서유지 등을 도모하고 부재지주와 객상(客商·원거리 무역상인), 고리대의 횡포를 방지하기 위하여 권장한 것이었다. 그 후 가정·만력 연간(嘉靖·萬曆年間, 1522~1619)에 중국의 각 지역에서 실시된 향약은 이것이 모범이 되었다. 한편, 보갑제는 북송의 왕안석(王安石)이 신법(新法)의 일환으로 실시(1070)한 보갑법이 처음이지만, 명대에는 역시 양명의 '십가패법(十家牌法)'26)이 효시이다. 양명은 역시 강서 남부의 반란을 진압한 후, 그 지역에 향약을 실시하는 한편, 10가(家)로 1갑을 조직하여 연대책임으로 도적방어와 향촌의 질서유지에 임하도록 하였다. 그 후 촌(村)마다 보장(保長) 1명을 두어 촌락의 자위(自衛)를 도모하는 보갑제로 발전하였다. 이러한 보갑제는 ① 전호(소작인)도 편성대상이 되었고, ② 향촌의 질서유지 기능(경찰기능)을 주목적으로 하였던 점에서 이갑제와는 다른 것이었다. 보갑제는 그 후 명조의 권장에 따라 향약과 함께 치안·교화조직으로 전국에 보급되었다. 명말 여곤(呂坤, 1536~1618)의 '향갑약(鄕甲約)'은 향약과 보갑을 일체화시킨 것이었고27) 다른 지역에서도 대개 두 조직을 결합시켜 시행하였다. 또 이와 함께 사창(社倉)·의창(義倉)·의전(義田) 등 광범한 구제기구를 통하여 향촌질서를 유지하려 노력하기도 하였다.

이상과 같은 명조의 노력으로 지역에 따라서는 향촌이 어느 정도 재편성

24) 松本善海, 1975; 酒井忠夫, 1962; 三木聡, 1979; 鈴木健一, 1966; 栗林宣夫, 1971, 第4章; 小畑龍雄, 1952; 宋正洙, 1985.
25) 趙儷生, 1954.
26) 聞鈞天, 1935; 酒井忠夫, 1962; 前田司, 1981.
27) Handlin, Joanna F., 1983, pp.186~212; 栗林宣夫, 1971, 第4章; 谷口規矩雄, 1983.

되고 향촌질서가 진정된 면도 있었다. 그러나 이상의 향약・보갑제는 ㉠ 이 갑제와 같이 전국에서 획일적으로 시행한 것은 아니었고, ㉡ 국가존립의 기초인 부・역제도와 직접 관련이 있는 것도 아니었으며, ㉢ 명목상으로는 아직도 이갑제와 이노인제가 존속하는 상황이어서, 서로 상충되는 면도 있었다. 그러므로 향약・보갑제의 시행으로 명초와 같은 사회안정을 기대하기는 어려웠다. 뿐만 아니라, 이러한 조처를 추진하는 주체는 지방관이거나 혹은 지방관과 향촌민의 여론을 받아들인 신사층이었다.[28] 환언하면, 신사는 명 중기 이후 해체되어 가던 이갑제 질서, 즉 이장・이노인의 향촌질서 유지기능을 대신해서 명말의 향촌질서 유지에 국가통치의 중요한 보좌역을 담당해 갔던 것이다.

청조가 입관(入關)한 후 초기에는 향촌질서 유지에 명말의 방법을 모방하였다. 즉, 일부 지역에서는 기정(旗丁)의 도망 방지를 목적으로 총갑제(總甲制)를 시행하였으나 전국적으로 향촌의 통치와 부・역의 징수를 위해서는 이미 형해화된 이갑제를 이용하였다. 그러나 이갑제는 일조편법을 시행한 후부터 그 기능이 거의 상실된 상태였으므로 향촌질서 유지의 실효를 거둘 수는 없었다. 강희(康熙) 47년(1708)에는 10호를 패(牌), 10패를 갑(甲), 10갑을 보(保)로 하는 보갑제(保甲制)[29]를 전국적으로 실시하여 연대책임을 지고 호구관리, 치안유지, 조세징수의 보조 등을 도모하도록 하였다. 그러나 치안유지 목적은 여전히 실효가 적었으며 그 실시도 지방관의 의지에 맡기는 정도였다. 따라서 지역에 따라, 시대에 따라 그 내용이 각기 달랐다. 그러므로 지방의 질서유지에는 명대와 같이 여전히 신사의 협조에 의지할 수밖에 없었다. 환언하면, 청초부터 청조권력과 한인(漢人) 신사 사이에는 명대에 나타난 것과 비슷한 결합관계가 이루어져 사회의 지배층으로서의 신사의 역할이 재현되었던 것이다.[30]

그런데 신사는 명말・청초의 격심한 동란기를 거치는 동안에 몰락한 경우도 많았지만 그러한 정치권력의 공백기에 극심한 사회혼란을 틈타서 토지를

---

28) Ho, Ping-ti, 1962, pp. 168~221 ; 吳金成, 1986, p. 162 ; 同, 1989-B ; 栗林宣夫, 1971, 第 4 章 ; 井上徹, 1986-A・B.
29) 聞鈞天, 1935, 第 6 篇 ; 宋正洙, 1983-A・B ; 谷口規矩雄, 1975 ; 前田司, 1976.
30) 吳金成, 1986 ; 同, 1989-A・B.

100

겸병하고 사회지배력을 오히려 더욱 강화시킨 경우도 많았다. 그 결과 사회
계층으로서의 신사층은 명대보다도 오히려 더욱 비대해졌다. 신사는 부·
역의 체납, 포람(包攬; 부역납부의 청부),[31] 서리와 결탁한 부정과 횡포 등 명
대나 다름없는 지배형태를 재현하였다.[32] 그 때문에 청초부터 국가재정의
궁핍을 초래케 했을 뿐 아니라 국가권력의 기반인 소농민층의 몰락을 더욱
심화시켰다. 이러한 상황은 강남 델타지역이 특히 심하였다.

국가통치에 대한 신사의 이러한 원심력적인 작용을 억제함과 동시에 소농
민층을 농토에 안정시키려는 목적에서 청조가 취한 조처는 대개 2가지 방향
이었다. 그 하나는 순치(順治) 친정기(親政期; 순치 8~18년, 1651~1661)와 강
희 연간(1662~1722)의 초기에 나타난 과장안(科場案)·소주곡묘안(蘇州哭廟
案)·강남주소안(江南奏銷案)·장씨사안(莊氏史案) 등 일련의 강남신사 탄압
정책을 통하여 신사를 일면 탄압하고 일면 포섭하는 정책을 시도한 것이었
다.[33]

또 하나는 '균전균역법(均田均役法)'의 실시였다.[34] 이 균전균역법은 명말
의 만력 연간(1573~1619) 이래 강남의 여러 지역에서 농촌사회의 변화와 서
민의식의 고양의 결과 나타난 각종 사회불안 요소(民變·抗租·奴變·反亂
등)에 대하여 신사의 지위에 위기의식을 느꼈던 동림(東林)·복사계(復社系)
신사들의 공의식(公意識)으로 시도된[35] 개혁운동이었다. 그러나 보수적인
대향신(大鄕紳; 상층 신사)들의 이해관계가 착종하여 완결을 보지 못한 채 청
조에게 정복당하고 말았다. 이 법은 순치 연간 이후 강남지방에서 지방관과
일부 신사에 의해 다시 시도되다가 강희초에 강소(江蘇)·절강(浙江)지방을
중심으로 시행되었고, 이윽고 다른 지역에서도 그 이념이 가미된 형태의 개
혁이 나타나게 될 만큼 영향력이 컸다. 이 법의 내용은 크게 3가지 특징이
있었다. 우면한제(優免限制)·조전파역(照田派役)·자봉투궤(自封投櫃)가 그
것이다. 환언하면 ① 모든 토지는 현(縣) 단위로 현재 거주자의 명의로 합산
하고 현내의 모든 리에서 우면(優免)된 전토액(田土額)을 제외한다(優免限

31) 西村元照, 1976; 山本英史, 1977.
32) Ch'u, T'ung-tsu(瞿同祖), 1962, ch. 10; 吳金成, 1989-A.
33) 吳金成, 1989-A·B.
34) 川勝守, 1980, 第8~11章; 濱島敦俊, 1982.
35) 溝口雄三, 1978, pp. 188~189; 濱島敦俊, 1982, pp. 456~457.

制).36) ② 그 나머지 전토를 리(里) 수로 나누어 각 리의 토지의 넓이를 균등화시키고, 또 그것을 10등분하여 각 갑의 토지 넓이도 균등화시킨다. 이렇게 하여 이갑정역(里甲正役) 중 마지막 실역(實役)으로 남아 있던 '행정관리' 부분을 이갑내의 토지비율에 따라 할당하였다(照田派役). ③ 이렇게 부과된 요역은 은납(銀納)을 허가하고 그 액은 부담자 스스로 현청(縣廳)에 직접 납부하도록 하였다(自封投匱). 이렇게 균전균역법을 실시함으로써 전 요역(徭役; 따라서 全 賦·役)이 완전히 은납화된 셈이었다. 이제는 호수를 단위로 하는 이갑이 아닌, 균등전토액(均等田土額)을 기준으로 향촌을 재편성한 것이므로 요역부과 단위인 호구를 파악하기 위하여 편심(編審; 10年 1회의 호구조사)을 할 필요가 없게 되었다. 이제 이갑제는 완전히 소멸되었고 곧 이어지는 지정은제(地丁銀制)로의 개혁이 가능하게 되었다.

그러나 균전균역법도 그리 오래 지속되지는 못하였다. 그 이유는 토지와 토지소유자의 빈번한 이동 때문에 토지를 일정한 기준 면적으로 유지하기가 극히 어려웠기 때문이다. 환언하면, 토지의 변화에 따라 이갑의 전토액을 수시로 바꾸어야 하였으나 행정체계상 그에 대처하기가 극히 어려웠던 것이다. 이 때문에 부·역납입의 독촉과 징수가 어려워졌다. 이렇게 이름만 남은 명대 이래의 이갑조직과 이갑관계의 모든 요역을 폐지하고, 현재의 재산 정도에 따라 세량(稅糧)징수를 보다 확실히 할 수 있는 방향으로 조세징수제도를 개혁한 것이 지정은제37)였고, 또 그러한 방향으로 향촌질서를 재편한 것이 곧 '순장편리(順莊編里)'38)법이었다.

명말의 일조편법(一條鞭法) 단계에서는, 종전의 전부(田賦; 稅糧)와 각종의 요역을 지부은(地賦銀; 종래의 토지세 외에 요역 중의 일부를 田土에 할당시킨 부분, 즉 地銀과의 합산액)과 정은(丁銀; 요역 중 人丁에 부과되는 부분)으로 단순화시켜 은으로 납부케 하였다. 그런데 1713년(康熙 52)부터는 과세대상으로서 인정총액(人丁總額)을 고정시키고, 그 이후에 증가하는 인정(人丁)에게는 정은을 부과시키지 않는, 소위 성세자생정(盛世滋生丁)을 설정함으로써,

---

36) 이렇게 되면 그 優免額數는 고정되므로, 그 후 官吏나 紳士의 수가 증가해도 신사에 대한 우면액은 증가하지 못하게 된다. 淸代 紳士의 優免에 대해서는 崔晶妍·李範鶴, 1987, pp.194~195 참조.
37) 山根幸夫, 1961; 小山正明, 1971.
38) 川勝守, 1980, 第11章.

정은의 총액이 고정되기에 이르렀다. 옹정(雍正) 연간부터는 이렇게 고정된 정은을 인정이 아닌 지부은에 합산하여 부과시켰다. 이에 요역은 완전히 소멸되고 조세는 토지세 한 가지만 남게 되었다. 이것이 곧 지정은제이다. 이렇게 되자, 토지세의 원천인 전조(佃租 ; 地代)의 확보는 지주뿐 아니라 청조(淸朝)로서도 사활(死活)이 걸린 중요한 문제로 대두되었다. "부(賦)는 조(租)에서 나온다"는 전제하에, 청조 국가권력과 그 후의 군벌들이 지주 · 전호의 분쟁에 개입한 것, 혹은 지주가 전호의 항조(抗租 ; 소작료 감면운동)운동에 대해 국가의 개입을 요구하게 된 것은 그 때문이었다.

한편 순장편리법은 강희 연간에 화북지방에서 시도된 일이 있었으며, 옹정 6년(1728)에 절강지방에서 실시된 후 건륭(乾隆) 연간(1736~1795)부터 화중지방 일대에 보급되었다. 그 주요 내용은 이갑제 대신 자연촌락으로서의 장(莊 ; 지역에 따라서는 庄 · 邨 · 村으로 부름)을 징세(徵稅)와 행정의 기본 조직으로 하는 것으로서, ① 균전균역법하에서 각 리에 토지를 분산 소유한 인호(人戶)는 그 거주지에서 일괄하여 납량(納糧)토록 하고 균전균역법은 폐지하며, ② 보갑제를 이용해서 이지유단(易知由單 ; 납세통지서)을 각 호에 배부(이장 등 이갑관계의 役은 완전 폐지)하고, ③ 기장호(寄莊戶 ; 타현 거주자로서 본현의 토지소유자)의 토지는 본장(本莊)의 전호로부터 세량을 징수케 하는 것 등이었다.

이로써 국가지배의 기초인 징세의 단위가 명초 이래의 호 단위 편성에서 자연촌락을 기초로 하는 새로운 체제가 확립된 것이다. 환언하면, 전국의 획일적인 조직[里甲制]에 의한 징세조직이 붕괴되고, 보다 더 지역성이 강한 촌락중심의 향촌조직으로 재편된 것이다. 명초의 호수(戶數)원칙의 이갑제에서 청초의 촌락중심의 순장편리법으로의 전환은 명말 · 청초의 중국 농촌사회의 변화에 대응한 것이었다. 다시 말하면, 청조 국가권력이 표면적으로는 신사의 특권을 제한하면서도 내면적으로는 향촌에서 신사가 가지는 실질적인 지배력을 용인하고 그 힘을 이용할 수밖에 없었던, 그러한 사회구조의 변화에 대응한 것이었다.

Ⅲ. 人口의 移動과 그 影響

1. 人口移動의 實相

명초 홍무 연간(洪武年間; 1368~1398)의 적극적인 사민・개간(徙民・開墾) 정책 등의 사회경제정책으로 농업생산력이 회복되었고,[39] 전국에 통일적인 이갑제의 실시로 어느 정도 안정되었던 중국사회가 15세기에 들면서 다시 불안해지기 시작하였다. 그 원인은 전술한 바와 같이 이갑제와 부・역수취 제도의 모순, 토지의 편중 등 굉장히 복합적인 것이었다. 그 결과 농촌의 계층분화가 점차 심화되어 이갑제가 해체되어 가고, 명 중기부터 전국적으로 대대적인 인구이동이 시작되어 명말에 이르자 중국의 인구가 일단 재배치되었다.

인구이동은 성내(省內) 지역간에도 이루어졌고 성과 성 사이에서도 이루어졌다.[40] 또 지역적인 특징으로 보면, ① 선진농업경제지역(先進農業經濟地域; 人口過密＝狹鄕地域)에서 개발가능지역(경제적 낙후지역＝寬鄕지역)으로, ② 농촌(대개 협향지역)에서 금산구역(禁山區域) 등 정치적 통제력이 미약한 지역으로, ③ 농촌에서 도시・수공업지역으로의 이동 등으로 유형화할 수 있다.[41] 또 인구를 송출한 지역은 그 지역 나름으로 그 곳의 인구가 고향을 등지고 외지로 떠날 수밖에 없는 내부적인 요인이 있었고, 외부 인구가 모여든 지역은 또 그 지역 나름의 내부 여건상 인구유인 요소가 있었다.

예컨대, 명대에 외부 인구가 가장 많이 집중된 지역 중의 하나였던 호광(湖廣; 湖北・湖南)지방의 경우를 보면,[42] 이 지역은 명초 이래 '지광인희(地廣人稀)'지역으로 평가되었고 그러한 현상은 명말에 이르기까지 동일하였

39) 吳晗, 1955; 吳金成, 1986, 第2篇.
40) 별다른 註가 없는 限, 明代 中國 內地의 人口移動은 李洵, 1980; 橫田整三, 1938; 全漢昇, 1961; 譚其驤, 1932; 賴家度, 1952,1956; 樊樹志, 1980; 傅衣凌, 1980; 梁方仲, 1935,1980; 王崇武, 1939; 張海瀛, 1981; 秦佩珩, 1984; 大澤顯浩, 1985; 淸水泰次, 1935; 谷口規矩雄, 1965; 吳金成, 1986, 第2篇; Perdue, Peter C., 1986,1987 참조.
41) 吳金成, 1986, 第2篇.
42) 譚其驤, 1932; 吳金成, 1986, 第2篇, 第2・3章.

다. 환언하면, 평지·산지 혹은 금산구역을 불문하고 어디나 개간이 가능한 옥토가 많았고, 특히 한수 하류역(漢水下流域)에서 동정호(洞庭湖) 주변에 이르는 운몽택(雲夢澤)지역은 저습지로서, 완제(垸堤) 등 수리시설을 축조할 경우 비옥한 농경지로 만들 수 있는 광활한 땅이 방치되어 있었다. 또 명조가 초기 이래 적극적으로 추진한 권농·개간정책과 원적주의, 호전무세(湖田無稅)[43] 등의 요소도 호광이 외부 유민을 유인하기에 좋은 여건이었다. 반면, 호광에 인구를 내보낸 섬서(陝西)·하남(河南)·강서(江西) 등 주변지역[44]은 지리적으로 호광에 인접해 있을 뿐 아니라, 신사나 유력지주의 토지겸병, 부·역의 과중과 불균등, 사회불안(섬서의 경우에는 국경 불안), 인구의 과밀 등의 인구유출 요인이 있었다. 이렇게 호광성이 가진 인구유인 요소와 주변 여러 성의 인구유출 여건이 동시에 복합적으로 작용한 결과, 명 일대에, 특히 선덕 연간(宣德年間)에서 정덕 연간(15세기 중엽~16세기초)에 걸쳐서 많은 인구가 호광에 집중되었던 것이다.

명 중기에서 말기에 걸쳐 계속된 인구이동 상황은 '북(北)에서 남(南)으로'라는 전대(前代)까지의 대세(大勢)[45]와는 달리, 평장히 복잡하고 다양하였다.[46] 그중에서도 특징적인 면만 간추려 보면, 이 기간 동안에 인구가 가장 대규모로 집중된 지역은 섬서 남부, 사천 동북부, 하남 남서부, 호북 서북부로 이루어지는 사성교계지역(四省交界地域)이었다. 또 성 단위로 보면 호광·사천지방에 인구가 가장 집중적으로 유입되었고, 그 다음이 북직예(北直隷; 河北)·산동(山東)·하남지방이었으며, 중국 서남부의 귀주(貴州)·운남지방도 인구가 다수 유입되었다. 그 반면, 중국의 지방지에 기록된 인구통계[47]로는, 위에 지적한 지역과 기타 지역의 일부 지방을 제외하면 명대에 중국의 대부분의 지역에서 호구가 감소하거나 거의 증가가 없었던 것으로 나타난다. 그러나 그중에서도 산서·섬서·강서지방의 인구가

43) 明代 湖廣地方에서 田土의 개간과 水利시설의 수축을 독려하기 위해서 垸堤를 수축하는 기간과 완전히 수축한 후 일정한 기간에는 세를 부과하지 않았다.
44) 橫田整三, 1938; 吳金成, 1986, 第2篇 第1章.
45) 羅香林, 1933.
46) 주 40)과 같음.
47) 中國 地方誌에 나타난 人口統計의 성격에 대해서는 Ho, Ping-ti, 1959 참조. 단, 그 통계는 지방관의 인구 파악능력의 표현이므로, 그 통계상의 戶口의 增·滅은 그대로 그 지역의 사회상을 반영하는 것이다.

가장 많이 유출되었던 것으로 기록되어 있고, 서서히 감소되어 간 지역으로는 절강・광동・복건지역이 있다. 남직예(南直隷; 금일의 安徽・江蘇省)지방은 명대 전반기에는 감소하다가 후반기에는 증가하여, 명 일대로 볼 때는 인구가 크게 변하지 않은 것으로 나타난다.[48]

명대의 인구이동 방향은, 먼저 성과 성 사이의 경우 산서에서 북직예, 산동, 하남, 호광 북부, 사천지방으로, 섬서에서 호광 북부, 하남에서 호광 북부, 강서에서 호광・귀주, 복건・광동에서 강서남부로 이동한 것이 비교적 대규모였던 듯하다. 성내에서 이동한 것으로는 섬서의 북부에서 남부의 한중(漢中)으로, 하남의 북부에서 남부로, 호광의 북부〔湖北〕에서 북서부 교계(交界)지역으로, 호광의 북부〔湖北〕에서 남부〔湖南〕로, 강서의 북부에서 남부로, 남직예(안휘・강소성)의 동남 해안과 평야지역에서 서남 산간지방으로, 절강의 동부 해안지방에서 산간부로 이동하였던 듯하다.[49] 그외에 복건・광동지역 주민의 상당수는 동남아시아로 이주하였다.

이상과 같이 명 중기부터 중국의 전역에서 대대적인 인구이동이 시작되었고 그 결과 명말에 이르면 중국의 인구분포가 일단 재편되었다. 그런데 명말・청초의 동란기로부터 청조의 중기에 걸쳐서 또 한번의 대대적인 인구이동이 있었다.[50] 그리고 이 시기에 인구이동의 세례를 가장 많이 받았던 지역이 사천(四川)지역이었다.[51] 사천지방은 '장헌충의 도살(張獻忠之屠殺)'로 표현될 정도로, 명말의 장헌충의 난으로 인구가 격감되었다.[52] 1491년에도 328만 명 정도로 추산되고 그 후에도 대폭 증가되었을 것으로 추측되는 사천의 인구가 청초의 순치 18년(1661)에는 96만 정도로 격감되었기 때문이

---

48) 이 분야에 대해서는 좀더 구체적이고 치밀한 연구가 필요하다. 왜냐하면, 후술하듯이 명・청시대에 걸쳐 강남에는 대도시의 발달과 더불어 부수한 중・소도시가 발달하였으므로 그만큼 많은 외래 인구가 유입되었다고 할 수 있다. 그런데 농촌인구도 완전히 파악하지 못했던 당시 중국의 현실에서는 도시의 유민을 완전히 파악하기는 거의 불가능하였기 때문이다.

49) 이러한 인구이동과 그 문제에 대한 명조의 대응책은 第2章 2節 참조.

50) 이 분야에 대해서도 앞으로 보다 구체적이고 치밀한 검증이 필요하다.

51) 좁은 지역으로 보면 역시 湖廣 西北部의 四省交界지역도 인구가 다수 집중된 지역이었다. 그러나 省 단위로 보면 역시 四川省지역이었다고 생각된다. 全漢昇, 1961; 魯子健, 1984, 1987; 趙文林・謝淑君, 1988, pp. 376~467; 山田賢, 1986; Ho, Ping-ti, 1959, p. 283; Entenmann, Robert, 1980 등 참조.

52) 孫達人, 1981; 王綱, 1981; 胡昭曦, 1980.

다.[53] 그 때문에 청초에는 청조의 적극적인 이민정책과 함께 '호광전사천
(湖廣塡四川)', 즉 '호광(호남・호북) 사람이 사천을 메웠다'고 할 만큼, 호광
(명대에 인구집중이 가장 많았던 지역)을 중심으로, 섬서・강서・안휘・광동인
등이 사천지방으로 대거 이동하였다. 그 결과 청이 입관한 직후인 청초에는
전체 인구 중에서 점하는 비중이 1% 정도였던 사천의 인구가, 그 후 100여
년이 지난 건륭 26년(1761)에는 278만, 전 인구 중의 비중은 1.4%, 1850년에
는 인구 4,416만, 전 인구 중의 비중은 10.27%로 격증하였다.[54] 또한 인구
증가율로 볼 때 청대에 특징적인 인구이동 지역의 하나로 대만을 들 수 있
다. 대만에는 복건・광동성 등 동남 연해지방인이 주로 이동하였다. 통계적
으로 보면 17세기말에 20~25만이었던 대만의 인구는 1887년에는 320여 만
으로 증가하였다.[55] 그러나 청 일대를 통하여 가장 괄목할 만한 인구이동은
만주로의 이동이었다. 18세기에 들어서면서부터 산동・하북성인을 중심으
로 만주로의 인구이동이 본격화되었다. 그 결과 만주개발도 점진적으로 진
척되었는데, 청 일대를 통해서 보면, 중국에서 가장 빠른 성장을 보인 곳이
만주, 그중에서도 성경(盛京; 奉天)지방이었다.[56] 금일(今日)과 같은 중국의
경제지역[57]의 틀이 잡힌 것은, 이렇게 명・청시대에 걸쳐 인구분포가 재
편된 결과였다고 할 수 있다.

2. 人口移動의 影響

1) 農業生産力의 提高

명 중엽에서 청대의 중기에 이르는 300~400여 년 동안에 양차에 걸친 대
대적인 인구의 이동과 재편이 있었다. 그 결과로 나타난 중요한 것 중의 하
나는 농업생산력의 향상이었다.[58]

53) 趙文林・謝淑君, 1988, p.374,452.
54) 全漢昇, 1961; 趙文林・謝淑君, 1988, pp.472~473.
55) 全漢昇, 1961.
56) Lee, Robert H. G., 1970; Lee, James and Eng, Robert Y., 1984; 全漢昇, 1961; 趙文
   林・謝淑君, 1989, pp.442~475.
57) Skinner, G. William, 1976.
58) 농업생산력의 향상은 人口의 增減, 農業技術의 발달, 耕地의 증감, 수리시설의 증감
   등을 고려해야 한다. 本稿에서는 그중 人口와 耕地의 관계만을 고려하였다. 이 4가지
   요소에 대한 평가는 吳金成, 1986, p.7 참조.

이 시대의 인구이동 방향은 ① 선진경제지역→낙후지역, ② 농촌지역→
금산구역, ③농촌지역→도시·수공업지역 등으로 유형화할 수 있는데, 그
중 ①②의 경우가 이에 해당된다. 이 경우에 속하는 사례로서 그 내용이 비
교적 잘 연구된 지역은 명대의 강서 남부지역을 중심으로 한 사성교계지역
(四省交界地域), 59) 명·청시대의 호광 서북부를 중심으로 한 사성교계지
역,60) 호광의 운몽택지역, 61) 청대의 사천지역62) 등이다.

경제적으로 낙후된 관향지역이나 정치적 통제력이 크게 미치지 못하는 금
산구역으로 유입한 인구 중에는, 고향에서 몰락한 후에 이동해서, 유입지역
에 용공(傭工)이나 노복(奴僕)의 지위로 정착하는 경우도 있었다. 그러나 상
인이나 각종 기능인, 혹은 고향에서 몰락 직전의 이갑호가 상당한 재력을
지닌 채 이동하는 경우도 많았다. 이들은 유입 당초에는 그 지역 토착의 신
사나 지주로부터 전토나 가옥을 임차하였다. 그 후 이들 객민들은 자신의
기능에 따라 각종의 직업에 종사하였다. 어떤 사람은 토착인과 경쟁하면서
서서히 농토를 개간하거나, 강·호변(江·湖邊)의 저습지에 완제(埦堤) 등
수리시설을 축조하여 농토를 확보하여 갔다. 이러한 활동은 그 지역의 농업
생산력의 향상에 크게 공헌하였다. 또 때로는 제방축조에 기술을 제공하거
나 선진문화를 이전하고 새로운 종자를 전파하며, 도로나 교량을 보수하고
구휼사업을 벌이기도 하였다. 객민이 이주지역에서 경제적으로 성장해 가
는 과정은 자기 당대에 달성한 경우도 있었으나 수대가 걸리는 경우도 있었
고, 여전히 빈궁호로 남는 경우도 많았다. 한편, 생활이 어느 정도 안정된
경우에는 자손에게 유업(儒業)을 권장하여 사도(仕途; 관리가 되는 길)를 모색
하거나, 심지어 서리를 시키는 경우도 있었다. 따라서 객민이 이동하여 성
장하는 과정에는 농업·상업·공업·유업 사이에 별다른 제한 없이 가능한
수단을 모두 동원하였다. 환언하면, 객민은 이주지역에서 거주하는 과정에

59) 傅衣凌, 1947, 1959; 段從光, 1955; 曹樹基, 1985, 1986; 張桂林, 1986; 劉敏, 1983;
　　吳金成, 1986, 第2篇 第1章; 田尻利, 1973; 森正夫, 1978; 北村敬直, 1957, 1958.
60) 賴家度, 1956; 鈴木中正, 1952, 1974; 谷口規矩雄, 1965; 大澤顯浩, 1985; 山田賢,
　　1986, 1987; 吳金成, 1986, 第2篇 第2章.
61) 全漢昇, 1969; 譚其驤, 1932; 森田明, 1960; 安野省三, 1962; Perdue, Peter C.,
　　1982, 1987; 吳金成, 1986, 第2編 第2·3章; Rawski, Evelyn S., 1972.
62) 全漢昇, 1969; 魯子健, 1984; 山田賢, 1986, 1987; Entenmann, Robert, 1980.

서 소셜 모빌리티(Social Mobility)가 격심하게 이루어졌다.

외지에서 들어온 객민이 이주지역에서 보여준 역할은 크게 2가지 측면으로 나누어 생각할 수 있다. 첫째는 긍정적인 측면의 경우이다. 〈표 1〉[63]에서 보는 바와 같이 농경지를 개간함으로써 농업생산력을 제고시킨 것이었다.

〈표 1〉　　　　　　　明·淸時代 田地統計

省名	A	B		C		D		
	C. 1400 (頃)	C. 1600 (頃)	B/A (%)	1661 (頃)	C/B (%)	1753 (頃)	D/C (%)	D/B (%)
河北	269,710	674,390	250	459,770	68	657,190	143	97
山東	542,930	1,127,340	208	741,340	66	993,060	134	88
河南	277,050	949,490	343	383,400	40	788,320	201	83
山西	390,810	457,240	117	407,870	89	545,480	134	119
陝西	260,660[1]	503,580[1]	193	373,290[1]	74	508,930[1]	136	101
江蘇	560,260	719,840	128	953,450[2]	82	704,300	114[2]	98
浙江	472,340	478,650	101	452,220	94	461,530	102	96
福建	135,170	136,540	101	103,460	76	136,140	132	100
廣東	237,340	334,170	141	250,840	75	334,110	133	100
安徽	249,910	437,310	175			380,330		87
江西	402,350	477,860	119	444,300	93	485,650	109	102
湖北	135,480	555,740	410			587,380		106
湖南	111,760	282,780	253			343,170		121
湖廣	247,240	838,520	339	793,350	95	930,550	117	111
廣西	107,850	103,170	96	53,940	52	89,400	166	87
四川	107,870	409,350	379	11,880	3	459,150	3,865	112
雲南		68,440		52,120	76	89,900	172	131
貴州		19,850		10,740	54	25,690	239	129
合計	4,261,490	7,735,740	182	5,491,970	71	7,590,730	138	98

〈註〉　1) 甘蕭省의 田土額이 포함되어 있음.
　　　2) 安徽省의 田土額이 포함되어 있음.

이 표에서 주의 깊게 보아야 할 문제 몇 가지를 제시하면 다음과 같다. 첫째, 명대의 200여 년 동안에 중국의 경제적 중심지가 분화되어 갔다는 점이다. 명대에 전지가 증가한 것을 성별(省別)로 보면, 사천성의 실질 전토증가

63) Wang, Yeh-chien, 1973, pp. 24~25; 吳金成, 1986, p. 90.

율이 279%로 가장 높고, 그 다음으로 하남이 243%, 호광(湖北・湖南)이 239%였다. 금일까지도 양자강유역에서 미곡의 수출지역으로 꼽히는 사천과 호광을 비교해 보면 사천의 실질증가율이 분명히 호광을 앞섰다. 그러나 금일의 성 단위로 보면 명대 호광성 중의 호북성의 실질증가율이 310%로 사천을 앞서 있었다. 그뿐 아니라 실제로 증가된 전토(田土)면적을 보면, 사천은 301,480경(頃)이 증가한 데 비하여 호광[湖北・湖南]은 591,280경이 증가하였다. 호북만 보아도 420,260경, 호남은 171,000경이 실제로 증가하였다. 더구나 성의 넓이가 호광이 398,000Km²(湖北 187,500km², 湖南 210,500km²)인 데 비하여 사천은 569,000km²나 되었던 점을 감안하면, 명대에 호광지방에서 전토의 증가는 놀라울 정도였고 특히 호북의 경우에는 더욱 그렇다는 것을 알 수 있다.[64]

명대에 양자강유역의 토지가 이렇게 급속하게 개간된 결과 중국의 경제적 중심지가 분화되었다. 송대에서 명초까지는 양자강 하류의 소・절(蘇・浙)지방이 경제적・문화적 중심지였다. 그런데 명 중기에서 명말에 이르기까지의 시기에 강남의 경제적 중심지로서의 지위가 분화되었다. 강남지방은 상업과 직물수공업의 중심지로 계속하여 발전하였고, 송대 이래 '소호숙 천하족(蘇湖熟 天下足)'이라 하던 곡창지로서의 지위는 호광에 양도하게 되었던 것이다. 명 중기 이후 '호광숙 천하족(湖廣熟 天下足)'이라는 속언이 생긴 것은 호광(호남・북)의 곡창지적 지위를 웅변해 주는 것이다.

둘째, 명말・청초의 격심한 동란기에 중국의 농토가 놀라울 정도로 황폐화하였다는 점이다. 명말 1600년의 전토(田土) 넓이에 대한 청초 1661년의 비율(C/B)로 보면, 전국적으로는 71%로 감소하였다. 성별로 보아 절반 수준으로 토지가 격감한 곳은 하남이 40%로, 광서가 52%로, 귀주가 54%로 각각 감소되었다. 이 기간 동안에 '장헌충의 도살'이 있어 인구가 격감한 것으로 알려진 사천성의 경우에는 무려 3%로 감소되었다. 말하자면 성 전체가 거의 완전히 폐허화되었다고 할 지경이었다.

셋째, 청초 이후 사천으로의 인구집중은 이러한 배경에서 기인한 것이었

---

64) 吳金成, 1986, 第2篇, 第2・3章. 人口증가와 농업발전의 관계는 Ho, Ping-ti, 1959, pp.137~168; Perkins, Dwight, H., 1969, Chs. 2~4; Jones, Susan M. and Kuhn, Philip A., 1978, pp.108~113.

다. 그 결과 사천에서 전지(田地)의 회복은 빠르게 진전되었다. 1753년(건륭 18년)의 통계로 미루어 보아, 이미 그 이전에 명말 수준으로 회복되었음을 추측할 수 있다. 이미 옹정 연간(1723~1735)부터는 사천의 미곡이 호북의 한 구(漢口)를 중계지로 하여 양자강 하류지역으로 공급되었다. [65] 그 후로 사천 은 호광 못지 않는 미곡수출지역으로서 이름을 얻게 되었다. 환언하면, 호 광과 사천이 중국의 곡창지로 등장하고 이러한 미곡유통 패턴이 금일까지 계속되게 된 이면에는, 명 중기부터 청 중기까지의 300~400년 동안의 사회 변화와 그에 따른 인구의 재배치의 결과였다고 할 수 있다.

명대의 호광의 개발, 청대의 사천의 개발 결과로, 강남지방의 직물수공업 품 및 소금과 호광·사천의 미곡이 교류되는, 중·장거리 상품교역 패턴이 이루어지게 되었다. [66] 안휘성(安徽省)의 휘주(徽州)를 본거지로 한 신안상인 (新安商人)의 발전, 호북의 한구와 호남의 상담(湘潭)이 대도시로 발달한 것 등은 바로 이러한 경제중심지 분화의 하나의 결과였다. 아편전쟁 전, 청 중 기의 중국 내지의 전 상업교역액은 약 3억 9,000만 량(兩)으로 추산되는데, 그중 제 1 위는 미곡의 교역으로 약 42%(전국 미곡 총생산량의 10.5%가 상품 화), 제 2 위는 면포(棉布)로 24%(전체 생산량의 52.8%가 상품화), 제 3 위는 소금으로 약 15%를 점하였다. [67]

넷째, 명말 1600년의 전토 넓이에 대한 청 중기 1753년 전토의 비율(D/B) 에서 보듯이, 전토의 회복 내지 개간이 청 중기에도 아직 명말의 수준에 머 물고 있었다는 점이다. 또 1908년의 전토통계[68]를 보아도, 청말 이래의 만 주지방에서의 개발부분을 제외하면 1753년의 액과 별로 차이가 없었다. 그 런데 명말 1600년의 중국의 인구는 1.2억 내지 2억, 18세기 중엽의 1750년의 인구는 2억~2.5억이었던 것으로 추산된다. [69] 따라서 그 기간 동안에 인구 는 25~67%가 증가하였던 데 비해 전토는 그 수준에서 맴돌고 있었다. 물론 명말 이래 아메리카 등 외국으로부터 번서(番薯; 甘薯=朱薯)·옥촉서(玉蜀

65) 全漢昇, 1969; 林頓, 1987; 魯子健, 1987.
66) 全漢昇, 1969; 藤井宏, 1953~1954; 寺田隆信, 1972,1982; 安部健夫, 1957; Wong, R. Bin, 1983.
67) 許滌新·吳承明, 1985, pp. 16~18.
68) Wang, Yeh-chien, 1973, p. 24.
69) Perkins, Dwight, H., 1969, p. 216.

黍)・마령서(馬鈴薯)・낙화생(落花生) 등 새로운 작물과 구황식품이 들어
와[70] 도움이 되었다. 그렇지만 인구는 1850년에 4억을 돌파할 정도로 급증
해 가는 데도 전토는 제자리 걸음을 하고 있었다. 18세기말 이래 백련교란
(白蓮敎亂) 등 사회불안의 심화는 바로 이러한 인구 대 전토 비율의 급격한
변화에서 기인한 것이었다고 할 수 있다.

객민(客民) 역할의 또 하나의 측면은 부정적인 측면이다. 명・청시대에
외래 인구를 많이 유인한 지역은, 인구를 내보낸 지역이 안고 있던 것과 같
은 사회적 모순을 전혀 안 가졌던 것은 아니었다. 예컨대, 인구를 많이 받아
들인 호광지방의 경우, 이미 명초부터 신사나 세호가(勢豪家)에 의한 토지겸
병, 과중한 부・역과 불균등, 왕부(王府)의 장전(莊田)과 위소(衛所)의 둔전
(屯田)으로 야기되는 문제 등, 그 지역 나름의 사회적 모순은 존재하고 있었
다. 따라서 여타의 인구 유인지역의 경우도 비슷한 사회적 모순이 존재하였
으리라 추측된다. 바로 그러한 상황에 처해 있는 지역에 외부로부터 객민이
대거 유입하여 토착인과 생존경쟁을 하면서 성장해 갔다. 말하자면 외래 객
민은 이주지역에서 이미 진행되고 있던 사회적 모순에 박차를 가한 셈이었
다. 토착인은 과중한 부・역과 고리대의 착취로 몰락의 위기에 직면해 있는
데, 객민은 무세(無稅)의 호전(湖田)이나 신개간지를 확보하거나 혹은 자기
의 기능을 살려 성장해 가면서도 부・역은 탈면하였다. 그 때문에 토착인과
객민간의 경쟁에서 토착인이 오히려 몰락하여 유산하는 '인구의 대류현상
(對流現象)'도 일어났다.[71] 또 지역에 따라서는 격심한 객민의 유입으로 사
회질서가 교란되어, 명 중기로부터 청 중기에 걸쳐서 끊임없이 반란이 일어
난 곳도 있었다. 그중에서도 호광 서북부의 사성교계지역,[72] 강서 남부의
사성교계지역[73]은 특히 유명한 지역이었다.[74]

2) 中小都市의 發達

인구이동 현상의 제 ③ 패턴, 즉 농촌→도시・수공업지역으로의 이동의

70) 張存武, 1988; 全漢昇, 1966; Ho, Ping-ti, 1955.
71) 이러한 현상에 대한 明朝의 조처는 Ⅱ-2 참조.
72) 주 60)과 같음.
73) 주 59)와 같음.
74) 谷川道雄・森正夫, 1982,1983.

112

경우를 생각해 보자. 명 중기에서 청대에 걸쳐 인구의 이동과 상품생산의 전개(제IV장 참조)로 중국 전역에 걸쳐 대도시(北京·南京 등 기존의 33개 도시)는 물론 중소도시가 무수히 발달하였다. 그중에서도 이러한 현상이 가장 괄목할 만큼 나타난 지역은 소·절지방이었다. 이 지역은 송대 이래로 중국의 경제·문화의 중심지였다. 그런데 명초에 홍무제(1368~1398)가 상(桑)·마(麻)·목면(木棉)의 재배를 권장하고 조세의 일부를 그 생산물로 납부토록 하면서부터, 이 지방의 경제구조가 변화되기 시작하였다.[75]

이 지방은 송대로부터 청대에 이르기까지 유명한 중부(重賦)지역이었다.[76] 또 명 중기 이래 신사나 세호가에 의한 대토지소유의 증가로 인한 소농경영의 영세성 때문에, 소농민은 생존을 위해서 농업생산 외의 다른 가계 보충 수단을 강구하지 않으면 안되었다. 농촌의 주민들까지도 종전의 '남경여직(男耕女織)'의 농가경영 방식을 탈피하여, 남자도 부업으로 직물수공업에 참여하게 되었다. 그런데 소주·호주·항주 등 이 지역의 대도시에서는 일찍부터 견직업이 발달하였으므로, 우수한 기술이 전수되고 있었다. 농촌의 소농민도 점차 이러한 선진기술을 익히게 되었다. 또 송강부(松江府)를 중심으로 한 연해지역은 토질의 특성상 면화재배가 적당하여 많이 재배하였는데, 이 면화를 원료로 하는 면직업에도 견직업의 발달된 기술이 도입되어 고급 면포를 생산할 수 있게 되었다. 소농민측으로 보면, 상(桑)·목면의 재배나 그것을 이용한 견포·면포의 생산이 미곡을 생산하는 수입보다 월등히 좋았다. 그 때문에 미곡을 재배하던 토지가 상·목면재배지로 전용되었으므로, 이 지방의 미곡의 생산량은 크게 증가할 수 없었다. 그런데도 이 지역에서 점차 번성해 가던 견직물·면직물업에서 일터를 구하기 위하여 외부로부터 인구가 많이 모여 들었다.[77] 그 때문에 명말에 이를수록, 종래 곡창지로 이름이 나 있던 이 지역이 오히려 다른 지방에서 미곡을 수입할 필요가 점차 증대되어 갔다.[78]

---

75) 蘇浙地域의 직물업을 중심으로 한 경제구조에 대하여는 別註가 없는 한 許滌新·吳承明, 1985; 西嶋定生, 1966, 第3部; 寺田隆信, 1971; 田中正俊, 1982,1984 등 참조.
76) 伍丹戈, 1982; 森正夫, 1988.
77) 주 48)과 같음.
78) 이때 강남지방의 이러한 미곡의 수요를 충족시켜 준 곳이 호광지방(전술)과 강서지방(吳金成, 1986, pp. 99~101)이었다.

이렇게 소・절지방의 농촌지역에서 발달해 간 직물업과 외래 인구의 유입으로 나타난 현상이 곧 대도시의 발달 외에 무수한 중・소도시의 발달이었다.[79] 예컨대, 소주부 오강현(吳江縣) 성택진(盛澤鎭)의 경우, 명초에는 50~60가(家)에 불과한 촌락이었으나 중기의 성화(成化) 연간(1465~1487)부터 상인과 수공업자가 증가하기 시작하여 가정 40년(1561)에는 수백 가로 증가하였다. 천계(天啓) 연간(1621~1627)에는 1,100여 가(家)로 증가하였고 청의 강회 연간(1662~1722)에 10,000여 가로 증가하였으며, 건륭 5년(1740)에 진(鎭)으로 승격되었다. 역시 소주부의 진택진(震澤鎭)의 경우, 원대(元代)의 지정(至正) 연간(1341~1367)에는 수십 호의 촌락이었으나 명 중기의 성화 연간에는 300~400호로 증가하였고 가정 연간(1522~1566)에는 1,000여 호로 증가하였다. 청의 옹정 4년(1726)에는 오강현에서 분리하여 진택현으로 독립하였는데, 그 관할하의 진택진은 거민(居民)이 2,000~3,000가나 되었다. 최근의 연구통계에 따르면, 명・청시대에 이 지역에서 면직물업으로 발달한 시(市)・진(鎭)은 송강・태창(太倉)・상주(常州)・소주・항주・가흥(嘉興) 등 제부(諸府) 예하에 도합 52처(處), 견직물업으로 소주・태창・가흥・진강・항주・호주 등 제부 예하에 도합 25처가 발달하였다.[80]

강서지방에서도 인구이동의 결과로 도시가 발달하였다. 그중에서 요주부(饒州府) 부량현(浮梁縣)의 경덕진(景德鎭), 광신부(廣信府) 연산현(鉛山縣)의 석당진(石塘鎭), 임강부(臨江府) 청강현(淸江縣)의 장수진(樟樹鎭) 등이 유명하다. 경덕진[81]은 이미 송대 이래 중국 제일의 도자기 생산지로서, 명대에도 그 명성은 여전하였다. 가정 연간(1522~1566)에 이르면 도자기 반출을 위해 모여드는 성 내외의 상인・객민・유우(流寓)가 10,000여 명이나 되었고, 만력 연간(1573~1619)의 말기에 이르면 그 수가 매일 수만 명이나 되었다고 한다. 명말에는 경덕진의 인구가 50만 정도로 알려지고 있는데, 그중 10 내지 20%만이 토착인이고 나머지 거민은 주변 각부(各府) 혹은 남직예의 휘주부(徽州府; 현재의 안휘성)에서 온 사람들이었다. 석당진[82]은 전국적인 판로

79) 劉石吉, 1987; 田中正俊, 1982.
80) 劉石吉, 1987, pp.1~72.
81) 劉石吉, 1989; 佐久間重男, 1964.
82) 許大齡, 1956; 彭澤益, 1955.

114

를 가진 제지업의 중심지였다. 만력 연간에는 지공(紙工)의 수가 4~5만으로 추산되었다. 명말에는 경덕진과 함께 양자강 중·하류의 오대(五大) 수공업 지역의 하나로 손꼽혔다. 장수진[83]은 강서성을 남북으로 종단하여 양자강으로부터 광동성에 이르는 중요한 교통로인 감강(贛江)의 중류에 위치한 상업과 교통의 중심지인 동시에 전국적인 약재시장이었다.

한편, 호광에서도 명대의 인구이동의 영향으로 형주부(荊州府)의 강릉(江陵)과 사시(沙市), 한양부(漢陽府) 한천현(漢川縣)의 유가격(劉家隔), 한양현의 한구진(漢口鎭), 승천부(承天府)의 조각시(皂角市) 등이 발전하였다.[84]

IV. 商品生産의 展開와 그 影響

1. 商品生産의 展開

제 2 차대전 후 세계 명청사학계(明淸史學界)의 또 하나의 관심사는 16·17세기 명말·청초의 상품생산의 전개와 그 성격규정 문제였다. 당시 일본학계에서는 '선진 일본'에 비하여 '후진 중국'이라 생각해 온 종래의 생각을 반성하고, 눈앞에서 전개되고 있던 중국의 정치적 변혁(中共政權의 성립)의 역사적 성격을 중국사의 흐름 속에서 이해하려는 의도에서 이 문제에 관심을 가지게 되었다. 또 대륙학계에서는 '중국사회 정체론(中國社會 停滯論)'을 비판·극복하고, 중국사에도 세계사의 법칙성이 존재함을 증명함으로써 중공정권 성립의 역사적 당위성을 드러내 보이기 위하여, 그리고 1950년대부터 일어난 '자본주의맹아(資本主義萌芽)'론의 영향으로, 이 문제에 대한 연구가 적극 추진되었다.

이 문제에 대하여 비교적 일찍 순수학문적으로 접근한 사람은 서도정생(西嶋定生)[85]이었다. 그는 16·17세기의 중국 강남 농촌에서 면업이 성립할 수 있었던 요인으로서, ① 명·청 국가권력의 농민수탈, ② 대토지소유제하

---

83) 劉石吉, 1989.
84) 谷口規矩雄, 1981; 范植淸, 1985; 吳金成, 1986, p. 191.
85) 西嶋定生, 1944·同, 1966, 第 3 部 商品生産의 展開와 그 構造── 中國初期棉業史의 研究. 이 부분에는 4편의 논문이 수록되어 있는데, 이들은 모두 1947~1949년에 발표된 것을 약간 수정한 것들이다.

에서 영세과소농(零細過小農)적인 농민경영, ③ 상인자본의 수탈 등을 상
정하고, 명말·청초 농촌수공업의 구조적 특질을 대개 다음과 같은 요지로
규정하였다. 즉, ㉠ 16·17세기를 획기로 하여 영세과소농은 가계보조를 위
해 적극적으로 상품〔棉布〕생산에 참여하였다. ㉡ 그들의 이러한 부업적인
면포생산은 고율지대(高率地代)와 상인자본의 수탈 때문에 계속적으로 성장
하지는 못하였고 따라서 계급적 상승도 불가능하였다. ㉢ 도시의 전업자(專
業者)인 기호(機戶)도 정부의 면포 수매(收買)를 전제로 한 비독립적인 경영
이었다. 이상 그가 지적한 내용은, 종래 이갑제하에서 단지 자급자족적인
농가경영의 영역을 맴도는 존재로만 이해되어 오던 자작농〔甲首戶〕을, 농촌
수공업을 통한 상품생산자로서의 측면을 새로이 밝혀주었다는 점에서 의미
가 있는 것이었다. 그러나 그는 이상의 분석을 통하여, 중국의 역사발전 과
정에서 '봉건제'의 자생적인 해체는 인정하면서도, 그것이 '자본제'로의
발전에 주체적인 계기는 될 수 없었다고 하고 있다.

서도(西嶋)의 이러한 견해에 대하여 일본에서는 그 후 많은 학자들이 면직
업·견직업뿐 아니라 상업·염업(塩業)·차업(茶業)·요업(窯業)·광업 등
다양한 분야를 대상으로 연구를 진행시켰고, 그 결과 견직업·염업·광
업·차업의 분야에서는 상인의 전대제적(前貸制的)인 생산지배 내지 매뉴팩
쳐의 존재 가능성까지도 검증하였다.[86] 이것은 명말·청초에 상품생산의 전
개가 상당한 수준으로 발전되어 있었음을 의미하는 것이었다. 한편, 중국의
역사학계에서도 1954년부터 '자본주의 맹아' 논쟁을 통하여 일본과 거의 같
은 내용의 연구를 추구하여 왔으며, 그 연구 축적이 논문 600여 편, 논문집
내지 독립 저서 40여 책, 자료집 10여 책에 이르고 있다.[87]

그러나 중·일 양국의 이러한 연구가 명말·청초 상품생산의 성격문제를
그만큼 많이 해결하였다는 의미는 아니다. 16·17세기 명말·청초 이후, 중
국의 여러 종류의 수공업 분야에서 상인자본의 전대제적 생산지배 형태나
매뉴팩쳐의 존재 가능성 등을 제시하는 것만으로는 큰 의미가 없다. 앞으로
는 그러한 사례가 중국사회의 어떠한 역사적 발전을 배경으로 해서 생기고,
어떠한 구조(사회·시장) 위에 존재하였으며 그것은 역사적으로 어떤 의미를

---

86) 寺田隆信, 1971, p. 276.
87) 田居儉·宋元强, 1987, pp. 1015~1065.

가지는 것인가를 해명해야 될 것이다.

1) 棉織物業의 展開

홍무제(1368~1398)가 상(桑)·마·면의 재배를 백성에게 강제한 이후, 면포는 서민의 의료로서 보편화되어 전국에 걸쳐서 자가소비(自家消費)를 위한 농가부업으로 전개되었다. 특히 중부지역(重賦地域)이었던 강남지방에서는 15세기 이래로 영세농민의 가계보충을 위한 농가부업으로서 적극적으로 시도하였다.[88] 그중에서도 송강부의 도시와 농촌은 점차 중국 면직업의 중심지로 발전하여 갔다.[89] 송강부지방은 토지와 기후가 면화재배에 적당하였으므로 송강부 농토의 1/2~2/3가 면화재배지로 전용되었으며, 수로를 통한 교통이 편리하여 화북지방의 면화도 대량으로 반입될 수 있어 원료의 구득이 용이하였다. 또 소주·호주·항주 등 고도의 견직기술을 가진 지역이 가까이 있어 그 기술을 쉽게 수용할 수 있었던 것이다.[90]

그런데 강남의 농민이 면직업에 참여하게 된 중요한 계기는 농가경영의 위기상황하에서 상품생산(생산물의 시장판매)을 목적으로 한 것이었다. 그러나 농민은 자금이 부족하였으므로 생산한 면화(子花)는 일단 상인에게 팔고, 다음 단계의 가공을 하기 위해서는 상인으로부터 그 원료를 다시 구입해야 하는 일종의 사회적 분업화가 이루어졌다. 다시 말하면, 면화의 재배, 알핵(軋核; 씨 빼기), 방적(紡績), 직포(織布) 등 각 공정이 분화되어 있고 영세농민이나 수공업자는 이중에서 어느 부분을 담당하여 전업화하였다. 그리고 이들 각 공정 사이에는 상인자본이 개입하여 이윤을 착취하였던 것이다.[91] 이 과정에서 면포상인(牙行)의 횡포와 수탈이 심하였으므로 농민들은 이들을 '살장(殺莊)'이라 하였다. 그러므로 이들 영세농민이나 수공업자가 이윤을 축적하고 경제적인 성장을 성취하기는 매우 어려운 여건에 처해 있던 것은 사실이었다.[92]

88) 주 75)와 같음.
89) 全漢昇, 1958; 嚴中平, 1963; 趙岡 等, 1977; 西嶋定生, 1966, 第3部.
90) 宮崎市定, 1954; 西嶋定生, 1966, 第3部; 劉石吉, 1987, pp. 11~16.
91) 嚴中平, 1963, 第2章; 許滌新·吳承明, 1985, pp. 391~398; 田中正俊, 1982, 1984.
92) 그러나 이러한 농가부업에 의한 상품생산은 서서히나마 소농경영의 안정화와 자립화에 공헌하였다. 明末 淸初에 이 지방에서 집중적으로 나타나는 민변·항조 등은 그 결과였다고 생각된다. 본고 Ⅳ-2 참조.

그런데 명 중기 이래 강남 농촌의 면직업에 개입한 상인은 독립된 영세상인들로서 이들의 개별적인 중개에 의해서 각 공정이 분화되었던 것이다. 바꾸어 말하면, 그 각각의 공정을 어떤 하나의 대상인자본이 일관해서 포괄적으로 장악한 것은 아니었다. 거대한 자본가인 객상(客商)은 오히려 생산현장의 외연에서 유통기구(매매의 가격차)를 통해서만 영리를 추구하였다.[93] 그러나 명말·청초부터는 그러한 단계에서 좀더 발전하여 대상인도 점차 면포생산의 각 공정에 깊숙이 개입하려는 움직임이 나타났다. 그 결과 대상인 혹은 포호(布號 ; 면포 자본가)가 농민이나 수공업자에게 원료를 전대하거나, 혹은 염색업자나 단포(踹布 ; 면포에 윤을 내는 것)업자를 거느리거나,[94] 또는 농민에게 면포를 주고 서말(暑袜 ; 여름 버선)을 만들게 함으로써 가치를 부가하는, 일종의 원료전대 생산형태가 나타났다. 소주부에서 이들 포상(布商)으로 알려진 것만 하여도 수십 가였는데, 이들은 대개 신안상인(新安商人)이었다.[95]

2) 絹織物業의 展開

강남지방의 견직물업은 중국역사학계에서 '명·청자본주의의 맹아' 토론 중 가장 전형적인 사례로 일찍부터 지적되어 온 분야이다. 견직업은 중국 고대로부터 발달되어 온 수공업인데, 명대에는 남경·소주·항주·호주 등 대도시에서 먼저 발달하였다. 명조는 초기부터 생사를 조세와 공납체계에 포함시켰다. 다시 말하면, 북경과 남경에 내직염국(內織染局 ; 內織造局, 궁정 직속의 관영공장, 宦官이 감독), 소주·항주 등 전국 24개 중요 도시에 외직염국〔外織造局 ; 工部 직속의 관영공장〕을 설치하였다. 이들 내·외직염국의 노동력은 장역제(匠役制)에 따라 장호(匠戶 ; 匠籍에 등록된 민간수공업자)를 동원하고 관(官)이 감독하는 관영생산체제(官營生産體制)였다.[96]

그러나 이러한 관영공장체제(官營工場體制)는 관리의 노동착취, 불안정한 급여, 중간 착복 등이 심하였다. 그 때문에 15세기 중엽부터는 장호(匠戶)의

---

93) 藤井宏, 1953 ; 田中正俊, 1982,1984.
94) 18세기초에 소주에는 이런 踹布業所가 450여가 있었고, 包頭(把頭) 340여 명의 아래에 踹匠이 每所 수십 인이 있어 도합 2만 여 인이나 있었다고 한다.
95) 田中正俊, 1982,1984 ; 藤井宏, 1953,1954.
96) 彭澤益, 1963 ; 中山八郎, 1942 ; 佐伯有一, 1956-A·B.

도망, 태공(怠工) 등의 사건이 자주 일어나고 동원된 장호의 기술수준도 현
저하게 저하되었으므로 장역제를 기반으로 한 직염국의 관영공장체제가 붕
괴될 위기에 직면하게 되었다. 97) 이러한 현상은 도자기공장 등 여타의 관영
공장에서도 비슷하게 나타났다. 98) 명조에서는 이러한 관영공장 생산체제의
위기를 극복하기 위해, 장호의 사경영(私經營)을 인정해 주고, 그 대신 장역
을 은으로 대납하는 것을 허락하게 되었다. 이것이 제도화된 것이 반장은제
(班匠銀制)였는데(1562), 이 제도의 실시로 관영공장의 생산은 폐지되었다.
그 후로는 왕조가 필요로 하는 견직물은 국고(國庫)의 은으로 수매(收買 ; 買
辦制)하거나 공납에 의존하였다. 그러나 명조의 이러한 조처는 왕조의 장호
지배(匠戶支配) 자체를 포기한 것을 의미하는 것은 아니었다. 다만 장호측으
로 보면, 이 제도의 실시로 사적 경영의 합법성과 안정성을 획득하게 되었
고, 이후로는 독립수공업자로서 상품생산을 추진할 수 있게 되었다는 데에
의의가 있다. 그리고 무엇보다도 장호가 가졌던 고도의 기술이 해방되었으
므로, 이들로부터 기술을 전수받아 농촌의 견직물업이 급속도로 발전할 수
있게 되었다는 데에 역사적인 의의가 있는 것이다. 99)

한편, 정통 원년(1436)부터 관료의 봉급을 은으로 지급하게 되자 관료들이
비단의 소비자로 등장하게 되었다. 또 명 중기 이후 농업을 비롯한 각종 산
업의 생산력이 증가하면서, 평민들 사이에도 견직물을 착용하는 풍습이 점
차 유행하게 되었다. 이러한 광대한 판로를 배경으로 해서 남경·소주·항
주·호주·가흥 등 명초에 관영 직조공장이 존재하던 대도시에서는, 반장
은제의 실시로 자유로운 개인 경영이 가능해진 민간 기호(機戶)가 관용(官
用)이나 관리를 상대로 하는 고급 견직물[緞·錦·羅·紗]뿐 아니라, 널리 평
민을 위한 물품이나 혹은 국외시장(동남아시아·유럽·일본 등)을 상대로 한
보급품도 생산하였다. 100) 명 중기 이후 주변에 사는 인구가 이들 대도시에
많이 모여들어 거대도시로 발전하게 된 과정에는 이상과 같은 배경이 존재
하였다.

---

97) 이러한 도망 匠戶가 私經營形態의 도시 견직업 성립의 전제조건이 되었다.
98) 佐久間重男, 1962, 1964, 1968.
99) 佐伯有一, 1956-B.
100) 寺田隆信, 1971, p. 296.

강남의 도시 중 견직물업이 가장 번성하였던 곳은 소주이다. 소주에는 명 말경에는, 직기(織機)를 수대(數臺)에서 수십 대를 가진 기호(機戶)가 10,000 여 가(家)가 있었다. 또 그 아래에는 각기 전문기능(무늬 넣는 緞工, 글자 넣는 紗工, 車工 즉 撚絲工, 紬織工 등)을 가진 공장(工匠; 직공)이 있어, 기호로부터 일당으로 공임을 받았다. 만일 이렇게 특정의 기호를 주인으로 갖지 못한 기능인들은 매일 새벽에 각 기능별로 수십 명씩 성군(成群)하여, 단공(緞工) 은 화교(花橋)에, 사공(紗工)은 광화사교(廣化寺橋)에, 차공(車工)과 경공(經 工)은 염계방(濂溪坊)에서 서성거리면서 기호가 불러주기를 기다리는 일종 의 일용 노동시장이 존재하였다. 따라서 이들 일용 용공들은 만일 기호의 작업이 감소하면 곧바로 생활에 위협을 받을 수밖에 없었다. 그뿐 아니라 이들은 행두(行頭)라고 하는 청부 중개인의 주선에 따라 기호에게 분견(分 遣)되었으므로, 용공은 행두(行頭)에게도 예속될 수밖에 없는, 극히 불안정 한 위치였다. [101] 명말·청초 강남에 존재한 이러한 계약관계와 고용노동의 성격에 대해서는 금일에도 세계학계에서 아직 의견의 일치를 보지 못하고 있다. 그 때문에 이에 대한 역사적 성격을 '자유로운 노동시장의 성립' 혹 은 '자본주의의 맹아'로 보려는 측[102]과, 이를 부정하려는 측[103]으로 맞서 있는 형편이다. 여하튼 이러한 형태의 노동시장은 강남의 중요 도시에서 16 세기 후반부터 시작되어 19세기 중엽까지 계속하여 존재하였다.

이상과 같은 도시 견직업의 발달에 영향을 받아 15세기 중엽부터는 도시 부근의 농촌지역에서도 견직물업이 발달하게 되었다. 그 결과로 수많은 중 소도시가 발달하게 된 것에 대하여는 전술한 대로이다. 다시 말하면, 15세 기 중엽 무렵부터 소주부에서는 현성(縣城)에 사는 기호가 소주부성의 용공 을 고용해서 견직업을 경영하기 시작하였고, 15세기 후반에 이르면 현민(縣 民)들도 점차 기능을 습득하게 되었다. 그 결과, 예컨대 소주부의 성택진과 진택진의 경우에는, 16세기 이후에는 진 자체의 발달뿐 아니라 진 주위 40·50리(22~28km) 범위내의 주민은 대개 견직업을 모자라는 가계보충을 위

---

101) 이러한 형태의 경영을 包工制 혹은 把頭制라 한다. 宮崎市定, 1975; 佐伯有一, 1961,1968; 田中正俊, 1982, pp.241~250.
102) 尙鉞, 1959; 洪煥椿, 1981; 橫山英, 1972.
103) 吳大琨, 1960; 澎澤益, 1963.

120

한 농가부업으로 갖게 되었다.

한편, 이와 같이 주변 농촌에서 직물업을 배경으로 중소도시가 무수하게 발흥하게 되자 소주는 이를 기반으로 하여 전국적인 직물업의 중심지가 될 수 있었다. 왜냐하면 방직기술면에서 보면 도시와 농촌은 여전히 현격한 차이가 있었다. 따라서 소주는 고급품을 생산하는 외에도 도시와 농촌 생산품의 집산 및 이의 가공・제조 등을 담당하였다. 다시 말하면, 소주는 주변에 산재한 중소 수공업도시를 거느리고 농업에서 이탈한 인구를 포용하여 전국규모의 상업과 수공업의 중심지로서의 기능을 가지는 대도시로 성장하였던 것이다. [104]

한편, 강남의 농민들이 견직업에 참여한 것은 면직업에서도 본 바와 같이 가계를 보충하기 위해 부업으로서 참여한 것이었다. 농민은 대개 고리(高利)로 돈을 빌어 잠종행(蠶種行)으로부터 종지(種紙)를 사서 누에를 길렀다. 상엽(桑葉)도 상인이 공급하는 경우가 많았다. 따라서 자금의 단기 회전이 필요한 농민들은, 조사(繰絲)작업이 끝나자마자 생사를 시장에 팔아야 했다. [105] 그러므로 그 후 농한기(農閑期)에 비단을 짜기 위해서는 농민은 생사 상인으로부터 생사를 다시 사올 수밖에 없었다. 바꾸어 말하면, 명말・청초의 견직물업에서도 재상(栽桑)・양잠(養蠶)・조사・연사(撚絲;製絲)・견직 등의 공정이 분리되어, 그 각 공정 사이에 상인자본이 개입해서 이윤을 착취하였다. [106] 강남의 농촌 견직업의 생산구조도 면직업의 구조와 유사한 사회적 분업화가 전개되었던 것이다.

그런데 명 중기에는 상인자본은 이상과 같이 각 공정 사이에만 개입하였다. 또 각 공정이 끝난 상품에 대해서도 상인은 생산현장의 외연에서 유통체계를 통한 가격차를 이용해서만 이윤을 취하였다. [107] 그러나 명말・청초 단계에 이르면 일부의 사행(絲行;생사 상인)이 농민이나 용공(전문기능을 가진 직물노동자)에게 원료를 제공하여 전대생산을 하는 예가 나타났다. [108] 그

---

104) 蘇州府城의 東半部인 長洲縣은 수공업 중심지역, 西半部인 吳縣은 상업의 중심지였다.
105) 농민이 生絲상인을 絲鬼라고 부른 것으로 보아, 이때 상인의 횡포가 심했음을 짐작할 수 있다.
106) 佐伯有一・田中正俊, 1955; 寺田隆信, 1957.
107) 田中正俊, 1957; 同, 1982, pp. 233~241.
108) 田中正俊, 1982, pp. 239~241.

리고 17세기 후반, 18세기 초반의 청대의 강희 연간부터는 남경・소주 등의 대도시 혹은 절강의 신흥 중소도시에서 장방(賬房)・장방(帳房)으로 불리는 대상인〔絹商人〕이 본격적으로 전대생산(前貸生産)에 참여하게 되었다.[109])

2. 民變・抗租・奴變

1) 民　變

위에서 살펴본 바와 같이 15・16세기 이래, 특히 명말・청초에는 소주를 대표로 하는 대도시는 주위에 무수한 중・소도시를 거느리고 직물수공업의 중심지로서뿐 아니라 상업과 문화의 중심지로 번영을 누렸다. 그런데 이때 명조측으로 보면, 장거정(張居正, 1525~1582)의 사후 중앙에서는 환관(宦官)의 전횡이 점차 심해지고 그에 따라 정치질서는 해이해졌을 뿐 아니라 만력 삼대정(萬曆三大征)[110]으로 국가재정이 극도로 궁핍하게 되었다. 또 이에 더하여 1596과 1597 양년에 걸쳐 궁전에 대화재가 발생하여 황극(皇極)・중극(中極)・건극전(建極殿) 등 중요한 건물이 전소되었으므로 그 부흥비로 930여 만 량의 막대한 금액이 소비되었다. 이렇게 왕조와 궁중의 재정이 궁핍해지자 이를 해결한다는 명목으로 나타난 것이 이른바 '광・세의 화(鑛・稅之禍)'였다.[111] 이 때문에 전국 각지에서 상공업은 위축되고 객상의 왕래도 줄어들었으며, 따라서 국가의 세입은 오히려 격감되었다. 이러한 환관의 발호와 폐단을 계기로 하여 명말에 강소성〔南直隸〕에서는 소주(6回 봉기)를 비롯한 9개 도시에서, 그리고 절강・산동・복건・강서・호광・북직예(하북성)・광동성 등 전국의 중요 도시나 수공업지역에서 민변(민중 혹은 시민의 폭동)이 발생하였다.[112]

---

109) 李之勤, 1981；横山英, 1972；田中正俊, 1984.
110) 萬曆 20年(1592) 寧夏에서 몽고 武官 보바이(哱拜)의 반란 진압에 200여 만 량, 1592~1598년의 朝鮮의 임진왜란 원조에 700여 만 량, 1593~1600년의 播州(貴州省 遵義縣)의 土司 楊應龍의 亂 진압에 200~300만 량을 소비함.
111) 1596년 이후 광산, 특히 銀鑛개발과 商稅의 징수를 위해, 戶部의 재정관과는 별도로 환관을 파견하였는데 이들의 횡포와 私財의 강탈로 정치불안이 극에 달하였다. 이들은 각지의 無賴들을 동원하여 관리를 위협하고 상공인과 부호의 사재를 강탈하였다. 丁易, 1950；謝國楨, 1968；王春瑜・杜婉言, 1984, 1986；杜婉言, 1982；Yuan, Tsing, 1979.
112) 傅衣凌, 1957, 1959；劉炎, 1955；劉志琴, 1982-A・B；田中正俊, 1961-A, 1984；寺田隆信, 1971, pp. 283~286；夫馬進, 1983.

만력 29년(1601) 소주에서는 세감(稅監 ; 상세를 징수하기 위해 파견된 환관)으로 파견된 손융(孫隆)의 횡포로 '직용(織傭)의 변(變)'이 발생하였다.[113] 5월 초순에 소주에 착임한 손융은 심복의 징세리(徵稅吏)와 그 예하의 무뢰(無賴)들에게 소주부 6개 성문에 각각 세관을 설치하고 기타 교통의 요충지에서도 상세를 강제로 징수케 하였다. 또 성내의 기호(機戶)에 대해서도 직기(織機)의 수에 따라 과중한 세를 부과하게 하였다. 이 때문에 미곡을 수입하는 상인 등 객상의 왕래는 두절되고 모든 물가는 폭등하였다. 소주 시내의 상업은 마비되고 기호 중에서도 폐업이 속출하였으므로 수많은 직용(織傭 ; 직물 수공업자)은 일거에 생활터전을 상실하고 말았다. 인심은 극도로 흉흉해졌다. 이에 6월 6일, 직용들이 결속하여 분기해서 손융의 심복인 황건절(黃建節)을 습격하여 살해하고, 손융과 결탁하여 사리(私利)를 꾀한 향신(鄕紳) 정원복(丁元復)의 집도 불태우면서 상세의 철폐를 요구하였다. 이에 놀란 손융은 달아났다. 지현(知縣)이 무뢰(無賴)를 체포하여 처형하고 지부(知府)가 직용을 위무(慰撫)하자(6월 8일) 폭동은 잠잠해졌으며, 6월 9일에는 세관의 폐해 제거를 약속하기에 이르렀다. 이때 군중 속에서 용공으로 자처하는 갈성(葛成)이라는 사람이 나와 스스로 전책임을 지고 관부에 자수하여 중형(重刑)을 받았으나 다행히 그 후에 석방되었다. 소주민은 그의 의리에 감동하여 그를 갈현(葛賢)·갈장군(葛將軍) 등으로 부르며 상찬하였다.

이 사건에서는 다음 3가지 점에 주목할 필요가 있다. 첫째 '직용(織傭)'이라 부르는 직물노동자들이 시종 정연한 규율과 조직적인 행동과 뚜렷한 목표하에 행동하였다는 점, 즉 그들은 노동을 통하여 연대의식을 가지게 되었다는 점, 둘째 일반 소주 시민의 절대적인 지지를 받았다는 점, 셋째 그 지역이나 부근의 관료·지식인층(紳士)마저 그들의 행동에 직접·간접으로 지원하거나 동정을 아끼지 않았다는 점 등이다. 바꾸어 말하면, 강남에서의 명 중기 이후의 상품생산의 발달로 인하여, 명말에 이르면 강남의 도시나 농촌을 불문하고 지식인과 서민 모두가 유사한 사회인식에 도달해 있었던 것이다.

명말·청초에 소주에서 일어난 민변 중 또 하나의 특기할 사건은 천계(天

---

113) 佐伯有一, 1968 ; 田中正俊, 1961-A ; 夫馬進, 1983 ; 丁易, 1950.

啓) 6년(1626)의 소위 '개독(開讀)의 변(變)'이었다.[114] 당시 지독한 공포정치로 횡포를 자행하던 환관 위충현(魏忠賢)을 중심으로 한 환관파의 악정에 대하여 동림파(東林派)를 중심으로 격렬한 비판과 반항운동이 전개되었다.[115] '개독의 변'은 바로 그러한 동림파의 퇴직관료였던 주순창(周順昌; 소주 출신)을 체포하러 소주에 내려간 관리가 소주의 찰원(察院)에서 개독의식(開讀儀式)을 행하는 자리에서 10,000여 명의 민중이 주순창 체포의 부당성을 항의한 사건이었다(3월 18일). 이때 이들 민중의 선두에는 시종 500여 명의 생원(生員)[116]이 앞장서서 지휘하였다. 또 응사(應社)의 동인이던 양정추(楊廷樞)·왕절(王節)·문진형(文震亨) 등의 생원도 순무 모일로(毛一鷺; 환관파)에게 민중을 대신해서 교섭과 담판을 하였다.[117] 식장은 물론 대혼란에 빠졌고 개독의식은 중단되었다. 관(官)에서 "개독의식을 행하지 않고는 주순창을 북경으로 출발시키지 않겠다"는 약속을 한 후에야 사태는 겨우 진정되었다. 그러나 관에서는 민중이 해산하자 주순창을 몰래 북경으로 압송하였고 수모자(首謀者)는 체포하였다. 안패위(顔佩韋; 상인의 子) 등 5인은 처형당하였다. 생원 왕절 등은 생원자격을 박탈당하고 금고(禁錮) 처분을 받았다.

이런 유(類)의 사건은 당시 다른 지역에서 다른 체포자의 경우에도 유사한 양상으로 발생하였다. 돌이켜 보면, 근대 이전의 중국사회는 사·서(士·庶; 官·民, 紳士와 平民)의 지위가 확연히 구분되는 사회였다. 그럼에도 불구하고 소주민의 행동에 대하여 신사층이 직접 참여하거나 동정하였고, 소주민은 자기와 직접적인 안면이나 관계가 없는 신사의 체포에 대하여 목숨을 건 반항운동[118]을 전개하였다는 점에 이 사건의 중요한 역사적 의미가 있는 것이다.

이상에서 본 명말에 소주에서 일어난 민변은 민중과 지식인(紳士)간에 당

114) 丁易, 1950; 林麗月, 1986; 小野和子, 1958,1961,1962; 田中正俊, 1961; 夫馬進, 1983; Atwell, William S., 1975.
115) 東林派에는 전중국의 광범한 신사들이 결집되어 있었고, 당시 강남의 상품경제의 전개로 서민층도 호응하였다. 謝國楨, 1968 참조.
116) 이들이 후에 명말 청초 복사운동의 주역이 되었다. 小野和子, 1961 참조.
117) 그러나 생원의 관리·신사층에 대한 이러한 항의는 그들이 결코 국가나 향신을 부정하기 때문이 아니고, 단지 그 당시 상호간의 이해의 상충 때문이었다. 吳金成, 1986,1989-B.
118) 당사자인 周順昌도 "이렇게 민중에게 동정받고 있는 것이 내 스스로 이상하게 생각되었다"고 민중의 행동을 괴이하게 생각하고 있다.

124

시의 사회에 대하여 공통의 인식이 존재했음을 암시해 주는 것이다. 그러므로 명말에 전국에서 일어난 무수한 민변은 결코 우연히 발생한 사건, 혹은 역대의 왕조 말기에는 의례히 있어 왔던 그런 유의 민중봉기라고만 볼 수는 없는 것이다. 오히려 상품생산의 발전에 수반해서 형성되어 간 도시민의 공통 인식에 바탕을 둔 '사회모순 해결운동'이라는 역사적 성격을 부여할 수도 있을 것이다.

2) 抗　　租

민변(民變)과 함께 항조(抗租佃戶, 즉 소작인의 지주에 대한 소작투쟁)와 노변(奴變 지주층의 노비가 스스로의 신분해방을 위해 일으킨 노비반란)도 명말·청초의 시기에 일어난 민중운동으로서 특징적인 현상이었다. 민변이 상품생산의 전개에 따라 형성된 수공업노동자를 중심으로 한, 도시에 거주하는 시민의 반항운동이었던 데에 비하여 농촌에서는 하층 영세농민(自小作, 전호, 노비)의 반항운동이 전국 각지에서 빈발하였다.

항조운동[119]은 실은 전조(佃租; 소작료) 수탈의 역사와 함께 존재하여 왔다고 할 수 있다. 그리고 중국역사에서 지주·전호관계의 발전에 따라 서서히 변용되어 갔다고 생각된다. 그러한 의미에서 보면 11세기 후반(北宋 후반기)에서 13세기 후반(南宋 말기)에 이르는 시기가 중국사상 최초로 항조가 나타난 시기라 할 수 있다.[120] 명대에 들어온 후, 역사적으로 중요한 의미를 가지는 항조운동은 '등무칠(鄧茂七)의 난(亂; 1448~1449)'이었다.[121] 그러나 명말·청초 이후 중국의 전역에서, 그리고 특히 강남지방에서 항상적으로 발생한 항조는 그 내용을 볼 때 전에는 볼 수 없었던 특징이 있었다. 다시 말하면, 이 시기의 상품생산의 전개와 함께 스스로 상품생산자로 변신한 농가경영의 위기하에서도 서서히 자립성을 강화시켜 간 전호의 집단운동이란 점에서 새로운 내용이 부가되었던 것이다. 그러므로 중국의 항조운동의 역사적 성격을 거시적으로 평가할 때 16세기 중엽(명대 후반기)으로부터 19세기

---

119) 別註가 없는 한 傅衣凌, 1959; 崔晶妍, 1986; 田中正俊, 1961; 森正夫, 1971; 同 1973, 1974, 1978; 同 1983-A 및 同, pp. 395~401의 目錄 참조.

120) 森正夫, 1983-A. pp. 231~232.

121) 이것은 中國역사상 처음으로 佃戶가 스스로 주도권을 가지고 뚜렷한 요구와 목표하에 최후까지 농민운동으로 전개한 항조운동이란 점에서 역사적인 의미가 있다. 谷口規矩雄, 1971; 西村元照, 1979 및 同, pp. 467~468 참고문헌 참조.

의 20년대(淸代 중기)까지는 기본적으로는 유사한 성격을 가진 시기로 생각된다. 그 이후, 즉 아편전쟁 이후에는 항조운동은 단순한 항조운동의 차원을 벗어나 대개는 대규모의 민중운동의 기반을 형성하였기 때문이다.[122]

명말·청초를 중심으로 하여 16세기 중엽에서 19세기초까지 일어난 항조운동에서는 대개 다음과 같은 특징이 발견된다. ① 수확의 풍·흉에 좌우되는 자연발생적·우발적·기아적인 항조가 아니고 상재적(常在的) 항조, ② 어느 정도의 전호경영의 자립화를 전제로 한 조직적인 항조, ③ 개별적인 항조가 아니고 집단항조, 내지 당해지역의 전 전호가 참가하는 항조, ④ 단순히 소요사건 정도가 아니고 본격적인 무력충돌까지를 전제로 한 항조운동이었다는 점이다. 이러한 특징을 가진 항조운동이 가능했던 것은, ㉠ 전호는 토지 이외의 생산수단〔耕牛·種子〕과 생활수단(가옥)을 소유하고 자신의 농업경영은 지주로부터 완전히 자립되었고, ㉡ 지주는 토지를 전호에게 대여만 했을 뿐 생산으로부터 완전히 유리된 기생적인 존재였고, ㉢ 소작료는 정액지대가 일반화되어 있고, 경우에 따라서는 전호에게 유리한 정률지대의 관행이 존재하였으며, ㉣ 전호는 지주의 토지소유권과는 관계없이 금전으로 취득과 양도가 가능한 경작권(영전권)을 정착된 관행으로서 가지고 있었고, ㉤ 지주·전호 사이의 생산관계는 토지의 대차(貸借)와 정액소작료의 수수(授受)에 한정될 뿐 인격적인 예속이나 의존관계는 인정하지 않았다는 것 등등의 지주·전호관계가 명말·청초부터 점차 정착되어 갔기 때문이다.[123] 이러한 배경에서 나타난 항조운동에서 요구하는 것은 ① 부조(副租; 정액소작료 외의 부수적인 수탈) 혹은 부수적인 역역(力役)의 폐지, ② 전조(佃租)를 계량하는 도량형기의 시정 혹은 통일, ③ 전조의 경감 혹은 증액 반대, ④ 재해에 따른 전조징수액의 변화, ⑤ 소작보증금의 폐지, ⑥ 영전권(永佃權)의 요구 등이었다.

이상의 내용이 명말·청초의 다양한 사회변화를 배경으로 하여 상습적으로 일어난 항조운동의 특징이다. 그러나 항조운동에 대해서는 고찰되어야 할 문제들이 아직도 많이 남아 있다. 첫째는 지주·자작농과 전호와의 관련 문제이다. 중·소지주는 물론이고 신사를 포함한 대지주도 항조 때문에 소

---

122) 森正夫, 1971 ; 同氏, 1983-A, pp. 232~237.
123) 田中正俊, 1961-A, pp. 74~78 ; 森正夫, 1983-A, pp. 217~222.

작료 징수에 제한을 받았을 뿐 아니라 왕조권력의 수탈과 상품경제의 발전으로 인한 상인자본의 수탈, 물가의 등귀 등에 의해 또 다시 몰락의 위기에 직면하게 되었다. 19세기에 들어서면서 중국 전역에서 빈번하게 일어난 항량(抗糧; 국가에 대한 토지소유자의 토지세 지불 거부)운동[124]은 이러한 배경을 가진 것이었다. 둘째, 지역사회와 항조와의 관련문제이다. 특히 지역사회의 지배층인 신사층과의 관계 내지 사회질서와의 관련도 좀더 고려되어야 할 것이다. 셋째, 국가권력과 전호와의 관련문제이다. 왕조측으로 보면 전호도 양민(良民)임에 틀림없었다. 그러나 18세기 전반기 이후부터 특히 항조가 상습화되자 청조는 "부(賦; 토지세, 즉 地丁銀)는 조(租; 소작료)에서 나온다"는 지주의 주장에 새롭게 귀를 기울이게 되었다. 또 항조를 시도하던 전호는 국가권력을 어떻게 인식하였던가 등의 문제와 관련해서도 새로운 고찰이 필요하다.

3) 奴　變

노변은 신사나 대지주가(大地主家)에서 사역하는 노복(奴僕)들이 집단으로 주가(主家)를 습격하고 그 매신(賣身)계약서를 빼앗아 파기하며 노복신분으로부터 해방을 요구하는 운동이었다.[125] 노변은 명조가 붕괴되던 숭정(崇禎) 17년(1644)을 전후한 시기부터 시작하여 청조의 강희 원년(1662)경까지 주로 화중·화남지방을 중심으로 하여 집중적으로 일어났으며, 일부 지역에서는 강희 20년대까지도 산발적으로 계속되었다.

명대의 노복은 ① 가정내의 잡역(雜役), ② 농업 및 수공업 생산, ③ 주인의 수종(隨從), ④ 국가 요역의 대행, ⑤ 주인가의 가산의 관리·운용, 즉 주인의 상업·고리대경영의 실무나 소작지·소작인의 관리 등의 일에 종사하였다.[126] 이중에서 특히 주목되는 것은 제 ⑤ 항이다. 노복이 주인가의 가산을 관리·운용하게 된 것은 물론 주인의 지시에 따른 것이다. 그러나 이때 주인은 그 노복이 가진 문서작성·경리 등의 사무능력을 바탕으로 노복이 독자적으로 판단해서 행사할 것을 기대하면서 위임한 것이었다. 그러한 점에서 제 ⑤ 항의 노복은 ①~④ 항의 노복과는 크게 다르다. 이러한 일을

124) 横山英, 1955; 寺田隆信, 1971, p. 312.
125) 森正夫, 1983-B 및 同, pp. 206~209의 문헌목록 참조.
126) 西村かずよ, 1978, 1979.

담당하는 노복을 '기강(紀綱)의 복(僕)'이라 하였다. 기강의 복은 주인의 위임을 받아 주인의 가계를 운영하는 과정에서 소작인은 물론 다른 자작농, 심지어 사인층(士人層)에게까지 횡포하는 일이 많았다. 명말·청초 이래 신사가 사회지배 수단의 하나로서 이들 기강의 복을 이용하는 경우도 많았다.[127] 기강의 복은 주인의 위임에 따라 상업이나 고리대 등을 경영하는 과정에서 자기의 사유재산도 축적하여 부유해졌다.

명말로 가까워지면서 이러한 노복의 수가 격증하였다. 그 배경에는 명 중기 이래 시작된 사회변화가 존재하였다. 전술한 바와 같이 이갑제질서가 해체되어 가고 갑수호는 물론 이장호·양장호마저 몰락해 가는 상황하에서 이들이 살아남을 길은 다음의 4가지가 있었다. ㉠ 관청의 서리나 아역인(衙役人)이 되는 길, ㉡ 고향을 떠나거나 지역에 따라서는 부업으로 상·공업에 종사하는 길, ㉢ 파산된 후 채무를 변상하기 위해 전토를 팔고 전호가 되거나 자기의 몸을 팔아 노복이 되는 길, ㉣ 파산 직전에 토지를 신사에게 기탁하여 명의를 변경[詭寄]하고 아울러 자기 자신도 그의 노복이 되는 길 등이었다. 명말로 갈수록 특히 ㉢㉣ 의 경우가 심하였다. 영향력 있는 신사나 대지주는 3,000~4,000의 노복을 거느린 예도 있었다.

노복 중 제 ①②③④ 항에 종사하는 노복은 기본적으로 주인에 대한 신분적인 예속도가 특히 심하였다. 명말·청초에 신사층을 중심으로 하여 새로운 주·객관계로서 '상자상양(相資相養)'을 강조하게 된 것[128]은 반드시 노복의 사회적 지위가 향상되었기에 나타난 것은 아니었다. 한편, 제 ⑤ 항의 기강의 복의 경우에는 그들의 수와 활동범위가 늘어날수록 그들에 대한 주인의 인격적 규제력은 급속히 이완되어 갔다. 이 때문에 기강의 복 중에는, 정부의 고관인 주인의 권세를 믿고 채무나 소작료를 강압적으로 가혹하게 징수함으로써 그 당사자뿐 아니고 지역사회를 불안하게 하고 그 때문에 대규모의 민중항의운동을 유발시키는 경우도 있었다.[129] 그럼에도 불구하고 신사나 대지주들은 이러한 기강의 복을 지방 관청의 서리나 아역(衙役)으로 들여보내서 축재에 보다 유리한 조건을 만들기도 하였다. 뿐만 아니라, 명

127) 重田德, 1971.
128) 細野浩二, 1967.
129) 佐伯有一, 1957.

128

말・청초에는 '무뢰(無賴)'로 불리는 유민(遊民; 居住는 定着적임)도 서리・아역이 되는 경우가 있었다. 또 도시나 농촌지역의 시장의 무뢰는 조직을 만들어 폭력을 팔았는데, 이들 조직은 유력한 관료가에 고용되어 경비를 담당하거나[打行], 상품의 운반, 혼례, 장의(葬儀)행사를 독점하고[脚夫], 시장을 관리하는 등 하나의 사회층을 형성하여 갔다.[130] 그러므로 서리, 아역, 무뢰, 기강의 복 사이에는 교류와 동류의식이 진전되어 갔다.[131] 이렇게 하여 기강의 복은 주인으로부터 점차 독립성을 강화시켜 갔다.

이상에서 보았듯이 16세기 이래 신사 등 유력호에 노복의 수가 증가하면서, 주인에게 예속도가 심한 하층 노복으로부터 경제적 독립을 더욱 진전시켜 가는 기강의 복[豪奴], 그리고 단순히 명의(名儀)상의 노복에 이르기까지 여러 형태의 노복이 존재하게 되었다. 그러나 그 어느 경우이건 일반 양민은 이들 노복과는 혼인을 꺼릴 정도로 노복을 천시하였다. 기강의 복, 즉 호노(豪奴)에 대한 민중의 증오심도 노복 일반에 대한 차별의식을 증폭시키는 계기가 되었다. 노복은 신계(身契; 노비문서)가 주인의 손에 있는 이상 이러한 차별대우를 피할 수는 없었다. 주인으로부터의 경제적 독립성 여하를 불문하고 노복이 주가(主家)에 대한 반항・폭행을 자행하고 폭력으로 신계를 탈취하려 한 것은 그 때문이었다.

명말・청초에 집중된 노변의 공통점은 대개 다음과 같이 정리될 수 있다. ① 노복의 요구는 대부분이 노복신분의 해방, 즉 양민신분으로의 회귀(回歸)였다. 노복들은 주인을 포박・구타・능욕・살해・방화・약탈 등의 수단방법을 가리지 않으면서 신계를 탈취하려 하였고, 또 때로는 지방관에게 노복신분의 폐지를 승인해 주도록 요구하기도 하였다. 이 과정에서 가장 증오의 대상이 된 것은 신사층이었다. ② 노변은 어느 지역에서나 1현 정도 혹은 그 이상 지역을 포괄하는 광역적인 운동이었고 100명에서 때로 10,000명 정도에 이르는 대규모 집단의 운동이었으나, 강력한 지도자 아래에서 대단히 조직적인 행동을 보였다. ③ 이들 노변 지도자들이 제시한 주장의 공통점은 '명조가 망했으니 노비신분도 해방되어야 한다'는 것이었다. 따라서 노변은 왕조지배 자체를 부정하는 데까지는 이르지 못했으나, 주인과 노복간의 신

130) 上田信, 1981; 安野省三, 1985.
131) 西村かずよ, 1983; 酒井忠夫, 1960, 第2章.

분질서를 명조 국가권력이 부지해 주었다는 인식이 있었던 것이다.

명말·청초에 노변이 집중적으로 발생한 것은 왕조교체기에 국가통치질서의 공동화(空洞化) 현상을 틈탔다고 하는 면을 무시할 수는 없다. 그러나 그 외에도 당시에 진행된 다양한 사회변화를 배경으로 한 것이었음도 분명한 것이다. 따라서 명말·청초에 진행된 민변·항조·노변 등은 발생된 지역, 참가한 신분과 목표에는 차이가 있었지만 그러한 집단행동은 모두 이 시기에 전개된 '상품생산의 전개'라는 사회변화의 소산이었다고 할 수 있는 것이다.

V. 結　語

명말·청초의 시기(16세기~18세기)는 단순한 왕조교체 시기가 아니고 사회적인 격변기였다. 본고에서는 이 시기의 복잡하고 다양했던 사회변화의 여러 측면 중 다음 3가지 측면만을 분석해 보았다.

첫째는 향촌질서의 재편과정을 통해서 사회구조의 변화를 살펴보았다. 향촌질서의 유지를 위해 명초에 실시한 이갑제는 양세법 체계와 종래의 공동체 유제를 존속시키면서 호 단위로 편성된 것이었다. 그러나 명 중기 이후 여러 면에서 사회적 모순이 진행되면서 이갑제가 해체되어 갔다. 명·청 양조 국가권력은 여러 가지 시행착오를 거치면서 향촌질서의 유지와 안정을 시도하였다. 그리고 최후로 정착시킨 것이 지정은제와 순장편리법인데, 이것은 지역적 결합이 강한 촌락을 기초로 하여 토지를 근거로 조세를 징수하는 것이었다. 그리고 이러한 향촌질서의 개편은 신사의 사회지배력을 이용함으로써 비로소 가능한 것이었다.

둘째는 인구이동면을 살폈다. 명 중기에 이갑체제가 해체되기 시작하는 시기부터 청 중기까지 두번에 걸쳐 대대적인 인구이동이 있었고 그에 따라 중국의 인구분포가 재편되었다. 한번은 명 중기에서 명말에 이르는 시기, 또 한번은 청초에서 중기에 걸쳐 나타났고 그 후에도 서서히 진행되었다. 그 이동 방향은 성 내외를 막론하고 ① 선진 경제지역→낙후지역, ② 농촌지역→금산구역, ③ 농촌지역→도시·수공업지역으로 이동하였다. ①과 ②의 이동 결과, 중국의 농업경제의 구조가 변화되었다. 제 1 차 인구이동 시기에는, 그 이전까지 중국의 경제·문화의 중심지였던 강남지방의 경제구조가 분화되었다. 강남은 수공업·상업의 중심지로 계속 발전되어 가고 농업의 중심지는 인구이동 결과 새로 개발되어 가던 호광지방에 양도하게 되었다. 제2차의 인구이동 시기에는 사천지방이 집중적으로 개발되어 새로 곡창지로 등장하였다. 이렇게 호광, 그중에서도 호남지방[132]과 사천지방이 미곡의 수출지역, 그리고 강남지방이 상공업의 중심지라고 하는 양자강유역을 중심으로 한 경제구조가 정착된 것은 명말·청초를 사이에 둔 300여 년간에 이루어진 패턴이었다.

셋째, 명대의 농업생산력의 발전을 배경으로 하여 명말·청초에는 강남지방의 직물업 외에도 각 분야에서 상품생산이 전개되었는데, 본고에서는 그중 강남지방의 직물업만을 살펴보았다. 강남지방에서는 도시 직물업의 발달에 영향을 받아 농촌의 소농민도 위기에 처한 농가경영을 보충하기 위해 직물업에 참여하였다. 그 결과 농촌의 직물업도 크게 발달하였는데 그에 따라 강남의 도시와 농촌에서 생활터전을 얻으려는 외래 인구가 집중되었다. 이것은 인구이동 방향의 제3 형태인데, 강남지방에서 대도시와 함께 중·소도시가 무수히 발달하게 된 것은 그 결과였다. 소농민이나 전문 수공업자는 대상인이나 고리대의 수탈하에서도 서서히 자립성을 제고시켜 갔다. 이러한 변화로 인해서 강남사회에서는 신분적 지위의 고하를 불문하고 정치와 사회에 대한 공통된 인식이 형성되었으니 그 상징적 표현이 민변이었다. 한편, 서민들의 지위향상의 노력도 끈질기게 계속되었고 또 상당히 제고되기도 하였다. 그 상징적 표현이 항조와 노변이었다. 환언하면, 민변·항조·노변은 명말·청초에 강남에서의 사회 변화의 소산인 동시에 상징적 현상이었다고 할 수 있다.

이상과 같은 명말·청초의 사회변화는 사상계의 변화에도 반영되었고 또 반대로 사상계 변화의 영향을 받기도 한 것이었다. 양명학의 전개와 양명학 좌파의 사민(四民)평등의식, 동림파와 복사운동으로 이어지는 강남 신사의 정치·사회운동, 경세실용학의 발달과 공상개본론(工商皆本論), 그리고 청 중기의 고증학(考證學)에의 길을 개척한 것 등이 모두 그러한 예라 할 수 있

---

132) 森田明, 1960; 全漢昇, 1969, pp. 226~230; Perdue, Peter C., 1987.

을 것이다.[133]

참고문헌

《大明會典》, 萬曆 15年刊, 臺北, 東南書報社, 影印本.

《明實錄》, 中央硏究院歷史語言硏究所, 校引本.

魏禮, 《魏季子文集》, 淸版本, 《魏氏全集》本.

吳金成, 《中國近世社會經濟史硏究 —— 明代紳士層의 形成과 社會經濟的 役割 ——》, 潮閣, 1986.

顧　誠, 《明末農民戰爭史》, 北京, 1984.

羅香林, 《客家硏究導論》, 廣州, 1933.

魯子健, 《淸代四川財政史料》上, 成都, 1984.

賴家度, 《明代鄖陽農民起義》, 武漢, 1956.

聞鈞天, 《中國保甲制度》, 1935.

傅衣凌, 《明代江南市民經濟試探》, 上海, 1957.

――――, 《明淸農村社會經濟》, 北京, 1959.

謝國楨, 《明淸之際黨社運動考》, 臺北, 1968.

梁方仲, 《明代糧長制度》, 上海, 1957.

――――, 《中國歷代戶口, 田地, 田賦統計》, 上海, 1980.

嚴中平, 《中國棉紡織史稿》, 北京, 1963.

伍丹戈, 《明代土地制度和賦役制度的發展》, 福州, 1982.

王春瑜·杜婉言, 《明代宦官與經濟史料初探》, 北京, 1986.

韋慶遠, 《明代黃冊制度》, 北京, 1961.

劉石吉, 《明淸時代江南市鎭硏究》, 北京, 1987.

李光濤, 《明季流寇始末》, 臺北, 1965.

田居儉·宋元强, 《中國資本主義萌芽》, 成都, 1987.

丁　易, 《明代特務政治》, 北京, 1950.

趙岡 等, 《中國棉業史》, 臺北, 1977.

趙文林·謝淑君, 《中國人口史》, 北京, 1988.

許滌新·吳承明, 《中國資本主義的萌芽》(《中國資本主義發展史》第一卷), 北京, 1985.

胡昭曦, 《張獻忠屠蜀攷辨》, 四川人民出版社, 1980.

侯外廬, 《中國早期啓蒙思想史 —— 17世紀至19世紀四十年代》, 北京, 1956.

---

133) 侯外廬, 1956; 溝口雄三, 1971, 1978; 山井湧, 1981; Liu, Kwang-ching, 1989.

132

谷川道雄・森正夫,《中國民衆叛亂史》第 3, 4 卷, 東京, 1982, 1983.

北村敬直,《清代社會經濟史研究》, 京都, 1978.

濱島敦俊,《明代江南農村社會の研究》, 東京, 1982.

寺田隆信,《山西商人の研究》, 京都, 1972.

山根幸夫,《明代徭役制度の展開》, 東京, 1966.

山井湧,《明清思想史の研究》, 東京, 1981.

森正夫,《明代江南土地制度の研究》, 京都, 1988.

西嶋定生,《中國經濟史研究》, 東京, 1966.

松本善海,《中國村落制度の史的研究》, 東京, 1977.

鈴木中正,《清朝中期史研究》, 東京, 1952.

栗林宣夫,《里甲制の研究》, 東京, 1971.

佐藤文俊,《明末農民反亂の研究》, 東京, 1985.

酒井忠夫,《中國善書の研究》, 東京, 1960.

川勝守,《中國封建國家の支配構造 —— 明清賦役制度史の研究 ——》, 東京, 1980.

清水泰次,《中國近世社會經濟史》, 東京, 1950.

Ch'u, T'ung-tsu(瞿同祖), *Local Government in China under the Ch'ing*, HUP., 1962.

Handlin, Joanna F., *Action in Late Ming Thought, The Reorientation of Lü K'un and Other Scholar-Officials*, U. of California P., 1983.

Ho, Ping-ti(何炳棣), *Studies on the Population of China, 1368~1953*, HUP., 1959.

————, *The Ladder of Success in Imperial China ; Aspects of Social Mobility 1368~1911*, 《明清社會史論》, New York, 1962.

Lee, Robert H. G., *The Manchurian Frontier in Ch'ing History*, HUP., 1970.

Perdue, Peter C., *Exhausting the Earth, State and Peasant in Hunan, 1500~1850*, HUP., 1987.

Perkins, Dwight H., *Agricultural Development in China, 1368~1968*, Chicago, 1969.

Rawski, Evelyn Sakakida, *Agricultural Change and the Peasant Economy of South China*, HUP., 1972.

Wang, Yeh-chien(王業鍵), *Land Taxation in Imperial China, 1750~1911*, HUP., 1973.

Wong, R. Bin, *The Political Economy of Food Supplies in Qing China*, Ph. D. Dissertation, Harvard University, 1983.

宋正洙,〈明末・清初의 鄕村統治制度의 變遷〉,《學林》5, 1983-A.

————,〈清初鄕村統治의 理想 —— 黃六鴻의 保甲制를 中心으로〉,《慶尙大論文集》22, 1983-B.

————,〈明清時代 鄕約의 成立과 그 推移〉,《慶尙史學》1, 1985.

吳金成,〈日本에 있어서 中國 明・清時代 紳士層研究에 대하여〉,《東亞文化》15, 1978.

吳金成, 〈睿親王攝政期의 淸朝의 紳士政策〉, 《韓㳰㐲博士停年紀念史學論叢》, 서울, 1981.

――――, 〈順治親政期의 淸朝權力과 江南紳士〉, 《歷史學報》 122, 1989-A.

――――, 〈明・淸時代의 國家權力과 紳士〉, 《講座中國史》 Ⅳ, 知識産業社, 1989-B.

――――, 〈明末・淸初江西南部の社會と紳士――淸朝權力の地方浸透過程と關聯して〉, 《山根幸夫敎授退休紀念明代史論叢》, 東京, 1990-豫.

崔晶姸・李範鶴, 〈明末淸初稅役制度改革과 紳士의 存在形態〉, 《歷史學報》 114, 1987.

崔晶姸, 〈明末～淸中期의 蘇・浙地域의 抗租運動〉, 《서울大東洋史學科論集》 10, 1986.

魯子健, 〈淸代四川的倉政與民食問題〉, 《四川歷史硏究文集》, 成都, 1987.

賴家度, 〈明代農民的墾荒運動〉, 《歷史敎學》, 1952-3.

段從光, 〈贛西棚民的抗淸鬪爭〉, 《歷史敎學》, 1955-1.

譚其驤, 〈中國內地移民史――湖南篇〉, 《史學年報》 4, 1932.

譚作剛, 〈淸代湖廣垸田的濫行圍墾及淸政府的對策〉, 《中國農史》, 1985-4.

杜婉言, 〈明代宦官與明代經濟〉, 《中國史硏究》, 1982-2(《明代宦官與經濟史料初探》, 北京, 1986에 再收).

樊樹志, 〈明代荊襄流民與棚民〉, 《中國史硏究》, 1980-3.

范植淸, 〈明末農民大起義與漢口鎭的發展〉, 《中國農民戰爭史硏究集刊》 4, 1985.

傅衣凌, 〈明末淸初閩贛毗嶺地區的社會經濟與佃農抗租風潮〉, 《社會科學》3-3, 4, 1947(同氏, 《明淸社會經濟史論文集》, 北京, 1982, 再收).

――――, 〈明代蘇州織工・江西陶工反封建鬪爭史料類輯〉, 《廈門大學學報》, 1954-1 (《中國資本主義萌芽問題討論集》上, 1957 再收).

――――, 〈明代徽州商人〉, 《明淸時代商人及商業資本》, 北京, 1956.

――――, 〈明代後期江南城鎭下層士民的反封建運動〉, 《明代江南市民經濟試探》, 上海, 1957.

――――, 〈明淸之際的 '奴變' 和佃農解放運動〉, 《明淸農村社會經濟》, 北京, 1959.

――――, 〈明代江西的工商人口及其移動〉, 《抖擻》 41, 1980(同氏, 《明淸社會經濟史論文集》, 北京, 1982 再收).

尙鉞, 〈有關中國資本主義萌芽問題的二三事〉, 《歷史硏究》, 1959-7.

孫達人, 〈張獻忠 '屠蜀'的眞相――試論大西政權失敗的原因〉, 《張獻忠在四川》, 成都, 1981.

梁方仲, 〈明代戶口田地及田土統計〉, 《中國社會經濟史集刊》 3-1, 1935.

――――, 〈一條鞭法〉, 《中國近代經濟史硏究集刊》 4-1, 1936.

吳大琨, 〈評'明淸之際中國市民運動的特徵及發展'〉, 《中國資本主義萌芽問題討論集》(續編), 北京, 1960.

吳晗, 〈明初社會生産力的發展〉, 《歷史硏究》, 1955-3(《中國資本主義萌芽問題討論集》上, 1957에 再收).

王　綱，〈論明末清初四川人口大量減少的原因〉，《張獻忠在四川》，成都，1981.

王崇武，〈明代戶口的消長〉，《燕京學報》20，1936.

王業鍵，〈明清經濟發展幷論資本主義萌芽問題〉，《中國社會經濟史研究》，1983-3.

王春瑜・杜婉言，〈明代宦官與江南經濟〉，《學術月刊》，1984-6(《明代宦官與經濟史料初探》，北京，1986 再收).

劉　敏，〈論清代棚民的戶籍問題〉，《中國社會經濟史研究》，1983-1.

劉石吉，〈明清時代江西墟市與市鎮的發展〉，《第二次中國近代經濟史會議》(1)，1989.

劉　炎，〈明末城市經濟發展下的初期市民運動〉，《歷史研究》，1955-6.

劉志琴，〈試論萬曆民變〉，《明清史國際學術討論會論文集》，天津，1982-A.

─── ，〈城市民變與士大夫〉，《中國農民戰爭史論叢》4，1982-B.

李　洵，〈試論明代的流民問題〉，《社會科學輯刊》，1980-3.

李龍潛，〈明正統年間葉宗留鄧茂七起義的經過及特點〉，《歷史教學》，1957-3(《歷代農民起義論叢》中，香港，1978 再收).

李之勤，〈論明末清初商業資本對資本主義萌芽的發生和發展的積極作用〉，《明清資本主義萌芽研究論文集》，上海，1981.

林　頓，〈清代前期四川商業貿易與社會經濟的發展〉，《四川歷史研究文集》，成都，1987.

林麗月，〈'擊內' 抑或'調和'？── 試論東林領袖的制宦策略〉，《歷史學報》(臺灣師大) 14，1986.

張桂林，〈贛西棚民與福建佃農〉，《福建師範大學學報》，1986-3.

張存武，〈中國初期近代史要義，1511~1839〉，《近代中國初期歷史研討會論文集》，臺北，1988.

張海瀛，〈略論明代流民問題的社會性質── 與李洵先生商榷 ──〉，《北京師院學報》，1981-3.

全漢昇，〈鴉片戰爭前江蘇的棉紡織業〉，《清華學報》1-3，1958.

─── ，〈清代的人口變動〉，《歷史語言研究所集刊》32，1961(同氏，《中國經濟史論叢》第 2 冊 再收).

─── ，〈美洲發現對於中國農業的影響〉，《新亞生活》8-19，1966(同氏，《中國經濟史研究》下冊，香港，1976 再收).

─── ，〈清朝中葉蘇州的米糧貿易〉，《歷史語言研究所集刊》39-下，1969(同氏，《中國經濟史論叢》第 2 冊 再收).

曹樹基，〈明清時期的流民和贛南山區的開發〉，《中國農史》，1985-4.

─── ，〈明清時期的流民和贛北山區的開發〉，《中國農史》，1986-2.

趙儷生，〈明正德間幾次農民起義的經過和特點〉，《文史哲》，1954-12.

從翰香，〈論明代江南地區的人口密集及其對經濟發展的影響〉，《中國史研究》，1984-3.

秦佩珩，〈明代雲南人口・土地問題及封建經濟的發展〉，《明清社會經濟史論稿》，河南，1984(《求是學刊》，1980-3 原載).

彭澤益,〈十七世紀末到十九世紀初中國封建社會的工場手工業〉,《經濟硏究》, 1955-5(《中國資本主義萌芽問題討論集》上 再收).

───,〈從明代官營織造的經營方式看江南絲織業的性質〉,《歷史硏究》, 1963-2.

何炳棣,〈南宋至今土地數字的考釋和評價〉(上・下),《中國社會科學》, 1985-2・3.

許大齡,〈十六世紀, 十七世紀初期中國封建社會內部資本主義的萌芽〉,《北京大學學報》 1956-3(《中國資本主義萌芽問題討論集》下, 1957에 再收).

許懷林,〈江西古代州縣建置沿革及其發展原因的探討〉,《中國地方史志論叢》, 北京, 1984.

洪煥椿,〈明淸蘇州地區資本主義萌芽初步考察〉,《明淸資本主義萌芽硏究論文集》, 上海, 1981.

黃國强,〈明中葉荊襄地區流民的墾荒鬪爭〉,《中國農民戰爭史硏究集刊》 4, 1985.

谷口規矩雄,〈明代中期荊襄地帶農民反亂の一面〉,《硏究》 35, 1965.

───,〈明代の農民反亂〉,《岩波講座世界歷史》 12, 東京, 1971.

───,〈于成龍の保甲法について〉,《東洋史硏究》 34-3, 1975.

───,〈漢口鎭の成立について〉,《唐宋時代の行政・經濟地圖の製作硏究成果報告書》, 1981.

───,〈呂坤の鄕甲法について〉,《佐久間重男敎授退休紀念中國史・陶磁史論集》, 東京, 1983.

溝口雄三,〈明末を生きた李卓吾〉,《東洋文化硏究所紀要》 55, 1971.

───,〈いわゆる東林派人士の思想── 前近代期における中國思想の展開──〉,《東洋文化硏究所紀要》 75, 1978.

宮崎市定,〈明末蘇松地方の士大夫と民衆── 明代史素描の試み──〉,《史林》 37-3, 1953(同氏,《アジア史硏究》 第四, 京都, 1975 再收).

───,〈張溥とその時代── 明末における一鄕紳の生涯──〉,《東洋史硏究》 33-3, 1974(同氏,《アジア史硏究》 第五, 京都, 1978 再收).

───,〈明淸時代の蘇州の輕工業の發達〉,《アジア史硏究》 第四, 1975.

吉尾寬,〈明末・楊嗣昌の地域防衛案について〉,《東洋史硏究》 45-4, 1987.

大澤顯浩,〈明末宗敎的反亂の一考察〉,《東洋史硏究》 44-1, 1985.

藤井宏,〈明代田土統計に關する一考察〉 1, 2, 3,《東洋學報》 30-3・4, 33-1, 1944, 1947.

───,〈新安商人の硏究〉(1, 2, 3, 4)《東洋學報》 36-1・2・3・4, 1953〜1954.

夫馬進,〈明末反地方官土變〉,《東方學報》 52, 1980.

───,〈明末淸初の都市暴動〉, 谷川道雄・森正夫,《中國民衆反亂史》 4, 東京, 1983.

北村敬直,〈寧都の魏氏── 淸初地主の一例〉,《經濟學年報》 7, 8, 1957, 1958(同氏,《淸代社會經濟史硏究》, 京都, 1978에〈魏氏三兄弟とその時代〉로 改題하여 再收).

寺田隆信,〈明代蘇州平野の農家經濟について〉,《東洋史硏究》 16-1, 1957.

───,〈明淸時代における商品生產の展開〉,《岩波講座世界歷史》 12, 東京, 1971.

寺田隆信,〈新安商人と山西商人〉,《中世史講座》卷 3,《中世の都市》,東京,1982.

山根幸夫,〈一條鞭法と地丁銀〉,《世界の歷史》11,東京,筑摩書房,1961.

山本英史,〈清初における包攬の展開〉,《東洋學報》59-1·2,1977.

山田賢,〈清代の移住民社會 —— 嘉慶白蓮敎反亂の基礎的考察 ———〉,《史林》69-6, 1986.

————,〈移住民社會と地域社會 ———— 四川省雲陽縣における嘉慶白蓮敎反亂 ——〉,《名古屋大學東洋史研究報告》12,1987.

三木聰,〈明代の福建における保甲制〉,《東洋學報》61-1·2,1979.

森田明,〈清代湖廣における治水灌漑の展開〉,《東方學》20,1960(同氏,《清代水利史研究》,東京,1974 再收).

森正夫,〈明淸時代の土地制度〉,《岩波講座世界歷史》12,東京,1971.

————,〈十七世紀福建寧化縣における黃通の抗租反亂〉(1·2·3),《名古屋大學文學部研究論集》59,62,74,1973,1974,1978.

————,〈抗租〉,谷川道雄・森正夫,《中國民衆叛亂史》4,東京,1983(A).

————,〈奴變〉,《中國民衆叛亂史》4,1983(B).

上田信,〈明末淸初・江南の都市の'無賴'をめぐる社會關係 —— 打行と脚夫 ——〉,《史學雜誌》90-11,1981.

西嶋定生,〈松江府における棉業形成の過程について〉,《社會經濟史學》13-11·12,1944.

西村かずよ,〈明淸時代の奴僕をめぐって〉,《東洋史研究》36-4,1978.

————,〈明代の奴僕〉,《東洋史研究》38-1,1979.

————,〈明末淸初の奴僕〉,小野和子 編,《明淸時代の政治と社會》,京都,1983.

西村元照,〈明代中期の二大叛亂〉,谷川道雄・森正夫,《中國民衆叛亂史》2,東京,1979.

————,〈明代後期壽量に就いて〉,《史林》54-5,1971.

————,〈淸初の包攬 —— 私徵體制の確立,解禁から請負徵稅制へ ——〉,《東洋史研究》35-3,1976.

細野浩二,〈明末淸初江南における地主奴僕關係 —— 家訓に見られるその新展開をめぐって〉,《東洋學報》50-3,1967.

小山正明,〈明末淸初の大土地所有 ———— 特に江南デルタ地帶を中心にして ——〉(一)(二),《史學雜誌》66-12. 67-1,1957,1958.

————,〈明代の十端法について〉(一),《前近代アジアの法と社會》,東京,1967.

————,〈明代の十段法について〉(二),《千葉大學文理學部文化科學紀要》10. 1968.

————,〈明代糧長について —— とくに前半期の江南デルタ地帶を中心にして ——〉,《東洋史研究》27-4,1969.

————,〈賦・役制度の變革〉,《岩波講座世界歷史》12,1971.

小野和子,〈東林派とその政治思想〉,《東方學報》28京都,1958.

————,〈明末淸初における知識人の政治行動〉,《世界の歷史》11,東京,1961.

小野和子,〈明末の結社に關する一考察——とくに復社について——〉(上, 下),《史林》45-2,3, 1962.

小畑龍雄,〈明代鄕村の敎化と裁判〉《東洋史硏究》11-5,6, 1952.

松本善海,〈明代〉, 和田淸 編,《中國地方自治發達史》, 東京, 1975.

安部健夫,〈米穀需給の硏究——《雍正史》の一章としてみた〉,《東洋史硏究》15-1, 1957 (同氏,《淸代史の硏究》, 東京, 1971 再收).

安野省三,〈明末淸初, 揚子江中流域の大土地所有に關する一考察——漢川縣蕭堯宋の場合を中心として〉,《東洋學報》44-3, 1962.

——,〈中國の異端と無賴〉,《中世史講座》7,《中世の民衆運動》, 東京, 1985.

鈴木健一,〈明代里甲制と鄕約の敎育史的意義〉,《近世アジア敎育史硏究》, 東京, 1966.

鈴木中正,〈淸嘉慶朝白蓮敎亂〉,《中國史における革命と宗敎》, 東京, 1974.

田尻利,〈淸代江西における藍作の展開〉(上・下),《鹿兒島經大論集》14-1,2, 1973.

前田司,〈淸初期の鄕約——とくに黃州府を中心として〉,《史觀》90, 1975.

——,〈淸初の保甲〉,《硏究紀要》(鹿兒島短期大學) 14, 1974.

——,〈王陽明の保甲法について〉,《硏究紀要》(鹿兒島短期大學) 27, 1981.

田中正俊,〈民變・抗租奴變〉,《世界の歷史》11, 東京, 1961(A).

——,〈明末淸初江南農村手工業に關する一考察〉,《和田博士古稀紀念東洋史論叢》, 東京, 1961(B)(同氏,《中國近代經濟史硏究序說》, 東京, 1973 再收).

——,〈中國における地方都市の手工業〉,《中世史講座》3,《中世の都市》, 東京, 1982.

——,〈明・淸時代の問屋制前貸生産について——衣料生産を主とする硏究史的覺え書〉,《東アジアにおける國家と農民》, 東京, 1984.

井上徹,〈廣東珠江右岸デルタにおける秩序再編と鄕紳の役割について〉,《地域社會の視點——地域社會とリーダ》, 名古屋, 1982.

——,〈黃佐《泰泉鄕禮》の世界——鄕約保甲制に關連して——〉,《東洋學報》67-3・4, 1986-A.

——,〈'鄕約'の理念について——鄕官・士人層と鄕里社會——〉,《名古屋大學東洋史硏究報告》11, 1986-B.

佐久間重男,〈明代景德鎭窯業の一考察〉,《淸水博士追悼紀念明代史論叢》, 東京, 1962.

——,〈明末景德鎭の民窯の發展と民變〉,《鈴木俊敎授還曆紀念東洋史論叢》, 東京, 1964.

——,〈明代の鐵鑛業と國家管理——初期官營企業を中心に——〉,《集刊東洋學》20, 1968.

佐伯有一,〈明前半期の機戶——王朝權力による掌握をめぐって——〉,《東洋文化硏究所紀要》8, 1956-A.

——,〈明代匠役制度の崩壞と都市絹織物流通市場の展開〉,《東洋文化硏究所紀要》10, 1956-B.

138

佐伯有一，〈明末の董氏の變──所謂'奴變'の性格に關聯して〉，《東洋史研究》16-1, 1957.

────，〈手工業の發達〉，《世界の歷史》11，東京，筑摩書房，1961.

────，〈1601年'織傭の變'をめぐる諸問題──その一──〉，《東洋文化研究所紀要》45, 1968.

佐伯有一・田中正俊，〈十六・七世紀の中國農村製糸・絹織業〉，《世界史講座》I，東京，東洋經濟新聞社，1955.

酒井忠夫，〈明代前・中期の保甲制について〉，《清水博士追悼紀念明代史論叢》，東京，1962.

中山八郎，〈明代の織梁局〉，《一橋論叢》9-5, 1942.

重田德，〈清初における湖南米市場の一考察〉，《東洋文化研究所紀要》10, 1956(同氏，《清代社會經濟史研究》，東京，1975 再收).

────，〈鄉紳支配の成立と構造〉，《岩波講座世界歷史》12, 1971(同氏，《清代社會經濟史研究》再收).

清水泰次，〈明代の流民と流賊〉(1, 2)，《史學雜誌》46-2, 3, 1935.

鶴見尚弘，〈明代の畸零戶について〉，《東洋學報》47-3, 1964.

────，〈明代における鄉村支配〉，《岩波講座世界歷史》12，東京，1971.

和田正廣，〈徭役優免條例の展開と明末擧人の法的位置──免役基準額の檢討を通じて──〉，《東洋學報》60-1・2, 1978.

橫山英，〈清代の都市絹織物業の生產形態〉，同氏，《中國近代化の經濟構造》，東京，1972.

────，〈中國における農民運動の一形態──太平天國前の'抗糧'運動について──〉，《廣島大學文學部紀要》7, 1955.

橫田整三，〈明代における戶口の移動現象について〉(上，下)，《東洋學報》26-1, 2, 1938.

Atwell, William S., "From Education to Politics; The Fushe", de Bary W.T. ed., *The Unfolding of Neo-Confucianism*, Columbia UP., 1975.

Entenmann, Robert, "Sichuan and Qing Migration Policy", *Ch'ing-shih wen-t'i* 4-4, 1980.

Ho, Ping-ti, "The Introduction of American Food Plants into China", *American Anthropologist*, 57-2, 1955.

Jones, Susan Mann and Kuhn, Philip A., "Dynastic Decline and the Roots of Rebellion", *The Cambridge History of China* Vol. 10, Late Ch'ing. 1800~1911, Part 1, ed. by Fairbank, John K., Cambridge UP., 1978.

Lee, James and Eng, Robert Y., "Population and Family History in Eighteenth Century Manchuria: Preliminary Results from Daoyi 1774~1798", *Ch'ing-shih wen-t'i* 5-1, 1984.

Liu, Kwang-ching, "Statecraft and the Rise of Enterprise: The Late Ch'ing Perspective", 《第二次中國近代經濟史會議》(1), 1989.

Perdue, Peter C., "Official Goals and Local Interests: Water Control in the Dongting Lake Region during the Ming and Qing Periods", *JAS* 41-4, 1982.

――――, "Insiders and Outsiders: The Xiangtan Riot of 1819 and Collective Action in Hunan", *Modern China* 12-2, 1986.

Skinner, G. William, "Marketing and Social Structure in Rural China", Part Ⅰ・Ⅱ・Ⅲ, *JAS* 24-1, 2, 3, 1964~1965.

――――, "Regional Urbanization in Nineteenth-Century China", *The City in Late Imperial China*, ed. by Skinner, Stanford UP., 1976.

Yuan, Tsing, "Urban Riots and Disturbances", *From Ming to Ch'ing: Conguest, Region and Continuity in Seventeenth Century China*, ed. by Spence, Jonathan D. and Wills Jr., John E, Yale U.P., 1979.

淸朝政權의 成立과 發展

金 斗 鉉

머 리 말

아편전쟁 이전까지의 청조사(淸朝史)는, 명말(明末)에 발흥하여 '후금(後金)'을 건설하면서 세력을 확장시켜 '대청(大淸)'으로 발전하게 되는 이른바 '입관전사(入關前史)'와, 명조(明朝)가 멸망한 이후 북경(北京)에 진주하여 중국을 통치한 시기인 입관(入關) 후의 청조(淸朝)로 구분된다. 이 두 시기는 국가권력의 형태라든가 정치집단의 성격, 사회조직 등 여러 면에서 커다란 차이점을 드러내고 있으며 이것을 종합적으로 이해하기 위해서는 여러 측면에서 연구분석이 이루어져야 할 것이다. 먼저 입관 전의 만주사회(滿洲社會)에 대한 성격의 파악이 전제되어야 하며, 중국정복의 과정과 통치권의 확립과정에서 그 성격이 어떻게 변화되면서 정착되어 갔는가 하는 문제가 검토되어야 할 것이다. 뿐만 아니라 명조의 통치구조는 어떤 형태로 청조에 연결되었으며, 그 결과로서 청조의 통치구조는 어떤 성격을 지니게 되는가 하는 문제도 함께 분석되어야 할 것이다.

이러한 청조의 중국지배에 대한 연구는 우선 북방민족의 한민족(漢民族)에 대한 지배라는 측면에서 이른바 정복왕조론(征服王朝論)이라는 형태를 취하면서 제기되었다. 즉 북방민족이 중국본토에 침입하여 정치적으로는

142

한민족을 지배하였으나 문화적으로는 오히려 한민족에게 흡수되었다는 흡수이론으로서 그 전형적인 형태가 청조라는 것이다.[1] 이에 대하여 요(遼)·금(金)·원(元)·청(淸)의 경우에는 이와 같은 한민족으로의 일방적인 흡수가 아니었으며, 한민족도 문화적인 측면에서 지배측인 북방민족의 영향을 받았다는 일종의 수정론(修正論)인 정복왕조론이 제기되었으며, 이들 정복왕조는 몽고계통인 요와 원, 퉁구스계통인 금과 청이 사회구성의 면에서 서로 다른 점이 있다고 주장되었다.[2]

이러한 논의는 청조를 개별적인 현상으로만 이해하지 아니하고 중국사 전개의 전과정 속에서 그 위상을 드러내는 유효한 수단이 되기도 하지만, 이런 논의가 보다 구체화되고 심화되기 위해서는 입관 전 만주사회에 대한 분석, 즉 만주족의 고유한 성격, 사회구조 등에 대한 분석이 전제되어야 할 것이다. 특히 이들이 거주하였던 지역의 복합적인 자연환경과 그 곳의 다양한 사회구조 등에 관한 인류학적인 접근[3]은 청조의 성격파악에 중요한 실마리를 제공하고 있다. 뿐만 아니라 만주족의 흥기 이후의 세력확대의 과정에 대한 분석도 수반되어야 하며, 특히 그들의 세력이 후금 그리고 대청으로 나아가게 되는 요인, 그리고 입관을 계기로 전개된 중국정복의 동인(動因)에 대한 분석도 청조정권의 성격파악에 중요한 요소가 될 것이다. 이를테면 '후금'의 경우에는 동부의 삼림지대, 이른바 만주고토(滿洲故土)를 중심으로 성장하였으며, '대청'의 시기는 요동(遼東)이라 불리우는 평야지대를 중심으로 성장하였다. 이런 점에서 입관 전 청조의 이중적 성격의 분석[4]은 청조에 대한 이해에 큰 도움이 될 것이다. 그러나 그러한 이중적 구조는 입관 후의 구체적인 청조의 성장과정과 연결되어 분석되어야 보다 설득력을 지니게 될 것이다.

또한 입관 전 청조의 중국내지(中國內地) 정복과정에서 한인(漢人)들에 대해 지배권을 어떻게 침투시켜 나가는가 하는 문제를 여러 각도에서 분석하

1) 이러한 논의에 대하여 村上正二, 1961과 田村實造, 1967의 논문에 개괄적으로 정리되어 있다.
2) K. A. Wittfogel, 1949의 General Introduction.
3) 대표적인 저서로 S. M. Shirokogoroff, 1924와 S. M. Shirokogoroff, 1933이 있다.
4) F. Michael, 1942에서는 領地를 매개로 한 君臣관계인 만주족의 封建制와 八旗制를 매개로 하여 시행된 官僚制의 二重性을 분석하였다.

여야 하며, 특히 지배층이나 투항한 한인관료(漢人官僚)들에 대한 대책, 그
리고 이주해 온 만주족에 대한 중국내지에서의 정착5)과 우월성의 유지문제,
만주사회의 기본 성격을 보존하는 문제, 6) 남명정권(南明政權)에 대한 대응
과 그 과정에서의 중국지배에 대한 대책과 그에 따른 통치기구의 편성, 만
주 한(Han)으로부터 중국의 황제로의 변화의 과정 등에 대한 분석이 요구
된다.

뿐만 아니라 청조의 성장과정에서 동아시아의 각 정치집단들의 대응과 결
합관계에 대한 분석은 앞으로의 과제의 하나가 될 것이다. 즉 만주족이 정
치세력으로 성장해 나가는 과정 속에서, 몽고족・조선・명조의 대응 그리
고 이 네 집단의 결합관계, 그를 통한 청조의 성장7) 등이 종합적으로 분석
되어야 할 것이다.

그러나 이상의 문제들은 많은 연구의 축적을 통해서 해결될 수 있는 것들
이며 축적이 일천한 필자로서는 감히 정리하기 어려운 문제이다. 본고에서
는 시대순으로 그 시대를 이해하는 데 중요한 점이라고 생각되는 것들을 개
설의 수준에서 정리함으로써 청조정권의 성립과 발전에 대하여 이해하기로
한다.

Ⅰ. 滿洲族의 興起와 淸朝의 成立

1. 明代의 東北地方

명대(明代)의 동북지방에 대한 지배는 상황에 따라서 많은 변화를 겪어왔
지만 대체적으로 요동도지휘사사(遼東都指揮使司; 이하 都指揮使司를 都司로
약칭)와 노아간도지휘사사(奴兒干都指揮使司)를 통하여 이루어졌다고 볼 수

---

5) 이 문제는 만주족에 대한 경제적 기반인 土地分與와 연결되는 것으로 旗地에 관한
연구는 周藤吉之, 1944와 周藤吉之, 1972; 劉家駒, 1964가 대표적인 것이다.
6) 이런 측면에서 淸朝를 분석한 연구로 安部健夫, 〈淸朝と華夷思想〉, 1971, pp.33~57
과 宮崎市定, 1975, pp.333~394가 있다. Fairbank, 1957에서도 八旗, 封禁의 문제를 이
것과 연관시켜 이해하였다.
7) J.K.Fairbank, 1968; Mark Mancall, 1968; D.M.Farguhar, 1968 등의 분석은 이러한
문제에 대한 연구에 많은 도움이 될 것이다.

있다. 처음 명의 태조(太祖)가 자신의 아들들을 번왕(藩王)으로 분봉(分封)하여 그중 3명을 요동지구에 파견함으로써 시작된 동북지방에 대한 지배는 몇 차례의 변화를 거쳐 요양(遼陽)에 요동도사(遼東都司), 대녕(大寧)에 대녕도사(大寧都司), 노아간(奴兒干)에 노아간도사(奴兒干都司)를 설치하여 동북 각 지역의 위소(衛所)를 분할통치하였다. 이후 대녕도사가 내지로 이동함에 따라서 동북지방은 요동도사와 노아간도사의 관할에 놓이게 되었다.[8] 명대의 도사(都司)와 위소는 본래 군사와 관련된 기관이었지만,[9] 동북지방의 도사와 위소는 그와 다르게 군사뿐만 아니라 민정(民政)까지도 관할하는 군민합일(軍民合一)적인 지방행정기관이었다. 이것은 동북지방이 여러 민족이 할거해 있는 지역이기도 하였을 뿐만 아니라, 명초 이래로 계속된 이들과의 군사적 관계로 인해서 이 지역에 군호(軍戶)가 많았기 때문이기도 하였다.[10]

요동도사의 설치와 관할지역 역시 많은 변화를 거치게 되는데, 홍무(洪武) 4년(1371) 요동위(遼東衛)를 설치하는 것에서 출발하여 정요도위지휘사사(定遼都衛指揮使司)를 거쳐 홍무 8년(1375) 요동도사로 개정되었다. 관할지역도 많은 변화를 거치게 되지만, 노아간도사가 설치된 이후에는 동으로 압록강(鴨綠江), 서로는 산해관(山海關), 남으로는 여순구(旅順口), 북으로는 개원(開原)에 이르는 오늘날의 요녕성(遼寧省)과 대체적으로 일치하는 지역을 관할하였다. 이러한 요동도사의 휘하에는 25개의 위(衛)와 2개의 주(州)가 소속되어 있었다.[11]

요동도사를 설치한 이후 이 지역에 대한 지배를 보다 공고히 하기 위하여 군둔(軍屯)을 설치하여 경제적 발전을 도모하였으며, 그에 따라서 초기에 요동의 군량(軍糧)을 강남(江南)이나 산동(山東) 등지에 의존하였던 것에서 탈피하여 자립할 수 있을 정도로 발전이 이루어졌다.[12] 그러나 이러한 군둔의 발전은 민둔(民屯)의 발전을 촉진하게 되면서 그에 따른 호민(豪民)의 발생과 지주전호제(地主佃戶制)의 진전을 수반하였다.[13] 명말(明末)의 요향(遼

8) 李健才, 1986, pp. 35~51 ; 和田清, 1955-1, pp. 260~477.
9) R. Taylor, 1969, pp. 23~40.
10) 張維華, 1934 ; 周遠廉, 1980.
11) 李晋華, 1934 ; 楊暘, 1988, pp. 35~51.
12) 王毓銓, 1965, pp. 208~222 ; 淸水泰次, 1935.
13) 楊暘, 1988, pp. 96~124 ; 王毓銓, 1965, pp. 329~342.

餉)의 문제는 물론 만주족과의 전쟁의 격화에 따른 것이기도 하지만 군둔의 황폐화라는 문제와 연결되는 것이기도 하다. 이 지역의 경제적 발전은 둔전 (屯田)의 진전 외에도 철공업의 발달[14]이라든가 마시(馬市)의 개설 등을 통해서도 이루어졌다. 특히 마시의 경우에는 이 지역의 경제력을 발전시켰을 뿐만 아니라 명조로서는 마시를 통하여 주변민족을 통제 내지는 지배하는 하나의 수단으로 이용하였고, 주변민족은 이를 통하여 사회·경제적 변화를 도출해 내기도 하는 등 마시는 경제적 측면뿐만 아니라 정치·사회적 의미를 가진 것이기도 하였다.[15]

요동도사가 이처럼 명조의 직첩적인 지배의 성격이 강했던 데 반해서 노아간도사는 간접적인 지배의 성격이 보다 강했던 것으로 보인다. 노아간도사는 영락(永樂) 4년(1409)에 설치되었으며 그 관할지역이 흑룡강(黑龍江)·오소리강(烏蘇里江) 유역의 광활한 지역이었고, 요동도사와 마찬가지로 중앙에서 파견한 군민일치(軍民一致)의 지방행정기관이었다.[16] 하지만 노아간도사의 경우에는 그 관할지역이 광활하였을 뿐만 아니라 피지배민이 이민족(異民族), 특히 몽고족의 후예와 여진족(女眞族)의 후예들이었다는 점에서 지배의 형태도 요동도사와 다르게 나타났던 것으로 보인다. 노아간도사 휘하에는 소부락으로 나누어진 종족들을 위소형태로 관할하였는데 대체적으로 흑룡강 상류지역은 몽고계통, 흑룡강 하류지역은 여진계통으로 대별할 수 있다.[17] 노아간도사는 휘하의 위소를 이들 부족의 장(長)에게 통치를 위임하는 일종의 기미정책(羈縻政策)을 시행하였으니, 위소의 관원(官員)의 임명, 위소 상호간의 분쟁해결, 위소의 이동의 허용 등을 명조측에서 장악하였고 휘하의 위소는 명조에 대하여 군사적·경제적 의무를 담당해야만 했다.[18] 노아간도사 관할하의 여러 위소에 대한 연구는 개별적인 위소의 위치·변화 등에 관해서는 부분적으로 진행되었지만[19] 노아간도사의 지배구

14) 田中克己, 1974.
15) 江嶋壽雄, 1954, 1956, 1960 ; 谷光隆, 1972.
16) 李健才, 1986, pp. 52~94.
17) 이러한 구분은 매우 대략적인 형태이다. 이들 衛所는 거주지의 이동, 상호항쟁 등에 의해서 변화가 많았다. 자세한 내용은 楊暘, 1982, pp. 84~219 참조.
18) 譚其驤, 1935 ; 李晋華, 1934 ; 楊暘, 1982, pp. 220~240.
19) 이런 형태의 연구는 海西·建州·野人女眞의 각 집단들의 구체적인 地域比定을 중심으로 수많은 연구가 있다. 가장 집대성한 연구가 今西春秋, 1967이다.

146

조에 관한 분석은 아직은 이루어지고 있지 아니하다.

청조는 이 노아간도사 휘하에 있던 여진계통의 한 집단[20]에서 성장하여 성립된 것이다. 노아간도사 휘하의 여진족은 해서여진(海西女眞), 건주여진(建州女眞), 야인여진(野人女眞)으로 구분되고 있는데, 이러한 구분의 구체적인 기준은 명확하지 않지만 그들의 거주지역 내지는 생활환경에 따른 것으로 보여진다. 해서여진의 경우에는 오늘날 송화강 하류지역(松花江下流地域)을 근거로 하여 수렵을 주업으로 하면서 농업을 병행하기도 하였다.[21] 이들 해서여진은 명말에 이르면 남으로 이동하여 이른바 해서 4부(海西四部; 扈倫四部)로 지칭되기도 하는데 여허(Yehe; 葉赫), 호이파(Hoifa; 輝發), 하다(Hada; 哈達), 울라(Ula; 烏拉) 등이 그들이다.[22] 건주여진은 건주라고 불리어졌던 발해(渤海)의 고토와 모련(毛憐)이라는 오소리강 유역을 근거지로 하고 있었으며, 이들은 이미 농경생활에 상당히 익숙한 상태였다.[23] 이에 반해서 야인여진은 송화강 북방과 흑룡강 남북 양안에 거주하던, 농경에 경험이 거의 없는 수렵생활을 주로 하였으며, '야인'이라는 용어도 조공(朝貢)관계가 거의 없는, '야만'이라는 의미를 지니고 있었다.[24]

특히 건주여진의 경우에는 일찍부터 명조와 관계를 맺으면서 발전하였으며 누르하치의 성장은 이것을 바탕으로 한 것이었다. 건주여진과 명조와의 관계는 이른바 '아합출등래조(阿哈出等來朝)'로부터 시작되었다. 물론 그 이전에도 요동의 동북 변경지역의 여진족에 대한 초무(招撫)가 없었던 것은 아니었지만, 여진의 추장(酋長) 아합출(阿哈出)이 영락 원년(永樂元年; 1403)에 귀부(歸附)하여 건주위군민지휘사사(建州衛軍民指揮使司)의 지휘사(指揮使)에 임명되면서부터 본격적인 관계를 맺게 되었다고 할 수 있다. 최초의 건주위 지휘사의 아합출은 이성선(李誠善)이란 이름으로 나타나기도 하며, 그 근거

20) 女眞이라는 用語의 의미는 그 用例에 따라서 매우 다양하며, 기록에서도 혼돈되어 있다(安部健夫, 1971, pp.100~108 참조). 본고에서는 일단 海西·建州·野人女眞의 通稱으로 사용한다.
21) 董玉瑛, 1980.
22) 今西春秋, 1967, pp.89~120에 지명비정이 종합적으로 정리되어 있다.
23) 河內良弘, 1963. 建州女眞에 소속된 諸部의 위치에 대해서는 今西春秋, 1967, pp.4~89 참조.
24) 田中克己, 1959; 莫東寅, 1958, pp.21~54. 野人女眞의 諸部에 대한 전반적인 정리는 今西春秋, 1967, pp.120~167 참조.

지는 휘발하(輝發河) 부근으로 추정된다.[25] 이후 건주위(建州衛)는 이만주(李滿住)가 지배하는 시기인 영락 22년(1424)에 압록강 지류인 파저강(婆猪江) 유역으로 남천(南遷)하였다. 한편 건주좌위(建州左衛)는 건주위보다 10여 년 늦게 맹가첩목아(猛哥帖木兒)를 임명함으로써 설치되었는데, 이 맹가첩목아가 청조의 조조(肇祖)인 도독 맹특목(孟特穆)인 것이다. 건주좌위는 본래 건주위에 종속적인 지위에 놓여 있었으나 아본하(阿本河) 고토(故土)로 이동함으로써 종속적인 지위에서 벗어났으며, 그 후 다시 조선(朝鮮)의 회령(會寧) 지역으로 이주하였다.[26] 건주좌위는 맹가첩목아의 사후 그의 동생인 범찰(凡察)의 지배하에 들어가고, 맹가첩목아의 아들인 동창(童倉)은 건주우위(建州右衛)를 분설(分設)함으로써 건주삼위(建州三衛)가 정립하게 되었다.[27]

2. '後金'의 建國

'후금'의 건국자인 누르하치(Nurhaci ; 努爾哈赤)[28]는 건주좌위의 도독(都督) 맹가첩목아의 6대손으로 그의 선조들은 건주좌위의 지휘사, 도독 등의 관직을 맡았던 여진족의 지배층 출신이었다. 그는 19세에 분가하여 자립한 이후 명(明)의 요동대장(遼東大將) 이성량(李成梁)의 휘하에서 활약하여 명조와 긴밀한 관계를 맺으면서 성장하였지만[29] 조부(祖父)인 기오창가(Giocang-ga ; 覺昌安)와 부(父) 탁시(Taksi ; 塔克世)는 명군(明軍)이 아타이(Atai ; 阿太)를 공격하는 과정에서 살해되었다. 이 사건은 명군의 잘못으로 발생한 것이지만, 누르하치는 명군을 끌어들인 니칸 와일란(Nikan Wailan ; 尼堪外蘭)의 계략이라고 판단하여 1583년 니칸 와일란의 숙수후(Suksuhu ; 蘇子河)부를 공략함으로써 누르하치의 기병(起兵)이 시작되었다.[30] 1583년의 누르하치의 기병은 이후 여진족의 통일로 발전하여 후금의 건국으로 나아가게 되었다.

그런데 누르하치의 기병에서 후금의 건국에 이르는 시기는 크게 두 시기

25) 園田一龜, 1948, pp. 12~26.
26) 園田一龜, 1948, pp. 27~43.
27) 河內良弘, 1973. 본고에서는 建州三衛의 설치와 변화의 대강만을 정리하였다. 이것을 비롯한 建州女眞에 대한 전반적인 이해는 園田一龜, 1948과 1953 참조.
28) 누르하치의 생애에 대한 저서로는 閻崇年, 1983과 滕紹箴, 1985가 있다.
29) 和田淸, 1942.
30) 和田淸, 1955-2, pp. 597~636.

로 구분될 수 있으니, 이른바 만주고토의 시기와 요동지배기이다. 전기는 홍경(興京)을 중심으로 한 만주고토를 근거지로 하여 만주족³¹)의 통일과 그 과정에서 누르하치의 지배권의 확립이 주된 시대적 특질을 이루며, 후기는 이미 한인(漢人)이 근거하고 있었던 요동지역으로 자신의 근거기반을 이동시켜 한인까지도 자신의 지배영역 속으로 흡수시키려는 요동지배 모색의 시기이다. ³²)

먼저 누르하치의 여진족의 통일 과정을 살펴보자. 명대의 건주 · 해서 · 야인여진의 3계통은 누르하치의 기병 당시까지 계속되고 있었지만 이때의 여진부락은 크게 4집단으로 나누어져서 서로 상쟁하고 있었다. 그 첫째가 건주부(建州部)로 이들은 숙수후, 저천(Jecen; 哲陳), 후너허(Hunehe; 渾河), 동고(Donggo; 棟鄂), 왕기야(Wanggiya; 完顏) 등 5부(部)로 나누어져 있었으며, 다음은 장백산부(長白山部)로 너연(Neyen; 訥殷), 주셔리(Juseri; 珠舍哩), 압록강(Yalu Giyang) 등으로 나누어져 있었다. 이들 2부는 대개 명대의 건주여진계통이었다. 세번째는 동해부(東海部)로 와르카(Warka; 瓦爾喀), 워지(Weji; 窩集), 후르하(Hūrha; 瑚爾哈) 등으로 나누어져 있었으니 야인여진계통이었다. 마지막으로 홀룬부(Hūlun; 扈倫部)로 남관(南關)으로 불린 하다, 북관(北關)으로 불린 여허, 그리고 호이파, 울린 등이 있었으니 이들이 해서여진계통이었다. 이들 제부(諸部)들은 서로 상쟁하면서 자신들의 세력을 확대시켜 나갔으며, 그중에서도 홀룬 4부(部)가 당시 가장 강력하였다. ³³)

누르하치는 먼저 부(父)와 조부(祖父)의 복수(復讐)를 명분으로 숙수후부(部)의 니칸 와일란에 대한 공격을 시발로 여진족의 통일의 과정으로 들어갔다. 니칸 와일란을 격퇴시킨 이후 누르하치는 술러 버일러(Sule Beile; 淑

---

31) 만주(Manju; 滿洲)라는 용어는 주선(Jusen; 女眞)과 함께 누르하치집단의 國號로 쓰인 것으로 양자의 用例에 대해서는 建州女眞의 統一 단계와 전체 女眞의 통일단계에서의 國號라는 견해(三田村泰助, 1972)가 있으며 주선구룬(Jusen Gurun; 女眞國)의 단계에서도 만주라는 국호가 존속되었다는 견해(神田信夫, 1972)도 있다. 이것은 '後金'이라는 국호와도 연결되어 만주사회의 발전단계와도 관련된 문제이다(黃彰健, 1967-1·2). 또한 만주라는 용어는 國號의 의미에서 확대되어 種族名으로 사용되면서 女眞族과 혼돈되기도 하는데 본고에서는 서술상의 편의를 위하여 누르하치의 統一 이전 단계에서는 女眞族, 통일 이후 단계에서는 滿洲族이라는 용어를 사용한다.

32) 石橋秀雄, 1961, pp. 73~82.

33) 周遠廉, 1986, pp. 41~58.

勒見勒)로 자칭하면서 건주 5부를 공략하였다. 이러한 누르하치의 성장을 견제하기 위해서 훌룬 4부를 중심으로 동해(東海) 2부(部), 그리고 몽고계통의 3부 등 9부의 연합군이 공략해 왔으나 이를 퇴패시킨 후, 훌룬 4부와는 혼인 등의 방법을 통하여 잠정적인 동맹관계를 설정하고 장백산부를 멸망시켜 일단 건주여진계통의 여진족을 통일시켰다.[34]

건주여진을 통일시켜 누르하치의 세력이 확대되어 가자 명조는 훌룬 4부를 통하여 이를 견제하려고 하였다. 그러나 누르하치는 여허, 울라와는 혼인 등의 방법으로 선린관계를 유지하면서 비교적 약한 하다와 호이파를 공략하는 전술로 훌룬 4부를 분열시키면서 한편으로 동해의 여러 부를 복속시켰다. 이러한 과정을 통하여 세력을 확대시킨 누르하치는 1612년에 울라를 공략하기 시작하여 1619년에 여허를 멸망시킴으로써 여진의 3계통을 통일하게 되었다.[35]

누르하치가 만주족을 통일해 나가면서 만주사회의 조직도 변화하게 되는데, 이러한 사회조직의 변화는 팔기제도(八旗制度)의 변천을 통해서 확인할 수 있다. 원래 팔기제도는 화살이라는 의미의 니루(niru; 牛彔)를 기본단위로 하였으니, 이 니루는 만주족의 수렵관행에서 발전한 일종의 씨족조직과 관련된 것이었다.[36] 그리하여 초기의 1니루는 혈연적 성격을 지닌 10인으로 구성되었으나, 만주사회의 확대와 더불어 지연적인 성격을 지닌 300인을 단위로 한 행정적이며 군사적인 조직으로 변화되었다. 이에 따라 300인 1니루에 1명의 니루어전(niru i ejen; 牛彔額眞)을 두고, 5니루에 1명의 잘란어전(jalan i ejen; 甲喇額眞)을, 5잘란에 1명의 구사어전(gūsa i ejen; 固山額眞)을 설치하여 1구사(gūsa; 旗)를 조직하였다. 1607년에는 홍(紅)·황(黃)·남(藍)·백(白)의 4기(旗)가 성립하였고, 1616년에 이르러 양홍(鑲紅)·양황(鑲黃)·양남(鑲藍)·양백(鑲白)의 4기가 첨가되어 팔기가 성립하였다.[37] 누르하치와 인척관계가 있는 버일러(beile; 貝勒)가 이 구사를 통할하였으며, 각 버일러의 세력은 어떠한 구사를, 그리고 어느 정도 장악하느냐에 달려 있었다.[38]

34) 載逸, 1980, pp. 40~43.
35) 載逸, 1980, pp. 43~46.
36) 中山八郎, 1935.
37) 三田村泰助, 1972, pp. 309~319.
38) 陳捷先, 1977; 鴛淵一, 1938; 神田信夫, 1958; 阿南惟敬, 1977, pp. 384~401 등이 버

이상과 같이 팔기제도에 대해서 그 기본적인 편제와 그것이 군사·행정조 직으로서의 성격을 지녔다는 것은 확인할 수 있으나 구체적인 팔기의 구조 는 아직도 파악하지 못하고 있다. 먼저 니루의 기능과 그 구성원에 대한 문 제부터 해결되지 못하고 있다. 니루의 구성원인 300명이 만주족이고, 이들 중에서 병사(兵士)인 갑사(甲士)가 선발되었다면 니루는 만주족을 대상으로 한 행정조직이며 군사조직이 될 것이다.[39] 그러나 이와는 다르게 갑사가 니 루의 구성원이 아닌 만주족으로 충원되고, 갑사보다 하위 신분인 주선 (jušen; 諸身)이 니루의 구성원이 되어 이 주선과 토지가 결합하여 니루이톡 소(niru i tokso; 牛彔의 莊屯)를 형성하여 갑사의 경제적 기반이 되었다고 이 해한다면 니루는 갑사의 양병모체(養兵母體)가 될 것이다.[40] 이러한 문제는 단순한 니루의 구성원과 기능에 관한 것으로 한정되는 것이 아니라 만주사 회의 신분문제와도 연결되는 것이다. 니루를 갑사의 양병모체로 이해하는 경우 만주사회의 기본적인 피지배층은 3계층으로 구성되는 것이다. 즉 한 (Han)에 의해 직접지배를 받는 이르건(irgen; 伊爾根)이라는 일종의 자유민층 이 존재하였으며 이들이 갑사로 충원되었다는 것이다. 그 아래에 양병모체 인 니루의 구성원인 주선이라는 예농층(隸農層)이 있고, 아하(aha; 阿哈)로 불리는 사적 노예가 최하층에 존재하였던 것으로 이해하는 것이다.[41]

만주사회의 신분과 관련된 것으로 보이는 이르건과 주선에 대해서 이와는 전혀 다르게, 이르건을 한이 관할하는 피지배층, 주선을 암반(amban)이 관 할하는 피지배층으로 설정하기도 한다. 이 경우의 주선과 이르건은 신분상 의 상하관계와는 무관한 것이 된다.[42] 물론 이러한 견해가 설득력을 지니기 위해서는 만주사회의 팽창에 따른 한의 정치적 의미의 변화, 그리고 지배층 을 이루고 있는 버일러, 암반, 하판(hafan) 등으로 표기되어 있는 집단들에 대한 엄밀한 분석이 수반되어야 할 것이다.[43] 또 이와는 다르게 주선이 처 음에는 여진족을 의미하였지만 만주사회가 확대되어 감에 따라서, 주선과

일러에 대한 분석이다.
39) 三田村泰助, 1972, pp. 283~319; 阿南惟敬, 1977, pp. 176~242.
40) 安部健夫, 1971, pp. 68~281.
41) 安部健夫, 1971, pp. 68~137.
42) 石橋秀雄, 1964-1, 1964-2, 1968, 1977.
43) 이 문제에 대한 본격적인 분석은 아직 없다. 神田信夫, 1951 참조.

이르건은 군사적 성격의 유무에 따라 구분되었다고 이해하기도 한다.[44]

뿐만 아니라 생산양식의 발전단계와도 연결시켜, 주션을 만주사회의 자유로운 씨족구성원으로 설정하고 만주사회가 노예점유제(奴隸占有制)국가로 발전함에 따라 주션도 아하와 더불어 피지배층으로 전락하였다가 봉건제 국가로 성장함에 따라서 주션은 종족적인 의미가 상실된 채로 봉건농민화되었다고 파악하기도 한다.[45] 이러한 견해는 그 발전단계에 대한 개념규정에 많은 문제점을 지니고 있기도 하다. 어쨌든 니루의 구성원에 대한 논의는 니루만이 아니라 만주사회의 발전이라는 보다 큰 문제와 직결되어 해결되어야만 하는 것이다.

또한 니루를 사회조직의 기본형태로 이해하는 경우 지연성이 강한 또다른 사회조직인 가샨(gašan)과는 어떻게 연결되는 것인지, 그리고 종족적 결합관계를 나타내는 무쿤(mukun)과는 어떻게 이해하여야 하는가 하는 문제가 제기된다. 그러나 무쿤에 대한 이해도 단순한 혈연에 근거한 사회조직이 아니라 지배층의 사유재산의 목록으로 파악하기도 하고,[46] 명조와의 공칙제(貢勅制)와 연관되는 것으로 궁극적으로는 만주사회의 통치구조와 연관시켜 이해하기도 한다. 결국 이러한 문제들은 정치·사회·경제 등의 제반구조와 깊은 관계를 맺으면서 변화·발전되어 가는 과정 속에서 이해하여야 할 것이며,[47] 따라서 부분적이며 단편적인 분석이 아닌 역동적이며 전반적인 구조로 접근해야 할 것이다.

만주사회의 통일과 그에 따른 사회의 발전과 더불어 이 시기에 만주문자(滿洲文字)가 만들어졌다. 만력(萬曆) 27년(1599) 몽고문자의 형태로 빌어서 창제된 문자는 홍타이지(Hong Taiji ; 皇太極)시기에 한번의 개정을 거치게 되는데 오늘날 전자를 무권점문자(無圈點文字), 후자를 유권점문자(有圈點文字)로 부른다. 이러한 만주문자의 창제는 북아시아 여러 민족의 국가형성시의

---

44) 戸田茂喜・鴛淵一, 1939 ; 小林裕人, 1950.
45) 周遠廉, 1981.
46) 三田村泰助, 1972, pp. 107~282.
47) 八旗制度의 변화와 만주사회의 발전단계를 연관시켜 분석한 연구는 대단히 많다. 氏族制社會, 封建國家, 共同體 등과 연결되기도 하며, 奴隸制, 封建制 등의 문제와 결합되어 분석되기도 한다. 中山八郎, 1935 ; 村松祐次, 1947 ; 三田村泰助, 1972 ; 田中通彦, 1972,1977 ; 莫東寅, 1958 ; 孟森, 1959-1 ; 王鍾翰, 1957 ; 鄭天挺, 1962 ; 李旭, 1964.

민족적 자각의식과 관련된 한 형태로 이해[48]할 수 있다. 뿐만 아니라 이 문자로 기록된 문건은 오늘날 역사학적 입장에서 중요한 의미를 지니고 있다. 앞에서 언급한 바와 같이 특히 만주사회의 초기단계에서 어떠한 문제라도 사회 전반적인 구조와 연결되기 때문에 기본자료에 대한 엄밀한 검토가 요구된다. 때문에 초기의 한문(漢文)기록에 대한 검토가 상당히 진전되어 있으며, 한문기록으로는 파악하기 어려운 문제에 대해서 만문문건(滿文文件)은 중요한 실마리를 제공하기도 한다. 그리하여 당시의 기록으로 평가되는 《구만주당(舊滿洲檔)》[49]과 《만문노당(滿文老檔)》[50]은 앞으로 보다 다각적인 분석이 요구되고 있다.

이와 같은 만주사회의 발전에 따라서 1616년에 누르하치는 새로운 국가를 형성하여 국호를 '후금(後金)', 연호를 '천명(天命)'이라고 하였다.[51] 이로써 여진족의 후예임을 표방하면서 만주사회의 통일된 국가로 등장하여 그에 대한 지배권을 장악하였다.

후금의 건국은 대명(對明)관계의 변화를 야기시켜 적극적인 적대관계에 놓이게 되었으니[52] 천명 3년(1618) '칠대한(七大恨)'을 주장하면서[53] 대명침략전을 시작하였다. 이에 대항하여 명조는 조선과 연합하여 대규모의 정벌을 도모하지만 사르후(Sarhu; 薩爾滸)에서 대패하였다.[54] 후금은 이를 계기로 하여 요동지역의 공략을 계속하였다. 그리하여 천명 4년(1619)에는 철령(鐵嶺), 개원 등을, 천명 5년(1620)에는 무순(撫順), 의로(懿路), 포하(蒲河) 등을 공략하였으며, 천명 6년(1621)에는 심양(瀋陽), 요양(遼陽)을 함락시켰다.[55]

후금의 요동공략은 만주사회의 또다른 변화를 일으키게 되는데 그것이 이른바 후금의 요동진출이다. 이 요동진출은 먼저 근거지를 요동지역으로 이동시키면서 시작되었으니 계범(界凡), 개원, 사르후를 거쳐서 요양으로 천

48) 金浩東, 1987, pp. 18~19.
49) 《舊滿洲檔》.
50) 《滿文老檔》.
51) 黃彰健, 1967-2; 今西春秋, 1959, 1961.
52) Gertraude Roth, 1978, pp. 5~21.
53) 今西春秋, 1936.
54) 陸戰史硏究普及會, 1967.
55) 孫文良, 1986, pp. 26~125.

도를 하였다. 특히 요동천도는 이전의 전략적 목적의 천도와는 달리 요동지역을 장악하려는 의도였으며[56] 특히 요동지역의 경제력을 장악하여 경제적 기반을 확보하려는 것[57]이었다.

국가의 경제적 기반의 확보를 위한 요동진출은 그에 따라서 만주족뿐만 아니라 이족(異族)인 요동의 한인(漢人)까지도 동시에 지배영역 속으로 흡수시켜야 했다. 그에 따라서 누르하치는 요동의 한인을 각 지역으로 이주시키는 대한인(對漢人)사민책[58]과 만주고토에서 이동해 온 만주족과 요동의 한인을 일부지역에서 합주(合住)시키는 만한합주책(滿漢合住策)을 시행하였다. 이러한 정책을 기반으로 하여 한인에게 토지를 분여하고 그에 따른 국가적 부담인 노동력, 곡물, 병역 등의 의무를 부과하여 경제적 기반을 확보하려고 하였다.[59] 요동의 한인에 대해서는 '계정수전책(計丁授田策)'을 통하여 지배를 관찰시키려고 한 반면에 만주족에 대해서는 니루조직을 통하여 지배함으로써 요동지배 초기에는 만한(滿漢)을 구분하는 정책을 취하였다.

이러한 누르하치의 요동지배 노력에도 불구하고, 요동의 한인은 누르하치의 요동진출 이후 전시기에 걸쳐서 그에게 저항하였다. 한인저항의 주요 요인은 만한합주책에 의한 만주족의 한인착취,[60] 경제사정의 악화로 인한 착취의 심화, 그리고 토착한인(土着漢人)과 후금에 귀속한 이주한인과의 갈등[61] 등으로 볼 수 있다. 이에 따라 누르하치의 요동지배는 일단 실패하였고, 새로운 요동지배를 모색하였다. 즉 천명 10년(1625)에 지배의 근거지를 새로운 지역인 심양(瀋陽)으로 이동시키면서 자신의 지배에 저항한 요동의 한인을 대량으로 학살하였다. 그리고 여기서 구제된 한인을 대상으로 톡소(tokso; 拖克索)[62]를 편성하여 만주족 지배층으로 하여금 장악하게 하는 '편정입장책(編丁立莊策)'[63]으로 전환시켰다. 이것은 한인(漢人)의 만주족에 대

---

56) 戶田茂喜, 1937~1938.
57) 石橋秀雄, 1961-1.
58) 松浦茂, 1986.
59) 拙稿, 1987.
60) Gertraude. Roth. 1978, pp. 14~15.
61) 石橋秀雄, 1961-2.
62) 톡소의 성격에 대한 분석도 만주사회의 발달단계와 연관되어 톡소의 구성원이 奴隸 인가 農奴인가 하는 문제가 제기되고 있다. 魏千志, 1982, pp. 606~609.
63) 李景蘭, 1984.

154

한 일종의 예속화정책인 것이었다.

3. '大淸'으로의 發展

누르하치는 자신의 근거지를 요동으로 옮겨 그곳의 지배를 도모했지만 그것은 요동지배의 모색의 과정으로 끝나고 말았다. 누르하치를 계승한 홍타이지는 요동지배를 안정시키면서 만주족의 국가가 아닌 만·한·몽(滿·漢·蒙)의 세 종족을 지배하는 '대청(大淸)'으로 발전시켜 나갔다. 이러한 '후금'에서 '대청'으로의 발전을 몇 가지 측면으로 나누어 정리할 수 있다.

먼저 홍타이지[64]는 만주사회내에서 자신의 지배권을 공고히 할 필요성이 있었다. 왜냐하면 천명 6년(1621)에 누르하치는 자신의 사후 국정(國政)의 기본체제에 대하여 8왕합의제(八王合議制)로 할 것을 이미 공표하였기 때문이다. 즉 자신의 사후의 국정은 8왕의 합의로 결정하도록 한 것이다. 그 주된 내용은 한의 즉위와 폐위, 군정(軍政), 재판권, 관리의 임용과 상벌, 팔기 사이의 분쟁, 권력과 권위의 균분 등이 그것이다.[65] 따라서 홍타이지가 비록 한의 지위를 계승하였다고 하더라도 이는 권력의 8분 중의 하나에 지나지 않았다. 뿐만 아니라 당시 실질적으로 권력을 장악하고 있던 4대 버일러는 다이산(Daišan;代善), 아민(Amin;阿敏), 망굴타이(Manggültai;莽古爾泰), 홍타이지였기 때문에 비록 그가 2개의 기(旗)를 장악하고 있었지만 전권을 행사할 수는 없었다.[66]

이러한 상황을 타파하기 위하여 홍타이지는 먼저 자신이 관할하고 있던 정황(正黃)·양황(鑲黃)의 2기의 무력을 증강시켜 나갔다. 즉 양구리(Yangguri;揚古利) 등의 개국원훈(開國元勳)으로 하여금 자신의 2기를 이끌도록 함으로써 전투력을 상승시켰다. 뿐만 아니라 도르곤(Dorgon;多爾袞), 도도(Dodo;多鐸) 등을 중용하여, 아지거(Ajige;阿濟格)의 실책을 빌미로 도르곤으로 하여금 양백기(鑲白旗)를 장악하게 하는 등의 방법을 통하여 정황·양황 2기뿐만 아니라 정백·양백의 2기까지도 실질적으로 장악하였

64) 홍타이지에 대한 전저는 孫文良, 1983이 있다.
65) 周遠廉, 1980, pp. 399~411.
66) 駕淵一, 1958.

다.[67] 한편으로는 천총(天聰) 4년(1630)에는 아민, 천총 5년(1631)에는 망굴타이의 권력을 축소시킴으로써 한의 지위를 격상시켰다.[68]

다음으로는 대한인정책(對漢人政策)을 변화시켜 나간 점이다. 대한인정책의 변화는 홍타이지의 지배권 장악과도 연결되는 것으로, 무력의 증강이나 경쟁자에 대한 직접적인 약화뿐만 아니라, 대한인정책을 변화시켜 요동의 지배를 안정시킴으로써 궁극적으로 자신의 지배권을 확립시켜 나갔던 것이다. 대한인정책은 일반적인 요동의 한인과 지배층 출신의 투항 한인관료로 나누어 정리할 수 있다.

요동의 한인에 대한 홍타이지의 정책은 우선 톡소의 재편에서 시작되었다. 심양으로의 천도와 더불어 시행된, 톡소의 규모를 축소시켜 1톡소를 8명의 한인과 2마리의 소로 구성하게 하고 나머지 한인은 민호(民戶)로 편성하였다.[69] 뿐만 아니라 만한합주(滿漢合住)에 의한 만주족의 한인에 대한 착취를 완화시키기 위하여 만한별주책(滿漢別住策)을 시행하였다.[70] 이러한 만한분리정책은, 천총 9년(1635)의 몽고팔기(蒙古八旗)의 성립에 이은 숭덕(崇德) 7년(1642)의 한군팔기(漢軍八旗)의 성립으로 연결되어 갔다. 한군팔기의 성립과정은 천총 7년(1633)에 한군(漢軍)이 만주팔기에서 독립한 이후, 숭덕 2년(1637)에 한군(漢軍) 2기(二旗), 숭덕 4년(1639)에 4기(四旗)가 성립되었고 숭덕 7년에 이르러 한군팔기의 완성을 보았던 것이다.[71] 홍타이지 시기의 한군팔기의 성립과정에서 이전과 다른 대한인정책의 성격이 드러나고 있으며, 만·한·몽의 팔기의 성립은 만주족의 '후금'에서 만·한·몽의 '대청'으로의 발전을 분명하게 나타내고 있다.

한편 지배층 출신의 투항 한인관료에 대한 우대도 홍타이지 시기의 중요 특징 중의 하나이다. 한인의 투항에 대한 홍타이지의 구체적인 방침은, 첫째 현직의 명조관원(明朝官員)이 투항하는 경우 그 관직을 그대로 세습시키며, 둘째 일반민이 관리를 사살하고 투항해 오는 경우 그 공과에 따라서 관직을 수여하며, 셋째 단신(單身)으로 투항해 오면 생활의 방편을 제공하며,

67) 蕭一山, 1963, pp.181~201.
68) 孫文良, 1983, pp.141~150.
69) 魏千志, 1982.
70) 周藤吉之, 1944.
71) 阿南惟敬, 1980, pp.47~63.

156

넷째 무리를 이끌고 투항하는 경우 그 인원에 따라서 관직을 수여하는 것이었다.[72]

그리하여 이미 범문정(范文程)·이영방(李永芳)·홍승주(洪承疇) 등의 무장(武將)의 투항으로 인해 강력한 무력을 소유하게 되었으나 대릉하전(大陵河戰) 이후 일련의 한인무장이 대거 투항하였다. 이들은 대개 요동출신의 무장집단들로서 여러 전투에서 뛰어난 공을 세웠으니 조택윤(祖澤潤)·조가법(祖可法)·조택부(祖澤溥)·조택법(祖澤法)·유량신(劉良臣)·유무(劉武)·손정요(孫定遼)·장재인(張在仁) 등이 그들이었다. 이들이 투항해 온 이후, 즉 대릉하전 이후의 전투에서부터 이들 투항 한인무장(漢人武將)들이 전면에서 전쟁을 수행하게 되었으며, 이로 인해서 이후의 명조와의 전쟁도 엄밀한 의미에서 만한(滿漢)전쟁이라고 할 수 없을 정도가 되었다.[73]

이들의 투항 이후에 또다른 일련의 한인무장(漢人武將)집단이 투항을 하게 되는데, 그들은 이전의 무장집단과는 여러 면에서 성격이 달랐다. 이들은 상가희(尙可喜), 공유덕(孔有德), 경중명(耿仲明) 등으로 이른바 산동삼소도(山東三所徒)이다. 이들은 모문룡(毛文龍) 휘하의 출신으로 해전(海戰)의 경험이 있으며, 상호간 깊은 연대를 가지고 있었다. 이들은 이후 삼번(三藩)의 난에 참가한 공통성을 지니고 있기도 하다. 이들이 모문룡 휘하의 무장출신이라는 점은 명조에 대한 그들의 태도를 짐작할 수 있으며, 이들의 투항으로 인하여 북방의 해안은 이미 명조의 통제를 벗어나게 되는 결과를 가져오게 되었다.[74]

이러한 한인관료에 대한 우대는 국가조직의 정비로 연결되면서 만주사회는 또 한번의 변모를 맞이하게 되었으니, 이제까지는 군정과 민정이 합일된 형태의 관제였다. 하지만 많은 한인관료의 유입으로 인하여 관제(官制)에서 문·무(文·武)의 구분이 나타나게 되었다. 천총 3년(1629)에 문관(文館)을 설치하여 서적의 번역과 정사(政事)의 기록을 담당하게 하였다. 이러한 사업은 홍타이지의 유일군주(維一君主)로서의 면모를 가지게 하는 작용을 하게 되었던 것이다.[75]

72) 孫文良, pp. 107~148.
73) Frederic Wakeman, 1985, pp. 157~224.
74) Frederic Wakeman, 1985, pp. 228~310.
75) 神田信夫, 1960.

천총 10년(1636)에 이르면 문관은 다시 내삼원(內三院)으로 개편되는데, 내국사원(內國史院)은 군주의 기거(起居), 조령(詔令) 등의 기록을 담당하였으며, 내비서원(內秘書院)은 외교문서와 주소(奏疏) 등의 문서를 관장하였으며, 내홍문원(內弘文院)은 황제에 대한 정사의 자문과 제도의 반포 등을 자문하게 하였다. 그리고 천총 5년(1631)에는 중국의 행정조직을 답습하여 6부제(六部制)를 도입하였다.[76] 이에 따라서 군정과 민정은 분리되었으며, 중국적인 군주독재의 관료국가체제를 이룩하게 되었다. 이는 만주족의 국가로서의 성격을 탈각하는 계기를 이루게 되었으며, 후금의 배타적이고 국수적인 체계에서 벗어나 한족(漢族)과 몽고족도 적극적으로 포괄하는 다민족국가로 변하게 되었던 것이다.[77]

이상과 같이 내정(內政)을 변모시켜 한편으로는 절대군주로서의 지위를 확보하면서 한편으로는 요동의 지배를 안정시켜 나갔다. 뿐만 아니라 이러한 내정의 안정을 도모하기 위하여 대외관계에도 주력하였다. 먼저 대명관계(對明關係)에서는 누르하치의 영원퇴패(寧遠退敗) 이후 원숭환(袁崇煥)과의 화의(和議)를 도모하여 천총 원년(1627) 이래로 7번에 걸쳐 대명화의(對明和議)의 서신을 보냈다. 홍타이지의 이러한 화의 제안은 우선은 자신의 권력 장악을 위해 대외관계의 안정이 필요하였으며, 대조선공략의 기간 동안 대명관계의 안정이 필요하였기 때문이다.[78] 그러나 원숭환의 화의 주장에도 불구하고 명조측에서 이러한 화의의 제안을 거절하자 금주(錦州)와 영원(寧遠)을 공략하였지만 퇴패하였다. 영원과 영·금(寧·錦)에서의 퇴패는 대명전(對明戰)에서 특별한 의미를 지니고 있는데, 전자의 경우는 영원을 중심으로 한 명조측의 북방수비의 가능성을 보여준 것이고 후자의 경우는 영원과 금주를 잇는 수비선의 공고성을 확인한 것이었다.[79] 그러나 방어 위주의 전략을 주장했던 원숭환이 파면된 후, 서양식 대포인 홍이포(紅夷砲)로 무장한 만주측에서 천총 5년(1631) 대릉하(大凌河)를 공략하여 성공하였다.

뿐만 아니라 명조를 고립시키고 경제적 어려움을 타파하기 위하여[80] 두

---

76) 蕭一山, pp. 206~210.
77) 戴逸, 1980, pp. 78~86.
78) 金成基, 1979.
79) 孫文良, 1986, pp. 221~272.
80) 金鍾圓, 1976, 1978.

차례에 걸쳐 조선을 정벌하여, 대명견제(對明牽制)를 이루었다. 한편으로는 또 하나의 견제세력이었던 내몽고가 차하르(察哈爾)부의 링단(Lingdan；林丹)간(干)의 몽고대한(蒙古大汗) 자칭을 계기로 하여 분열되어 나머지 부족이 후금에 투항한 이후, 천총 8년(1634) 도르곤을 파견하여 정복함으로써 내몽고를 병탄하였다.[81]

이상과 같은 대내외적인 기반의 확보를 바탕으로 하여 1636년 '후금'의 국호를 '대청(大淸)'으로 개칭하고 연호를 숭덕(崇德)이라 하였다. 이러한 대청으로의 발전은 만주국으로서의 '후금'을 탈각하여 만·한·몽의 3종족을 지배하는 다민족국가로의 성립을 의미하는 것이며, 누르하치의 요동 진출 이후 요동지배의 안정을 의미하는 것이었다. 이를 바탕으로 중국으로 남하하여 하북(河北)과 산동지역을 유린하고, 1641년을 전후하여 송산(松山)을 점령하고 금주를 공략하여 산해관을 위협하였다.

Ⅱ. 淸朝統治權의 確立

1. 中國內地의 征服

청조(淸朝)의 중국진입은, 요동의 지배를 안정시켜 '대청'으로 발전한 청조의 역량이 기본적인 요인이기는 하지만, 명조의 내분에 의한 멸망이 보다 직접적인 요인이기도 하다. 그러므로 청조의 중국진입의 문제는 명조의 멸망이라는 측면과 함께 다루어야 하지만 본고에서는 청조측의 문제만을 다루기로 한다. 청조가 중국으로 진입하게 됨으로써 청조는 새로운 형태의 지배가 요구되었으니, 그것은 첫째 중국내의 여러 세력을 소멸시켜 중국통일을 완수하는 것이며, 둘째는 대다수의 내지한인(內地漢人)을 성공리에 지배하는 것이었다.

중국진입 초기에 이러한 문제에 주도적으로 대처한 자가 예친왕(睿親王) 도르곤이었다.[82] 1643년 태종(太宗) 홍타이지의 사후, 제위의 계승분쟁 과정에서 태종의 장자인 호거(Hooge；豪格)를 추대하려는 양황기(兩黃旗)세력과

---

81) 稻葉岩吉, 1976, pp. 161~196.
82) 도르곤에 대한 전저로는 周遠廉, 1986-2가 있다.

도르곤을 추대하려는 아지거, 도도 등의 여타 세력이 대립하였다. 결국은
태종의 제9자인 풀린(Fulin;福臨)을 순치제(順治帝)로 즉위시키고 도르곤과
지르갈랑(Jirgalang;濟爾哈郞)이 공동으로 섭정하기로 하였다.[83] 그러나 도르
곤은 쇼토(Šoto;碩托), 호거 등을 제거함으로써 양황기의 세력을 약화시켜
지르갈랑을 제치고 사실상의 전권을 장악하였다.

한편 명조에서는 수년에 걸쳐 농민반란이 계속되면서 장헌충(張獻忠)과
이자성(李自成) 집단이 대두하였다. 장헌충은 1643년 무창(武昌)에서 대서왕
(大西王)을 자칭한 후, 1644년에는 성도(成都)에서 '대서(大西)'를 건국하였
다.[84] 이자성도 1643년에 이르러 서안(西安)에서 '대순(大順)'을 건국하고
1644년에 북경을 공략하여 명조를 멸망시켰다. 북경을 점령한 이자성은 산
해관을 지키고 있던 오삼계(吳三桂)에게 투항을 권유했지만 오삼계가 이를
거절함으로써 대립관계에 놓이게 되었고, 이에 명조를 대신하여 중국의 국
난을 진압한다는 명분으로 청조와 오삼계가 연합하여 산해관 부근에서 이자
성군(李自成軍)을 격파하였다. 이로써 청조는 비교적 용이하게 산해관을 넘
어 북경을 장악하고 화북(華北)의 각 지역을 점령하게 되었다.

이처럼 용이하게 북경에 입성하여 명조를 계승하여 전중국을 통치한다고
포고하였던 청조는 각처의 농민군(農民軍), 토구(土寇) 그리고 완강한 한인
(漢人)의 저항에 부딪히게 되었다. 그중 대표적인 집단이 이자성과 장헌충
이었다. 이자성은 북경을 탈출하여 서안으로 도피하였지만, 청군(淸軍)의
추격과 지방의 무장자위(自衛)집단의 공격, 그리고 정권 내부의 분열로 인
하여 괴멸되었고, 이자성은 1645년 자위집단에 의해 사살되었다. 그리고 일
부의 잔여세력은 남명정권과 연합하였다.[85] 이자성집단을 토벌한 청군은 계
속하여 사천(四川)으로 진입하여 1664년에 장헌충을 사살함으로써 사천성
(四川省)까지 장악하였다.[86] 장헌충의 잔여세력 역시 남명정권과 연합하여
청조에 저항을 계속하였다.[87]

83) 崔韶子, 1975; 李格, 1980.
84) 岩見宏, 1971, pp.137~142.
85) 청조의 남명정권(南明政權)과의 대결은 통치권의 확립과정에서 중요한 경험이 되었
    다. 이하 남명정권에 관한 서술은 Lynn A. Struve, 1984에 의거함.
86) 蕭一山, 1963, pp.285~292.
87) Lynn A. Struve, 1984, pp.125~138.

한편 이자성의 북경점령으로 명조가 멸망한 후, 명조의 관료들은 1644년 남경에서 복왕(福王)을 옹립하여 홍광제(弘光帝)로 추대하였지만 동림파(東林派)와 비동림파(非東林派)의 대립으로 분열되어 있었다. 1645년 청군의 공격으로 남경이 함락되어 괴멸되었지만 사가법(史可法)이 끝까지 저항했기 때문에, 도도는 그를 처형한 후 '양주십일(揚州十日)'이라는 열흘간의 살육을 단행하기도 하였다. 그 후 1645년 장황언(張煌言) 등이 절강(浙江)의 소홍(紹興)에서 노왕(魯王)을 추대하여 감국(監國)으로 칭하였고, 소관생(蘇觀生) 등이 복주(福州)에서 당왕(唐王)을 옹립하여 융무제(隆武帝)로 추대하여 청조에 대항하였으나 1646년에 청군에게 각개 격파당하였다. 그 해 광동(廣東)의 조경(肇慶)에서 여무사(麗武耜) 등이 다시 주왕(桂王)을 영력제(永曆帝)로 추대하여 청조에 대항하였다. 그런데 관료·지주가 중심이 된 영력제의 남명정권과, 이미 괴멸된 농민군의 잔여세력과 연합함으로써 항청전(抗淸戰)은 새로운 양상을 보이게 되어 이후 약 15년간 지속되었지만 결국은 내분으로 인하여 세력이 약화되어 1661년에 소멸되어 버렸다. 이후 대만(臺灣)을 근거지로 한 정성공(鄭成功)집단이 잔존하고 있었지만 영력제의 남명정권의 소멸로 조직적인 항청세력은 제거되었다고 할 수 있다. 그러나 비조직적이며 자위적 성격이 강한 한인들의 저항은 계속되었기 때문에, 이제는 군사적인 형태가 아닌 방식으로 한인을 흡수해야만 했다.

정권적 규모가 아닌 이들 향촌자위집단은 명말 이래로 신사와 대지주를 중심으로 조직되어 있었다.[88] 특히 신사와 지주들은 향촌자위집단에 물적·인적 기여를 함으로써 자위집단의 지도자 역할을 담당하고 있었으며, 그들은 향촌의 수호와 궁극적으로는 자신의 이익을 수호하고자 하였다.[89] 그러나 끊임없는 토구의 발호와 대순정권에 의한 명조의 소멸은 자신들에게 커다란 위협이었다. 그렇기 때문에 이들은 토구의 위협으로부터 이들의 이익을 보호해 줄 강력한 국가권력을 필요로 하였으며, 대순정권과의 일시적인 결합도 이러한 욕구의 결과였다.[90]

한편 순조롭게 북경에 입성한 청조는 대순 치하에서 박해를 받던 명의 관

---

88) 명말 청초 산동성의 향촌자위집단에 대한 실증적인 분석은 鄭炳哲, 1988 참조.
89) 李成珪, 1977.
90) 鄭炳哲, 1988.

료를 복직시키면서 명조의 중앙관료기구와 구성원을 온존 계승하여 전중국
을 지배하려고 하였다. 물론 청조는 입관과 동시에 치발령(薙髮令)을 내리
고[91] 권지정책(圈地政策)[92]을 수행함으로써 한인에게 재산상의 피해를 초래
하여 한인의 거센 반발에 부딪히기도 하였다.[93] 그리하여 이러한 정책도 잠
정적으로 철회하게 되는데, 이는 단시일내에 정복사업(征服事業)을 종결시
키려는 의도이었으며, 보다 적극적인 한인회유책을 시행하였다. 특히 한인
신사(漢人紳士)의 포섭에 더욱 급급하여 그들의 신분적 특권을 보장하고 관
직에 임명하였으며 제2세에게도 학교·과거제의 문호를 넓혀 한인신사층
을 파격적으로 등용하였다.[94] 뿐만 아니라 토구와의 대결로 곤경에 처한 신
사(紳士)들을 지원하기 위하여 직접 청군을 파견하여 격퇴시키기도 하고 경
제적으로 지원하기도 하였다.[95] 이러한 과정을 통하여 한인신사와 청조권력
의 이해관계가 일치하게 되었으며, 청조는 한인신사의 협력을 받으면서 중
국의 대부분의 지역을 장악하고 지방 질서도 안정시키게 되었다.

이러한 한인신사에 대한 청조의 대응은 남부지역에서도 비슷한 양태를 보
이고 있다. 특히 남부지역에서는 북경입성과 더불어 일단 청조에 장악된 화
북지역과는 달리 남명정권이 존재하고 있었으며, 이들과 신사층은 언제든
지 재결합할 수 있는 상황이었다.[96] 김성환(金聲桓), 왕득인(王得仁)의 반청
기병(反淸起兵) 등은 바로 그런 형태의 하나였다. 이처럼 남명정권의 반청운
동(反淸運動), 그들과 결합한 신사층의 반청기병, 그에 따른 권력의 공백상
태에서의 유구(流寇)·토적(土賊)의 발흥 등은 청조로서는 내지의 정복과 질
서의 확립을 위해서는 해소시켜야만 할 문제였다.[97] 그런데 청조로서는 이
들의 저항을 일시적인 군사행동으로 진압을 할 수는 있었지만 지방의 질서
를 확립하기에는 군사력·재정 등에서 부족하였던 상황이었다.

한편 남부지역에서의 신사의 기병(起兵)도, 명 중기 이후 중국사회에서
보였던 다양한 형태, 즉 일차적으로는 보신가(保身家)를 위한 것이면서도 한

91) 楊學琛, 1965.
92) 周藤吉之, 1972, pp.133~209.
93) 楊學琛, 1986.
94) 吳金成, 1981.
95) 李成珪, 1977. 신사층의 향촌사회에서의 역할에 대해서는 吳金成, 1986 참조.
96) Lynn A. Struve, 1984, pp.125~138.
97) 吳金成, 1990.

162

편으로는 국가권력을 대신하는 질서유지의 기능, 국가권력과 향촌사회의 조정기능 등의 역할의 하나로 이해할 수 있다. 특히 이 시기에는 청조와 남명정권이 지역사회에 지배력을 침투시키지 못한 국가권력의 무력화 현상이 두드러지고, 이에 따른 신사층의 무장활동이 더욱 강력한 상황이었다. 그러나 국가권력의 무력화, 그에 따른 유구와 토적의 발호, 그 피폐의 장기화와 심화로 인하여 새로운 질서의 확립이 신사층으로서는 절대적으로 요구되었다. 청조측과 신사층의 남부지역에서의 결합은 바로 이러한 양자의 요구에 의해서 이루어진 것이었다. 화북지역에서와 비슷한 양상을 보이면서도, 남명정권의 존재와 그로 인한 동란상태의 지속이라는 구체적인 상황에서 차이를 보여주는 것이 이 지역의 경우이다.[98]

이처럼 내지정복의 과정에서 청조는 그것을 수행하기 위해서 신사층에 대한 포섭에 급급하여 이들을 거의 무제한 우대하였지만 청조의 국가권력 내지는 황제권이 강화되어 가면서 이들에 대한 우대는 오히려 그 권력을 약화시킬 소지도 안고 있었다.[99]

순치 7년(1650) 도르곤 섭정왕이 수렵여행 도중에 사망하게 되자 청조의 중국지배에 또 한번의 변화가 발생하였다. 도르곤 사후에 시행된 순치친정기는 명조의 황제를 모범으로 삼아 한인지배층에게 관대하게 대하여 한족(漢族) 중심의 지배형태로 나아갔다고 평가되고 있다.[100] 그리하여 관제상으로 명조의 제도를 답습하고 한인관료의 대두가 두드러진 시대였던 것이다. 그런 한편으로는 한인신사에 대한 탄압기로 인식될 만큼 과장안(科場案) 등 탄압사건이 빈발하였던 시기이기도 하였다. 이러한 순치친정기의 상반된 성격에 대하여 이하 살펴보도록 한다.

도르곤 섭정왕의 사후 섭정체제에서 친정체제로의 이행과정에는 단순한 순치제의 권력장악이라는 측면이 아닌, 그 중간단계인 만주귀족(滿洲貴族)의 권력재편의 과정을 거치게 되었다. 도르곤 사후 영친왕(英親王) 아지거의 모반사건 이후 도르곤의 추종세력, 특히 양백기(兩白旗)세력이 주도권을 일시적으로 장악하였으나 이들의 기득권은 오래 지속되지는 못하였다.[101] 도

98) 吳金成, 1990.
99) 吳金成, 1981.
100) 蕭一山, 1963, pp. 377~404.
101) Frederic Wakeman, 1985, pp. 414~508.

로곤 섭정기에 권력으로부터 소외되었던 세력들의 반발이 거세어졌고 순치제의 친정이 시작됨에 따라 순치제를 기주(旗主)로 한 양황기세력의 주도권 장악이 다른 소외된 세력과 연합하여 추진되었다. 이에 따라서 도르곤을 계승한 도르보(Dorbo;多爾博)의 봉록 등이 대폭 삭감되었고, 도르곤에 의해 지위를 박탈당한 친왕들이 복위되었으며, 양황기세력들이 의정대신(議政大臣)에 임명되는 등 양백기세력에 대한 양황기와 기타 세력의 도전으로 권력구조의 재편이 이루어졌다. 이 과정을 통하여 순치제의 친정을 명분으로 내세운 반양백기세력이 주도권을 잡게 되었으며, 양황기 중심의 제기(諸旗)연합의 형태를 갖추게 되었다. 이후 양황기와 정백기가 순치제에게 직속됨으로써 친정세력이 형성되기는 하였지만 국가의 중요정책은 의정대신회의에서 결정되었고 6부(六部)의 행정도 사실상 유력한 귀족들에 의해 좌우되는 등 순치제 자신의 친정은 시작되지 못하였다.

이러한 상황하에서 순치제는 자신의 입지를 확보하려는 노력의 일환으로서 한인관료들에 대해 각별한 관심을 기울였으며, 내원(內院)에 나와 한인관료들과 접촉하여 그들로부터 역사·정치 등 모든 분야에 대해 자문을 구하였고, 이에 따라 한인관료들의 활동이 눈에 띄게 활발해지면서 청조에서의 위치가 강화되었다.[102] 특히 이들은 중국적 전제군주의 지배체제에 익숙해 있었기 때문에 순치제의 친정을 보다 강화시킬 수 있는 집단이었다. 그리하여 각 아문(衙門)에 한인관료들도 만인관료와 동등하게 참여할 수 있게 되었고, 명조의 내각표의제도(內閣票擬制度)를 채택하여 황제의 지시가 내원에 경유하도록 함으로써 내원의 지위가 상대적으로 상승했으며, 내십삼아문(內十三衙門)을 설치하고 내수제(內輸制)를 제정하여 사실상 명조의 환관제도(宦官制度)를 채택하였다.[103]

이와 같은 순치제의 조처는 그의 퍼스넬리티라는 문제,[104] 즉 사대부의 풍모가 있었다든가 왕비의 죽음으로 인한 자살 시도, 선불교(禪佛敎)에의 심취 등의 감성적 성향 등과도 관련되기도 하지만, 이보다는 권력구조의 문제로 접근해야 할 것이다. 뿐만 아니라 이러한 순치제의 친정체제의 확립을 단순

---

102) 宮崎市定, 1957.
103) 神田信夫, 1960.
104) 宮崎市定, 1957.

164

한 '한화(漢化)'가 아니라 입관 이전부터의 청조 특유의 정치조직인 팔기 중심의 권력분산에서 중앙집권적인 황제권력의 확보를 위한 시도로 이해하여야 할 것이다. 순치 말년(順治末年)의 강남의 신사층에 대한 일련의 조치도, 중앙집권적인 황제권을 확보한 이후 국가권력의 지배력을 관찰시키려는 시도의 일환으로 이해하여야 할 것이다.

2. 三藩의 亂의 平定과 臺灣征伐

중국 전역에 걸쳐 청조의 지배력을 관철시키고자 하는 노력은 순치제의 사후에 더욱 철저하게 시도되었다. 순치제를 계승한 강희제(康熙帝)는 즉위 당시 7살의 어린 나이였기 때문에 소니(Soni ; 索尼)·숙사하(Suksaha ; 蘇克薩哈)·어빌룬(Ebilun ; 遏必隆)·오보이(Oboi ; 鰲拜) 등 4대신(大臣)의 보정(輔政)으로 통치가 이루어졌다. 이들은 만주 명문가 출신으로 도르곤에 반대하여 1640년대에는 정치적으로 위축되었으며, 순치친정기에 의정대신으로 발탁되었지만 순치제의 환관에 대한 경사로 인하여 다시 좌절하였던 인물들이었다.[105]

이들은 먼저 순치제의 유조(遺詔)를 날조하여 순치제 스스로 지배의 오류를 밝히는 형식을 통하여 새로운 정치적 방향을 제시하고 만주의 우월성과 만주적 가치를 보존하는 방향으로 나아가고자 하였다.[106] 그리하여 순치친정기에 실시된 일련의 제도, 즉 내무부(內務府)를 십삼아문(十三衙門)으로 변화시킨 환관선호의 경향, 한인관료의 중용, 내삼원(內三院)을 내각(內閣)과 한림원(翰林院)으로 개변시켜 중국식 제도로 지향한 것에 대해 중앙정부 기구를 개편하는 작업을 진행시켰다.[107] 이러한 중앙정부기구의 개편은 만주적 정치조직과 행정 능률을 강조한 것으로, 내무부와 내삼원을 부활시키고 도찰원(都察院)의 기능을 약화시켜 절대복종을 요구하였으며, 이번원(理藩院)의 기능을 강화하여 6부와 동등한 중앙정치기구의 역할을 담당하게 하였으며, 의정대신제를 확대시켜 정책결정의 핵심기구로 만들었다.[108] 이러한

---

105) Frederic Wakeman, 1977.
106) Frederic Wakeman. Jr, 1977, pp. 85~110.
107) Robert B. Oxnam, 1973 ; Lawrence D. Kossler, 1971.
108) 神田信夫, 1974.

일련의 중앙기구의 개편작업은, 청조의 지배권 관철을 둘러싸고 어떠한 방향으로 지향인가 하는 문제의 갈등관계이며, 순치친정기의 '중국화'의 문제에 대한 반성으로 만주 우위의 온존, 군사적 성격 우위의 온존을 위한 노력으로 보여진다. 109)

이러한 지향은 특히 강남의 지배층인 한인에 대한 정책에서도 충분히 드러나고 있다. 북방의 한인관료들도 물론 동요의 여지가 전혀 없었던 것은 아니었지만, 입관 초기의 투항과 1646년의 과거를 통해서 이미 포섭된 단계에 있었으나 강남의 한인들은 그러하지 못하였다. 특히 순치 16년 정성공의 남경공격사건(南京攻擊事件)110)은 그러한 실상의 단면을 드러내는 것으로, 정성공의 존재는 청조에 대한 군사적 위협만이 아니라 강남의 신사들이 정군(鄭軍)에게 협조하였거나 혹은 잠재적인 지지세력이라는 사실을 나타내었던 것이었다. 청조측으로서는 내지의 정복이 일단락된 상황에서 자신의 지배력을 관철시키기 위해서 이들을 보다 분명하게 장악할 필요가 있었던 것이었다. 이러한 상황에서 금단(金壇) 옥안(獄案), 소주 곡묘안(哭廟案), 강남 주소안(奏銷案), 장씨(莊氏) 사안(史案) 등의 일련의 사건이 일어났던 것이었다. 111) 이러한 사건을 통하여 강남의 신사를 탄압하고 그들의 세력을 위축시키려는 것이 일차적 의도였다. 뿐만 아니라 특히 조세체납에 대한 강경책이었던 주소안을 통하여 국가재정을 안정시키려는 의도가 있었으며, 이러한 일련의 사건을 통하여 청조측으로서는 국가통치 기반을 확립시키려는 의도가 있었다고 이해하여야 할 것이다. 112) 일련의 강경책이 지속적인 것이 아니었으며, 처벌을 받은 신사가 강남의 특정 신사로 제한된 면에서도 그런 일면을 살필 수 있다. 이러한 일련의 사태를 통하여 강남지역이 심한 타격을 받기도 하였지만 청조의 이러한 탄압은 신사 자체의 완전한 부정을 전제로 한 것은 아니었으며, 이들 사이의 조정(調定)은 앞으로의 과제였으며, 강희친정기의 지향성에서 그것을 확인할 수 있다.

1669년 15세의 강희제는 오보이의 제거에 성공하여 궁정 내부를 장악함으

---

109) Robert B. Oxnam, 1975.
110) 정성공에 대한 최근의 연구성과는 鄭成功硏究學術討論會, 1984 참조.
111) 孟森, 1959-2, 1959-3 ; 莊練, 1972 참조.
112) 吳金成, 1989.

166

로써 친정으로 들어가 오보이 보정기(輔政期)와는 다른 정책을 수행함으로
써 청조의 중국지배를 안정시키는 데 성공하였다.[113] 먼저 군사적 정복을 수
행함으로써 만주의 상무정신(尙武精神)을 계승한 후예임을 드러내어 만주귀
족(滿州貴族)의 자부심을 만족시키면서, 만주귀족을 한인관료와 격리시켜 유
리한 지위를 점유하도록 하였다. 그리하여 만주관료는 관료체제내에서 높
은 지위를 보장해 주어 6부를 만주와 한인관료를 병용함으로써 균형을 맞추
었고, 지방행정에서도 만주족이나 몽고족 출신의 총독(總督)이나 순무(巡撫)
의 감독을 받게 하였으며, 한인으로 구성된 녹영(綠營)도 팔기장군(八旗將
軍)이나 중앙의 지휘 아래 종속시켰다. 뿐만 아니라 통혼(通婚) 등을 금지시
켜 만주족 상층 지배계층을 동화시키지 않고 보존하면서 복속민을 지배하고
자 하였다.

한편으로는 한인에 대한 정책도 그들을 포섭하려는 방향으로 나아갔으
니, 만주황족의 한인토지 약탈을 금지시키고, 황가(皇家) 일원의 고위직 세
습을 금지시켰다.[114] 또한 신사층의 청조 참여를 유도하기 위해서 1679년에
는 박학굉사(博學宏詞)라는 특별과거를 실시하였다. 이 과거의 합격자의
80%가 강남과 절강 출신으로 이에 따른 관료체제상의 변화를 짐작할 수 있
을 정도로 강남의 지배층이 대거 참여하였다. 이들은 한림원 등에 임명되었
다. 물론 이들에 대한 비판은 있었지만, 이런 과정을 통하여 이전의 정치적
이며 이데올로기적인 측면에서의 비난이 이제는 청조에 참여한 개별적인 인
물에 대한 비난으로 바뀜에 따라서 청조의 지배권 자체는 일단 침투되는 양
상을 보였다. 이런 상황에서 명사(明史)의 편찬사업이 진행되었으며, 이 사
업은 한인학자 지배층의 국가권력의 공유라는 변화된 관계가 보다 분명하게
드러나는 것이었다. 또한 내무부를 8기 출신의 만주족과 투항 한인의 후예
로 충원하여 자신에 대한 절대적인 충성을 볼모로 하여 강희제의 중국통치
를 보다 안정시키면서 유교적 황제로서 면모를 드러내었다.[115]

이제 청조의 지배력을 확립시키는 데 제거해야 할 최후의 집단이 삼번과
대만의 정성공세력이었다. 앞에서 언급한 바와 같이 입관 이후 내지정복은

113) Silas H. L. Wu, pp. 69~116.
114) Lawekence D, Kessler, 1976.
115) 蕭一山, 1963, pp. 773~787.

홍승주(洪承疇)를 비롯한 항청(降淸) 한인무장들에 의해 이루어졌으며, 지배
하에 들어온 지역이라 하더라도 완전히 평정된 것이 아니었기 때문에 평서
왕(平西王) 오삼계[116]는 운남(雲南)에, 평남왕(平南王) 상가회(尙可喜)는 광동
에, 정남왕(靖南王)은 사천(四川)에 주둔하였다가 광서(廣西)로 이진(移鎭)하
였으니 이것이 이른바 삼번(三藩)이었다. 이들은 청조로부터 왕 또는 친왕
에 봉해졌고, 이들의 작위는 친왕과 세자에 버금가는 지위에 해당되는 것
이었으며, 이러한 지위는 내지의 정복과정에서 군사적 공로에 의한 것으로
그들의 군사력은 막대한 것이었고, 관리의 임명을 비롯하여 군민정(軍民政)
의 모든 사무를 처리하고 타성(他省)이나 이부(吏部)·병부(兵部) 등에서도
간섭을 받지 않을 정도로 독립적인 성격을 지니고 있었으며, 특히 오삼계는
운남뿐만 아니라 귀주(貴州)까지 관할하였다.[117]

이처럼 삼번은 편의적인 존재였지만 군사·인사·재정 등 모든 방면에서
자신의 세력을 가지고 있었기 때문에 청조의 중앙집권의 안정과 이에 따라
서 오삼계 총관(總管)사퇴 문제, 평서번(平西藩) 휘하의 인물의 자기 번에의
임명금지, 철번절향(撤藩節餉) 등의 과정을 통하여 삼번 세력의 축소를 도모
하였으며, 청조 지배의 안정화를 통하여 이들은 제거되어야 할 세력이었던
것이다.[118]

이에 따라 청조는 철번령(撤藩令)을 내리게 되었고 오삼계는 철번령에 대
항하여 복명(復明)을 명분으로 거병하여 이 명분을 높이기 위해 한관위의(漢
官威儀)를 갖추고 영력제의 능(陵)에 제사를 지내며 의관(衣冠)을 한인의 것
으로 하고 기치(旗幟)는 백색으로 고쳐서 격문을 보내 각지에서의 호응을 호
소하였다. 이에 따라서 귀주, 운남의 순무와 제독(提督)이 응하였으며, 사
천·호남·광서 등의 지역이 함락되어 6성(省)이 그의 휘하에 들어갔으며,
이어 오삼계는 호남을 중심으로 일단 대치상태를 만들었다.

한편 청조로서는 호남에서의 대치상태로 인해서 일단 재정비의 여유를 가
지면서, 주로 한인으로 구성된 녹영(綠營)을 선두에 세워 삼번의 평정전에 임
하였다. 이 녹영의 이용은 우선은 남방의 저습한 지역의 전쟁이라는 지역적

---

116) 王崇武, 1947.
117) 神田信夫, 1955-1.
118) 田中懋德, 1938, pp. 560~579.

특수성에 기인하는 것이기도 하였지만, 한편으로는 팔기의 만주병력의 전투력을 보존시키면서, 한인녹영(漢人綠營)을 통한 평정을 이용하여 삼번의 난에 복명을 명분으로 내세운 오삼계 자신이 남명세력을 멸망시킨 장본인인 것을 빌미로 그 명분을 약화시키고, 이런 상황에서의 청조측의 은상초무(恩賞招撫) 또는 강력한 독려(督勵)로 삼번의 난의 평안을 수행해 나갔다. 그리하여 강희 15년(1676) 공세를 취하여 강희 16년(1677)에 이르러 오삼계는 섬서(陝西), 복건(福建), 광동, 강서(江西)를 잃고 겨우 운남과 사천·호남·광서의 일부지역만을 장악하게 되어 군수부족 등으로 인하여 이탈자가 발생하였다.[119]

이에 오삼계는 강희 17년(1678) 칭제를 하는 등 필사적인 항쟁을 하였으나 경정충(耿精忠)·상지신(尙之信) 등이 각개 격파당했다. 오삼계는 고립되어 강희 20년(1681)에 그의 손자 오세번(吳世璠)이 패사(敗死)함으로써 전후 9년, 10성(省)에 미친 대란이 평정되었다.[120]

이러한 삼번의 난은 한민족의 이민족 지배에 대한 저항이라는 의미는 매우 미약한 것이었지만, 일단 난이 일어나자 각지에서 많은 반청세력들이 궐기하였다. 그렇기 때문에 이 반란의 진압은 삼번에 의해서 방해받았던 중앙집권체제를 확립함과 더불어 중국대륙에서 청조의 지배를 안정시키는 중요한 의미를 지니는 것으로, 강희제의 지배력의 확립이라는 문제와 깊은 관련이 있는 것이었다.[121]

이제 남은 항청세력은 대만의 정(鄭)씨였다. 대만의 정성공은 순치 연간에 남경을 공략하기도 하였으나 순치 18년(1661) 병으로 죽자 정경(鄭經)이 대를 이어 대만의 사회·경제적 발전을 이루면서 장기적인 할거를 진행하였다. 이에 강희제는 친정 초기부터 초무(招撫)를 통한 병탄작업을 진행시켜 공원장(孔元章)·모천순(慕天順) 등을 파견하여 2차례에 걸쳐 초무를 시도하였으나 실패하였다. 삼번의 난을 틈타 정경은 복건·광동의 연안에 다시 세력을 뻗쳐 삼번의 난이 평정된 이후에는 동남연해(東南沿海)의 중요한 할거세력으로 등장하였으나, 1680년 청군이 금문(金門)과 하문(廈門)을 공략하여

---

119) 神田信夫, 1955-1.
120) 神田信夫, 1955-2.
121) 神田信夫, 1955-1.

대만으로 격퇴시켰다.[122)

정경의 사후 정극상(鄭克塽)이 대를 이었으나 이를 계기로 정씨의 내분이 발생하여 분열하게 되었고, 청조는 정성공의 부하장수였던 투항한 시랑(施琅)을 등용하여 1682년 먼저 팽호도(澎湖島)를 공략하고 정씨 세력을 와해시키자 마침내 정극상이 투항함으로써 대만은 청조의 휘하에 들어가게 되었다.

3. 支配體制의 完備

강희제의 삼번의 난의 평정과 대만정벌을 통하여 중국의 전지역은 청조의 실질적인 통치하에 들어갔으며 이로써 청조의 중국지배는 일단 안정되었다고 볼 수 있다. 강희제를 뒤이은 옹정제(雍正帝)는 제위의 계승에서 문제를 해결하여 권력을 장악하면서 중국의 황제로서 실질적인 통치를 수행하여 청조의 전성기인 건륭시기(乾隆時代)를 맞이하게 되었다.[123) 이러한 과정에서 청조의 발전이란 측면에서 검토되어야 할 문제는 청조의 지배체제가 어떤 형태이었고 그 성격은 어떤 것이었느냐 하는 문제이며, 그와 더불어 그러한 체제가 지배하는 강역(疆域)은 어떻게 형성되었는가 하는 문제이다. 즉 청조의 안정된 지배력을 기반으로 전성시대를 맞이한 옹정·건륭 연간의 지배체제가 어떻게 구성되었는가 하는 문제를 정리함으로써 청조의 통치권 확립이라는 문제를 정리해 보고자 한다.

청조의 중앙통치기구는 별표와 같이 구성되어 있었다.[124)

청조의 내각·6부·도찰원(都察院)·대리시(大理寺) 등의 중앙통치기구는 모두 명(明)의 제도를 계승한 것이었지만 내각의 실질적인 권한은 명조와는 다른 것이었다. 명조에서는 내각수보(內閣首輔)의 권력이 강력하여 황제권이 약화되는 현상이 일어났기 때문에 청초에는 내각이 실권을 장악하지 못하게 하였다. 이에 따라서 대학사는 만주인과 한인을 각각 2명씩 두었고, 협판대학사(協辦大學士)는 만(滿)·한(漢) 각 1명씩을 두어 한편으로는 만·한 양족에 대한 동등한 지위를 부여하여 불만을 완화시키면서 실질적으로는

---

122) 鄭成功硏究學術討論會, 1984.
123) Pei Huang, 1974; 馮爾康, 1985.
124) 蕭一山, pp. 503~504.

170

〈별표〉

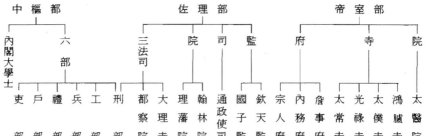

양쪽의 권한을 명조에 비해서 대폭 축소시켰다. 125)

　정책결정기구는 입관초의 경우에는 의정왕대신회의(議政王大臣會議)로 그 구성원은 만주귀족이었으며, 국가의 대사를 친왕과 대신(大臣)의 의결을 통하여 결정하였다. 그러나 강희친정 이후 왕과 대신의 권한을 견제하면서 학자들이 학문을 수련하는 남서방(南書房)을 설치하여 지위나 직책이 낮은 심복들을 등용하여 이들로 하여금 조칙(詔勅)을 기초하게 하여 의정왕대신회의의 권한을 억제시켰다. 126)

　옹정제 때는　장기간에 걸친 준가르정벌과정을 통하여 의정왕대신회의가 소멸되게 되는데, 이는 주접제도(奏摺制度)와 군기처(軍機處)의 설치에 의한 것이었다. 주접제도는 처음 강희제가 지방통치 상태에 대한 정확한 정보를 필요로 하는 상황에서 어사(御史)들이 제 기능을 발휘하지 못한다는 판단에서, 그 해결책으로 고안한 것으로 1705년 지방관에게 주접을 상주토록 지시하여 점차 독무 등의 지방관에게도 범위를 넓혀 나갔으며, 마침내 경관(京官)에게도 주접의 상주(上奏) 의무를 부과하였다. 그러나 강희제의 주접제도는 본질적으로 비공식적인 것이었다. 127) 옹정제가 즉위하게 되자 즉위의 과정에서 붕당(朋黨) 등의 문제가 발생하여 이것을 극복하기 위하여 주접제도를 더욱 강화하였다. 128) 그러나 이 단계에서도 주접제도는 사적이고 비공개

---

125) 李崇侗, 1967.
126) 神田信夫, 1951.
127) 莊吉發, 1979.
128) 宮崎市定, 1976, pp. 172~184.

적인 의사전달 수단으로 간주되었고 주접이 공식적인 위치를 차지하게 된 것은 군기처의 창설 이후였다. 즉 군기처는 준가르정벌로 인해 급증하는 주접을 처리하게 되는데, 이에 따라서 주접은 군사전략을 다루는 공식문서로서의 성격을 지니게 된 것이었다. [129]

군기처는 이처럼 임시적인 군사행정기구로 설치되었지만 점차 상설적인 기구가 되면서 중추적인 정책결정기구로 변화하였다. [130] 군기처는 군기대신(軍機大臣)과 군기장경(軍機章京)으로 이루어져 있었으니, 군기대신은 황제가 직접 만·한대학사(滿·漢大學士), 각부의 상서(尙書)·시랑 중에서 선임하였으며, 이들은 황제의 면전에서 유지(諭旨)를 받아 지방의 총독·순무에게 그 명령을 전달하였으므로 그 결정권은 황제에게 있었던 것이었다. [131] 이로써 군기처는 중앙의 최고기관이 되었고 의정왕대신회의와 남서방은 그 기능을 상실하여 황제의 전제군주권이 한층 강화되었다. [132] 황제권의 강화라는 측면은 군기처의 운영에서도 나타나는데, 군기대신을 전관(專官)으로 하지 않은 것은 그들의 권한을 제한하고 쉽게 통제할 수 있도록 조처한 것이었으며 관료들로 하여금 횡적으로의 결합의 여지를 막아 붕당의 폐해를 없애는 효과를 노렸던 것이었다. [133]

변경지방에 대한 청조의 통치권의 행사를 위해서 설치된 것이 이번원(理藩院)이었다. 처음 몽고족의 통치를 위해 설치된 이번원은 그 업무의 대부분은 몽고족에 대한 것이었으며 실제로 서장(西藏)이나 신강(新疆)지역에 대해서는 여러 가지 사무보고의 접수, 라마사절과 조근(朝覲) 등만을 관장하였다. [134] 이번원의 내부편제와 주변장군(駐邊將軍), 도통(都統), 대신(大臣)의 체계 등 이번원의 체제는 준가르정벌 이후인 건륭 후반에 대체로 완비되는데, 양자는 대등한 관계로 각각 번지(藩地)와 중앙에서 상호보완적인 형태였으며, 특정지역의 업무의 성격에 따라서 6부나 군기처와 협조하여야 하는 일종의 번지에 대한 정책집행기관의 성격이었다. [135]

---

129) 楊啓樵, 1985.
130) 李宗侗, 1959.
131) 傅宗懋, 1967.
132) 吳秀良, 1971, 1970.
133) 傅宗懋, 1967.
134) 楢木野宣, 1975.
135) 崔晶姸, 1982, 1983.

172

청조의 내지 18성의 최고 책임자는 총독과 순무로 독무라고도 불리웠다. 이 독무제도는 명조의 제도를 계승하였지만 일시적인 병력동원 책임자인 대신총독군무(大臣總督軍務)를 청조에서는 상설기관으로 제도화하여 그 권한을 강화시켰다. 총독은 1성 혹은 2~3성의 군민정(軍民政)을 총괄하고 무문(武文) 관원을 다스리며 휘하 관리에 대한 고과(考課) 성적이나 형벌 등 제반 정치를 다스렸다. 순무는 단지 1성만을 통할하였는데 총독과 직무는 비슷하였지만 권한이 약하였다. 이들은 황제의 지방 정사를 대행하는 정치기구이었다. 변방지역에는 도통(都統)·장군(將軍)·참찬대신(參贊大臣) 등을 설치하였는데, 이들의 직무와 권한은 내지의 독무와 비슷하였다.[136]

이러한 지배체제가 미치던 청조의 강역(疆域)은 어떤 과정을 통하여 형성되었는가? 앞에서 언급한 바와 마찬가지로 입관 후의 내지정복, 그리고 삼번의 난의 평정과 대만의 정벌을 통하여 일단 중국의 내지는 청조가 장악하게 되었다. 한편 명말청초 중국의 북방과 서북부의 몽고족은 막남(漠南)·막북(漠北)·막서(漠西)의 3대 부족으로 나누어져 있었는데, 막남은 입관 전에 전술한 바와 마찬가지로 복속되었었다. 그중 오이라트로도 불리우던 막서부(漠西部)의 준가르의 추장 갈단이 삼번의 난을 틈타 각부를 공략하고 청장(靑藏)지역까지 진격하여 청조의 서부 변방에 강력하게 주둔하였다.[137] 이에 강희제는 이들에게 밀려서 내려오는 각부를 초무하고 1691년 카르카의 각 수령을 친왕·군왕으로 봉하여 막북의 몽고를 청조에 귀속시켰다.[138] 그러나 갈단이 카르카의 각 부족을 공격하였다는 것을 구실로 1690년 강희제가 친정에 나서 세 번에 걸친 갈단원정으로 이들을 괴멸시켰다. 이후 옹정제는 다시 1729년에 갈단을 계승한 처렁을 정벌하였으며, 건륭제는 1754년 아무르사나가 권력을 탈취하여 반란을 일으키자 1755년과 1756년 이리(伊犁)지역을 공격함으로써 몽고의 변경지역을 평정하여 부속시켰다.[139]

회강(回疆)은 위구르족이 거주하던 천산남로(天山南路) 지역으로 준가르부(部)의 지배하에 있었는데, 건륭제의 준가르 평정시 대소화탁목(大小和卓木)이 도망하여 1757년에 청조의 부도통(副都統)을 살해하고 반란을 일으켰으나

136) 矢野仁一, 1925.
137) 田村實造, 1944.
138) 佐藤長, 1971, pp.101~114.
139) 羽田明, 1944.

1758년 청조의 반격으로 사살됨으로써 회강의 반란이 평정되었다.[140] 이듬해 카시가르에 참찬대신(參贊大臣)을 파견하여 천산남로지역의 통치를 강화함으로써 이 지역의 통치를 공고히하였다.

한편 티베트에 대해서는 강희제가 1686년 달라이 라마와 단첸 라마의 봉호(封號)·직권·지위 등을 규정하여 복속시키고 1708년에 라싸에 관리를 파견함으로써 장악하였다.[141] 이후 옹정·건륭 연간의 반란평정을 통하여 흠정장정(欽定章程)을 제정하여 티베트에 주둔하는 대신의 권력을 강화하여 이 지역의 내정·외교·군사·재정·관리임용의 권한을 가지게 하여 티베트 지역의 청조통치가 강화되었다.[142]

이렇게 청조가 서북지역의 평정에 신경쓰는 동안 제정러시아는 카자크 기병을 파견하여 동쪽으로 세력을 확장하여 알바진과 네르친스크에 군사적 거점을 확보하고 흑룡강 유역을 침범하여 재물을 약탈하고 공납을 강요하였다. 이에 강희제는 1682년 닝구타의 장군 파해(巴海)로 하여금 흑룡강 등지에 반격의 거점을 마련하게 하여 1685년 도통(都統) 팽춘(彭春), 부장(副長) 임흥주(林興珠) 등을 흑룡강의 장군 사브수 휘하에 편입시켜 알바진성(城)을 공략하여 대패시켰다.[143]

이러한 상황하에서 1689년 청조는 소어투를 전권대사로 파견하여 네르친스크에서 조약을 체결하게 되었으니 러시아와의 경계선을 아르군강과 고르비샤강으로 하고 외흥안령에서 오오츠크해(海) 이남을 청조의 강역으로 하게 되었다. 이로써 흑룡강과 오소리강 유역 및 사할린에 이르는 지역이 법률상으로 중국(淸)의 영토로 확인되었다.[144]

맺 음 말

청조정권의 성립과 발전이라는 문제, 특히 본고에서는 만주족의 사회구조에서 중국을 지배하는 국가로의 변화의 문제가 중심과제로 되고 있음에도

---

140) 佐口透, 1971, pp. 138~149.
141) 佐藤長, 1971, pp. 115~126.
142) L. Petech, 1950.
143) Rober H. G. Lee, 1970, pp. 116~137.
144) M. Mancall, 1971.

불구하고 단순히 연대기적인 사건의 정리에만 그치고 말았다. 이상의 내용을 통하여 앞으로의 연구과제를 정리하는 것으로써 맺음말을 대신하기로 한다.

먼저 명대(明代) 동북지방의 만주족에 관해서는 지명비정이라든가 인물비정 등 구체적인 사실에 대한 정확한 이해가 필요하기도 하지만 그것을 바탕으로 만주족 흥기 이전의 사회구조와 정치세력에 대한 분석이 요구된다고 할 수 있겠다. 또한 만주족의 흥기와 '후금', '대청'으로의 발전의 과정에서는 앞의 과제와 연관되어 만주사회의 확대와 그에 따른 사회구조의 변화의 문제가 해결되어야 할 것이다. 이 문제는 팔기제도(八旗制度)와 관련되는 것으로, 팔기제도의 기본구조와 성격, 그리고 여러 사회신분의 문제, 정치집단과의 연결점, 그 세력 등의 문제가 그것이다. 이와 관련된 문제들의 해결과정을 통하여 입관(入關)의 가능성을 지닌 정치집단으로의 발전의 문제에 접근이 가능할 것이며, 청조의 통치권 확립의 과정에서 여러 형태로의 변화와 청조지배층의 대응에 대한 이해가 가능해질 것이다.

입관 이후의 통치권 확립의 과정에서는 각 지역의 지배권 침투의 과정에 대한 구체적인 연구가 먼저 전제되어야 할 것이다. 그러한 전제를 기반으로 남명정권에 대한 대응의 문제, 그리고 이러한 상황의 진전에 따른 통치권의 확립의 흐름과 한인관료들에 대한 통제가 서로-관련 속에서 분석되어야 할 것이다. 이런 분석을 기반으로 하여야 전반적으로는 명조(明朝)의 통치체제를 답습하면서도 몇 가지 측면에서는 명조(明朝)와는 성격이 다른 기구를 설치하여 운용하였던 청조(淸朝)의 지배체제에 대한 올바른 인식이 가능할 것이다.

이러한 전반적인 분석의 축적을 바탕으로 하여 만주족 사회에서 중국의 전제군주체제인 청조로의 발전을 구조적으로 이해할 수 있으며, 정복왕조로서의 청조에 대한 이해가 가능할 것이다.

참고문헌

滿文老檔硏究會 譯註, 《滿文老檔》1-7, 東洋文庫, 1955~1963.

《舊滿洲檔》1-10, 臺北, 國立故宮博物院, 1969.

吳金成, 《中國近世社會經濟史硏究 —— 明代 紳士層의 形成과 社會經濟的 役割》, 서울,
　　一潮閣, 1986.

載 逸, 《簡明淸史》1, 北京, 人民出版社, 1980.

滕紹箴, 《努爾哈赤評傳》, 瀋陽, 遼寧人民出版社, 1985.

莫東寅, 《滿族史論叢》, 北京, 人民出版社, 1958.

傅宗懋, 《淸代軍機處組織及職掌之硏究》, 臺北嘉新水泥公司, 1967.

蕭一山, 《淸代通史》1, 臺北, 商務印書館, 1963.

———, 《明淸戰爭史略》, 瀋陽, 遼寧人民出版社, 1986.

楊啓樵, 《雍正帝及其密摺制度硏究》, 香港, 三聯書店, 1985.

楊 暘, 《明代奴兒干都司及其衙門硏究》, 中州書畵出版, 1982.

———, 《明代遼東都司》, 中州古籍出版社, 1988.

楊學琛, 《淸代八旗王公貴族興衰史》, 遼寧人民出版社, 1986.

閻崇年, 《努爾哈赤傳》, 北京, 北京出版社, 1983.

王毓銓, 《明代軍屯》, 中華書局, 1965.

劉家駒, 《淸朝初期的八旗圈地》, 臺北, 國立臺灣大學, 1964.

李健才, 《明代東北》, 遼寧人民出版社, 1986.

莊吉發, 《淸代奏摺制度》, 國立故宮博物院, 1979.

鄭成功硏究學術討論會學術組編, 《鄭成功硏究論文選》, 福建人民出版社, 1984.

周遠廉, 《淸朝開國史硏究》, 瀋陽, 遼寧人民出版社, 1981.

———, 《淸朝興起史》, 吉林文史出版社, 1986-1.

———, 《皇父攝政王多爾袞全傳》, 吉林文史出版社, 1986-2.

陳捷先, 《淸史隨筆》, 學海出版社, 1977.

馮爾康, 《雍正傳》, 北京, 人民出版社, 1985.

谷光隆, 《明代馬政の硏究》, 京都, 東洋史硏究會, 1972.

稻葉岩吉, 《光海君時代の滿鮮關係》, 京都, 國書刊行會, 1976.

三田村泰助, 《淸朝前史の硏究》, 京都, 東洋史硏究會, 1972.

神田信夫, 《平西王 吳三桂の硏究》, 明治大學, 1955.

矢野仁一, 《近代蒙古史硏究》, 弘文堂, 1925.

176

阿南惟敬, 《清初軍事史論考》, 東京, 甲陽書局, 1980.

陸戰史研究普及會, 《明と清の決戰―サルフの戰い》, 東京, 原書房, 1967.

園田一龜, 《明代建州女直史研究》, 東京, 國立書院, 1948.

――――, 《明代建州女直史研究續編》, 東京, 東洋文庫, 1953.

安部建夫, 《清代史の研究》, 東京, 創文社, 1971.

楢木野宣, 《清代重要職官の研究》, 東京, 1975.

田村實造, 《清朝の邊疆統治政策》, 至文堂, 1944.

――――, 《中國征服王朝の研究》上, 京都, 東洋史研究會, 1967.

周藤吉之, 《清代滿洲土地政策の研究 ―― 特に旗地政策を中心として》, 東京, 河出書房, 1944.

――――, 《清代東アジア史研究》, 東京, 日本學術振興會, 1972.

Huang, Pei, *Autocracy at Work, A Study of the Yung-Cheng Period, 1723~1735,* Indiana Univ. Press, 1974.

Kessler, Lawerence D, *K'ang-Hsi and the Consolidation of Ch'ing Rule, 1661~1684,* the Univ. of Chicago Press, 1976.

Lee, Robert H. G., *The Manchurian Frontier in Ch'ing History,* Harvard Univ. Press, 1972.

Marcall, Mark, *Russia and China, Their Dipolomatic Relation to 1728,* Harvard Univ. Press, 1971.

Michael, Franz, *The Origin of Manchu Rule in China ; Frontier and Bureaucracy as Interacting Forces in the Chinese Empire,* The Johns Hopkns Press, 1942.

Oxnam, Robert B., *Ruling from Horseback, Manchu Politics in the Oboi Regency, 1661~1669.* The Univ. of Chicago Press, 1975.

Petech, L., *China and Tibet in the Early 18th Century.* Leiden, 1950.

Shirokogoroff, Serghei Mikhailouich, *Social Organization of the Manchus ; A Study of the Manchu Clan Organization,* Shanghai, 1924.

――――, *Social Organization of the Northern Tungus,* Shanghai, 1933.

Silas, H. L. Wu, *Communication and Imperial Control in China, Evolution of the Palau Memorial System 1693~1735,* Harvard Univ. Press, 1970.

――――, *Passage to Power, Ka'ng-Shi and His Heir Apparent. 1661~1722.*

Struve, Lynn A., *The Southern Ming, 1644~1662.* Yale Univ. Press, 1984.

Wakeman, Frederic, Jr., *The Fall of Imperial China,* The Free Press, 1977.

――――, *The Great Enterprise ; The Manchu Reconstruction of Imperial Order in Seventeenth-Century China,* Univ. of California Press, 1985.

Wittfogel, Karl August, *History of Chinese Society, Liao(907~1125),* New York, 1979.

金斗鉉,〈遼東支配期 누르하치의 對漢人政策〉,《東洋史學研究》25, 1987.

金鍾園,〈初期朝清關係에 대한 一考察〉,《歷史學報》71, 1976.

────,〈丁卯胡亂時의 後金의 出兵動機〉,《東洋史學研究》12·13, 1978.

金浩東,〈北아시아의 歷史像구성을 위한 試論〉,《아시아문화》3, 1987.

吳金成,〈睿親王 攝政期의 清朝의 紳士政策〉,《韓㳓劤博士停年紀念史學論叢》, 1981.

────,〈順治親政期의 清朝權力과 江南紳士〉,《歷史學報》122, 1989.

────,〈明末清初 江南紳士の社會と紳士〉,《山根幸夫教授退休紀念明代史論叢》, 1990 출판예정.

李成珪,〈清初地方統治의 確立過程과 鄉紳〉,《서울大 東洋史學科論集》1, 1977.

鄭炳喆,〈明末清初 華北의 鄉村防衛活動과 紳士〉,《서울大 東洋史學科 碩士學位論文》, 1988.

崔韶子,〈清初의 王位繼承과 多爾袞〉,《梨大史苑》9, 1970.

────,〈胡亂과 朝鮮의 對明·清關係의 變遷〉,《梨大史苑》12, 1975.

崔晶姸,〈理藩院考〉,《東亞文化》20·21, 1982, 1983.

金成基,〈清人關前八旗士地制度研究試探──兼論後金(清)社會性質〉,《清史論叢》(北京)1, 1979.

董玉瑛,〈明代海西女眞的經濟生活〉,《社會科學戰線》1980-4.

孟 森,〈八旗制度考實〉,《明清史論著集刊》1959-1.

────,〈科場案〉,《明清史論著集刊》1959-2.

────,〈奏銷案〉,《明清史論著重刊》1959-3.

吳秀良,〈清代軍機處建置的檢討〉,《故宮文獻》2-4, 1971.

王崇武,〈吳三桂與山海關之戰〉,《燕京學報》33, 1947.

王鍾翰,〈滿族在奴爾哈齊時代的社會經濟形態〉,《清史論文選集》1.

魏千志,〈'拖克索'淺論〉,明清史國際學術討論會,《明清史國際學術討論會論文集》, 天津人民出版社, 1982.

李 格,〈關于多爾袞擁立福臨問題的考察〉,《清史論叢》(北京)2, 1980.

李景蘭,〈試論努爾哈赤推行的'計丁授田'與'分丁編莊'政策〉,《社會科學輯刊》1984-1.

李 旭,〈論八旗制度〉,《中華文史論叢》5, 1964.

李宗侗,〈辨軍機處略考〉,《幼師學報》1-2, 1959.

────,〈清代中央政權形態的演變〉,《歷史語言研究所集刊》37上, 1967.

李晉華,〈明代遼東歸附及衛所都司建置沿革〉,《禹貢》2-2, 1934.

莊 練,〈湖州莊氏史案〉,《明清史案叢談》, 臺灣學生書局, 1972.

張維華,〈明代遼東衛所建置考略〉,《禹貢》1-7, 1934.

鄭天挺,〈清入關前滿族社會性質〉,《歷史研究》1962-6.

周遠廉·謝肇華,〈明代遼東軍戶制初探〉,《社會科學輯刊》1980-2.

周遠廉,〈後金八和碩見勒'共治國政'論〉,《清史論叢》(北京)2, 1980.

黄彰健，〈滿洲國號考〉，《歷史語言研究所集刊》37下，1967-1.

──，〈奴兒哈赤所建國號考〉，《歷史語言研究所集刊》37下，1967-2.

江嶋壽雄，〈遼東馬市起源〉，《東洋史學》9，1954.

──，〈遼東馬市管見〉，《史淵》70，1956.

──，〈遼東馬市における私市，所謂開原南關馬市〉，《重松後章先生古稀紀念九州大東
洋史論叢》，九州大，1957.

宮崎市定，〈淸朝における國語問題の一面〉，《アジア史研究》3，京都，同朋舍，1975.

──，〈雍正傳〉，《アジア史論考》下，1976.

今西春秋，〈ヌルハチ七大恨論〉，《東洋史研究》1-4，1936.

──，〈天命建元考〉，《朝鮮學報》14，1959.

──，〈天命建考補〉，《朝鮮學報》20，1961.

──，〈Jušen國域考〉，《東方學紀要》2，1967.

小林裕人，〈所謂‘女眞國’建設に就て〉，《羽田亨博士頌壽紀念東洋史論叢》，東洋史研究
會，1950.

松浦茂，〈ヌルハチ(淸太祖)の徙民政策〉，《東洋學報》67-3・4，1986.

石橋秀雄，〈淸太祖の遼東進出前後に關する一考察〉，《和田博士古稀紀念東洋史論叢》，
東京，講談社，1961.

──，〈淸初の對漢人政策──とくに太祖の遼東進出時代を中心として〉，《史艸》2，
1961.

──，〈淸太祖の土地政策に關する一考察〉，《日本女子大學文學部紀要》11，1962.

──，〈淸初のイルゲン──特に天命期を中心として〉，《日本女子大學文學部紀要》
13，1964.

──，〈淸初のジュシエン──特に天命期までを中心として〉，《史艸》5，1964.

──，〈淸初のアハ──特に天命期を中心として〉，《史苑》28-2，1968.

──，〈淸初の社會──とくにジュシエンについて〉，《江上波夫教授古稀紀念論文集
歷史篇》，東京，山川出版社，1977.

神田信大，〈淸初の議政大臣について〉，《和田淸博士還歷紀念東洋史論叢》，請談社，
1951.

──，〈三藩の富强の一側面〉，《駿台史學》5，1955-2.

──，〈淸初の文館について〉，《東洋史研究》19-3，1960.

──，〈滿洲(Manju)國號考〉，《山本達郎博士還歷紀念東洋史論叢》，山川出版社，
1972.

岩見宏，〈淸朝の中國征服〉，《岩波講座世界歷史》12，彰文閣，1971.

羽田明，〈淸朝の回部統治政策〉，《淸朝の邊疆統治政策》，至文堂，1944.

佐口透，〈淸朝の統治下のウイグル社會〉，《岩波講座世界歷史》13.

佐藤長，〈モンゴリアと淸朝〉，《岩波講座世界歷史》13.

田中克己, 〈明末野人女眞について〉, 《東洋學報》42-2, 1959.

―――, 〈淸朝の興隆と滿洲の鐵工業 ―― 紅夷砲製造て中心として〉, 《史苑》34-1, 1974.

田中懋德, 〈三藩の由來と大亂の動因に就いて〉, 《山下先生還曆紀念東洋史論文集》, 東京, 文明館, 1938.

田中通彦, 〈明代女眞族の所有關係と共同體〉, 《社會文化史學》8, 1972.

―――, 〈15世紀女眞族社會と初期ヌルハチ政權の構造〉, 《筑波大歷史人類》3, 1977.

中山八郎, 〈明末女眞と八旗的統制に關する素描〉, 《歷史學硏究》5-2, 1935.

淸水泰次, 〈明代の遼東經略〉, 《東亞》8-1, 1935.

村上正二, 〈征服王朝〉, 《世界の歷史》6, 東京, 筑摩書房, 1961.

村松祐次, 〈奴兒哈赤の女眞國とその部族的秩序との交涉〉, 《一橋論叢》17-3·4, 1941.

河內良弘, 〈建州女眞社會構造の一考察〉, 《明代滿蒙史硏究》, 京都, 京都大文學部, 1963.

和田淸, 〈淸の太祖と李成梁との關係〉, 《東亞史論藪》, 東京, 生活社, 1942.

―――, 〈明初の滿洲經略〉, 《東亞史硏究 ―― 滿洲篇》, 東京, 東洋文庫, 1955-1.

―――, 〈淸太祖興起の事情〉, 《東亞史硏究 ―― 滿洲篇》, 1955-2.

戶田茂喜·鴛淵一, 〈ジュセンの一考察〉, 《東洋史硏究》5-1, 1939.

戶田茂喜, 〈淸太祖の都城遷移問題〉, 《史學硏究》8-3, 9-2, 10-1~2, 1937~1938.

Farguhar, David M., "The Origin of the Manchus' Mongolian Policy", *The Chinese World Order*, Harvard Univ. Press, 1968.

Fairbank, John King, "Synarchy under the Treaties", Fairbank ed., *Chinese Thought and Institutions*, The Univ. of Chicago Press, 1957.

―――, "A Preliminary Framework", Fairbank ed., *The Chinese World Order*, Harvard Univ. Press, 1968.

Kessler, Lawrence D., "Chinese Scholars and the Early Manchu State", *H.J.A.S. 31*, 1971.

Mancall, Mark, "The Ch'ing Tribute System," *The Chinese World Order*.

Oxman, Robert B, "Policies and Institutions of Oboi Regency 1661~1669", *J.A.S. 32-2*, 1973.

Roth, Gertraude, "The Manchu-Chinese Relationship, 1618~1636", Jonathan D. Spence ed., *From Ming to Ch'ing*, Yale Univ. Press, 1978.

Taylor, Romeyn, "Yüan Origins to the Wei-so System", Charles O. Hucker ed., *Chinese Government in Ming Times*, Columbia Univ. Press, 1969.

明・清代의 農民反亂

崔　甲　洵

Ⅰ. 머 리 말

　명・청시대는 여러 면에서 단일한 시각이 적용되고, 하나의 구도로 왕조의 교체를 뛰어넘는 연장선 위에서 이해될 수 있는 점이 매우 많다. 그럼에도 불구하고 농민반란이라는 주제와 관련하여 포괄적인 시각으로 조감한다는 것은 경우에 따라서는 합리성을 결여할 가능성이 크다. 왜냐하면 만일 단순하게 주목되는 사건들의 개요를 나열한다면 모를까 그렇지 않다면, 첫째, 명・청이라는 왕조의 교체와 농민반란의 성격의 관계가 해명되어야 하고, 둘째, 두 시대의 반란을 구분짓는 성격상의 차이가 보여야 하며, 셋째, 그러면서도 두 시대의 반란의 기저에 복류하는 연장선이 있는가가 해명되어야 하기 때문이다. 다음에 문제가 되는 것은 반드시 이 시기에만 국한되는 것은 아니지만 농민반란을 어떻게 규정짓는가 하는 것이다. 농민반란을 민중반란이라는 용어와 구별없이 사용한다면, 농민이라는 범주가 불확실해지고, 인구의 대부분이 농민이었던 상황에서 농민만이 주축이 되었던 반란을 추출한다는 것은 자칫하면 작위적일 수 있기 때문이다. 특정한 직업집단의 반란이나 사회 상층부의 권력쟁탈 투쟁으로서의 반란을 제외한다면 대규모의 반란은 그 주도세력이 어떻든간에 군사력의 주축은 항상 농민일 것이기에 더욱 그러하다.

명·청대의 농민반란은 대체로 다음과 같은 과정을 밟아왔다고 볼 수 있다. 첫째, 명대 중기의 등무칠(鄧茂七)의 반란,[1] 이른바 형양(荊襄)의 반란,[2] 둘째, 이자성(李自成)과 장헌충(張獻忠) 세력을 중심으로 한 명말의 반란을 들 수 있다. 셋째, 청조 정복기의 농민반란인데, 이는 명말 반란세력의 잔여부대의 활동이 주축을 이루는데, 역사적 평가와 관련한 성격이 명말의 반란과는 구분해서 봐야 한다. 다음으로는 청 중기의 백련교란이 중요한 고비가 되고, 끝으로 1813년에 일어난 궁성점거기도로 유명한 천리교(天理教)도의 반란[3]을 들 수 있겠다. 이밖에도 수많은 반란사건이 기록되고 있지만, 이상의 것만으로 살피면 대략 다음과 같이 조감할 수 있다고 하겠다. 우선 명대의 주요 반란은 종교적인 요소가 박약하다는 점이 눈에 뜬다. 청대의 주요 반란에 다같이 짙은 종교적인 측면이 보이는 것과 대조가 된다. 둘째, 반란참가자의 동기는 불문코 청대의 반란은 결과적으로 만주족의 지배에 저항하는 민족운동으로서의 성격을 띠게 된다. 이런 측면은 청초에 활동했던 명말 농민군의 잔여세력이 침입자인 만주족에 저항하여 이른바 남명정권(南明政權)과 연합하여 복명운동(復明運動)을 지원하기도 했다는 사실과 관련하여 유의할 점인 것이다. 왕조의 교체가 단순한 정권의 문제만이 아니라 민족문제와 연결지어질 수 있다는 것이다. 셋째, 민중반란의 경우 일반적인 현상이기는 하지만 대규모의 반란은 열악한 자연환경이나 천연재해에서 연유하는 민중생활의 불안정이 주된 배경을 이루고 있다는 점이다. 형양의 반란, 명말의 반란, 그리고 가경(嘉慶) 연간의 백련교도(白蓮教徒)의 반란이 모두 그러하다. 실제로 지주·전호관계가 발달했고, 사회적 모순이 첨예화했을 것으로 예측되는 이른바 선진지역에서는 본격적인 반란이 발발하지 않았음도 유의할 바인 것이다.

이상에서 조감한 바를 기준으로 명·청대의 농민반란을 살피면 우선 주목할 것은 명말 이자성·장헌충의 반란과 청 중기의 백련교란이 된다. 전체적

1) 반란의 구체적인 경과에 대하여는 李龍潛, 1958; 李文治, 1948.
2) 李文治, 1948; 谷口規矩雄, 1965; 賴家度, 1956.
3) Susan Naquin, 1976.

인 맥락을 찾기보다는 오히려 상이점에 유의한 결과가 되겠지만, 이는 각 시기마다의 농민반란의 성격을 해명하고, 그 의미를 검토한다는 기초적인 작업이라는 데에서 정리해 볼 가치가 있다고 하겠다.

II. 明末의 農民反亂

1. 反亂의 발발

명말의 농민반란은 원래 기근에 따른 농민들의 기아폭동에서 확대 발전한 것이다. 1627년(天啓 7)에서 1628년(崇禎 원년)에 걸쳐서 섬서성 북부를 휩쓴 한해에 의해 연유한 기근은 각지에 농민들의 폭동을 유발했다.[4] 당시 농민들의 궁핍한 상황은 사람들이 산간의 초목, 나무껍질을 먹고, 심하면 인육을 먹는 일도 있었음을 보고하고 있는 데서도 알 수 있듯이 극한적이었었다. 기아에 몰린 농민들은 무리를 지어 부호들의 곡식을 약탈하게 되고 결국은 관권과 충돌함으로써 국가 권력에 저항하는 유구(流寇)세력으로 성장해갔던 것이다. 연안(延安)의 왕가윤(王家胤), 백수(白水)의 왕이(王二), 한남(漢南)의 왕대량(王大梁), 의천(宜川)의 왕좌괘(王左掛), 묘미(苗美), 안새(安塞)의 고영상(高迎祥), 정변(靖邊)의 신일원(神一元), 연천(延川)의 혼천왕(混天王), 경양(慶陽)의 가천비(可天飛) 등이 연이어 반란을 일으키게 되었다. 관리들에 의해 '토적(土賊)'·'토구(土寇)'로 불린 이들 세력은 초기의 개별 분산적인 단계를 넘어 왕가윤이 지도자로 부상하면서부터 차츰 결집된 반란의 성격을 띠기 시작했다. 그런데 이렇게 형성된 반란집단은 기아 농민을 주축으로 하고 있기는 했지만, 구성원이 그렇게 단순하지는 않았다. 당시 관리들의 견해에 따르면 이른바 '유구'는 기민과 반졸(反卒)·도졸(逃卒)·역졸(驛卒)·향마(響馬)로 구성되어 있었다. 이를 크게 나누면 농민·병졸, 그리고 향마라 불린 마적집단으로 볼 수 있겠다. 기근에서 연유한 식량폭동에 참가한 농민과 원래부터 도적이라 할 향마를 제외한 병사들의 반란은 당시의 만주족의 대명공세(對明攻勢)와 그에 따른 명 왕조의 정책과 깊

4) 《雍正陝西通志》卷 86, 馬懋才, 〈備陳災變疏〉는 이 지역의 한해 상황에 대해 생생하게 설명하고 있다.

은 관계가 있다.

병사들의 폭동은 당시에 '병변(兵變)'이라고 했는데, 대체로 군량의 부족에서 유발된 것이었다. 당시 명은 만주족의 압력에 시달리고 있어서, 북방지역은 왕왕 청군의 공격을 받고 있었다. 북변 각지의 군사를 모으고, 이른바 근왕군을 동원하여 북경을 중심으로 한 변진(邊鎭)에 이동·배치하고 있었다. 그런데 이들에게 충분한 양식의 배급이 이루어지지 않아서 병사들의 불만이 고조되고 있었다. 병사들은 근무지로 행군하는 동안이나, 주둔지에서 이탈하거나 폭동을 일으키는 일이 매우 많았다. 예컨대 연수(延綏)·영하(寧夏)·고원(固原) 등의 제진의 병사들에 대한 식량보급은 36개월간이나 두절되는 상황이었다. 섬서 4진의 병향(兵餉)은 4할은 경운(京運)으로, 6할은 현지의 민운(民運)에 의존했었는데, 대청방비가 절박해진 천계 초년 이후 경운이 두절되고 민간으로부터 징발은 완납한 곳이 섬서에서 서안부(西安府) 뿐이며 나머지는 모두 완납할 수 없는 형편이어서 병사들은 만성적인 기아에 빠져 있었다.[5] 결국 굶주린 병사들은 무리를 지어 각지를 약탈하기도 하고 농민 폭동세력과 합세하여 반란세력으로 성장해갔다. 병사들의 반란참가 이외에 또 하나 주목할 것은 역졸들의 참가였다. 명은 원래 전국의 중요교통로에 역참(驛站)을 설치하고 그의 운영을 위해 역졸을 배치하고 있었으나, 재정난을 타개하기 위해 연간 60만 량(兩)의 역전은(驛傳銀)을 절약하기 위해서 역참을 대폭 축소하게 되었는데,[6] 이 과정에서 생계 수단을 잃은 역졸들이 대규모로 반란에 동조하였던 것이다. 이들 병사나 역졸들은 단순히 기아에서 폭동을 일으킨 농민과는 달리 비교적 조직적이고 무장된 세력이어서, 강력한 군사력을 반란집단에 제공할 수 있었다고 보여진다.

1630년(崇禎 3)에 이르러 왕가윤 등의 반란군은 황하를 건너서 산서성으로 세력을 확대했다.[7] 하곡(河曲)을 점령하여 거점을 확보한 뒤 명군의 초무정책에 화전양면으로 대응하면서 평양(平陽) 일대까지 영역을 넓혀갔다. 당시 반란군의 무대는 신일원(神一元), 일괴(一魁) 등이 활동하고 있던 섬서성을 제외하면 산서성 일원에 집중되어 있었다. 그러다가 1631년 여름 왕가윤이

5) 鈴木中正 1974, p. 127.
6) 李文治, 1948, pp. 24~25.
7) 반란의 전개과정에 대하여 James Bunyan Parsons, 1970 의 정리가 가장 상세하다.

부하에게 살해되자 반란군은 구심점을 잃게 되었다. 이때의 반란군의 규모
는 36영(營) 20여 만의 병력을 지니고 있어서 왕자용(王自用)을 중심으로 하
여 고영상·장헌충·마수응(馬守應)·나여재(羅汝才)·소지왕(掃地王)·사
탑천(射塌天)·만천성(滿天星)·형홍랑(邢紅狼)·현도신(顯道神)·혼세왕(混
世王)·난세왕(亂世王) 등이 이끌고 있었다. 이후 반란군은 1633년까지 산서
성지역을 주무대로 하여 하북성의 진정(眞定)·사하(沙河)·대명(大名)·순덕
현(順德縣)까지 공격하면서 세력을 유지하였으나, 그 해 5월에 지도자인 왕
자용이 명군의 총병(總兵) 조문조(曹文詔), 의대총독(宜大總督) 장종형(張宗
衡), 산서순무(山西巡撫) 허정신(許鼎臣), 총병(總兵) 좌량옥(左良玉) 등의 공
격에 패하여 전사한 이후 급격히 약화되어 갔다. 이 이후에 반란군의 세력
이 약화된 것은 왕자용이라는 지도자를 잃었다는 사실 이외에 명군의 대처
방식이 달라졌다는 점으로도 설명된다. 1631년 이전까지의 명군의 전술은
기본적으로 반군의 초무에 두어져 있었다.[8] 섬서삼변총독(陝西三邊總督) 양
학(楊鶴), 섬서순무(陝西巡撫) 유광생(劉廣生) 등은 항복한 반군에게 식량을
주어 방면하여 원적지로 돌려보냈다. 그러나 한편에서는 강경진압이 이루
어지기도 했다. 반군들은 이러한 조건하에 계속 세력을 유지할 수 있었던
것이다. 사실 반란군에 참여했던 농민들의 경우 뚜렷한 목표를 지녔던 것이
아니라 생존의 수단이라는 면이 원래부터 강하였기 때문에 원적지로 돌아간
다는 것은 생존의 위협을 의미하기도 했다. 결국 양학 등의 전략은 실패로
돌아갔고, 그가 실패의 책임을 지고 투옥된 이후 명군의 자세는 적극 초토
로 바뀌어졌다.[9] 새로이 반군토벌의 책임을 맡은 총독 홍승주(洪承疇)는 전
임자와는 달리 철저한 진압책을 써서, 산서성·하남성의 접경지대를 중심
으로 방위선을 구축하고 압박을 가했다.

2. 李自成의 대두와 大順政權

이자성은 1606년(萬曆 34) 섬서성 연안부(延安府) 미지현(米脂縣)의 다소 부
유한 농가에서 태어났으며, 어린 시절에는 글을 익힐 수도 있었다. 그러나

---

8) Parsons, 1978, pp. 8~16.
9) 李文治, 1948, pp. 35~43.

후일 가세가 기울어 목동으로서 또는 전호로서 지내다가, 21세 되던 해에 역졸이 되었다. 그의 집안의 몰락이 단순히 한 가정의 운세에 따른 것만은 아니고 명 왕조의 가혹한 조세 수탈에도 그 이유가 있음은 당시의 일반적 상황과 관련하여 쉽게 설명되는 것이다.[10] 그러다가 1629년에 소속의 은천역(銀川驛)이 철폐되자 일자리를 잃게 되어 조카인 이과(李過)와 함께 감숙성(甘肅省)으로 가서 순무(巡撫) 매지환(梅之煥)의 휘하 참장(參將)인 왕국(王國)의 병사가 되었다. 당시 몰락한 농민들이 흔히 찾는 생계 수단에 따른 것이다. 그런데 당시 청의 위협에 직면한 명 조정의 방침에 따라 왕국의 군대가 이른바 근왕(勤王)군으로서 동원이 되었다. 이 과정에서 당시 흔했던 현상의 하나인 궁핍한 병졸들의 반란이 일어나게 되었고, 이자성은 이 대열에 끼게 되었던 것이다. 군대에서 이탈한 그는 당시 큰 세력을 지녔던 왕좌괘의 부하가 되었다. 이후 몇 차례 소속집단의 이동 끝에 최후로 고영상의 휘하에 들어가 본격적으로 반란에 참여하게 되었다. 이자성이 반란에 참가하게 되는 과정은 당시 반란세력의 구성분자의 성격의 일단을 상징적으로 보여준다고 하겠다. 민중반란의 일반적 성격이기도 하겠지만, 명 왕조의 정치적·군사적 약체화와 아울러 왕조의 가혹한 수탈이 체제의 기초인 농민층을 붕괴시켰고, 결국은 반왕조적 세력을 성장시켜 갔던 것이다.

1633년에 이자성은 반란군의 대열에 끼어 황하를 건너 하남·호북·섬서성의 변경지역을 전전하였다. 그러다가 당시 총독 진기유(陳奇瑜), 운양순무(鄖陽巡撫) 노상승(盧象昇) 등의 관군에 포위되었는데, 그는 부하 고군은(顧君恩)의 건의로 진기유에게 뇌물을 주어 그 곤경을 벗어나게 되었다. 일시 초무를 받아들였다가 다시 반기를 들었던 것이다. 이 사건을 통해서 고영상의 부장에 불과했던 그는 차츰 반란군 가운데 두각을 나타내게 되었다. 섬서지역에서 반란 초기에는 군웅봉기의 상황으로 체계적인 조직이 없었는데 다소나마 횡적인 연계를 맺게 된 것은 1635년 하남성 형양(滎陽)에서 각파가 만나서 회합을 가진 이후였다.[11] 이 모임은 홍승주가 이끄는 명군이 적극적인 공세를 취하고 있는 가운데 열렸는데, 이른바 13가(家) 72영(營)의 반란군이 관군과의 전투의 분담을 결정하기에 이른 것이다. 여기에서 가

---

10) 栗林宣夫, 1955 참조.
11) Parsons, 1978, pp. 36~38; 李文治, 1948, pp. 55~57.

(家)란 수만에서 10만에 이르는 많은 부하를 거느린 두목 내지 집단을 가리키고, 일만 이상은 대영(大營), 일천 이상은 소영(小營)이라 하여 도합 72영이 모였던 것이다. 이 13가 72영의 회합에서 이자성은 명군에 대한 통일적인 작전을 주장하여 제파의 승인을 얻게 되었는데, 이로 인해 지금까지 고립분산적이었던 제파가 각자 지역과 책임을 분담하게 되었다. 비록 일사분란하지는 않았지만 상호간의 연락 아래 전체적인 전략을 마련할 수 있게 되었다. 이런 합의에 이르는 데 이자성의 역할이 두드러져 반란집단 안에서 그의 지위와 성가는 한층 높아지게 되었다. 그리고 1636년 서안(西安)으로 행군하던 고영상이 순무 손전정(孫傳庭)에게 체포되어 북경에서 처형되었다. 이자성은 고영상이 지녔던 틈왕(闖王)의 칭호를 계승하게 되면서 명실상부한 독자세력으로 성장하게 되었다.

1637년에서 1639년까지 반란세력은 매우 위축된 형세를 보였다. 대부분의 반란부대는 명군의 초무를 받아 투항하거나 패퇴하여 극히 세력이 약화되었다. 그러다가 1639년에 중국의 각 지역이 한해, 황해(蝗害) 등의 재해에 휩싸이게 되자 반란군은 다시 활기를 되찾게 되었고, 하남·하북·산동성 등 여러 곳에서 여러 형태의 반란이 발생했다. 이에 이자성은 은거해 있던 호북성의 운양지역에서 출발하여 하남성으로 향했다. 그는 각지에서 기아 농민과 소규모 반란세력을 흡수하여 성장해갔다. 그가 1641년 이후부터 여타의 경쟁자를 누르고 반란의 중심세력이 될 수 있었던 것은 단순한 약탈 내지 반관적(反官的) 무장집단의 차원을 넘어서 정치적인 성격을 지닌 대민정책을 내세울 수 있었던 데에 있다. 이른바 균전(均田), 면부(免賦)를 중심으로 하는 이암(李岩)의 건의를 받아들여 당시의 농민들의 절박한 욕구에 적합한 미래상을 제시했기 때문이기도 했다. 1640년 12월에 이자성 집단에 합류한 이암은 원래 부유한 거인(擧人)출신이었는데, 반란군에 합류한 직후 모두 4개항의 민심수렴책을 건의하였다.[12] 첫째, 균전면량(均田免糧), 부당차(不當差)의 토지 및 조세정책, 둘째는 제폭휼민(除暴恤民)·장부가은전 분진궁민(將富家銀錢分賑窮民)으로 표현되는 민생안정책, 셋째는 불살인(不殺人)·불애재(不愛財)·불간음(不奸淫)·불창략(不搶掠)·평매평매(平買平賣)의 민심

---

[12] 이암이 이자성에 합류하게 된 전말에 대하여는 Parsons, 1978, pp. 90~93; 李文治, 1948, pp. 103~107; 曹貴林, 1964 참조.

획득책 등을 내세우고 아울러 지식인을 예우하여 포섭하는 정책을 채택하게 되었다. 이러한 강령을 수립하여 어느 정도 목적을 가지게 된 이자성은 1641년 3월에 낙양(洛陽)을 점령함으로써 중요한 전기를 마련하게 되었다. 왜냐하면 이는 지금까지 반란세력이 얻었던 가장 큰 군사적 승리였을 뿐 아니라 이자성 집단은 차츰 유구적(流寇的)인 성격을 탈각하고, 거점을 확보하여 그를 바탕으로 관군과 직접적인 전투를 하고 중요한 도시에 대한 공격을 개시하게 되었기 때문이다. 그리고 이 시기에 이자성의 휘하에는 이엄 이외에 몇 명의 유능한 새로운 인물들이 참여하게 되었는데 공생(貢生)출신의 우금성(牛金星), 송헌책(宋獻策) 등이 그들이다. 그리고 이 해 가을에 이르기까지 그의 군사적인 지배권도 한층 강화되었다. 장헌충의 연합세력이었던 나여재, 노회회(老回回) 등이 그와 연합하거나 투귀하였던 것이다. 이러한 변화는 이자성을 반란의 중심인물로 부각시킴은 물론 잡다한 세력들이 차츰 통합되어 갔음을 의미한다.

하남성지역에서 지반을 굳힌 이자성은 호광성으로 세력을 확대하고, 1643년초에는 호북성의 양양(襄陽)을 점령하여 양경(襄京)으로 개칭하고, 스스로 노부봉천창의대장군(老府奉天倡義大將軍)으로 칭하게 되었다. 곧 뒤이어 대원수(大元帥)로 칭호를 바꾸고 행정기구를 마련한 뒤에는 신순왕(新順王)이라 자칭하게 되었다. 아울러 상상국(上相國), 좌보(左輔) 등의 고위 관직이 마련되고 전통적인 6부(部)제도를 도입하여 초기적인 관료기구를 갖추었으며, 한수(漢水) 상류지역에는 지방행정조직도 갖추었다. 비록 효과적으로 기능했다는 증거는 없지만 새로운 통치체제를 마련하려는 의도를 명확히 나타낸 것이라 하겠다. 그 해 가을 이자성은 서안을 점령하게 되자 한발 더 나아가서 서안을 장안(長安)으로 개칭하고 한편으로는 서경(西京)으로 부르도록 했다. 자신의 출신지인 미지현을 '천보(天保)'로 바꾸고, 증조부 이하 조상들에게 황제의 칭호를 마련하고, 드디어 1644년 2월 8일(음력, 숭정 17년 1월 1일)에 새로운 왕조의 개창을 선포하였다. 자신은 순공(順公)을 칭하고 국호는 대순(大順), 연호는 영창(永昌)이라 하였다. 아울러 새 역법(曆法)의 시행을 지시하기도 하였다. 동전의 주조도 이루어지고 과거라고 할 이른바 취사(取士)제도도 실시되어 정권으로서의 체제를 갖추려고 노력했다. 조세의 면제를 내세운 그의 대민선전의 영향 아래 그가 파견한 관리들은 효과적인 지역안정을 도모할 수 있었다. 섬서성과 하남성 서부지역, 산서성 등에 지배권을 확립하기는 했지만 하남성의 동부지역과 호광성은 대부분 명군의 장악하에 있어서 그의 동진을 가로막고 있었다. 이러한 상황 아래 그의 관심은 이제 명의 수도인 북경에 집중되어 있었다. 그는 정권 수립 직후에 스스로 약 40만의 병력으로 북경을 목표로 동북쪽으로 진출하기 시작했다. 황하를 건너 산서성으로 들어가 손쉽게 태원(太原)을 함락하고, 뒤이어 대동(大同)을 지나서 4월 21일에는 거용관(居庸關)을 점령하고, 23일에는 드디어 북경을 포위하게 되었다. 당시 명의 주력군은 북방의 청군과 대치하고 있었고, 반란군을 방어하고 있던 관군도 호광과 남직예(南直隷)에 접하는 하남성, 호광성 등지에 집중되어 있어서 북경은 거의 무방비 상태였다. 방비를 담당한 환관의 도움으로 손쉽게 외성을 함락한 이자성은 25일에는 궁성을 점령하여 드디어 대순정권의 성립이라는 목표를 성취하게 되었다. 명의 숭정제는 궁성 뒤편의 만세산에서 자살하여 277년 동안 지속된 명 왕조와 운명을 같이했다.

북경을 점령한 이자성은 곧 새로운 왕조의 체제를 정비하고자 했다. 그는 27일에 명의 관료들을 모아 3품(品) 이상의 관료의 추방, 당(唐)의 관제를 본뜬 관제의 정비, 징세(徵稅)의 휴면(休免), 관료 및 부호의 재산 징발 등의 조치를 내렸다. 아울러 과거(科擧)제도의 시행, 동전(銅錢)의 주조 등도 시도되었다. 실제로 두 차례의 시험이 실시되어 50명이 거인의 자격을 획득하여 모두 관직에 임명되기도 했다.[13] 북경 입성 이전부터 지배하에 들어온 산동, 하남성 등지에 관리를 파견하기 시작했던[14] 이자성은 불안한 향촌사회를 장악하기 위한 노력을 기울였다. 그러나 체제를 정비하는 데에 전념하기에는 그의 권력은 취약했고 직접적인 지배영역도 극히 제한되어 있었다. 그는 산동지역을 완전히 장악하기 위해 군대를 파견하기도 하고 남직예지역에 대한 지배를 확보하려고 노력하기도 했다. 그렇지만 그의 주된 관심은 명의 멸망 이전에 청군의 방어를 위해 파견되어 북서방면에서 강력한 군사력을 장악하고 있는 오삼계(吳三桂)의 존재였고, 그와 연합을 꾀하고 있는

---

13) Parsons, 1978, pp.133~137; 孫祚民, 1962; 曹貴林, 1965 참조.
14) 計六奇, 1984, p.430 에는 이자성은 북경점령 이전에 이미 산동, 하남 등지의 주, 현에 관리를 파견하고 있음을 전하고 있다.

만주세력이었다. 그는 오삼계를 회유하기도 하고 위협을 하는 등 여러 가지로 노력을 기울였지만, 끝내 오삼계의 투항을 얻어내는 데 실패했다. 이자성은 5월에 들어서자 오삼계에 대한 군사적인 공격을 개시했지만, 이 역시 실패하자 스스로 대군을 이끌고 나서서 산해관(山海關)으로 향했다. 한편 이미 중원 장악의 꿈을 키우고 있던 청은 오삼계의 요청을 받자마자 도르곤이 지휘하는 50,000명의 병력을 산해관으로 진입시켰다. 27일에 벌어진 전투는 이자성에게는 단 한번의 완전한 패배였다. 그는 곧 북경으로 퇴각했지만 뒤이어 추격하는 오삼계는 북경성의 외곽까지 밀고 와 압력을 가했다. 결국 이자성군은 6월 4일 북경을 탈출하여, 40여 일 만에 다시 하나의 유구적 농민반란군으로 되돌아가게 되었다. 추격하는 오삼계와 청의 공격에 이자성은 산서를 거쳐 서안으로 도피하고, 뒤이어 잔군을 이끌고 양양, 무창(武昌)으로 퇴각을 계속한 끝에 1645년 호북성의 산중에서 자살하였다.

3. 張獻忠의 活動

명말 농민반란에서 이자성에 비하여 비중이 가볍기는 하지만 반드시 살펴보아야 할 것이 장헌충의 활동이다. 그는 섬서성 연안현(延安縣) 유수간(柳樹澗)의 빈농의 가정에서 이자성과 같은 해인 1606년에 태어났다. 거의 교육을 받지 못하였고, 일찍부터 군적에 들어 연수진(延綏鎭)의 병사가 되었다. 언제 병사가 되었는지는 알 수 없지만 1630년에 범죄사건에 연루되어 처벌을 받게 되었다. 이에 그는 군영을 탈출하여 수백 명의 무리를 이끌고 섬서성 미지현에서 반란의 대열에 참여하게 되었다. 스스로 '팔대왕(八大王)'이라 칭하고, 당시 반란군의 중심이었던 왕가윤의 휘하에 들어가게 된다. 다음해에 왕가윤이 죽고 왕자용이 뒤를 잇자 그는 고영상 등과 함께 36영(營) 가운데 한 부대를 거느리게 되어 반란군 가운데 두각을 나타내기 시작했다. 그러다가 왕자용의 패사 이후 고영상의 주도로 열리게 된 영양의 이른바 13가 72영의 회합에서 처음으로 이자성과 접촉을 하게 된다. 이 이후 그는 고영상 등과 연합하여 관군에 대하여 대항을 계속하다가 1636년에 이르러 진로를 바꾸어 호북성으로 들어가 독자 활동에 들어간다. 호북·안휘성 등을 전전하면서 관군에 대항하던 그의 활동은 전체적인 반란군의 퇴조와 함께

연합세력들과 일시 관군의 초무를 받아들이기도 했다. 1639년 그는 유국
능(劉國能), 나여재 등과 다시 반기를 들어 토벌군의 총리군무인 웅문찬(熊
文燦)을 대파하여 기세를 올렸다. 그 이후 토벌군을 피하여 전전하다가 다음
해에 사천으로 들어가 무산(巫山)·대창(大昌)·당양(當陽)을 함락하고,
1641년에는 부하인 이정국(李定國)의 도움으로 양양을 함락시켰다. 이 시기
에 장헌충은 경쟁자로서 각자의 활동을 전개하고 있던 이자성과 연합을 시
도하지만 뜻을 이루지 못한다. 그 이후 그는 호북·안휘성의 5개의 반군진
영을 규합하여 독자세력의 길로 들어선다. 1643년에 무창을 함락하고는
스스로 대서왕(大西王)을 칭하게 된다. 1644년에는 사천성으로 진입하여 중
경(重慶), 그리고 뒤이어 성도(成都)를 장악하고는 드디어 제위에 올랐다.
국호는 대서(大西), 연호는 대순(大順)으로 정하고 성도를 서경(西京)으로 개
칭하여 수도로 삼았다. 이후에 그는 사천지역에 정착하면서 약 1년 가량 외
부로의 진출을 중지한다.

　그런데 장헌충의 사천지배에서 흔히 불가해한 것으로 간주되는 일이 있는
데 그것은 주민의 대량학살이다. 《명사(明史)》에는 무려 980,000에 달하는
인명을 살해했다는 허황한 수치를 제시하고 있지만, 근거지를 섬서성으로
옮기려는 결정을 내리고부터 그의 무자비한 학살은 시작되었다. 처음에는
과거를 시행한다고 각도에 선포하여 향신(鄕紳)·공감(貢監)·생원(生員)·
동생(童生)을 모두 성도에 모아 살해하였고, 그 다음에는 가족을 모두 살
해했다고 한다. 30여 만 명이 넘는 이들을 살해한 다음, 1646년에 들어서는
각 위소(衛所)의 병사들 가운데 노약자를 살해했는데 그 숫자가 75만이었다
고 한다. 그리고는 약 20여 만의 병사를 이끌고 성도부의 36주현의 전주민을
모두 살해했다고 한다.[15] 이처럼 무자비한 살육은 그가 6월에 사천을 버리
고 섬서지역으로 옮기는 과정에서도 계속되어 최후에는 대부분의 부하마저
도 살해하여, 그가 북쪽으로는 남하하는 오삼계로부터, 사천성 내부에서
는 증영(曾英)·왕상(王祥)·양전(楊展) 등 지주무장세력의 공격을 받게 되
자 이무렵 거의 힘을 잃고 있었다. 결국 장헌충은 순경(順慶), 서충(西充)
등지를 전전하며 저항하다가 1646년에 전사하게 된다.

---

15) 鈴木中正, 1974, 제 9 장. '張獻忠의 四川支配'는 이 문제를 집중적으로 살피고 있
　다.

Ⅲ. 淸 嘉慶 白蓮敎亂

1. 社會經濟的 배경

가경 백련교란의 주무대가 되었던 곳은 대체로 섬서성의 진령(秦嶺)산맥
의 남쪽, 사천성의 동북부, 호북성의 서부 산악지역, 그리고 감숙성의 동남
부와 하남성의 서남부 산악지역이었다. 이른바 삼성교계지(三省交界地)인
이 지역은 여러 가지로 불안정한 요소를 많이 지니고 있었던 바, 그것은 지
역적인 특수성과 당시 중국이 안고 있던 사회경제적인 모순이 복합적으로
작용한 결과였던 것이다. 이 지역은 원래 인구가 매우 희박한 지역이었는데
청초부터 외부에서 많은 이주자가 몰려들어 당시 극히 불안정한 사회상황을
보여주고 있었다. 명말의 농민반란과 삼번(三藩)의 난(亂)에 의해 황폐해진
사천성을 중심으로 한 서부지역에 대한 이주정책은 청초부터 적극적으로 추
진되었다.[16] 강희(康熙)·옹정(雍正)·건륭기(乾隆期)에 걸친 활발한 이주는
사천성의 평야지역은 물론 사천·호북·섬서의 삼성이 교계하는 산간지역
까지 확대되었다. 이주민의 출신지역은 광범위하였지만 대체로 강소·절
강·복건성 등을 제외한 화중, 화남의 전지역에 걸쳐 있었다. 이주민의 사
회적 성격에 대하여는 한마디로 말하기 어렵지만 대체로 '빈민(貧民)', '궁
민(窮民)', '무업(無業)의 비도(匪徒)'라는 표현이 보여주듯이 생활이 불안
정한 사회의 기층 유민이 중심이었다고 보여진다. 그러나 한편에서는 개발
의 가능성이나 물가가 저렴하다는 소문 등에 따라서 부유한 농민들도 이주
의 대열에 참여하였다고 전해지기도 한다.[17] 당시 사천성에는 미가(米價)가
1백(百)에 3전(錢)이므로 일단 그곳에 들어가기만 하면 부유해진다는 소문
이 유포되기까지 하였다. 이러한 상황은 조정의 관심을 끌기도 했는데, 이
는 특히 개간지에 비해 생활여건이 열악함에도 불구하고 토지가 척박하고

---

16) 鈴木中正, 1952는 강희·옹정·건륭 연간의 이주정책 및 실태를 자세하게 설명하고
  있다.

17) 雍正《湖廣通志》卷首에 실린 이 상유는 이주 실태와 관련한 여러 보고를 접하고 내
  린 것이다.

궁벽한 미개간의 산간지역에 오히려 인구 과잉현상이 나타날 만큼 이주가
집중되는 기현상이 나타났고, 이는 사회적 불안요인이 될 수 있었기 때문이
다. 옹정 6년(1728)의 한 상유(上諭)는 이러한 현상에 대하여 "듣건대 전년
에 호광·광동·강서 등의 주민들이 그 지역에 흉년이 들어 곡물이 귀해서
사천으로 이주하는 자가 수만 인이 넘었다.…… 그러나 지난해 강서성은 수
확이 매우 좋았고 호광, 광동 역시 흉년은 아니었다.…… 어째서 홀홀이 고
향을 떠나는 자들이 이렇게 많게 되었는가?"하고 있다.[18] 단순히 기아와
궁핍만으로는 이주현상을 모두 설명할 수 없음을 말하고 있는 것이다. 당시
호광출신의 이주민 가운데 범죄자, 전량(錢糧)의 체납자 등이 중요한 부분
을 차지하고 있었음을 보여주는[19] 사료는 그러한 의문을 푸는 열쇠가 된다.
조세의 체납은 적극적인 의미의 항량(抗糧)까지도 포함하게 마련이었고, 지
주에 대한 소작료납부거부인 항조(抗租)와도 이어지는 것이다. 항량은 그
자체가 관권 내지 왕권에 대한 저항이라서 별개로 하더라도, 항조도 관리들
이 방관할 사태는 아닌 것이다. 지주의 경우 소작료가 보장되지 않으면 조
세 부담능력이 없게 되는 것이기 때문이다. 호남성의 경우 당시 항조의 형
태로 전개된 전호들의 저항이 매우 활발해서 국가 수취체계의 중요한 구조
의 하나인 지주(地主)-전호(佃戶)관계는 물론 향촌사회의 기존 질서가 혼란
상태에 빠질 위험이 있었다고 하겠다.[20] 이렇게 볼 때에 지주와 전호의 관
계가 타지역보다 특히 긴장상태를 보여주고 있던 호광 전역에서 많은 이주
자를 내고 있음은 자연스러운 일이라 하겠다. 결국 이주는 당해지역의 유인
요인에 못지않게 타지역의 방출요인이 작용한 결과였음을 예측케 하는 것이
다. 방출지역은 인구가 조밀할 뿐 아니라 생산관계에 긴장이 고조되고 있었
던 것이다.

2. 三省交界地의 사회

사천성을 중심으로 한 반란의 중심무대인 삼성의 교계지는 경제환경의 기
초인 지리적 조건으로 보아, 한수(漢水)유역의 평야지대와 이른바 남산노림

18) 上同.
19) 嘉慶, 《四川通志》 卷64, 食貨志, 戶口.
20) 森正夫, 1971, pp. 260~264 참조.

194

(南山老林), 파산노림(巴山老林)으로 불리는 산간지역으로 구성되어 있었는데, 이 가운데 초기 반란세력의 주공급지역은 산간지역이었다. 이 지역은 행정력이 미약하고, 주(州), 현(縣)의 관할지역이 다른 선진지역의 몇 배에 달하기도 하였다. 이는 치안의 불안정을 가져오기도 했지만, 한편으로는 이 주민이 관리들의 압박을 피할 수 있는 조건이 되기도 했다. 지형상 도작(稻作)은 불가능했기 때문에 이주민들은 산지를 개간하여 옥수수와 밀을 주로 경작하였다. 그런데 이주민이나 모두 토양의 관리 등 안정적인 생산관리에 유의하지 않았다. 경작 초기에는 토양이 비옥하여 평지의 2배 이상의 수확을 올릴 수 있었지만, 4,5년이 지나면 지력이 떨어지고, 그러면 경작민은 타지로 옮기고 지주는 더 열악한 조건으로 새로이 전호를 모집하는 악순환이 되풀이되었다.[21] 이는 이주민의 생활을 불안정하게 하는 조건이 되었고, 계속 유리 이동하는 결과를 가져왔다. 또한 흉년을 만나면 생존을 위해 집단으로 약탈을 하거나 유적이 되는 경우가 많았고 지주나 부호들은 그들대로 무장세력을 갖추기도 하였다. 그런데 이 지역의 산업 가운데 농업이 차지하는 비중은 그렇게 크지 않았다. 개척 이주민이 종사했던 중요한 산업은 목재·종이·철·석탄의 생산이었다. 상인이나 부호들은 자본을 투하하여 산간에 작업장을 열고, 이주민을 모아 임금노동을 시켰는데, 내용상으로는 단지 노동만으로 생계를 유지하는 경우와 농한기를 이용하여 작업장에 고용되는 경우가 있었다. 농민의 경우 파종과 수확기를 제외한 기간에 임금노동에 종사하는 것은 일용필수품의 구입과 전량의 납입에 필요한 현금의 공급에 필수적이었다. 이 때문에 이 지역의 주민은 비록 농민이라 하더라도 거의가 작업장과 관련을 맺고 있었다.[22]

3. 교란의 전개

백련교도를 중심으로 한 반란이 폭발한 것은 1796년(가경 원년)이었지만, 그 출발은 약 20년을 거슬러 올라간다. 1775년(건륭 40)에 하남성(河南省) 녹읍현(鹿邑縣)에서는 한 신흥 민간종파에 대한 탄압사건이 일어났다. 이 전

21) 鈴木中正, 1974, pp.161.
22) 安野省三, 1971, pp.207~212에는 당시의 작업장의 상황과 생산관계에 관한 사례를 정리 소개하고 있다.

해에 번명덕(樊明德)이라는 인물이 백련교 계통의 민간종파를 열어 하남성 일대에 교도를 모아 포교를 했었다. 그런데 '환건곤(換乾坤) 환세계(換世界)'라는 문구를 중심으로 한 경전의 내용이 문제가 되어 교수(敎首) 번명덕을 중심으로 한 교도가 다수 체포, 처형되었다.[23] 이 탄압에서 몇몇 중요 인물들이 체포를 모면했었는데, 그 가운데 한 사람인 유지협(劉之協)이 1788년(건륭 53)에 교파의 재건을 시도함으로써, 이 반란사건의 계기가 마련되었다. 유지협은 당시 감숙성 융덕현(隆德縣)에 충군(充軍)되어 있던 교파의 지도자의 한 사람인 유송(劉松)을 찾아가서, 번명덕이 열었던 혼원교(混元敎)를 재건하되 명칭을 삼양교(三陽敎)로 개칭하고, 〈혼원점화경(混元点化經)〉이라는 경전의 명칭을 〈삼양료도경(三陽了道經)〉으로 바꾸고 '영문(靈文)'을 '구결(口訣)'로 바꾸도록 협의를 했다. 그리고 한 인물을 선택하여 '우팔(牛八)'이라 이름하여 명 왕실의 적손(嫡孫)이라 선전하고, 유송의 넷째 아들 유사아(劉四兒)를 미륵불(彌勒佛)의 전세(轉世)로 삼아 그가 앞으로 우팔을 보좌할 것이며 우팔은 장래에 반드시 존귀한 지위에 오를 것이라 선전하면 대중의 동원에 유리할 것이라는 논의를 하고 합의하게 이르렀다.[24] 이 이후 유지협은 호북성지역에서 본격적인 포교를 개시하여 많은 교도를 확보하게 되었다. 그러나 이 교파는 1794년(건륭 59)의 전국적인 민간종파의 탄압과정에서 커다란 타격을 입게 된다. 유송을 비롯하여 중요 인물들인 송지청(宋之淸)·번학명(樊學明)·제림(齊林)·한룡(韓龍)·사첨수(謝添繡) 등이 체포·처형되었다. 그러나 유지협은 체포를 모면하고 포교를 계속하였다.

반란이 본격적으로 시작된 것은 1796년에 호북성과 사천성에서였다.[25] 호북성에서는 유지협의 영향 아래 의도(宜都), 지강현(枝江縣)의 섭걸인(攝傑人)·장정모(張正謨)·임지화(林之華) 등이 먼저 봉기하고 뒤이어 형주부(荊州府)·의창부(宜昌府)·양양부(襄陽府)·운양부(隕陽府)·시남부(施南府)·형문주(荊門州) 등으로 급속히 확대되었다. 당시 청정은 1689년에 시작된 귀주, 호남의 묘족(苗族)의 반란을 진압하는 데에 주력하고 있어서 호북성에

---

23) 許曾重·林易, 1980, p.176.
24) 유송과 유지협의 관계에 대하여는 許曾重·林易, 1980에 자세히 추적하고 있다.
25) 鈴木中正, 1952는 관찬사료를 통해 반란의 전개과정을 광범하게 살피고 있고, 許曾重·林易, 1980은 일차사료인 당안을 처음으로 이용한 본격적인 논고이다. 王竹樓, 1958도 개괄적인 연구로서 중요하다.

서 반란은 빠른 속도로 확대되었다. 교군은 당양현성(當陽縣城), 내봉현성(來鳳縣城)을 함락하고 아울러 호북의 서남지역, 양자강 이남의 산간지역의 관만뇌(灌灣腦)·낭평(桹坪)·황백산(黃栢山)·기팽채(旗彭寨) 등에 거점을 확보하는 등 세력을 키워갔다. 그러다가 9월 이후 청군의 공격태세가 정비되어 반공에 나서자 교군은 도시와 산채 등의 거점을 잃고 약화되어 갔다. 11월에는 교군의 공격에 나섰던 향용(鄕勇)의 해산을 명하는 상유가 나올 만큼 쇠퇴했다. 그러다가 이듬해 사천성의 교군과 합류함으로써 교군의 위세는 되살아났다. 26) 사천성의 교군은 원래 다소 뒤늦게 10월 15일에 달주(達州)의 서첨덕(徐添德)이 봉기한 것을 선두로 하여 왕삼괴(王三槐)·냉첨록(冷添祿)·나기청(羅其淸)·염문주(冉文儔) 등이 봉기하여 호북군에 호응하였던 것이다. 1697년 3월에 호북교군과 사천교군이 합류한 뒤 수개월간 사천지역의 교군의 세력은 크게 신장되었다. 동향현성(東鄕縣城)을 점령하고 주변의 산악지대에 점재하는 청계장(淸溪場)·향노평(香爐坪)·방산평(方山坪)·왕가채(王家寨) 등의 산채를 거점으로 하여 일시에 약 2,3만의 군세를 모을 만큼 활발했다. 그러나 묘족의 토벌에 능력을 발휘했던 액륵등보(額勒登保), 덕릉태(德楞泰)·명량(明亮) 등 만주족 군관이 나서게 되자, 관군은 차츰 동일적인 기동력을 발휘하여 호북, 섬서의 교군을 토벌하고 1798년 7월부터는 사천성의 교군에 압박을 가해왔다. 교군은 동향현성을 청군에 뺏기고 산채 등 거점을 잃고 각지를 이동하는 유구화(流寇化)현상을 보이게 되었다. 감숙성의 동부 변경, 위하분지(渭河盆地) 등으로 이동하면서 청군에 대항했다.

1799년(가경 4)에 건륭제가 사망하고 가경제의 친정이 개시되자, 청의 정치에 변화가 오게 되고 이는 백련교군에게도 새로운 상황을 제공하게 되었다. 건륭제 치하에서 부패의 상징이었던 화신(和珅)을 처형하고, 27) 그의 영향이 컸던 군을 정비하였다. 교군 토벌의 경략대신(經略大臣)인 늑보(勒保)를 혁직하고 다수의 문무관료가 엄중한 처벌을 받아 군기를 숙정했다. 대신 액륵등보가 경략대신, 덕릉태가 참찬대신(參贊大臣)이 되어 지휘계통을 확

---

26) 호북성의 교도와 사천성의 교도가 봉기 이전에 상호 어떠한 관계에 있었는가는 확실하지 않다. 현재까지의 연구로는 교도의 반란이 전체적인 조직이나 통일된 조직을 가졌던 것은 아니다. 이 점은 체포된 교도들의 진술에서도 확인된다. 《淸中期五省白蓮敎起義資料》, 1981, 제 5 책.

27) A. W. Hummel(ed.), 1944, Vol. 2.

립하고 반란이 종료될 때까지 효율적인 작전을 이끌게 된다. 이들은 교군의
내부교란을 목표로 다양한 선무공작을 전개하는 한편, 이른바 '견벽청야(堅
壁淸野)'의 전술을 써서 교군을 고립시켜 갔다. 민중의 자위체제를 강화하기
위해 시진(市鎭)에 성벽을 구축하고, 주변의 농민을 성채로 수용하여 보갑
(保甲)으로 편성하였다. 그리고 각 성채의 자위집단마다 단용(團勇)을 편성
하여 향토방위를 담당하게 하였다. 이 작전은 교군의 보급을 차단하는 결과
를 가져와 대규모의 세력으로 성장하는 것을 막는 효과를 올렸다. 교군은
감숙성의 동부와 사천성의 분지를 무대로 하여 대항을 계속하였는데, 1800
년초에 들어서서 사천성 팽명(彭明), 강유현(江油縣) 부근의 신점자(新店子),
마제강(馬蹄岡)에서 결정적인 패배를 맞게 된다. 염첨원(苒添元), 장자총(張
子聰) 등의 약 5만에 이르는 교군이 덕릉태의 청군에 궤멸된 것이다. 이후
교군은 소규모의 부대로 분산되어 저항을 계속하고 1803년에는 청군의 작전
에서 해제된 향용의 반란세력과 연합하여 재기를 노리기도 하면서 1805년까
지 존속한다. 이 해 3월 토벌군은 대부분 철수하고 최후로 교군의 잔여부대
를 이끌던 순조구(荀朝九)·왕세귀(王世貴)·왕작경(王作經) 등이 전사하면
서 반란은 끝이 나게 되었다.

4. 교란과 白蓮敎

원래 혼원교는 초기에 탄압을 받은 후에 번명덕의 제자인 왕회옥(王懷玉),
그의 아들 왕법승(王法僧 ; 王發生), 손자 왕쌍회(王雙喜)를 종교적인 구심점
으로 하여 맥을 이어왔었다.[28] 그러다가 유지협의 활동으로 별파인 수원교
(收元敎) 계열과 관계를 맺어 크게 보아 하나의 신앙체계를 확산시킬 수 있
게 된다. 혼원교나 수원교의 교리가 정확히 어떠했는가는 아직 밝혀지지 않
았지만 반란의 과정에서 나타난 바를 살피면 유지협의 혼원교 재건과정에서
가미된 미륵신앙의 영향이 지대했음을 알 수 있다. 비록체계적인 조직을 갖
추고 뚜렷한 교단을 형성하지는 못했지만 수많은 인원을 동원하고 끈질긴
생명력을 지닐 수 있었던 점을 설명함에 백련교의 종교적인 요소를 배제할

---

28) 許曾重·林易, 1980.

수 없다.29) 이에 명대 이후 사회적으로 광범한 저변을 확보해왔던 백련교에
대한 개괄적 접근이 필요하게 된다. 주지하다시피 백련교는 '무생부모(無生
父母), 진공가향(眞空家鄕)'이라는 이른바 8자(字)의 진언(眞言)을 가지고 있
었다. 그리고 미륵신앙에서 도입된 말세관(末世觀) 내지 신시대(新時代)의
대망론(待望論)이라 할 '삼양설(三陽說)'을 중요한 요소로 지니고 있었다.
우선 진언을 근거로 백련교의 세계관 내지 미래상을 보기로 한다.30)

　천지가 있기 전에 먼저 무생노모(無生老母)가 있었는데, 그는 우주만물과 억만
의 아녀(兒女)를 낳았다. 그런데 그들 아녀가 홍진세계인 동토(東土)에 떨어져서
원성(原性)을 깨닫지 못하고 타락하여, 고향에 돌아올 수 없기 때문에 말겁(末劫)
의 재앙을 피하기 어렵게 되었다. 이 때문에 무생노모는 신불조사(神佛祖師)들을
하범(下凡)시켜서 아녀들을 선도해서 그들이 지옥에 떨어져 영원한 윤회의 고통
을 받지 않도록 하려고 했다. 이것이 이른바 '수원(收元)'이다. 그리해서 미륵불
장세(彌勒佛掌世)의 시대가 오면 이들 아녀는 모두 구제되어서 '환향(還鄕)'하여
용화회(龍華會)에서 무생노모를 만나 장생불로하는 원래의 상태로 돌아가게 된
다.31)

위에서 나타난 신격(神格)은 무생노모와 미륵불인 것이다. 무생부모와 무
생노모라는 서로 다른 점이 있기는 하지만, 현세의 종말인 말겁이 가까워
와서 인간은 구제를 받아 새로운 이상세계를 맞이할 수 있게 된다는 것으로
8자진언에서 암시하고 있는 미래상인 것이다. 무생노모의 세계는 바로 미
륵불이 주재하는 세계이고 이 세계야말로 진정한 인간의 고향이며 현세는
하나의 가상(假像)에 불과한 것이다. 사천성에서 지현(知縣)을 지낸 기대규
(紀大奎)라는 인물이 남긴 관찰은 유의할 만하다. 〈사교십술고시(邪敎十術告
示)〉에서 "……드디어 무생부모, 진공가향의 설을 날조한다. 혈육생신(血肉
生身)의 부모를 가부모로 본다. 천상에 따로이 무생의 진부모, 무생의 노조
가 있다. …… 이제 천상(天上)에서 진인(眞人)을 하범시켜 교설(敎說)을 전한
다. 만약 입교하면 장래에 진공가향으로 돌아가서 무생의 진정한 부모를 만

29) 농민반란과 민간종교와의 관계에 대하여는 熊德基, 1964가 자세히 살피고 있다. 小
　　島晋治, 1971와 相田洋, 1974도 전체적인 시각을 종합정리하고 있다.
30) 崔甲洵, 1982에서 시론적인 설명을 시도했다.
31) 熊德基, 1964에 정리된 바에 의함.

날 수 있다"는 내용의 당시 유포되고 있던 백련교의 교리를 소개하고 있다.[32] 이러한 교리는 당시의 상황에 비추어 두 가지 가능성을 예시해 준다. 이주민 사회의 사회구성이 종족적(宗族的) 결합이나 지연적(地緣的) 동질성이 회박한 조건에 비추어 현세적 전통적 인간관계, 가족관계를 하나의 가상으로 보는 이 교리가 손쉽게 수용될 수 있는 조건을 갖추고 있었다고 볼 수 있고, 또 다른 면에서는 공동체적인 지연・혈연을 바탕으로 한 당시의 사회・정치체제에 대하여는 극히 위험스러운 측면이 있는 것이다. 이 점은 미륵불의 출현에 반드시 전제되는 현세의 급작스런 종말과 관련을 맺을 때에 한층 그 가능성이 높아지게 되는 것이다. 이러한 무생노모에 대한 신앙 못지않게 현실적으로 중요한 기능을 했던 것은 미륵하생신앙이었다. 미륵신앙에서 제시하는 미래상은 다음과 같다.

> 대지는 평탄하고 깨끗해서 유리거울 같으며, 아름다운 꽃이 골고루 피고 꽃술은 부드럽고, 훌륭한 과실을 맺는다. 풀숲에도 나무에도 예쁜 꽃이 피어 맛있는 과일이 달린다. 천상(天上)의 제석천(帝釋天)의 정원보다도 낫다. 나무의 높이는 3천 리나 된다……(인간은) 지혜도 위덕도 갖추고 관능의 즐거움도 있지만 한서풍화에 대한 걱정은 없다. 수명은 84,000으로서 다하고 일찍 죽는 사람은 없다. 인간은 키가 10장(丈)이고 매일을 매우 안락하게 보내며 깊은 선정(禪定)의 즐거움을 누린다……수해나 화재도 없고, 전화도 기근이나 독해 등의 재난도 없다……비는 때 맞추어 내리고, 천상과 같은 전원에는 향기좋은 벼가 나서, 불가사의한 힘의 도움으로, 한번 씨를 뿌려서 일곱 차례나 수확을 할 수 있다…….[33]

그런데 원래 이러한 현세적인 이상향(理想鄕)을 약속하는 미륵불의 출현 시기는 56억 7천만 년 뒤인 미래로 정해져 있는 것이어서 결코 실현성이 있거나 현실감이 있는 것은 아니다. 그러나 중국에서는 그 시간적인 간격을 무시한 채로 현세 그것도 아주 가까운 시기에 또는 어떠한 특정 시점에 당장 출현하고 그에 따른 이상세계가 전개되리라는 믿음이 일찍부터 있어 왔고, 그 믿음은 왕왕 민중반란의 계기로 기능해 왔다.[34] 그런데 미륵이 출현하고 이상세계가 출현하기 위해서 필연적으로 거쳐야 할 과정이 현세적인 재앙인

---

32)《雙桂堂稿續編》卷 8.
33)《彌勒成佛經》, 相田洋, 1974 참조.
34) 미륵신앙을 기초로 한 반란에 대하여는 重松俊章, 1931 참조.

것이다. 이는 백련교 교리의 또하나의 지주인 이른바 '삼양설'에 의해 뒷받침되고 있다. 삼양설에 따르면 우주의 개천(開天) 이래의 과정은 미래까지 포함하여 3기로 구분되어, 각각 '청양(靑陽)', '홍양(紅陽)', '백양(白陽)'의 이름으로 불리우며, 각 시기의 주재자로서 연등불(燃燈佛), 석가불, 그리고 미륵불이 설정되었다.[35] 이 구도에 따르면 미륵불이 주재하는 백양기가 가까이 도래하였다는 징후가 보이면, 그는 커다란 기대와 아울러 재앙에 대한 두려움을 가져다 주는 것이다. 실제로 반란의 와중에서 교도들에게 영향을 끼친 미륵과 겁재(劫災)에 관한 교리는 비록 다양하고 통일된 체계를 갖추지 못했지만 다음의 요소가 발견되었다.

1. 미륵불의 하생이 선전되고, 미륵불의 전세로서 특정 인물이 제시되고 신비화되었다.
2. 미륵불 출현의 전조라고 할 혹독한 천연재해의 도래가 예시되었다.
3. 겁재를 피하기 위해서는 입교를 하거나 특정한 주문(呪文)을 외우는 등 일정한 요건을 갖추어야 한다.[36]

그리고 실제로 교도들의 입교동기를 살펴보면 이상향으로의 진입이나 구제에 대한 기대보다는 오히려 소재(肖災)나 면화(免禍)에 있는 경우가 대부분이다. 당시 민간에는 미륵신앙의 겁재관이 상당히 광범하게 퍼져 있었고, 겁재의 도래를 예시하는 절박한 여건이 갖추어지면 누군가 종교지도자에 의해서 겁재의 도래가 구체적인 형태로 선전되곤 해왔는데, 이 점은 겁재의 파괴성과 관련하여 현실질서 내지 체제에 대한 강한 부정으로 나타나고, 그러한 상황을 능동적으로 수용하려 할 때에 반란에 적극적으로 참여할 바탕이 마련되는 것이다. 미륵불의 출현과 겁재의 도래를 선전한 사례는 흔히 발견되는데 몇 가지 예를 들어보겠다. "장래에 오마(五魔)가 내리는 수화(水火)의 재겁이 있을 것이다. 반드시 미륵불을 존봉하고 향을 사르며 염경(念經)하여야만 이를 피할 수 있다.", "가까운 장래에 대겁을 만날 것이다. 천지가 어두워지고 일월도 빛을 잃게 된다. 사람들은 도병수화(刀兵水火)의 재난을 입지 않으면 기질에 걸릴 것이며, 처녀는 남에게 음략(淫掠)을 당할 것

---

35) '三陽說'에 대하여는 崔甲洵, 1982에서 하나의 가설을 제시해 보았다.
36) 교도들의 진술을 포함한 관련사료에 보이는 공통점을 정리한 것이다. 澤田瑞穗, 1972.

이다. 세계가 반드시 대변할 것이지만 우리 교에 들어오면 면할 수 있다."
이러한 면은 관리들도 파악하고 있었으며 한편으로는 교도들을 위협하는 논
리로까지 이용되었다. "복을 주고 겁을 피한다는 구실로 꾄다"고 한 평가나
"그 교에 들어가면 대겁이 장차 닥칠 때에 고해(苦海)에 함께 빠질 것이다"
고 말하고 있음이 그것이다.

그런데 위에서 본 무생노모에 대한 신앙과 미륵하생신앙이 구체적인 결합
의 장을 지니고 있었음을 보여주는 증거가 있다. 스스로 미륵불의 전세(轉
世)와 그 새로운 세상을 지배할 정치적 지배자까지도 선정하여 내세웠던 유
지협이 체포된 뒤의 자술에서 다음과 같은 주문을 외웠다고 밝히고 있다.

> 영산(靈山)에서 떠나 고향을 잃어버리고, 사바세계에 살면서 고통을 겪고 있
> 다. 무생노모가 편지를 보내와서 "너희들 모두 귀가(歸家)하기를 바란다"고 한
> 다.[37]

그의 행동과 주문의 내용을 대비시키면, 다소간 상치되는 면도 있어 보인
다. 결국 현세적 문제의 해결은 비교적 구체적이고 적극성을 띤, 즉 미륵정
토의 현세적인 완성을 약속하는 미륵불을 표면에 등장시킴으로써 구체화하
고, 원천적이고 본래적인 구제에 대한 염원은 언젠가 인류를 '진공가향(眞
空家鄕)'이라는 이상향으로 이끌 온건하고 모성적인 존재인 '무생노모(無生
老母)'에게 의탁하는 구도라고 하겠다. 이런 측면은 백련교란에 앞서서 옹
정 연간에 적발된 한 종파의 주문에서도 확인된다. "진공가향에는 무생부모
가 있고, 현재의 여래로는 미륵이 우리의 주인이다."[38]

5. 反亂의 맺음

호북·사천·섬서·하남·감숙성 등 5개성을 전란으로 몰아넣고, 수많은
인명을 앗아간 백련교도의 반란은 10년 동안 지속된 끝에 1805년(가경 10)에
종결지어졌다. 참가 인원은 약 20여 만에 달했고, 이 과정에서 청조는 약 1
억 2천만 량의 전비를 지출했고, 그 결과 본격적인 재정상의 어려움에 빠져

---

37) 《淸中期五省白蓮敎起義資料》 제 5 책, p. 96.
38) 兪正燮, 〈書薰城評話後〉, 《癸巳存稿》에 보이는 주문이다. 옹정 연간의 三元會空空敎
　　사건과 관련된 것이다.

들게 되었다. 반란의 원인을 살펴면, 발발지역이 가지는 특수성 이외에 거시적으로 보아 18세기 청조의 정치적·사회경제적인 여러 모순이 결집되어 폭발한 것이라 하겠다. 사실상 청조는 이 이후 극심한 재정난과 사회적 혼란을 겪으면서 쇠락의 길로 들어섰다.

Ⅳ. 맺음말

명·청대는 중국사상 어느 시기에 못지않게 민중반란이 빈발했던 시기이다. 명 중기 이후 아편전쟁이 일어나기까지의 시기는 왕조의 교체와 상관없이 그리고 정치적인 안정 여부와 관계없이 계속 반란이 이어져왔다. 이는 경제적인 면에서 이른바 명말청초라는 시기에 유의하는 것과 관련지을 때 하나의 가능성을 제시해준다고 하겠다. 지주와 전호의 관계가 대립과 갈등의 관계로 진전되어가고 한편에서는 토지의 집적현상이 확대되어가는 등 사회적 모순과 불안요인이 계속 성장해 가고 있었던 것과 관련지어 살펴야 할 것이 바로 농민들의 지속적이고 집단적인 저항활동인 것이다.

앞에서 전제하였지만 명말의 반란과 청 중기의 반란 사이에 가장 큰 차이는 종교적인 요소와 관련해서이다. 명대에도 수많은 종교반란이 일어났음에도 불구하고 가장 주목되는 반란의 경우에 종교적인 요소가 거의 발견되지 않은 이유는 앞으로 해명되어야 할 과제의 하나이다. 실제로 청대의 민간종교의 경전의 대부분이 명대에 출현했고 널리 유통되었음에도 불구하고 왕권의 철저한 단속을 받았던 청대에 비해 뚜렷한 영향을 미치지 못하고 있음은 주목할 만한 점인 것이다. 다음으로 부언할 것은 결과적인 설명이기도 하겠지만, 명말의 반란이나 청 중기의 반란이 모두 만주족을 궁극적인 대항세력으로 하고 있다는 공통점을 지니고 있다. 이는 장헌충의 부하로서 명조의 붕괴에 일조했던 이정국과 같은 인물이 만주족의 침입에 직면하여서는 남명정권과 협력하여 복명운동에 뛰어들고 있음을 상징적으로 보여주는 것이다.

참고문헌

崔甲洵,〈明・淸代宗敎結社의 '三陽說'〉,《歷史學報》94・95 合輯, 1982.

─────,〈明・淸代 민간신앙의 '無生老母'〉,《金哲埈博士回甲紀念論文集》, 1984.

黃育楩,《破邪詳辯》, 澤田瑞穗 校注本《校注破邪詳辯》, 東京, 1972.

計六奇,《明季北略》, 中華書局 排印本, 1984.

傅衣凌,《明淸農村社會經濟》, 三聯書店, 1961.

李文治,《晚明民變》, 中華書局, 1948.

曹貴林,〈李巖述論〉,《歷史硏究》1964-4.

─────,〈論大順政權的性質〉,《歷史硏究》1965-1.

中國社會科學院歷史硏究所 淸史室, 資料室,《淸中期五省白蓮敎起義資料》, 1981.

重松俊章,〈唐宋時代の彌勒敎匪〉,《史淵》3, 1931.

孫祚民,〈試論李自成大順政權的性質〉,《新建設》1962-3.

熊德基,〈中國農民戰爭與宗敎及其相關問題〉,《歷史論叢》1, 中國社會科學院 歷史硏究
　　所, 1964.

王竹樓,〈1796〜1805年的白蓮敎大起義〉, 李光壁 編,《中國農民起義論集》, 三聯書店,
　　1958.

賴家度,《明代隕陽農民起義》, 湖北人民出版社, 1956.

許重曾・林易,〈劉之協在川楚陝農民大起義中作用的考察〉,《淸史論叢》2, 中華書局,
　　1980.

鈴木中正,《淸朝中期史硏究》, 愛智大學 國際問題硏究所, 1952.

─────,《中國史における革命と宗敎》, 東京大學 出版會, 1974.

宮崎市定,〈中國近世の農民暴動〉,《東洋史硏究》10-11, 1947.

田中正俊・佐伯有一,〈15世期における福建の農民反亂〉,《歷史硏究》167.

田中正俊,〈民變, 抗租奴變〉,《ゆらく中華帝國》世界歷史, 筑摩書房, 1961.

─────,〈鄧茂七の反亂の所傳について〉,《淸水博士追禱紀念明代史論叢》, 1962.

谷口規矩雄,〈明代中期荆襄地帶農民反亂の一面〉,《硏究》35, 1965.

─────,〈明代の農民反亂〉,《世界歷史》12, 岩波書店, 1971.

山根幸夫,《明代徭役制度の展開》, 東京女子大學學會, 1966.

栗林宣夫,〈明代後期農村と里甲制〉,《東洋史學論集》4, 1955.

安野省三,〈淸代の農民反亂〉,《世界歷史》12, 岩波書店, 1971.

森正夫,〈明淸時代の土地制度〉,《世界歷史》12, 岩波書店, 1971.

小島晉治,〈農民戰爭に於ける宗敎───結社宗敎───〉,《中國文化叢書》6, 大修館書

店, 1971.

相田洋, 〈白蓮教の成立とその展開〉, 《中國民衆反亂の世界》, 東京, 1974.

Naquin, Susan, *Millenarian Rebellion in China: The Eight Trigrams Uprising of 1813*, Yale Univ. Press, 1976.

Parsons, James Bunyan, *Peasant Rebellions of the Late Ming Dynasty*, The University of Arizona Press, 1970.

明·淸時代의 國家權力과 紳士

吳　　金　　成

Ⅰ. 序　　言

　근대 이전의 중국역사에서 사회의 발전과정에 나타난 국가의 기능은 절대적인 것이었다. 그러나 그것이 가능했던 이면(裏面)에는 각 시대마다 그것을 가능케 한 윤활유적인 역할을 한 계층이 있었다. 명대(明代) 중엽 이후부터 청말(淸末)에 이르는 시기에는 신사(紳士)가 바로 그러한 역할을 담당하였다. 그 때문에, 신사의 다양한 역할과 존재형태는 명·청시대의 통치형태와 사회구조를 포괄적으로 파악하는 데 중요한 지표로 인식되어 왔다.

　세계학계에서 명·청시대의 신사층에 주목하기 시작한 것은 1940년대부터였고, 가장 집중적인 연구가 진행된 것은 1960, 1970년대였다.[1] 구미학계에서는 신사층의 정치적·사회적 동향과 사회적 계층이동에 대하여 청대 이

---

1) 宮崎市定, 1946；佐野學, 1947, 第2部, 第3輯；吳晗·費孝通, 1948；根岸佶, 1948；Fei, Hsiao-t'ung(費孝通), 1953；Chang, Chung-li(張仲禮), 1955；閔斗基, 1965；吳金成, 1978；森正夫, 1975~1976；Waltner, Ann, 1983.

206

후를 주대상으로 연구하여 왔다. 2) 일본학계에서는 명말·청초와 그 이후의
정치적·사회경제적 존재형태를, 주로 세·역제도(稅·役制度)의 개혁과 생
산관계를 중심으로 연구하여 왔으며, 최근에는 다양한 면에까지 연구영역
을 확장해 가고 있다. 3) 중국의 대륙학계에서는 1940년대에 일부 학자에 의
해 연구가 시도되다가 중단되었고, 최근에야 다시 시작되었으나 아직은 연
구의 초보단계라 할 수 있으며, 연구의 방향과 문제의식은 일본학계의
1960, 1970년대와 유사하다. 4) 한국학계에서는 일본의 '향신(鄕紳)' 개념이 아
닌 '신사' 개념이 제창되었고 최근에는 상당한 부분에 걸쳐 사례연구도 나오
고 있다. 5)

그런데 지금까지의 세계학계의 신사층연구(紳士層硏究) 현황을 보면,
㉠ 그 이해는 강남(江南)의 소·절지방(蘇·浙地方)을 중심으로 하는 지역적
편협성, ㉡ 신사의 사회적 지배를 주로 신사의 특권적 지주(地主)로서의 성
격에만 집중시키는, 연구의 다양성의 결여 등의 약점에서 아직도 크게 벗어
나지 못하고 있다. 그밖에도 ① 신사의 개념, 6) ② 신사가 계층으로 형성된
계기, 과정과 그 시기, ③ 신사의 다양한 역할과 존재형태, ④ 송대(宋代)
사대부(士大夫)와의 제도적·사상적·신분적 혹은 사회적 지위와 영향력 등
의 차이, ⑤ 신사의 사회계층적 성격 등의 문제에 대해서도 아직은 완전한
합의점에 도달하지 못했거나 연구가 극히 부진한 상태이다.

본고에서는 지금까지 세계학계에서 추구해 온 신사층연구를 총정리해 본
후에 몇 가지 남은 문제를 재음미해 보려 한다. 단, 본고에서는 신사를 '관
직경력자(官職經歷者; 休職·退職官僚, 進士 包含)와 미입사학위소지자(未入仕
學位所持者; 學人·貢生·監生·生員 등 官位志望者)를 포함하는, 과거제(科擧
制), 연납제(捐納制), 학교제(學校制) 등을 매개로 하여 나타난 정치·사회적
인 지배층을 총칭(總稱; 汎稱)하는 개념으로 사용하겠다. 7)

2) Chang, Chung-li, 1955; Idem, 1962; Hsiao, Kung-chuan(蕭公權), 1960; Marsh,
Robert, 1961; Ho, Ping-ti(何炳棣), 1962; Ch'u, T'ung-tsu, 1962; Chow, Yung-teh,
1966; 閔斗基, 1965; Waltner, Ann, 1983.
3) 森正夫, 1975~1976; 吳金成, 1978.
4) 吳晗·費孝通, 1948; 吳晗, 1959; 雙默, 1985.
5) 吳金成, 1989-B.
6) 閔斗基, 1965; 吳金成, 1978; 雙默, 1985; 森正夫, 1975~1976.
7) 現職官僚의 경우라도 자기 직책을 수행하는 것이 아니고, 자기 고향의 일에 대하여

Ⅱ. 紳士層의 形成

1. 學位所持者의 出現

생원(生員)은 동시(童試; 府・州・縣學의 入學試驗)에 합격한 학생으로, 성적에 따라 국자감(國子監)에 진학할 수도 있고 향시(鄕試)에 응시할 수도 있었다. 특히 생원만이 향시에 응시할 수 있도록 함으로써 학교[養士機關]가 과거[官吏選拔制]체계내에 포섭된 것은 중국사에서 명대(明代)에 처음 생긴 제도이다. 그러므로 생원은 학교체계[生員→監生→官僚]와 과거체계[生員→擧人→進士→官僚, 혹은 生員→擧人→官僚]의 제 1 단계에 위치하는 학위소지자였다. 생원은 이미 홍무 연간(洪武年間; 1368~1398)부터 9품관(品官)에 준하는 특권을 국가로부터 부여받았다. 그중에서도 가장 중요한 것은 요역우면특권(徭役優免特權)이었다. 이 우면권(優免權)은 생원에게 경제적 이익과 함께 사회적 지위의 상승효과도 안겨 주었다. 또 생원의 이러한 특권은 종신(終身)토록 보장되는 것이었다. 이 때문에 생원은 단지 학위소지자에 불과한데도, 명초(明初)부터는 평민층과는 다른 특권신분에 포함되었다.[8] 그 결과, 명초 이래 국가와 사회에서 이들 생원을 모두 사대부의 일원으로 인정하게 되었으며, 생원 스스로도 사대부로서의 자각과 공의식(公意識)을 체득하고 있었다.[9] 명・청시대 생원의 사회적 성격이 당・송시대의 그것과 다르고, 또 사상적・실제적인 면에서 생원이 사대부계층의 범주에 포함될 수 있는 가능성은 여기에 있었다.

감생(監生)은 명초에는 대부분 생원으로부터 선발된 학위소지자였다. 감생은 그 자격만 가지고도 입사(入仕)가 가능하였으므로, 명대(明代)의 중・하급관료의 과반수가 감생출신이었다. 또 감생은 홍무초(洪武初)부터 향시

발언하거나 행동할 때는 관직경력자로서의 지위와 영향력을 행사하는 것이므로 紳士로 볼 수 있다. 관직경력자의 범위에는 未入流官도 포함시켰는데, 그 이유에 대해서는 吳金成, 1986, pp. 71~72 참조.

8) 吳哈, 1948; 同氏 1959; 伍丹戈, 1981; Ho, Ping-ti, 1962, pp. 17~52; 多賀秋五郎, 1966; 同氏, 1970; 吳金成, 1986, pp. 12~23.

9) 森正夫, 1980; 夫馬進, 1980-A; 同氏, 1980-B.

에 응시할 수 있었으므로(國子監과 科擧의 결합), 명대 진사(進士)의 과반수는 감생출신이었다. 감생은 홍무 연간부터 요역우면(徭役優免) 등 생원과 유사한 특권을 국가로부터 부여받았고 또 종신(終身) 보장되었다. 명대의 감생(中期 이후에는 貢生·例監生 포함)의 사회적 성격이 당·송시대의 태학생(太學生)의 그것과 다르고, 또 사상적·실제적인 면에서 사대부계층의 범주에 포함될 수 있는 가능성은 여기에 있었다.[10)]

거인(擧人)은 송대에는 성시(省試;進士試)에 단 1회 응시할 자격만을 가지는 한시적(限時的)인 자격에 불과하였고, 따라서 그 자격만 가지고 관직에 임명되는 예는 많지 않았다. 그러나 명초부터는 그 자격만으로도 입사가 가능하였고 국자감에서의 학업도 허가되었다(科擧制와 國子監의 결합). 그러므로 이들도 역시 감생과 같은 특권을 국가로부터 부여받았고 그 지위도 역시 종신 보장되었다. 따라서 명대 이후의 거인은 전대의 거인과는 달리, 사회적 특권층으로서 사대부계층의 범주에 포함될 수 있었다.[11)]

명대에 관직경력자(이들은 이미 前代부터의 特權階層이었다)와 학위소지자가 국가로부터 받은 신분적 지위와 특권은, 양적인 면에서는 그 후 약간의 변화가 있었지만, 질적인 면과 역사적·실제적 의미에서는 명초(社會에서 그들을 아직은 紳士로 부르지 않은 시기)와 명말(사회에서 그들을 紳士로 불렀고, 그들의 存在形態가 문제화되었던 시기)이 유사하였다. 환언하면, 과거제와 학교제가 가지는 사회적 기능은 이미 명초부터 전시대와는 다르게 변화되었다. 그럼에도 불구하고, 명초에는 국가나 사회에서 다같이 그들을 '신사(紳士)'로 인식하지는 않았다. 따라서 명초에 이미 실질적으로 존재하고 있던 관직경력자(官職經歷者)와 학위소지자(學位所持者)가 중기 이후에 '신사'로 불리게 되는 계기와 과정은 위에서 본 내용 외에 다른 곳에서 찾아야 할 것이다.

2. 學位所持者의 階層的 固定化

명초에 생원이 특히 사회문제를 제기하지도 않았고 사회적으로 표출되지

---

10) 吳晗, 1948; 同氏, 1959; 楊啓樵, 1964; 林麗月, 1978; 吳金成, 1981; 同, 1982; 同, 1986, pp.23~33; 多賀秋五郎, 1970; 谷光隆, 1964; 五十嵐正一, 1979; Ho, Ping-ti, 1962, pp.27~34.

11) 吳金成, 1982; 同, 1986, pp.33~37; 和田正廣, 1978-A; 同, 1978-B.

도 않았던 원인은 다음 2가지 면에서 설명될 수 있다. 첫째, 명초에는 생원의 수가 중기 이후에 비하여 1/5~1/10 정도로 훨씬 적었으나 국자감에 진학하는 수는 오히려 많았으며,[12] 둘째 명초에는 이갑제질서(里甲制秩序)[13]하에서 사회가 비교적 안정돼 있었고 향촌(鄕村)의 재생산유지기능(再生産維持機能)도 이장(里長), 이노인(里老人) 등을 통하여 어느 정도 효과적으로 수행되고 있었다. 그러므로 미입사(未入仕) 학위소지자의 약간의 축적은 사회적으로 그리 큰 문제로 인식되지는 않았고, 또 국가나 사회에서 그들의 사회경제적 역할을 크게 기대하지도 않았다.

그러나 15세기 중기부터는 정치・사회질서에 이완현상이 나타나고(후술), 그것은 학위소지자의 사회적 계층이동에도 영향을 미쳤다. 명초에 30,000~60,000명(全人口의 0.1% 미만) 정도였던 생원의 수는 15세기 중기부터 급증하기 시작하여, 16세기에 이르러서는 명초의 5~10배나 되는 31만여 명으로 증가하였고 명말에는 50여 만으로 격증(全人口의 0.33% 이상)하였다. 그 결과 생원의 공생경쟁률(貢生競爭率)은 명초에 40 : 1 정도에서 중기 이후에는 300 : 1 내지 400 : 1로 증가하였고, 향시의 경쟁률도 같은 기간에 59 : 1에서 300 : 1 이상으로 증가하였다. 그 결과 60~70% 정도의 생원은 단대생원(單代生員)으로 끝날 수밖에 없게 되었다. 생원은 이제 진사(進士 ; 官僚)는 고사하고 거인이나 감생까지 상승하는 것조차도 거의 불가능하게 되고 말았다. 이렇게 계층의 상승이 거의 불가능하게 된 절대 다수의 생원은 국가가 보장해 준 특권을 향유하면서 실현이 가능한 사리(私利)나 추구하는 '보신가(保身家)'적 존재로 향촌에 정착될 수밖에 없게 되었다.[14]

한편, 홍무 연간에는 관리선발면에서 감생이 오히려 진사보다도 우대되었을 뿐 아니라, 공인안(空印案 ; 洪武 9年), 호유용(胡惟庸)의 옥(獄 ; 13年), 곽환(郭桓)의 안(案 ; 18年), 남옥(藍玉)의 옥(獄 ; 26年) 등 수많은 정치적 사건[15] 때문에 관직에 결원이 많았으므로, 감생의 상승도 빨랐다. 그러나 15세기 중기부터는 예감생(例監生)이 생기면서 감생의 수는 2배로 증가한 데

---

12) 吳金成, 1986, pp. 38~44.
13) 山根幸夫, 1966 ; 鶴見尙弘, 1971 ; 栗林宣夫, 1971 ; 韋慶遠, 1961 ; 川勝守, 1980, pp. 33~183.
14) 吳金成, 1986, pp. 38~50.
15) 吳晗, 1949 ; 山根幸夫, 1971 ; 檀上寬, 1978.

210

반하여 매년 선발되는 관료의 수는 국초보다도 오히려 감소되었다. 그 결과 감생이 된 후 20여 년을 기다려야 겨우 입사되는 것이 상례가 되었다. 그 때문에 중기 이후부터는 12,500~22,500명 정도의 공생·감생이 입사의 기회를 얻지 못한 채 향촌에 정착(定着; 固定化)되었다. 환언하면, 사환(仕宦) 기회의 상대적 감소와 감생 수의 배증(倍增)으로 인하여, 명 중기 이후에는 감생의 자격만 가지고는 제도적으로 보장되어 있는 입사가 거의 불가능하게 되고 말았다. 이렇게 하여 향촌에 정착하게 된 대다수 감생의 사회활동이나 생활양식, 혹은 세계관 등은 생원층의 그것과 유사하게 되었다. 국가와 사회에서의 인식도 생원과 유사하게 되었다. 현실적으로 생원과 감생의 구분은 점차 희박해져 갔다.[16]

거인도 감생층이 사환(仕宦)의 도(途)에서 경험한 것과 유사한 문제를 경험하였다. 거인의 회시(會試)에서 경쟁률은 15세기 중기에 12:1 정도였던 것이 16세기 초에는 15:1로 증가하였다. 15세기 후반부터는 4,000~5,000명 정도의 거인이 입사의 기회를 얻지 못하고 역시 향촌에 정착되었다. 이들 미입사 거인들에 대한 국가나 사회에서의 인식은 감생보다는 조금 우위였으나, 그들의 생활양식이나 세계관은 감생·생원의 그것과 크게 다를 바 없었다.[17]

이상과 같이 생원·감생·거인 등 미입사 학위층의 수가 급격히 증가하고, 사회에 옹체(壅滯)되어 가던 15세기 중엽을 고비로 하여 관인을 배출한 가문이 계속해서 관인을 배출하는 경향이 점차 굳어져 갔다.[18] 바꾸어 말하면 학위층의 계층상승은 더욱더 어려워지게 되었다. 명초로부터 과거제와 학교제가 결합되어 제도적·실질적으로 존재하고 있던 광범위한 학위소지자들은 이렇게 해서 중기 이후에 점차로 수·양적으로 옹체되면서 하나의 독자적인 사회계층으로 고정되어 갔던 것이다.

16) 谷光隆, 1964; 林麗月, 1978; 五十嵐正一, 1979; 和田正廣, 1978-A; 吳金成, 1986, pp.44~50; Ho, Ping-ti, pp.29~34.
17) 和田正廣, 1978-A·B; 吳金成, 1986, pp.50~54.
18) Ho, Ping-ti, 1962, pp.112~114; 和田正廣, 1984-A·B.

3. 紳士層의 成立

명조 국가권력이 학위층에게 9품관에 준하는 특권을 부여하면서 그들을 통치체제 속으로 끌어들이려 한 것은, 그들을 통하여 유교이념(儒敎理念)과 통치질서를 유지시키고 관료보급원을 확보하기 위함이었다. 또 학위층으로 서도, 사적으로는 '보신가'적 행동을 하기도 하였으나 공적으로는 사대부로 서의 자아의식(自我意識)과 공의식을 소유하고 있었으므로, 일면에서는 국 가의 그러한 기대에 부응하는 행동도 전개하였다. 그러한 의미에서는 "천하 가 근심하기에 앞서 근심하고 천하가 기뻐한 후에야 기뻐한다"[19]는 송대 이 후의 사대부의 이념적 전통을 학위층이 계승하였다고 할 수 있다. 유교이념 과 공의식을 기초로 하여 정치에 참여해서 천하(天下) 일에 대하여 천자(天 子; 皇帝)와 분치(分治)한다는 의지와 이념을 공통의 의식으로 가졌다는 의 미에서 보면, 송대의 사대부와 명·청시대의 학위층은 유사하였다.

그런데 명말·청초의 동란기를 살았고 그 자신도 생원이었던 고염무(顧炎 武; 1613~1682)는

> 오늘날 천하(天下)의 공문(公門; 官府)을 출입하면서 관부(官府)의 정치를 어 지럽게 하는 것은 생원(生員)이다. 세력가(勢力家)에게 의지하며 향리(鄕里)에서 방자한 행동을 일삼는 것도 생원이다. 서리(胥吏)와 인연을 맺거나 심지어 스스로 서리가 되는 것도 생원이다. 관부에서 한번 그 뜻을 거역하면 군기(群起)하여 관 부를 공격하는 것도 생원이다. 관부의 비밀과 약점을 들추어서 세상에 알리는 것 도 생원이다.……상부에서 그들을 다스리려 해도 불가능하다[20]

면서, 생원의 이러한 사회활동을 '백년 이래의 대환(大患)'이라 하였다. 그 러면 고염무가 말한 생원활동은 ㉠ 실제로 어떠한 것이었고, ㉡ 언제부터 문제되기 시작하였으며, ㉢ 역사적으로는 어떠한 의미를 갖는 것이며, ㉣ 이러한 생원활동과 기타 감생·거인의 활동과의 관계는 어떠하였던가?

명 중기 이래, 개인의 이해관계 혹은 공통의 이해관계 때문에 생원뿐 아

19) 范仲淹, 《范文正公集》卷7, 記, 〈岳陽樓記〉
20) 顧炎武, 《顧亭林文集》卷1, 〈生員論〉(中).

니라 광범한 학위소지자들이 집단행동을 일으킨 예는 수없이 많다.[21] 그것을 유형화해 보면 ① 반제학관운동(反提學官運動), ② 향시부정항의(鄕試不正抗議), ③ 지방관의 탐학에 대한 항의(抗議)·배척운동, ④ 반환관운동(反宦官運動), ⑤ 관인층(官人層)의 횡포에 대한 항의·공격, ⑥ 세·역감면운동(稅·役減免運動), ⑦ 수리시설(水利施設)·교량(橋梁) 등의 수축(修築) 등으로 정리될 수 있다. 이상의 행동 중 ①②③④⑥은 반관적(反官的)인 성격이 있고, ⑤는 관직경력자와 학위층간의 갈등, ④⑥⑦은 그 지방의 민중여론(民衆輿論)을 대변하는 성격이 있다. ⑤의 사례 중에는 어떤 생원이 관직경력자 자신 또는 그 가족이나 노복(奴僕)에게 위해(威害)를 당했을 경우, 생원층은 서로가 면식(面識)도 없고 그 사건에 직접적인 이해관계가 없더라도, 공통의 배경을 가진 생원동사(生員同士)가 위해를 당했다는 계층적 공분(公憤)에서 결합하여 집단행동〔抗議, 攻擊, 追放〕을 전개하였다. 명말에 이르면 이러한 여러 유형(類型)의 집단행동이 때로는 '사인공의(士人公議)'[22]로 지칭되기도 하였다. 환언하면, 명 중기 이후 이들 미입사 학위층은 사대부로서의 자아의식 혹은 공통의 이해관계에서 발로된 계층 보호의지 등, 그들 사이에 광범한 동류의식(同類意識)이 존재하였다. 당시에 국가권력측에서나 사회에서는 이렇게 동류의식에 기초를 두고 활동하는 학위층을 '사(士)'라고 하는 하나의 '독립된 사회계층'으로 인식하고 있었다.

그러면 학위층간에 그렇게 강한 동류의식의 존재가 가능했던 계기는 어디에 있었던가? 학위층은 유교적 교양과 이념을 체득한 관료예비군(官僚豫備軍)이었고 자타가 공인하는 사대부였다. 또 그들은 국가로부터 9품관에 준하는 특권을 보장받은 특권층이었다. 그러나 현실적으로는 관인층으로의 상승은 거의 불가능하였다. 또 국가로부터 받은 특권이나 사회 일반의 인식 및 사회적 지위에서 보면, 학위층은 관직경력자와는 분명히 구분되는 계층이었다. 그렇다고 그들은 평민도 아니었다. 그들은 실제로 평민과 동류이기

21) 傅衣凌, 1957; 丁易, 1950, pp.198~232, 541~571; 劉炎, 1955; 謝國楨, 1968; 劉志琴, 1979; 1982-A; 同, 1982-B; 林麗月, 1978, p.90~98; 同, 1984; 吳金成, 1986, pp.62~70; 宮崎市定, 1953; 同, 1974; 酒井忠夫, 1960, pp.145~196; 田中正俊, 1961; 大久保英子, 1958; 小野和子, 1961; 同, 1962; 同, 1983; 城井隆志, 1982; 奧崎裕司, 1978, 序章; 夫馬進, 1980-A·B; 和田正廣, 1978-A; 佐藤文俊, 1985, p.89.
22) 夫馬進, 1980-A·B.

를 부정·거부하는 행동을 많이 하였다. 그들이 가끔 평민편에 서서 평민의 여론을 대변하거나 심지어 농민반란에 가담하는 경우도 있었으나,[23] 이는 그들이 평민인 때문이 아니라 그러한 행동을 통하여 사대부로서 자신들의 존재를 확인시키려는 공의식에서 발로된 행동일 뿐이었다. 향촌에서 학위층의 '보신가'적 행동이나 혹은 학위층간에 존재한 강한 동류의식은 바로 이러한 현실에 대한 민감한 자각에서 나온 것이었다.[24] 그러므로 이상과 같은 학위층의 계층의식, 행동양식, 혹은 제도적·실제적 지위 등을 고려할 때, 명대의 학위층을 중국사회의 독특한 '사회의 중간계층(Intermediate Stratum)'[25]으로 규정할 수 있을 것이다.

학위층이 한편에서는 관직경력자와도, 평민층과도 구별되고 또 구별되어야 하는 독특한 '중간층'이었음에도 불구하고, 또 다른 편에서 보면 그들 학위층은 관직경력자와 더불어 하나의 계층으로 인식되기도 하였다. 명 중기 이후의 사료에서 많이 보이는 '신금(紳衿)' 혹은 '신사(紳士)'라는 용어의 개념에는 분명히 관직경력자층〔紳〕과 학위층〔士〕을 모두 포괄하고 있다. 경우에 따라서는 관직경력자와 학위층이 하나의 사회계층, 즉 '신사'[26]로도 인식되고 있었던 것이다.

그러면 제도적·현실적 지위가 현저히 다름에도 불구하고 '신'과 '사'가 '신사'로 연칭(連稱)될 수 있었던 계기는 무엇이었을까? 첫째, 이념적인 면에서. 미입사 학위층에게도 사대부로서의 자아의식과 공의식이 있었다. 그들이 비록 '보신가'적 행동을 하는 예도 많았으나, 그들의 명분적인 이상은 사리추구가 아니고 정치에 참여하여 유교적 이념과 대의(大義)의 이상을 실현하는 것이었다. 이러한 면에서는 관직경력자와 학위층은 유사하였다.[27] 둘째, 중국 전래의 좌주문생관계(座主門生關係)의 전통[28]에서. 과거제가 시

23) 田中正俊, 1961; 淺井紀, 1976; 川勝守, 1980; 濱島敦俊, 1982; 山根幸夫, 1981; 同, 1983; 佐藤文俊, 1985; 西村元照, 1974; 谷口規矩雄, 1986.
24) 吳金成, 1986, pp. 55~70.
25) 閔斗基, 1965, p. 130.
26) 明代의 史料 중 '紳士'라는 용어가 맨처음 보이는 것은 況鍾, 《明況太守龍岡公治蘇政績全集》卷 13, 條諭 下, 〈紳士約束子第示〉(宣德 7 年 〈1432〉 3月)이다.
27) 吳金成, 1986, pp. 12~37.
28) 顧炎武, 〈生員論〉(中); 同氏, 《日知錄》卷 17, 〈座主門生〉; 趙翼, 《陔餘叢考》卷 29, 〈座主見門生例〉; 商衍鎏, 1958, pp. 8~9; 宮崎市定, 1974.

작된 수·당시대 이래로 과거시험에서 고시관과 합격자 사이에는 거리의
원근, 방언의 여하, 면식(面識)의 유무, 수학(授學)의 유무를 막론하고 깊은
사제관계(師弟關係)가 맺어졌다. 그리고 그러한 관계는 그 후의 정치·사회
적인 여러 관계에 전후좌우로 연결되고 확대되면서 서로에게 영향을 미쳤
다. 셋째, 명 중기 이후 성행하게 된 서원(書院)의 강학풍조(講學風潮)에
서.[29] 서원에서는 그 강학과정에서 학문의 토론뿐 아니라 정치비판도 행해
졌다. 강회(講會)에 참여하는 관직경력자와 학위층은 현실적인 신분과 빈부
의 차이를 초월하여, 서로 '동지(同志)'로 불렀으며 그 과정에서 깊은 붕우
적(朋友的) 정의(情誼)와 동지의식으로 결합되었다. 넷째, 남송시대 이래 사
대부층이 학문·수양·취미·상호부조 등을 위해 결성한 사(社)·회(會) 등
의 모임이, 명 중기 이후 또 다시 활발해지면서 시사(詩社)·문사(文社)·동
년(同年) 등의 문학동인(文學同人) 그룹으로 발전하였던 점도 고려되어야 할
것이다.[30] 다섯째, 동향의식(同鄕意識)의 발로에서.[31] 고향출신의 관료가 귀
향하는 기회에는 그 지방의 제관인층(諸官人層)과 학위층이 교분(交分)을 쌓
았다. 또 경사(京師)나 대도시에서도 동향(넓게는 同省)의 신사간에는 선후배
혹은 사제관계로 깊은 협조가 이루어졌다. 여섯째, 공적 사적으로 이해가
합치될 때, 관직경력자와 학위층간에는 쉽게 공통점을 찾아 협동할 수 있었
다.[32] 이상의 여러 요소가 서로 복합적으로 작용됨으로써, 명 중기 이후 관
직경력자와 학위층이 '신'·'사'뿐 아니고 '신사'로서 동류의 계층적
일체감, 즉 계층의식을 가지게 되었다고 생각된다. 명말에 중국의 각 지역
에서 '향신공의(鄕紳公議)', '사인공의(士人公議)'만이 아니고 '신사공의(紳
士公議)'[33]가 형성된 것은 바로 '신사'의 이상과 같은 동류의식의 소산이었
다고 할 수 있다.

　　그러나 이러한 여러 요소가 명 중기 이후 그러한 방향에서 집중적으로 작
용할 수 있었던 배경에는, 이전의 다른 시대에는 없었던 여건이 있었기 때
문이다. 그것은 ① 그들이 모두 제도에 의해서 우면(優免) 등 9품관에 준하

29) 小野和子, 1958; 溝口雄三, 1971; 同, 1978; 謝國楨, 1968.
30) 謝國楨, 1968; 小野和子, 1962; 橫田輝俊, 1975.
31) 吳金成, 1986, pp. 77~78.
32) 吳金成, 1986, pp. 151~163, 214~223, 260~265.
33) 夫馬進, 1980-A.

는 특권과 종신자격을 보장받은 특권신분이었고, ② 학교제와 과거제가 결합되었으며, ③ 이갑제질서가 점차 해체되어가자 이들 미입사 학위층이 관직경력자층과 함께 향촌의 질서유지에 점차 지도적 역할을 증진시켜 갔으며 (後述), ④ 국가권력과 일반 평민, 양측 모두로부터 이들 두 계층이 하나의 계층으로 인식되었다는 점 등이었다. 동림운동(東林運動), 반세감(反稅監)・반위충현(反魏忠賢)운동, 복사(復社)운동[34] 등에서 보는 바와 같이, 명말에 신사가 지방에서는 물론이고 중앙정치의 광장에까지 등장하게 된 것은, 그들이 하나의 사회계층으로서 자각을 가지고 계층적으로 확립된 면을 보여주는 것이라 할 수 있다. 또 그것은 내각권(內閣權)・환관권(宦官權)의 극단적인 강화로 인한 통치권력의 자의적 행사에 대하여 신사층이 공의(公議) 내지 사대부적 사명감에서 제약을 가할 것을 시도한 운동이었다고도 할 수 있다.[35] 또 한편, 가정 연간(嘉靖年間; 1522~1566) 이후로 우면권의 제한을 포함한 세・역제도(稅・役制度)의 개혁,[36] 서원의 폐쇄, 결당금지(結黨禁止), 당사운동(黨社運動)의 탄압[37] 등 명조 권력이 취한 일련의 정책은, 당시 완전한 사회계층으로 형성되어 있던 신사층에 대한 대응책이었다고 할 수 있다.

Ⅲ. 明代의 國家權力과 紳士

1. 元末・明初 動亂期의 支配層과 朱元璋集團

1330년대말부터 중국의 각지역에서 농민의 봉기가 접종하였으나 산발적・고립적・유구성(流寇性)을 면치 못하였다. 그러나 1350년대부터는 경제적 기반을 가진 세력도 반란에 참가하기 시작하여, 대집단(大集團)의 봉기도

---

34) 同註 21); 左雲鵬・劉重日, 1960; 林麗月, 1984; 同, 1986; 李淖然, 1985; Busch, Heinrich, 1955; Hucker, Charles O., 1957; Atwell, William S., 1975.

35) 曹永祿, 1988; 小野和子, 1983; Hucker, Charles O., 1966.

36) 梁方仲, 1936; 韋慶遠, 1961; 伍丹戈, 1981-A, 1982, 1983-B; 淸水泰次, 1950; 山根幸夫, 1966; 小山正明, 1971; 川勝守, 1980; 濱島敦俊, 1982; 和田正廣, 1978-B; 山本英史, 1977・1989; 西村元照, 1976; 岩見宏, 1986; 森正夫, 1988; 谷口規矩雄, 1989.

37) 同註 34)

216

나타났는데 그 중심세력은 홍건군(紅巾軍)이었다.[38] 이때 원(元)의 군사력은
이미 전투능력을 상실하고 있었으므로, 향촌사회의 지배층이라 할 수 있는
토호나 지주는 의병(義兵)·민병(民兵)을 조직하여 자위(自衛)할 수밖에 없
었다. 그러나 향촌의 이러한 자위세력에 대하여, 원조(元朝)는 두 가지로 대
응하였다. 즉, 화북(華北)의 일부 자위세력에 대해서는 통치질서의 보조세
력으로서의 존재를 인정해 주었으나, 대부분의 화남(華南)지방 자위세력에
대해서는 그 존재를 인정하지 않고 오히려 농민반란군 내지 반원(反元)집단
으로 간주하였다.[39]

   그 때문에 지주자위세력(地主自衛勢力)들은 난처한 입장에 놓여서, 일방
(一方)으로는 자위를 계속하면서도, 또 일방으로는 자기의 생명과 재산을
보호해 줄 수 있는 강력한 권력을 갈구하고 있었다. 주원장집단(朱元璋集團)
은 바로 이러한 때에 그들 앞에 나타났다. 주원장보다 먼저 봉기한 대집단
들이 아직도 비밀결사적 폐쇄성과 농민착취를 일삼고 있을 때, 주원장집단
은 그러한 성격을 극복했을 뿐만 아니라, 더욱 적극적으로 사대부나 지주세
력을 포섭하고, 유교주의(儒敎主義)를 표방하며, 국가건설을 지향하는 제도
를 정비하고, 권농정책(勸農政策)을 펴서 농민의 안정을 도모하였다. 주원장
으로서도 주변의 선발군웅세력(先發群雄勢力) 사이에서 생존하고 발전하기
위해서는 되도록 지주세력을 많이 확보할 필요가 있었다. 말하자면 지주자
위세력과 주원장집단의 이해가 합치되었던 것이다.[40]

   이렇게 하여 양측이 일단 결합된 후에는 이들 사대부나 지주세력이 그들
의 이상(理想)을 펼 수 있는 방향으로 주원장을 유도하였다. 유교주의 표방,
제도의 정비, 발전방향을 강남으로 잡은 것 등은 모두 그들의 조언의 결과
였다. 특히 금화학파(金華學派)를 중심으로 한 강남의 사대부들이 명조(明
朝; 1368~1644)의 통치조직 정비에 주도적인 역할을 담당하였다. 말하자면,
원대의 사회적 지배층은 원말 동란기의 위기상황하에서 원조에 등을 돌리
고, 많은 군웅집단(群雄集團) 중 유교주의를 표방하는 주원장집단에 가담함

38) 楊訥, 1982; 陳梧桐, 1987; 谷口規矩雄, 1966; 山根幸夫, 1971, pp. 19~24; 野口鐵
    郎, 1972, 1986; Mote, Frederick W., 1988-A.
39) 吳晗, 1949; 王崇武, 1954; 山根幸夫, 1971, pp. 24~29.
40) 蒙思明, 1967; 吳晗, 1949; 山根幸夫, 1971, pp. 30~32; 三田村泰助, 1968; 和田清,
    1913; 愛宕松男, 1953; Dreyer, Edward L., 1988.

으로써, 이민족 치하에서 벗어나 새로운 유교주의 국가, 즉 명을 건국시켰
다. 주원장은 이들 향촌지배층을 체제내로 흡수함으로써, 포의출신(布衣出
身)으로 가장 열세에서 출발하였음에도 불구하고 기존의 강대한 군웅세력과
원조(元朝)를 구축하고 새로운 왕조를 개창할 수 있었다.41)

2. 中期 以後의 社會變化와 紳士

명조가 건국 초기에 국가통치의 가장 선결목표로 삼은 것은 향촌질서의
회복과 재생산기능을 유지시키는 것이었는데, 그것은 기본적으로 송대 이
래의 대토지소유제의 존속을 전제로 하는 것이었다. 그 때문에 홍무제는 원
말의 동란기와 명 건국 초기에 사대부와 지주세력을 적극적으로 포섭하고
우대하였다. 즉, 학교제와 과거제를 부활하여 신진 인재를 선발하고 기성
지식인이나 지주세력은 천거제(薦擧制)를 이용하여 수용하였다.42) 그러나
영토가 확정되고 농민도 점차 안정되자, 홍무제는 창업에 참여했던 사대부
나 지주세력의 과도한 비대화에 대하여 차츰 불안과 위구심을 가지게 되었
다. 황제의 독재권을 확립하기 위해서는 다루기 힘든 창업공신보다는, 황제
에게 순응하는 신진지배층의 확보가 필요하였다. 홍무제가 4대 의옥사건(4
大疑獄事件)43)을 일으켜 10여 만 인을 살해하면서 강남지주(江南地主)를 탄압
하고 강남지방에 중부(重賦)를 부과하며 부호를 천사(遷徙)시켜 그들의 지방
근거성을 박탈하고,44) 또 학생운동이나 언론·출판활동을 탄압하며 학교의
교과서를 통일하고 문자옥(文字獄)을 일으킨 것 등45)은 사회적 지배층인 지
주층을 제압하여 체제내로 유인하려는 수단이었다. 또 한편, 학교와 과거제
를 연결시키고 생원·감생·거인 등 미입사 학위소지자에게까지도 특권을
주어 새로 지배층이 되게 한 것은 신진 인재를 우익(羽翼)으로 끌어들이려는

41) 權重達, 1987;吳㤿, 1949;容肇祖, 1961;陳高華, 1963, 1964;山根幸夫, 1971,
  pp. 32~36;Dreyer, Edward L., 1988.
42) 吳㤿, 1949;權重達, 1983;吳金成, 1973, 1982;山根幸夫, 1971, pp. 39~43.
43) 吳㤿, 1949;山根幸夫, 1971, pp. 49~53;檀上寬, 1978;Langlois Jr., John D., 1988.
44) 伍丹戈, 1982;山根幸夫, 1961;淸水泰次, 1952;倉持德一郞, 1965;森正夫, 1988,
  pp. 45~196.
45) 吳㤿, 1948, 1949;丁易, 1950;羅炳綿, 1971.

수단이었다.[46] 이러한 일련의 정책은 명조 권력의 지배층에 대한 탄압과 회유의 양면정책이었다.

명초의 학교제와 과거제는 원칙적으로는 만민(萬民)에게 공평하게 개방되어 있었고 경제력보다는 유교적 지식의 유무가 관건이었다. 그럼에도 불구하고 현실적으로는 경제력이 있는 지주층 자제들의 진출이 많았고 그러한 추세는 중기 이후로 점차 심화되어 갔다. 그러므로 학교와 과거제를 통합함으로써, 지주층 중에서 일정한 자격을 가진 사람만을 체제내로 유인하는 데는 일단 성공한 셈이었다. 또 그러한 제도는 합법성(合法性)에도 합당한 것이었다. 따라서 학교와 과거제 등 제도적 장치를 통해서 새로 학위를 얻은 사람은 이제, 전대부터의 사회적 경제적 영향력 외에 국가로부터 특권적인 신분을 획득함으로써, 향촌에서 지배력은 더욱 군건해지게 되었다. 명 중기 이후부터는 이들 미입사 학위층과 종래부터 사회의 지배층으로 존재한 관직경력자를 합하여 통칭 '신사'라 부르게 되었던 것이다(제2장 참조).

그런데 명초에는 소수의 지주(이들이 里長, 里老人이었음)와 다수의 자작농(이들이 甲首였음)을 기반으로 하는 이갑제질서를 통하여 향촌질서가 유지되었고,[47] 새로이 등장한 미입사 학위소지자나 기존의 관직경력자는 모두 이갑제질서내에 별다른 문제없이 융화되어 있었다. 그러나 15세기 중엽부터는 정치·사회적인 변화가 현저해졌다. 대외적으로는 북변(北邊)[48]과 동남해안(東南海岸)이 불안해졌고,[49] 대내적으로는 중앙과 지방의 정치질서가 해이해지기 시작하였다.[50] 그런 가운데서도 농업과 수공업 등 각 분야에서 생산이 증대되어 갔으며 지역간에 상품생산의 분업도 진전되었다.[51] 각 지역의 상품은 객상(客商)에 의해서 전국적인 규모로 형성된 유통망에 의하여 교류되었다.[52] 그 결과 상품·화폐(=銀)경제가 농촌 깊숙이 침투되었다. 세·

46) 楊啓樵, 1964; 林麗月, 1978; 吳金成, 1982; 同, 1986, pp. 12~37.
47) 鶴見尙弘, 1971; 栗林宣夫, 1971; 川勝守, 1980, pp. 33~183.
48) Mote, Frederick W., 1974.
49) So, Kwan-wai, 1975; 陳文石, 1966.
50) 曹永祿, 1988; Mote, Frederick W., 1988-B; Twitchett, Deniss, 1988; Geiss, James, 1988.
51) 許滌新·吳承明, 1985; 田居儉·宋元强, 1987; 田中正俊, 1957, 1982, 1984; 佐伯有一, 1957; 寺田隆信, 1971.
52) 傅衣凌, 1956; 藤井宏, 1953; 斯波義信, 1982; 安部健夫, 1957; 重田德, 1956; 寺田隆信, 1972; Wong, R. Bin, 1983.

역은 점차 증가되고 은납화(銀納化)되어 갔다. [53] 그러나 농민들에게는 세·
역의 은납화가 도리어 부담을 가중시키는 경우도 있었다. 소수의 신사나 세
호가(勢豪家)는 농토를 새로 개간하거나 기간지를 겸병하는 등의 방법으로
광대한 토지를 집적하면서도, 국가가 그들에게 부여한 요역우면특권(徭役優
免特權) 등 가능한 모든 수단을 동원하여 세·역을 탈면(脫免)하였다. 그렇
게 탈면된 부분은 다른 이갑호(里甲戶; 中小地主와 自作農)에게 전가되었
다. [54] 이와 같은 토지편중(土地偏重)과 세·역의 번중(繁重), 불균현상에 더
하여 각종 재해〔水災, 旱災, 蝗災〕, 질병(疾病), 가내대사(家內大事) 등이 빈발
하였으므로, 이갑호뿐 아니고 이장, 양장호(糧長戶) 등 대지주마저 몰락하
는 사례가 증가하였다. [55] 그 결과 종래 이장, 이노인을 중심으로 하여 유지
되어 오던 향촌의 질서와 재생산유지기능은 점차 약화되어 갔다.

이상의 모든 변화가 연쇄반응하여 농촌의 계층분해가 가속화되었다. 그
결과 산동(山東)·하남(河南)·호광(湖廣; 湖北·湖南)·사천(四川) 등 일부
지방을 제외하면, 거의 전국적으로 황책(黃册)에 등재(登載)된 호구수(戶口
數)가 감소되고 전국적으로 광범한 인구이동이 진행되어 인구의 재배치가
이루어졌다. [56] 그 주된 방향은 선진경제지역→낙후지역, 농촌→금산구역
(禁山區域), 농촌→도시·수공업지역 등으로 유형화될 수 있다. [57] 이러한 인
구이동은 동일 성내(省內)에서도 일어났고 여러 성(省) 사이에도 이루어졌
다. 호광·사천 등 낙후지역이 새로 개발되어 중국의 곡창지화된 것은 그
결과였다. [58] 그러나 대규모의 외래 인구를 받아들인 지역에서는 기왕에 서

53) 韋慶遠, 1961; 梁方仲, 1957; 同, 1936; 山根幸夫, 1966; 淸水泰次, 1950; 小山正明,
   1971.
54) 伍丹戈, 1982; 吳金成, 1986, pp. 94~108, 190~200, 237~245; 川勝守, 1980; 濱島
   敦俊, 1982; 森正夫, 1988; 重田德, 1971.
55) 吳金成, 1986, 第 2 編 참조. 그러나 中國 全體를 장기적인 안목에서 보면, 대부분의
   중소농민이 몰락하고 소수의 신사나 大地主가 광대한 토지를 集積한 결과, 사회가 大
   地主와 佃戶로 兩極分解된 것은 아니고 몰락과 재상승이 반복되었다.
56) 明代의 人口統計에 대하여는 梁方仲, 1935, 1980; 王崇武, 1936; Ho, Ping-ti. 1959;
   Cartier, Michel, 1973; Cartier, Michel and Will, Pierr-Etienne, 1971; van der Sprenkel,
   O.B., 1953 참조. 人口의 再編에 대하여는 譚其驤, 1932; 賴家度, 1956; 樊樹志, 1980;
   李洵, 1980; 從翰香, 1984; 吳金成, 1986, pp. 108~135, 176~200, 230~245; 淸水泰
   次, 1935; 橫田整三, 1938; 谷口規矩雄, 1965; 大澤顯浩, 1985 참조.
57) 傅衣凌, 1980; 李洵, 1980; 從翰香, 1984; 吳金成, 同註 55).
58) 全漢昇, 1969; 吳金成, 1986, pp. 164~266; 重田德, 1956; Perdue, Peter C., 1987.

서히 진행되던 사회적 모순현상에 더하여, 새로 토착인과 객민(客民) 사이에 경쟁과 갈등이 부가되었다. 그 과정에서 객민은 정착하고 토착인은 도리어 몰락·유산(流散)하는 '인구의 대류현상(對流現象)'도 나타났다.[59] 또 지역사회의 질서가 파괴되어, 지역에 따라서는 민란(民亂)이 빈발하는 곳도 있었다.[60] 명 중기 이후에 진행된 인구이동은 이상과 같이 순기능(順機能)과 역기능(逆機能)의 양면적인 결과를 동시에 진행시켰던 것이다.

이러한 현상이 바로 이갑제질서의 해체현상이었다. 이러한 시기에 미입사 학위층의 수가 급증하였으므로, 기존의 관인층(=紳)과 함께 그 증가한 학위층이 누리게 된 특권과 영향력만큼이 농민의 부담과 불안으로 전가되었던 것이다.

명 중기 이후 농민의 세·역부담이 가중되고 요역(徭役)의 과파(科派)와 우면(優免)의 기준이 호칙(戶則)보다 전토(田土; 稅糧)를 중시하게 되자 이갑정역(里甲正役)의 일부마저 우면대상이 되었으므로,[61] 신사와 비특권 이갑호간의 부담의 격차는 더욱 커졌고, 그 결과 신사의 사회적 지위는 한층 돋보이게 되었다. 더구나 신사는 그들이 가진 정치·사회적 영향력에 따라 남면(濫免; 규정 이상의 면제)도 가능하였다. 비특권 지주들은 과중한 세·역부담을 회피하기 위하여, 연납(捐納) 등[62] 가능한 수단을 동원하여 스스로 학위층 이상의 신사가 되려 하고, 그것이 여의치 못할 경우에는 궤기(詭寄)·투헌(投獻) 등의 방법으로 자기의 전토(田土)를 신사(지역에 따라서는 王府)에게 위탁하였다.[63] 그 결과, 본질적으로는 유교적 교양을 매개로 하여 출현한 사회계층인 신사가, 동시에 특권적 대지주의 성격을 겸유(兼有)하게 되었다. 유력한 신사 중에는 도시에 이주하여 부재지주(不在地主)로서 세·역을 탈면하는 예도 많았다.[64] 가정 연간(嘉靖年間; 1521~1566)에 이르면 이러

59) 吳金成, 1986, pp. 108~135, 176~200, 230~245.
60) 賴家度, 1956; 樊樹志, 1980; 李光璧, 1961; 李龍潛, 1957; 趙麗生, 1954; 西村元照, 1974; 谷口規矩雄, 1965; 淸水泰次, 1935; 大澤顯浩, 1985.
61) 和田正廣, 1978-B; 川勝守, 1980 第7章; 濱島敦俊, 1982, 第4·5章; 山根幸夫, 1966.
62) 明代에 처음 監生에 대한 捐納이 허락되어 例監生이 생긴 것은 景泰 元年(1450)이었다. 吳金成, 1986, p. 46, 註 36) 참조.
63) 濱島敦俊, 1982, pp. 240~241; 佐藤文俊, 1985, pp. 152~260; 同, 1988.
64) 日本의 明淸史學界에서 1960~1970년대에 풍미한 '鄕紳的 土地所有'論은 그 때문이었다. 森正夫, 1975; 同, 1975~1976; 同, 1980; 吳金成, 1978 참조.

한 모든 현상은 심각한 사회문제로 인식되었다. 각지에서 진행되는 호구의 격감 때문에, 이제는 호수편성에 의한 이갑제와 그것을 기초로 한 향촌질서의 유지 및 세·역의 징수는 그 기능을 거의 상실해 가고 있었다.

이러한 사회질서의 변화에 대해서 명조 국가권력은 몇 가지의 정책을 시도하였다. 첫째는 호구가 격감한 지역에는 이수(里數)를 조정하거나 혹은 객민을 부적(附籍)시켜 이수의 감소를 막고, 반대로 인구가 격증한 곳에서는 유입민(流入民)을 수습하여 이와 현(縣)을 증편시킴으로써, 전국적으로 이갑을 재편하려 하였다.[65] 향약(鄕約)·보갑제(保甲制)의 권장도 그러한 목적에서 나온 것이었다. 그러나 전국적으로 유리(流離)하는 인구를 모두 파악하여 해체되어 가는 이갑제질서의 기능을 바로 잡기에는, 소수의 지방관의 힘만으로는 역부족이었다. 또한, 명조는 새삼스럽게 신사에 대한 우면액(優免額)을 제한하고자 하였다. 그러나 중앙권력의 법규가 지방 관부(官府)의 차원에서 반드시 받아들여지지도 못할 만큼, 지방사회에서 신사의 영향력과 지배력은 이미 성장해 있었다.[66] 명말에서 청초에 걸쳐서 명·청 양왕조에 의해 추진되었던 십단법(十段法), 일조편법(一條鞭法), 균전균역법(均田均役法), 순장편리법(順莊編里法), 지정은제(地丁銀制) 등 세·역제(稅·役制)를 둘러싼 일련의 개혁은,[67] 국가권력이 표면적으로는 신사의 특권을 제한하면서도 내면적으로는 결국 향촌에서 신사의 실질적인 지배력을 용인하고 그 힘을 이용함으로써, 사회질서와 국가지배를 유지하려 한 노력의 상징적인 표현에 불과하였다.

3. 紳士의 社會經濟的 役割

명조의 정치·사회질서가 약화되어 가고 이장, 이노인을 근간으로 한 이갑체제의 질서유지 기능 또한 점차 약화되어 이갑제질서가 해체되어 가던 바로 그 시기부터, 하나의 사회계층으로 주목받기 시작한 것이 신사였다. 이들 신사가 향촌에서 질서유지 기능의 공백 부분을 대신 담당하기 시작하였던 것이다. 신사의 협조 없이는 향촌의 질서유지가 점차 어려워지게 되었

65) 許懷林, 1984；吳金成, 1986, p. 118, pp. 190~191, 244~245.
66) 夫馬進, 1980-A·B；川勝守, 1980；濱島敦俊, 1982.
67) 同註 61)；金鍾博, 1975, 1981, 1983.

222

다. 이렇게 하여 국가권력이 신사의 사회적 지배력에 의지하고 신사는 이를 배경으로 그 지배력을 더욱 공고히 하는, 국가권력과 신사의 상호의존 구조가 형성되어 갔던 것이다.

명 중기 이후 향촌에서 신사의 역할은 다음 3가지로 유형화[68]해 볼 수 있다. 첫째 질서유지 역할. 이것은 신사의 공의식과 위기의식에서 발로된 것이었다. 향약(鄕約)·보갑제(保甲制)의 운영, 유구(流寇)·토적(土賊)의 소요에 대한 향촌방어, 향촌내의 대소분규에 대한 재판·조정(調停), 선당(善堂)·의창(義倉)·의전(義田)·의장(義莊)의 설치, 재해·질병 발생시의 구제활동(救濟活動) 등에서 신사는 직접·간접으로 적지 않은 역할을 담당하였다. 둘째 경제적 역할. 이 부분은 신사의 공의식과 사적인 이해관계가 혼재되어 있는 역할이었으나, 후자만을 우선 정리해 보겠다. 신사는 특권을 이용하여 대토지를 집적하거나 요역을 남면(濫免)받았다. 개인의 영향력 혹은 관과 연결하여 수리용익(水利用益)을 장악하였다. 도로, 교량, 도장(渡場) 등을 사점하거나 시장을 개설하고 아행(牙行)에 간여하며 고리대를 경영하고 객상에게 자본을 공급하며 염밀매(塩密賣)나 해상밀무역에 참여하고 수공업 경영에 간여하는 등 시장이나 상품유통 구조를 지배하였다. 사료에 흔히 나타나는 '무단향곡(武斷鄕曲)'·'협제관부(狹制官府; 把特官府)' 등 소위 '향신의 횡(鄕紳之橫)'·'사인의 횡(士人之橫)'은 그러한 활동을 전해주는 것이었다. 셋째 문화적 역할. 신사는 향촌에서 개인의 영향력 외에도 향약·서원 등의 강학(講學), 혹은 일용유서(日用類書)·선서류(善書類)의 간행을 통하여 향촌의 교화를 담당하였고 그들 중심의 향촌질서를 유지하려 하였다. 신사는 또 향론을 주도하였다. 화남지방에서는 도시와 농촌을 불문하고 '향신공의(鄕紳公議)', '사인공의(士人公議)', '신사공의(紳士公議)' 등이 존재하였는데, 그것은 곧 신사의 향론지배를 말하는 것이다. 신사는 또 지

68) 吳晗, 1935; 伍丹戈, 1981-A, 1983-A; 林麗月, 1978~1979, 1984, 1986; 吳金成, 1978; 同, 1986, 第2編, 특히 pp. 151~163, 214~223, 260~265; 重田德, 1971; 森正夫, 1968, 1975~1976, 1980, 1982, 1988; 藤井宏, 1953; 小山正明, 1971; 寺田隆信, 1971; 酒井忠夫, 1960; 森田明, 1974; 川勝守, 1980; 濱島敦俊, 1982; 松田吉郎, 1981; 前田勝太郎, 1966; 山根幸夫, 1978~1979, 1981, 1983; 吉尾寬, 1987; 片山誠二良, 1953; 西村元照, 1971-A, 1971-B, 1974, 1976; 山本英史, 1977; Ng, Chin-Keong(吳振强), 1973; Fairbank, John K., 1978.

방관의 유임 혹은 방축운동(放逐運動), 증현(增縣)운동, 세・역감면운동, 각
종 수리시설의 수축 혹은 수리관행(水利慣行)의 개혁운동, 진(津)・양(梁) 혹
은 도로의 수축, 각종 구제 등 광범한 문제에 대하여 향촌의 여론을 주도하
였다.

이러한 신사의 역할은 대개는 엄격하게 구분할 수 없을 만큼 서로 밀접하
게 혼합되어 이루어졌다. 예컨대 공공부문의 대사(大事)에 대하여 신사는
① 건의(建議), ② 조언(助言), ③ 향촌여론(鄕村輿論)의 환기, ④ 향촌여론
관에의 전달, ⑤ 필요한 노동력 혹은 경비의 염출(捻出), ⑥ 필요한 공사의
감독, ⑦ 상・하 관청간의 이견(異見)조정 등의 문제에 대하여 개입하거나
영향력을 행사하였다. 이중 ①~⑥은 명초 이래 이장이나 이노인도 비슷하
게 수행하였다. 그러나 명 중기 이후에는 사회가 훨씬 다양화・복잡화되어
갔는데도 정치질서는 약화되어 가고 관인의 수는 고정되어 있었으며, 이갑
제의 질서, 재생산유지기능 역시 약화되어 갔다. 이에 명조는 약화되어 가
는 이갑체제를 보완하는 수단으로서 향촌지배기능의 일부를 신사에게 위임
하고 그 진행과정을 통제함으로써 통치질서를 지속시킬 수밖에 없었다. 농
민들도 그러한 기능의 일부를 신사의 실질적인 영향력과 공의식에 호소함으
로써 지방행정과 이갑제질서의 공백부분을 보충하려 하였다. 그것은 말하
자면 국가권력과 사회가 신사에게 거는 공통의 기대였다. 종래 이갑제질서
를 통해 수행되던 ①~⑥의 역할을 신사가 대행하게 된 배경은 여기에 있었
다. 그러나 신사는 그 역할을 이장이나 이노인보다 훨씬 강력하고 광범하게
추진할 수 있었을 뿐 아니라, ⑦의 역할까지도 추가할 수 있었다. 신사는 이
상의 공적인 역할을 때로는 자발적으로, 때로는 지방관 혹은 향촌민의 요청
에 응해서 수행하였다. 환언하면, 향촌의 이해가 신사의 공의식 혹은 사적
이해와 합치되는 경우에는, 신사는 평민까지 포함하는 광범한 여론을 지배
하였다.[69]

---

69) 明代의 中國은 사회가 굉장히 방대하고 다양하였으나 官人의 수는 시종 25,000명 내
　　외로 한정되어 있었으므로, 그 수로는 국가의 통치를 원활히 수행하기에는 부족하였
　　다. 따라서 향촌사회의 질서를 유지시키고 稅・役을 收取하는 등 地方行政의 下部構造
　　에는 官治의 補佐役이 필요하였다. Ho, ping-ti, 1959, p.277에 따르면, 人口는 明初의
　　6,500萬에서 明末 15,000萬으로, 州縣의 數는 洪武 4年(1371)에 1,205個에서 明末에
　　1,410個로 증가(吳金成, 1986, p.39, 〈表 1-2-1〉 참조)하였다. 따라서 一州縣 평균 明

이상, 신사가 향촌사회에서 연출한 사회경제적 역할과 존재형태는 정도
의 차이는 있지만 경제발전의 선후차(先後差), 사회발전의 질적 차이를 불문
하고, 신사가 존재하는 중국의 전역에서 거의 보편적으로 나타나는 현상이
었다.[70] 명 중기 이후 이갑제가 해체되어 가던 바로 그 시기에, 신사가 이상
과 같이 이갑제기능의 일부를 대행함으로써 왕조의 지배체제를 유지하는 데
순기능도 하였다. 그러나 동시에 미입사 학위층의 수가 급증하였고 그들
이 또한 사리추구 활동을 전개하였으므로, 그 증가된 수의 학위층이 향유하
는 특권과 영향력만큼이 농민의 부담과 불안으로 작용하게 되었고 또 그만
큼 사회분해를 조장하기도 하였다. 신사의 존재는 명(明) 중기 이래의 중국
사회에 이렇게 순기능과 역기능을 동시에 연출하였던 것이다.

Ⅳ. 淸代의 國家權力과 紳士

1. 明末·淸初 動亂期의 紳士와 淸軍

17세기에 들어서면서 명조는 또다시 내우외환의 위기에 직면하였다. 중앙
에서는 당파싸움과 행정의 부조리로 통치기능이 현저하게 약화되었고, 지
방에서는 신사의 영향력과 사리추구가 극도에 달하여 중앙정부의 통제의 범
위를 벗어나 있었다. 경제적으로는 '만력삼대정(萬曆三大征)'을 치른 후부터
재정적자가 격증하여 갔고 그 때문에 궁중(宮中)에서는 재정확보를 명목으
로 '광세(鑛稅)의 화(禍)'를 불러일으켜 전국적인 민변발생(民變發生)의 계기
가 되었다.[71] 바로 이러한 때에 요동(遼東)에서는 만주족이 누르하치에 의해
결집된 군사력으로 명조를 엄습해 오고 있었다.[72] 또 안에서는 이자성(李自
成), 장헌충(張獻忠) 등의 반란이 화북·화중지방(華中地方)을 휩쓸고 전국적

初 54,000 명에서 明末에는 106,000명으로 증가하였다는 계산이 되므로, 1個 知州나 知
縣과 그 아래의 補佐官 1·2명으로는 州·縣의 治安과 徵稅가 불가능할 수밖에 없었다.
70) 佐藤武敏, 1968; 前田勝太郎, 1966; 松田吉郎, 1981; 川勝守, 1980; 濱島敦俊,
1982; 吳金成, 1986, 第2編.
71) 朱東潤, 1934; 謝國楨, 1968; 丁易, 1950; 淸水泰次, 1950; 岩見宏, 1971; 岩井茂樹,
1989; 寺田隆信, 1971; Atwell, William S., 1988; Huang, Ray, 1974·1988.
72) 金斗鉉, 1987; 周遠廉, 1986; 三田村泰助, 1965.

으로 유구와 토적이 횡행하고 있었다.[73] 이 때 명조의 관병(官兵)은 이미 전투능력이 심각하게 약화된 지 오래였고 심지어 병졸(兵卒)까지도 반란군에 가담할 정도였다. 그런데도 명조는 재정확보를 위해 정규의 세·역 외에, 새로이 요향(遼餉)·초향(勦餉)·연향(練餉) 등 '삼향(三餉)'을 부과하였다.[74] 이 때문에 백성은 평소의 사회모순(紳士와 大地主의 土地兼併과 高利貸, 胥吏 등의 횡포, 稅·役의 不均等)과 전화(戰禍) 위에 전보다 몇 배의 세·역부담으로 도탄에 허덕이게 되었다. 민심은 이제 명조로부터 유리되어 갔으며, 이 때를 틈타서 이자성은 북경(北京)을 함락시켰다(1644).

바로 이러한 때에 청조는 만주·몽고·한인 팔기(八旗) 총 17만여 명의 군사력에 오삼계(吳三桂)의 50여 만 병력을 앞세워, 비교적 쉽게 북경에 입성하였다(1644.5).[75] 그러나 청조는 그 후 정복전선을 확대시키면서 점차 난관에 봉착하게 되었다. 이자성, 장헌충 등의 반란세력과 남명정권(南明政權)에 대한 정복전 외에도, 일단 점령한 지역의 질서유지도 극히 어려운 실정이었다.[76] 각 지방에서 청조권력의 지방침투를 보좌해 줄 수 있는 우익세력(羽翼勢力)의 확보가 절실하였다. 섭정왕(攝政王) 도르곤[多爾袞]이 치발(薙髮)마저 유예시키면서 '위명설치(爲明雪恥)'의 명분을 설파하고, 순치제(順治帝)의 즉위조(卽位詔; 1644.10.10)에서 ① 한인 신사의 기득권과 재산보호, ② 관리에의 임용, ③ 과거·학교 등 명대 제도의 답습, ④ 정규의 세(稅)·역(役) 외의 일체의 가파(加派; 三餉 등을 의미함) 중지 등을 약속한 것은 한인 신사를 체제내로 포섭하려는 의도였다. 뿐만 아니라 그 후로도, 비록 치발만은 요구하였으나, 그 외에는 순치제 즉위조와 거의 같은 내용의 약속을 섬서은조(陝西恩詔; 2년 4월), 하남·강북·강남은조(河南·江北·江南恩詔; 2년 6월), 절동·복건은조(浙東·福建恩詔; 4년 2월), 광동은조(廣東恩詔; 4년 7월) 등을 통하여 거듭 천명하였다. 그 결과 청조는 투성(投誠)한 지방관과 신사, 항복한 명군(明軍)의 힘을 빌어 전선(戰線)을 확대하고 점령지의 질서

73) 李文治, 1948; 李光濤, 1965; 顧誠, 1984; 佐藤文俊, 1985, 特히 pp.261~308; 谷口規矩雄, 1971; Parsons, James, B., 1970; Struve, Lynn A., 1984.
74) 淸水泰次, 1950.
75) 陳生璽, 1982; 岩見宏, 1971; 同註 73).
76) 謝國楨, 1957; 李成珪, 1977; 吳金成, 1990-豫; Strure, Lynn A., 1984,1988.

를 유지할 수 있었던 것이다. [77)]

한편, 이 때 각지방의 사정은 조금씩 달랐다. 먼저 하북과 산동지방의 신사의 입장은 참으로 절박한 것이었다. 이자성군(李自成軍)과 청군(淸軍)이 연이어 들어왔을 뿐 아니라 유구·토적 등의 활동으로 인하여 사회는 절대절명의 무질서 상태하에 놓여 있었으므로, 신사의 사적인 무장자위(武裝自衛)도 한계에 달해 있었다. 따라서 그들에게는 신사로서의 특권은 고사하고 목전(目前)의 생명과 재산의 보호가 더 절실한 문제였다. 그러한 상황 속에서 청조는 신사가 기대하는 것 이상의 모든 것을 보장하겠다고 나섰던 것이다. 당시 팔기병(八旗兵)의 위세로 보아 그러한 약속도 가능해 보였다. 이러한 배경하에서 청조권력은 한인신사를 포섭하고 신사는 치발을 감수하면서 청조에 협조하게 되었던 것이다. [78)] 말하자면 양자의 상호의존 구조가 재차 형성되었다고 할 수 있다.

그러나 화남지방의 사정은 이와는 조금 달랐다. 강남의 소·절지방에서 대대적인 반청항쟁(反淸抗爭) [79)]이 있은 후에는, 적어도 표면적으로는 안정된 듯 보였다(後述). 한편, 강서·복건·양광·호광지방에서는 남명정권(南明政權)과 이자성, 장헌충의 패잔병까지 가세한 항청운동(抗淸運動)이 전개되었다. [80)] 그 배경에는 다음 몇 가지 문제가 존재하였다. 첫째는 전선의 확대로 인하여 청군의 수가 항청세력에 비하여 오히려 상대적으로 약세였다. 항복한 명군을 편입시킨 청군은 군기(軍紀)도 팔기병(八旗兵)만은 못하였고 군량(軍糧)도 부족하였으므로, 이를 확보하기 위한 토착인 겁략(劫掠)은 유구나 토적 못지않았다. 둘째는 남명정권의 존재였다. 그 때문에 고향으로 귀환했거나 피난해 온 신사들이 명조부흥(明朝復興)을 모토로 각지에서 근왕기병(勤王起兵)하였고, 또 그들에게는 두어 번의 결정적인 전세만회(戰勢挽回)의 기회도 있었다. [81)]

그럼에도 불구하고 이들이 청군에게 정복당할 수밖에 없었던 원인은 대체로 다음 3가지로 정리될 수 있다. ① 그들 남명이나 근왕기병군(勤王起兵軍)

77) 謝國楨, 1980; 商衍鎏, 1958; 李成珪, 1977; 吳金成, 1981; Chang, Chung-li, 1955.
78) 李濟賢, 1982; 李成珪, 1977; 吳金成, 1981; 佐藤文俊, 1985.
79) 同註 76); Dennerline, Jerry, 1981; Wakeman Jr., F., 1976; 全明姬, 1979.
80) 謝國楨, 1957; 吳金成, 1990·豫; 山根幸夫, 1983; Struve, Lynn A., 1984, 1988.
81) 蕭一山, 1963, pp. 340~350; 謝國楨, 1957; Struve, Lynn A., 1984, pp. 125~138.

의 대부분은 급조된 모병군(募兵軍)이 아니면 동적(峒賊)·유구로 불리우는 오합지졸로서, 대청(對淸)전투보다는 '가의병명색이행도(假義兵名色而行盜)', 즉 대민겁략(對民劫掠)이 주활동이었고, ② 청군 못지않게 심각한 병향부족상태(兵餉不足狀態)였으며, ③ 당왕(唐王)의 조정 혹은 근왕세력 내부의 불화 혹은 문·무관간의 갈등, 또는 잡다하게 모집된 군대를 통일적으로 지휘할 수 있는 체계도 없었고 무장도 없었던 점 등을 들 수 있다. 당왕 자신이 "천하가 패망한 것은 적(敵) 때문이 아니고 병(兵) 때문이며, 병 때문이 아니고 (실은) 관(官) 때문이었으니 진실로 통탄할 노릇이다"[82]라고 한 것은 그 때문이었다.

'명(明)→남명(南明)→청군(淸軍)의 진입→항복한 명 무장(武將)의 반청(反淸)→청(淸)의 정복'으로 이어지던, 명말청초 동란기의 화남사회도 역시 대단히 비참하였다. 이 지역의 명군·남명군·근왕병·청군 등 무장한 모든 세력들이 부족한 병량(兵糧)을 조달하기 위해 노략질을 일삼았으므로, 토착인의 눈에는 이들과 유구·토적과의 구분이 모호하였고 모두가 도적으로만 보였다. 그뿐 아니라 유구·토적으로부터 향촌 혹은 개인의 생명과 재산을 보호하려는 목적으로 규합된 향병(鄕兵)이나 의용(義勇)조차도 무질서를 틈타서 오히려 횡포하는 사례도 많았다. 화남사회는 바로 치안부재의 공동사회(空洞社會)였다.[83]

이러한 상황하에서는 농민의 생활은 정상적일 수가 없었다. 농사는 불가능하고, 농지는 황폐되고, 농민은 유산되었다. 지주는 소작료[佃租]를 못받아 몰락하여 가는 데도 관병과 도적의 겁략은 계속되었다. 하북과 산동의 신사들이 비교적 쉽게 청조에 투항하였던 것에 비하면, 화남의 신사는 여러 가지 여건 때문에 쉽게 투항할 수도 없는 상태에서, 향병을 모집하여 자위수단(自衛手段)을 강구할 수밖에 없었다. 그러나 그러한 방법은 스스로 한계가 있는 것이었고, 따라서 역시 강력한 보호자의 출현이 절실한 실정이었다. 남명세력이 점차 위축되어 가면서, 그들 근왕기병에 참여했거나 향촌에서 자위하던 신사도 청에 투성할 수밖에 없었는데, 그 명분은 역시 화북 신사의 그것과 같은 것이었다고 생각된다. 단, 이들을 받아들이는 청조도 반

---

82) 佚名, 《思文大紀》 卷8, p.278.
83) 吳金成, 1990 - 豫; 北村敬直, 1957~1958; 森正夫, 1973, 1974, 1978.

228

드시 전세가 결정적으로 유리한 상태는 아니었으므로 청군과 신사, 양자의 결합은 화북의 경우와 유사한 배경에서 시작되었다고 할 수 있다. 그리하여 순치 연간(順治年間) 화남지방의 사회질서의 회복에는 이들 투성한 신사의 역할이 컸다. 사회질서의 안정은 청조측이나 농민뿐 아니라 신사측에게도 긴요한 것이었기 때문이다.[84]

2. 淸朝權力과 紳士

청의 입관(入關) 후, 사회가 점차 안정되어 가면서 명말의 사회 분위기가 재현되었다. 바꾸어 말하면, 향촌에서 신사의 사회지배력과 존재형태, 즉 신사의 사리추구(私利追求), 기타의 사회적 모순으로 인한 농민분해, 그 결과로 인한 국가재정의 압박, 신사의 규중결사활동(糾衆結社活動) 등 신사의 국가통치력에 대한 원심력적 작용은 청초에도 그대로 재현되었던 것이다.[85] 아니, 어떠한 의미에서는 신사의 사회지배력은 더욱 공고해지고 있었다.

이러한 현상이 가장 심하고 두드러진 지역은 역시 명대나 다름없이 강남의 소·절지방이었다. 이 지역은 중국의 경제와 문화의 중심지로서, 명말에는 중앙권력의 침투도 어려울 만큼 '신사공의(紳士公議)'가 사회를 지배하고 있었다. 명 태조(太祖) 홍무제(洪武帝; 1368~1398)는 부호사민(富豪徙民)·중부(重賦)·사대의옥사건(四大疑獄事件) 등을 일으켜 그들을 어느 정도 제압할 수 있었다.[86] 그러나 15세기 이후부터는 이 지역에서 또 다시 신사나 부호에게 부(富)가 집중됨으로써 생산관계의 불안이 점차 심화되어 갔으며, 명말에 이르면 장거정(張居正)이나 위충현(魏忠賢)의 힘으로도 강남신사(江南紳士)의 제어는 불가능하게 되었다.[87]

입관 직후의 도르곤(多爾袞) 섭정기에는, 순치 4년에 청조의 제2차 전시(殿試)의 책제(策題)에서

요사이 들으니, 현임관원(現任官員)의 백숙곤제(伯叔昆弟)와 종인(宗人) 및 폐

---

84) 吳金成, 1990 - 豫.
85) 吳金成, 1989-A.
86) 同註 43), 44), 45). 단, 이때의 洪武帝의 통제 대상은 豪民(官僚의 家·大地主)으로서, 아직은 紳士로 불리지는 않았다.
87) 謝國楨, 1968; 小野和子, 1958, 1961, 1962.

신열금(廢紳劣衿)들이 크게 민해(民害)가 되고 있다. 왕왕 타인의 전택(田宅)을 빼앗고 재화(財貨)의 값을 마음대로 정하고 선량한 사람을 업신여겨 함부로 다루며 부세(賦稅)를 체납(滯納)하는 데도 유사(有司)는 두려워서 불문에 부치므로 소민(小民)은 한(恨)을 품은 채 대신 납부한다. (그 때문에) 귀자(貴者)는 날로 부(富)해지고 빈자(貧者)는 날로 곤궁해지고 있다. 명계(明季)의 폐습(弊習)이 오늘날에도 아직 남아 있는 것이다. 어떻게 하면 이런 폐습들을 틀림없이 혁폐할 수 있겠는가?[88]

라고 물었듯이, 신사의 이러한 존재형태와 그로 인하여 야기되는 통치질서와 사회질서의 부작용을 충분히 인식하면서도, 정복전(征服戰)의 조속한 종결과 치안의 확보를 위해 전략상 신사를 포섭할 수밖에 없었다. 그러나 순치친정기(順治親政期; 1651~1661)부터는 내지(內地)가 점차 안정되어 감에 따라 청조 권력의 자신감도 증대되어 갔다. 청조는 이에 통치기반을 좀더 공고히 하기 위하여, 도르곤 섭정기와는 다른 몇 가지 조처를 취하기 시작하였다. 규중결사(糾衆結社)·언론출판·서원강학(書院講學) 등을 금지하고, 과장안(科場案)과 같은 사건을 일으켜서 명대의 국가권력이 쓴 바 있는 신사 통제방법을 재차 시도하여 보았다.[89] 또 한편으로는, 만성적인 재정적자를 만회하기 위하여 여러 가지 재정확보책을 강구하였다.[90] 그럼에도 불구하고 신사의 전량체납(錢糧滯納) 등 국가통치에 대한 원심력적 활동도 여전하였고, 따라서 국가의 재정적자도 여전하였다.

여기에 더하여 청조에게 결정적인 위구심과 경각심을 일깨워 준 사건이 바로 순치 16년(順治16年; 1659)의 정성공(鄭成功; 1624~1662)의 남경공격사건(南京攻擊事件)이었다. 정성공군(鄭成功軍)의 존재는 비단 청조에 대한 군사적 위협에만 그치는 것이 아니었다. 강남과 동남 연해 일대의 신사는 대개 정군(鄭軍)에게 협조하거나, 적어도 잠재적인 지지세력이었으므로, 양자의 결합은 청조로서는 복심(腹心)의 우환(憂患)이었다.[91] 명말 이래의 국가적인 현안과 이러한 복심의 우환이 상존하는 한 청조 통치의 안정은 요원한 것이었다. 그러므로 청조에게는 이제 정씨(鄭氏)세력의 정복과 강남신사의

---

88) 淸《世祖實錄》卷 31, 順治 4 年 3月 丙辰條, p.365 上.
89) 孟森, 1965-A; 商衍鎏, 1958, pp.288~352; 吳金成, 1989-A; 小野和子, 1959.
90) 宮崎市定, 1970.
91) 李振華, 1967; 陳在正, 1984; 吳金成, 1989-A.

완전한 우익화가 남은 과제였는데, 이 두 문제는 동일 궤도에 속하면서도 작전상으로는 양자를 분리시켜 대처할 필요가 있었다.

정성공군의 남경공격으로부터 오보이〔鰲拜〕의 보정 초기(輔政初期)에 걸친 시기에 일어난 금단옥안(金壇獄案)[92]·소주곡묘안(蘇州哭廟案)[93]·강남주소안(江南奏銷案)[94]·장씨사안(莊氏史案)[95] 등 일련의 사건을 통하여 청조가 강남신사를 탄압한 것은 그 일차적인 시도였다. 이러한 탄압은, 좁게는 강남신사 자체에 대한 탄압 목적이 없었다고는 할 수 없다. 그러나 거시적인 안목에서 보면 오히려 청조의 재정확보와 통치기반의 확립이라는 국가적 현안을 해결하기 위한 청조의 상징적인 표현이었다고도 할 수 있다.

제재를 받은 강남신사측으로 보면, 그것은 개인 차원의 공격이었을 뿐 아니라 각각 십악(十惡)에 해당하는 죄명이 붙은 명분 때문에, 명말 청초 강남에서 강력한 영향력을 행사해 오던 신사공의(紳士公議), 즉 신사의 동류의식의 발로에 의한 집단적인 대응은 불가능하였다. 그러나 이때 강남신사에 대하여 청조가 취한 일련의 강수(强手)는 그 강도나 질에서는, 예컨대 명초에 홍무제가 재정확보와 통치권확립을 위해 강남 부호의 재산을 적몰(籍沒)하여 천사(遷徙)시키고 사대의옥사건을 일으켜 10여 만이나 되는 인명을 처형한 것,[96] 혹은 명말에 환관(宦官) 위충현(魏忠賢)의 동림파(東林派) 탄압[97] 등에는 미치지 못하는 것이었다. 또 청조는 그러한 조처마저도 곧 이어 후퇴할 수밖에 없었을 만큼 일시적인 승리에 불과하였다. 더구나 청조의 그러한 탄압은 우익으로서의 신사의 존재를 완전히 부정하는 전제하에서 시도된 것은 결코 아니었다.[98]

순치 친정기로부터 강희제(康熙帝;1662~1722) 즉위초까지의 청조의 강남신사정책은, 외형상으로는 '이민족인 만주왕조의 한인신사(漢人紳士) 탄압'으로 보일 수도 있다. 그러나 보다 장기적인 안목에서 보면, 국가의 통치력

92) 吳金成, 1989-A..
93) 寺田隆信, 1978.
94) 孟森, 1965-B; 郭松義, 1979; 伍丹戈, 1981; 吳金成, 1989-A; 小野和子, 1959; 川勝守, 1980, pp.559~565; Kessler, Lawrence D., 1971; Oxnam, Robert B., 1973.
95) 莊練, 1972; 湯淺幸孫, 1968.
96) 同註 43), 44).
97) 同註 87).
98) 吳金成, 1989-A; Kessler, Lawrence D., 1971; Oxnam, Robert B., 1973.

마저 위협하기에 이른 강남신사의 정치·경제·사회적 영향력에 대하여 해
서(海瑞)·장거정(張居正)·위충현·온체인(溫體仁) 등이 명말에 시도하였던
대응책,[99] 바꾸어 말하면 명말 이래의 국가권력의 강남신사정책의 연장선상
에서 이해되고 평가되어야 할 것이다.

그 후로 남은 것은 청조권력과 강남신사를 필두로 한 한인신사(漢人紳士),
이 양자 사이의 조정의 필요성이었다. 바로 그 계기가 삼번(三藩)의 난(1673
~1681)의 발발이었다.[100] 청조권력측에서 보면, 신사는 개개인으로는 약하
지만 계층으로서는 무시도 부정도 할 수 없고 또 전면적인 통제도 불가능
한 존재였다. 오히려 우익으로의 완전한 편입이 절실하였다. 신사측에서 보
면, 화이사상(華夷思想)을 전혀 불식할 수는 없었지만, 신사의 지위는 본질
적으로 황제로부터 나오는 것이었으므로, 자기들이 현실적으로 명대나 다
름없는 권익을 누리는 상황하에서는 청조에 대한 협조는 자연스러운 것이었
다고 할 수 있다. 청조권력과 한인신사, 양자는 일정한 수준에서 서로가 자
제와 협조를 유지할 필요가 있었다. 강남의 신사 스스로 '균전균역법(均田均
役法)' 등을 완료하여 청조체제내에 포섭되어 간 것은 그러한 의미에서 이해
될 수 있다.[101] 그러므로 신사는 청조의 회유와 탄압의 양면정책으로 잘 제
어된 상태하에서, 양자의 협조체제하에, 본질적으로는 명대의 존재형태를
유지하면서 강희·옹정(雍正; 1723~1735)·건륭(乾隆; 1736~1795)의 장기간
의 사회안정에 기여하였다.[102]

그러나 18세기말부터는 정치질서의 해이, 인구의 폭발적 증가,[103] 경지개
간의 부진,[104] 신사의 격증[105] 등으로 청조는 사양기에 접어들었다. 각지에
서 대규모의 반란이 접종하는 중에 특히 백련교(白蓮敎)의 난(1796~1805)[106]

99) 小野和子, 1958, 1961, 1962, 1983.
100) 神田信夫, 1952; Kessler, Lawrence D., 1971; Idem, 1976, pp. 74~111.
101) 川勝守, 1980, 第10·11·12·13章.
102) Hsiao, Kung-chuan(蕭公權), 1960; Chang, chung-li, 1955, 1962; Ch'u, T'ung-tsu(瞿同
祖), 1962, 1973.
103) Ho, Ping-ti, 1959; Perkins, Dwight H., 1969, pp. 202~216; Jones, Susan M. and
Kuhn, Philip A., 1978.
104) Wang, Yeh-chien(王業鍵), 1973, pp. 24~25.
105) Chang, chung-li, 1955.
106) 鈴木中正, 1952; 安野省三, 1971; 河世鳳, 1986; Jones, Susan M. and Kuhn, Philip
A., 1978.

으로 흡사 원말(元末)과 비슷한 상황이 전개되었다. 원말에는 정치·사회적으로 인정받지 못하던 사대부나 지주세력이 반란집단에 가담하였으므로 원(元)이 멸망하기에 이르렀다.[107] 그러나 청조 중기에 신사는 자신들의 특권적 지위를 인정해 주는 청조에 협조하여, 이미 전투능력을 거의 상실한 팔기(八旗)와 녹영(綠營)에 대신해서 향용(鄕勇)을 조직하여 반란의 진압에 큰 역할을 담당하였다. 19세기 중엽의 태평천국운동(太平天國運動; 1850~1864)을 진압한 계기를 만든 것도 넓은 의미에서는 신사의 향용이라 할 수 있다.[108] 또 19세기 후반의 반기독교(仇敎)운동에도 적지않은 신사가 참여하였다.[109] 말하자면 국가권력이 사회의 지배층을 체제내로 여하히 포섭하느냐, 환언하면 지배층의 향배가 전근대(前近代) 중국의 국가 안위와 사회안정 여하의 관건이었다고 할 수 있는 것이다.

V. 結   論 : 明·淸時代 紳士의 階層的 性格

신사는 국가의 제도적 장치를 매개로 하여 역사에 등장해서 명초부터 사회에 실질적으로 존재하고 있었으나, 사회적 계층으로 형성된 것은 15세기 중엽부터였다. 신사층을 분석해 보면, 신층(紳層; 官職經歷者)은 물론 전대 이래의 사회의 지배층으로서 그들 사이에는 강한 동류의식이 존재하였고, 각 향촌에서는 그들을 중심으로 '향신공의(鄕紳公議)'가 존재하고 있었다. 한편 사층(士層; 未入仕 學位所持者)은 현실적으로는 신층과도, 평민과도 구분되는 '중간층'이었다. 사층은 가끔 신층과 갈등을 일으키기도 하였는데, 그것은 그들이 신층의 존재를 부정하기 때문이 아니고, 그 당시 상호간에 이해의 상충(相衝)이 있었기 때문이다. 이해관계의 여하에 따라서는 신층 내부에서도, 그리고 사층 내부에서도 공히 분쟁과 갈등은 있었다. 또 반대로 계기(契機) 여하에 따라서는 신과 사가 동류의식을 가지고 공동 행동을

107) 山根幸夫, 1961, 1971.
108) 鈴木中正, 1952; Kuhn, Philip, A., 1970, 1978; Feuerwerker, Albert, 1975; Naquin, Susan, 1976; Jones, Susan M. and Kuhn, Philip A., 1978.
109) 李時岳, 1958; 王天奬, 1963; 呂實强, 1966; 張 力·劉鑒唐, 1987; 崔熙在, 1988; 里井彥七郎, 1954; 矢澤利彦, 1958, 1960; 佐々木正哉, 1963~1964; Lee, En-han, 1988; Cohen, Paul A., 1963, 1978.

펴는 예도 많았다. 국가권력측이나 평민은 이들을 '신사〔=紳衿〕' 혹은 '사신(士紳)'으로 일괄하여 칭하였다. 또 민을 넓은 의미로 구분할 때는 사대부(士大夫=紳士)와 제민(齊民=編氓)으로 구분하였다.

명・청시대에 걸쳐서 중국은 사회・경제적으로 규모가 방대하고 다양해졌다. 그러나 관인(官人)의 수는 항상 25,000 내외로 한정되어 있었다. 그때문에 지방행정이나 향촌사회의 질서를 유지하기 위해서는 관치행정(官治行政)에 대한 보조수단이 필요하였다. 명・청 양조는 그러한 보조수단으로 신사층을 택하였다. 한편, 평민의 입장에서도 국가권력의 지방통치에서 생기는 공백 부분을 신사의 사회적 지배력에 의지할 수밖에 없었다. 명 중기로부터 청말까지의 중국의 사회질서는 거시적으로 보면, 국가권력측과 평민의 공통의 기대하에 신사가 사대부적인 공의식(公意識)에 의해서 국가권력의 보좌역의 역할을 연출함으로써 유지될 수 있었던 것이다. 한편, 신사는 그러한 역할을 수행함으로써, ① 위로는 관부(官府)와의 관계를 더욱 돈독히 하는 동시에, ② 향촌사회에 대해서는 사대부로서의 자신의 존재를 확인시켜 지배력을 유지・확대시키고, ③ 사적(私的)으로는 개인의 이익도 보호할 뿐 아니라, 평소 떳떳하지 못하고 비판의 대상이 되어 온 그들의 사리추구(私利追求) 행동도 어느 정도 합리화 내지 상쇄시킬 수도 있었다.

바꾸어 말하면, 신사는 사적으로는 개인의 사리를 추구하는 행동도 많았다. 그러나 공적으로 보면, ① 향촌에 대해서는 국가통치의 보좌역으로서, ② 국가권력에 대해서는 향촌여론의 대변자로서의 역할을 담당하였다. 뿐만 아니라 또 때로는, ③ 국가권력과 향촌이해의 조정자로서의 역할도 담당하였다. 신사는 사회에 대하여 순기능과 역기능, 공의식의 발로와 사리추구, 즉 공(公)・사(私)의 양면성을 구유(具有)한 존재였던 것이다.

유교적 지식인이고 대체로 지주인 사대부를 지배층으로 하는 사회구조는 송대(960~1279)로부터 확립되어 본질적으로는 청(1644~1911)말까지 계속되었다고 할 수 있다. 그러나 송대의 사대부를 '평민과는 구분되는 특권적 지배층이었고 천자(天子)의 신료(臣僚)라는 성격을 가진 존재'로 파악할 경우, 송대의 전형적인 사대부는 역시 관직경력자로 한정될 수밖에 없다고 생각된다. 그러한 전제 위에서, 그들과 명・청시대의 신사와 비교해 보면 신사의 계층적 성격은 다음과 같이 요약될 수 있다. 신사는 천하에 대한 공의식 등

이념적·사상적인 면에서는 송대 사대부의 그것을 계승하였다. 또 개인 혹은 집단적인 행동양식이나 존재형태 면에서도 양자는 유사하였다. 그러나 ① 지방 근거성의 유무 내지 강약에 차이가 있었다. 신사는 각자의 생활근거지에서의 존재임이 필수 전제였지만, 송대의 사대부는 그러한 전제가 필수적인 것은 아니었다. ② 국가에서 보장한 특권을 받은 대상자의 수에서 엄청난 차이가 있었다. 송대의 관인의 수는 2만 4,5천 정도였고 용관문제(冗官問題)가 심각했을 때에도 4만 정도였다. 이에 비해서 명·청시대의 신사는 25,000 정도의 관직경력자 외에 그들의 10배 내지 20여 배, 청말에는 50~60배나 되는, 각종 특권을 종신보장(終身保障)받은 학위소지자층이 부가(附加)되었다. ③ 그 결과 신사층은 사대부보다 훨씬 다양하고 광범한 사회·경제적 역할(順機能·逆機能을 막론하고)을 연출하였다. 그러므로 ① 제도적 실체, ② 그들의 수(數)가 연출한 만큼의 사회·경제적 역할의 다양성 등의 면에서, 송대의 사대부와 명·청시대의 신사는 계층적 성격을 달리하는 것이었다.

이상으로, 지금까지 세계학계에서 축적되어 온 신사층 연구의 현황을 '국가권력과 신사의 역학관계'를 중심으로 하여 필자의 안목에서 일단 정리해 보았다. 이 부분에 대해서만 하여도 연구의 공백 부분이 많음을 실감할 수 있다. 따라서 신사층에 대한 연구는 오히려 지금부터라고 해도 과언이 아니다. 다시 말하면, ① 정치적·사회경제적·문화적인 면에서 신사층의 역할에 대한 더욱 적극적인 사례 연구가 진전되어야 하고, ② 신사의 존재형태의 완전한 이해를 위해서는 중국의 전통적인 가족·종족제도(宗族制度)가 함께 연구되어야 할 것이며, ③ 신사가 지배하고 있던 향촌사회나 지역사회의 실상 내지 지방행정의 실상을 종합적으로 이해하기 위해서는, 신사층과 깊은 관계를 맺고 있는 서리(胥吏)와 무뢰층(無賴層)에 대한 연구가 필수적인 과제라 할 수 있을 것이다.

참고문헌

顧炎武,《顧亭林文集》, 北京, 中華書局, 1983 再版本.

―――,《日知錄》, 臺灣, 商務印書館, 1956 刊本.

《大淸世祖章皇帝實錄》, 臺灣, 華文書局本.

范仲淹,《范文正公集》(康熙 44 年刊本).

《思文大紀》(《虎口餘生記》, 中國歷史研究資料叢書, 上海, 1982 所收).

趙　翼,《陔餘叢考》, 臺灣, 世界書局影印本.

況　鍾,《明況太守龍岡公冶蘇政績全集》(道光 6 年 刊本).

閔斗基,《中國近代史研究 ―― 紳士層의 思想과 行動 ―― 》, 一潮閣, 1973.

吳金成,《中國近世社會經濟史研究 ―― 明代 紳士層의 形成과 社會經濟的 役割 ―― 》, 一潮閣, 1986.

曹永祿,《中國近世政治史研究 ―― 明代科道官의 言官的 機能》, 知識產業社, 1988.

顧　誠,《明末農民戰爭史》, 北京, 1984.

賴家度,《明代鄖陽農民起義》, 武漢, 1956.

林麗月,《明代的國子監生》, 臺北, 1978.

―――,《明末東林運動新探》, 臺灣師大 歷史研究所 博士論文, 1984.

蒙思明,《元代社會階級制度》, 龍門書店覆刻版, 1967.

傅衣凌,《明淸時代商人及商業資本》, 北京, 1956.

―――,《明代江南市民經濟試探》, 上海, 1957.

―――,《明淸農村社會經濟》, 北京, 1959.

謝國楨,《南明史略》, 上海, 1957.

―――,《明淸之際黨社運動考》, 臺北, 1968.

商衍鎏,《淸代科舉考試述錄》, 北京, 1958.

蕭一山,《淸代通史》(一), 臺北, 1963.

梁方仲,《明代糧長制度》, 上海人民出版社, 1957.

―――,《中國歷代戶口, 田地, 田賦統計》, 上海, 1980.

呂實强,《中國官紳反敎的原因》, 臺北, 1966.

伍丹戈,《明代土地制度和賦役制度的發展》, 福建人民出版社, 1982.

吳　晗,《朱元璋傳》, 北京, 1949.

吳晗·費孝通,《皇權與紳權》, 上海, 1948.

韋慶遠,《明代黃册制度》, 北京, 1961.

236

劉永成, 《清代前期農業資本主義萌芽初探》, 福建, 1982.

李光濤, 《明秀流寇始末》, 臺北, 1965.

李文治, 《晚明民變》, 上海, 1948.

李時岳, 《中國反洋教運動》, 北京, 1958.

李振華, 《張蒼水傳》, 臺北, 1967.

張力・劉鑒唐, 《中國教案史》, 成都, 1987.

丁 易, 《明代特務政治》, 北京, 1950.

朱東潤, 《張居正大傳》, 1934(후에 湖北人民, 1981).

周遠廉, 《清朝興起史》, 長春, 1986.

陳文石, 《明洪武嘉靖間的海禁政策》, 臺北, 1966.

何炳棣, 《中國會館史論》, 臺北, 1966.

許滌新・吳承明, 《中國資本主義的萌芽》, 《中國資本主義發展史》第 一 卷, 1985.

谷口規矩雄, 《朱元璋》, 東京, 1966.

宮崎市定, 《科擧》, 大阪, 1946.

根岸佶, 《中國社會における指導層 ―― 中國耆老紳士の研究 ―― 》, 東京, 1948.

大久保英子, 《明清時代書院の研究》, 東京, 1976.

島田虔次, 《中國における近代思惟の挫折》, 東京, 1970.

北村敬直, 《清代社會經濟史研究》, 京都, 1972.

濱島敦俊, 《明代江南農村社會の研究》, 東京, 1982.

寺田隆信, 《山西商人の研究》, 京都, 1972.

山根幸夫, 《明代徭役制度の展開》, 東京, 1966.

森田明, 《清代水利史研究》, 東京, 1974.

三田村泰助, 《清朝前史の研究》, 京都, 1965.

森正夫, 《明代江南土地制度の研究》, 京都, 1988.

神田信夫, 《平西王吳三桂の研究》, 東京, 1952.

岩見宏, 《明代徭役制度の研究》, 京都, 1986.

鈴木中正, 《清朝中期史研究》, 東京, 1952.

奧崎裕司, 《中國鄉紳地主の研究》, 東京, 1978.

五十嵐正一, 《中國近世教育史の研究》, 東京, 1979.

栗林宣夫, 《里甲制の研究》, 東京, 1971.

佐藤文俊, 《明末農民反亂の研究》, 東京, 1985.

佐野學, 《清朝社會史》, 東京, 1947.

酒井忠夫, 《中國善書の研究》, 東京, 1960.

重田德, 《清代社會經濟史研究》, 東京, 1975.

川勝守, 《中國封建國家の支配構造 ―― 明清賦役制度史の研究 ―― 》, 東京, 1980.

清水泰次, 《中國近世社會經濟史》, 東京, 1950.

橫田輝俊, 《明代文人結社の硏究》, 廣島大學文學部紀要 特輯號 3, 1975.

Chang, Chung-li(張仲禮), *The Chinese Gentry: Studies on their Role in Nineteenth Century Chinese Society*, 《紳士硏究》, Seattle, 1955.

─────, *The Income of the Chinese Gentry*, Seattle, 1962.

Chow, Yung-teh, *Social Mobility in China*, New York, 1966.

Cohen, Paul A., *China and Christianity: the Missionary Movement and the Growth of Chinese Antiforeignism, 1860~1870*, HUP., 1963.

Ch'u, T'ung-tsu(瞿同祖), *Local Government in China under the Ch'ing*, HUP., 1962.

─────, *Law and Society in Traditional China*, 《傳統中國之法律與社會》, Taipei, 1973.

Dennerline, Jerry., *The Chia-ting Loyalists : Confucian Leadership and Social Change in Seventeenth-Century China*, Yale U. P., 1981.

Dreyer, Edward L., *Early Ming Government: A Political History, 1355~1435*, Stanford U. P., 1982.

Fairbank, John K., *Late Ch'ing, 1800~1911*, Part 1, *The Cambridge History of China*, V. 10, Cambridge U. P., 1978.

Fei, Hisao-t'ung(費孝通), *China's Gentry*, Chicago, 1953.

Feuerwerker, Albert, *Rebellion in Nineteenth-Century China*, The University of Michigan P., 1975.

Ho, Ping-ti(何炳棣), *Studies on the Population of China, 1368~1953*, HUP., 1959.

─────, *The Ladder of Success in Imperial China; Aspects of Social Mobility, 1368~ 1911*, 《明淸社會史論》, New York, 1962.

Hsiao, Kung-chuan (蕭公權), *Rural China ; Imperial Control in Ninteenth Century*, 《十九世紀之中國鄕村》, Seattle, 1960.

Huang, Ray(黃仁宇), *Taxation and Governmental Finance in Sixteenth-Centry Ming China*, Cambridge UP., 1974.

Hucker, Charles O., *The Censorial System of Ming China*, SUP., 1966.

Kuhn, Philip A., *Rebellion and Its Enemies in Late Imperial China, Militarization and Social Structure 1796~1864*, HUP., 1970.

Mammitzsch, Ulrich, *Wei Chung-hsien(1568~1628): Reapraisal of the Eunuch and Factional Strife at the Late Ming Court*, Ann Arbor, U. Microfilms, 1968.

Marsh, Robert, *The Mandarins; The Circulation of Élites in China, 1600~1900*, New York, 1961.

Meskill, John, *Academies in Ming China; A Historical Essay*, The University of Arizona Press, 1982.

Mote, Frederick W. and Twitchett, Denis, *the Ming Dynasty, 1368~1644, Part 1, The Cambridge Hisory of China*, v. 7, Cambridge U.P., 1988.

238

Naquin, Susan, *Millenarian Rebellion in China, The Eight Trigrams Uprising of 1813*, Yale U.P., 1976.

Oxnam, Robert B., *Ruling from Horseback, Manchu Policies in the Oboi Regency, 1661~1669*, The U. of Chicago P., 1970.

Parsons, James B., *The Peasant Rebellions of the Late Ming Dynasty*, U. of Arizona P., 1970.

Perdue, Peter C., *Exhausting the Earth, State and Peasant in Hunan, 1500~1850*, HUP., 1987.

Perkins, Dwight H., *Agricultural Development in China, 1368~1968*, Chicago, 1969.

Rawski, Evelyn Sakakida, *Agricultural Change and the Peasant Economy of South China*, HUP., 1972.

So, Kwan-wai, *Japanese Piracy in Ming China during the 16th Century*, Michigan State U.P., 1975.

Struve, Lynn A., *The Southern Ming 1644~1662*, Yale U.P., 1984.

Wang, Yeh-chien (王業鍵), *Land Taxation in Imperial China, 1750~1911*, HUP., 1973.

Wong, R. Bin, *The Political Economy of Food Supplies in Qing China*, Ph. D. Dissertation, Harvard University, 1982.

權重達, 〈明代의 教育制度——특히 明王朝의 君主獨裁的 性格과 관련하여——〉, 《大東文化研究》 17, 1983.

———, 〈朱元璋政權參與 儒學者의 思想的 背景〉, 《人文學研究》(中央大) 14, 1987.

金斗鉉, 〈遼東支配期 누르하치의 對漢人政策〉, 《東洋史學研究》 25, 1987.

金鍾博, 〈明代 田賦의 銀納化過程에 關한 一考察〉, 《史叢》 19, 1975.

———, 〈明代 一條鞭法의 成立過程〉, 《史學志》 15, 1981.

———, 〈明代 嘉靖期의 土地丈量과 一條鞭法의 出現〉, 《金俊燁敎授華甲紀念中國學論叢》, 서울, 1983.

閔斗基, 〈淸代 '生監層'의 性格——特히 그 階層的 個別性을 中心으로——〉, 《亞細亞研究》 20, 1965(同氏, 《中國近代史研究——紳士層의 思想과 行動——》, 一潮閣, 1973 再收).

吳金成, 〈張居正의 教育政策〉, 《歷史教育》 14, 1971.

———, 〈明代 提學官制의 一研究〉, 《東洋史學研究》 6, 1973.

———, 〈日本에 있어서 中國 明·淸時代 紳士層研究에 대하여〉, 《東亞文化》 15, 1978.

———, 〈中國의 科擧制와 그 政治·社會的 機能——宋·明·淸時代의 社會의 階層移動을 중심으로——〉, 《科擧》, 一潮閣, 1981.

吳金成, 〈明代 紳士層의 社會移動에 대하여〉, 《省谷論叢》 13, 1982.

───, 〈睿親王 攝政期의 淸朝의 紳士政策〉, 《韓沽劤博士停年紀念史學論叢》, 서울, 1981.

───, 〈順治親政期의 淸朝權力과 江南紳士〉, 《歷史學報》 22, 1989-A.

───, 〈韓國의 明·淸時代史研究の現狀と課題〉, 《中國──社會と文化》 4, 1989-B.

───, 〈明末·淸初江西南部의 社會と紳士──淸朝權力의 地方侵透過程과 關聯して──〉, 《山根幸夫教授退休紀念明代史論叢》, 東京, 1990 豫定.

李成珪, 〈淸初地方統治의 確立過程과 鄕紳───順治年間의 山東地方을 中心으로──〉, 《서울大東洋史學科論集》 1, 1977.

全明姬, 〈順治初期의 反淸運動研究──薙髮令과 漢族의 抵抗運動을 중심으로〉, 《淑大史論》 10, 1979.

崔熙在, 〈周漢教案과 張之洞의 對應〉, 《歷史教育》 43, 1988.

河世鳳, 〈淸代白蓮教亂期의 鄕勇의 構成〉, 《慶大史論》 2, 1986.

郭松義, 〈江南地主階級與淸初中央集權的矛盾及其發展和變化〉, 《淸史論叢》 1, 1979.

羅炳綿, 〈明太祖的文學統制術〉, 《中國學人》 3, 1971.

譚其驤, 〈中國內地移民史──湖南篇〉, 《史學年報》 4, 1932.

譚作剛, 〈淸代湖廣垸田的濫行圍墾及淸政府的對策〉, 《中國農史》, 1985-4.

孟 森, 〈科場案〉, 《明淸史論著集刊》, 1965-A.

───, 〈奏銷案〉, 同上書, 1965-B.

樊樹志, 〈明代荊襄流民與棚民〉, 《中國史研究》, 1980-3.

傅衣凌, 〈明代後期江南城鎭下層士民的反封建運動〉, 《明代江南市民經濟試探》, 上海, 1957.

───, 〈明代江西的工商人口及其移動〉, 《抖擻》 41, 1980(同氏, 《明淸社會經濟史論文集》, 北京, 1982 再收).

謝國楨, 〈淸初利用漢族地主集團所施行的統治政策〉, 《中國史研究》, 1980-4.

雙 默, 〈近年來明代'縉紳地主'研究概述〉, 《中國史研究動態》, 1985-9.

楊啓樵, 〈明初人才培養與登進制度及其演變〉, 《新亞學報》 6-2, 1964.

楊 訥, 〈天完大漢紅巾軍史述論〉, 《元史論叢》 1, 1982.

梁方仲, 〈明代戶口田地及田土統計〉, 《中國社會經濟史集刊》 3-1, 1935.

───, 〈一條鞭法〉, 《中國近代經濟史研究集刊》 4-1, 1936.

───, 〈明代銀鑛考〉, 《中國社會經濟史集刊》 6-1, 1939.

伍丹戈, 〈明代紳衿地主的形成〉, 《抖擻》 47, 1981-A.

伍丹戈, 〈論淸初奏銷案的歷史意義〉, 《中國經濟問題》, 1981-1(1981-B).

───, 〈明代紳衿地主的發展〉, 《明史研究論叢》 2, 1983-A.

───, 〈明代徭役的優免〉, 《中國社會經濟史研究》 1983-3, 1983-B.

240

吳　晗,〈明代的農民〉,《益世報》,史學 12, 13, 1935(《吳晗史學論著選集》第 1 卷, 北京, 1984 再收).

─────,〈明初的學校〉,《淸華學報》15-1, 1948(《讀史劄記》, 北京, 1956 再收), 1948-A.

─────,〈明初的恐怖政治〉,《中建》3-5, 1948(《吳晗史學論著選集》(北京, 第 2 卷, 1986 再收), 1948-B.

─────,〈明初社會生產力的發展〉,《歷史研究》, 1955-3(《中國資本主義萌芽問題討論集》上, 1957 再收).

─────,〈明代的科學情況和紳士特權〉,《光明日報》, 1959. 8. 26(《燈下集》, 北京, 1960, 再收).

王崇武,〈明代戶口的消長〉,《燕京學報》20, 1936.

─────,〈論元末農民起義的社會背景〉,《歷史研究》, 1954-1.

王天獎,〈十九世紀下半期中國的秘密會社〉,《歷史研究》1963-2.

容肇祖,〈劉基的哲學思想及其社會政治觀點〉,《哲學研究》, 1961-3.

劉　炎,〈明末城市經濟發展下的初期市民運動〉,《歷史研究》, 1955-6.

劉志琴,〈論東林黨的興亡〉,《中國史研究》, 1979-3.

─────,〈城市民變與士大夫〉,《中國農民戰爭史論叢》4, 1982-A.

─────,〈試論萬曆民變〉,《明淸史國際學術討論會論文集》, 天律, 1982-B.

李光璧,〈試論明中葉農民起義的歷史作用〉,《歷史教學》, 1961-8·9.

李龍潛,〈明正統年間葉宗留鄧茂七起義的經過及特點〉,《歷史教學》, 1957-3(《歷代農民起義論叢》中, 香港, 1978 再收).

李　洵,〈試論明代的流民問題〉,《社會科學輯刊》, 1980-3.

李濟賢,〈李自成起義軍在山東〉,《中國農民戰爭史論叢》4, 1982.

李淖然,〈論東林黨爭與晚明政治〉,《明淸史集刊》(香港大學中文系) 1, 1985.

林麗月,〈閩南士紳與嘉靖年間的海上走私貿易〉,《明史研究論叢》2, 1979.

─────,〈'擊內'抑或'調和'? ──試論東林領袖的制宦策略〉,《歷史學報》(臺灣師大) 14, 1986.

莊　練,〈湖州莊氏史案〉,《明淸史事叢談》, 臺北, 1972.

張彬村,〈十六~十八世紀中國海貿思想的演進〉,《中國海洋發展史論文集》(二), 中央研究院, 臺北, 1986.

張海瀛,〈略論明代流民問題的社會性質──與李洵先生商　────〉,《北京師院學報》, 1981-3.

張顯淸,〈明代縉紳地主淺論〉,《中國史研究》, 1984-2.

田居儉·宋元强,〈中國資本主義萌芽研究略述〉,《中國資本主義萌芽》上, 成都, 1987.

全漢昇,〈淸朝中葉蘇州的米糧貿易〉,《中央研究院歷史語言研究所集刊》39-下, 1969(同氏,《中國經濟史論叢》第 2 冊, 再收).

趙儷生, 〈明正德間幾次農民起義的經過和特點〉, 《文史哲》, 1954-12.

從翰香, 〈論明代江南地區的人口密集及其對經濟發展的影響〉, 《中國史研究》, 1984-3.

左雲鵬·劉重日, 〈明代東林黨爭的社會背景及其與市民運動的關係〉, 《中國資本主義萌芽問題討論集》續編, 北京, 1960.

陳高華, 〈元末浙東地主與朱元璋〉, 《新建設》, 1963-5.

────, 〈元末農民起義中南方漢族地主的政治動向〉, 《新建設》, 1964-12.

陳生璽, 〈淸兵入關與吳三桂降淸問題〉, 《明淸史國際學術討論會論文集》, 天津, 1982.

陳梧桐, 〈論元末農民戰爭中的朱元璋〉, 《中國農民戰爭史論叢》5, 1987.

陳在正, 〈1654至1661年淸鄭之間的和戰關係及其得失:── 兼與臺灣歷史學者商榷〉, 《鄭成功研究論文選》, 續集, 福州, 1984.

何炳棣, 〈南宋至今土地數字的考釋和評價〉(上, 下), 《中國社會科學》, 1985-2·3.

許懷林, 〈江西古代州縣建置沿革及其發展原因的探討〉, 《中國地方史志論叢》, 北京, 1984.

谷光隆, 〈明代監生の研究 ── 仕官の方途について ──〉(一, 二), 《史學雜誌》, 73-4, 73-6, 1964.

谷口規矩雄, 〈明代中期荊襄地帶農民反亂の一面〉, 《研究》35, 1965.

────, 〈明代の農民反亂〉, 《岩波講座世界歷史》12, 1971.

────, 〈東陽民變 ── 所謂許都の亂について ──〉, 《東方學報》58, 1986.

────, 〈明代華北における一條鞭法の展開〉, 《明末淸初期の研究》, 京都, 1989.

溝口雄三, 《明末を生きた李卓吾》, 《東洋文化研究所紀要》55, 1971.

────, 〈いわゆる東林派人士の思想 ── 前近代期における中國思想の展開 ──〉, 《東洋文化研究所紀要》75, 1978.

宮崎市定, 〈明末蘇松地方の士大夫と民衆 ── 明代史素描の試み ──〉, 《史林》37-3, 1953(同氏, 《アジア史研究》第四, 京都, 1975 再收).

────, 〈張溥とその時代 ── 明末における一鄕紳の生涯 ──〉, 《東洋史研究》33-3, 1974(同氏, 《アジア史研究》第五, 京都, 1978 再收).

宮崎一市, 〈淸初における官僚の考成 ── 淸初財政史の一齣〉(1), 《釧路論集》1, 1970.

吉尾寬, 〈明末·楊嗣昌の地域防衛案について〉, 《東洋史研究》45-4, 1987.

多賀秋五郎, 〈近世中國における教育構造の成立と明太祖の文教政策〉, 《近世アジア教育史研究》, 東京, 1966.

────, 〈明太宗の學校教育政策〉, 《近世東アジア教育史研究》, 東京, 1970.

────, 〈王陽明と明代の教育制度〉, 《陽明學入門》, 東京, 1971.

檀上寬, 〈明王朝成立期の軌跡 ── 洪武朝の疑獄事件と京師問題をめぐって〉, 《東洋史研究》37-3, 1978.

大久保英子, 〈明末讀書人結社と教育活動〉, 林友春 編, 《近世中國教育史研究》, 東京,

242

1958(同氏, 《明淸時代書院の硏究》, 東京, 1976 再收).

大澤顯浩, 〈明末宗敎的反亂の一考察〉, 《東洋史硏究》 44-1, 1985.

藤井宏, 〈明代田土統計に關する一考察〉(一, 二, 三), 《東洋學報》 30-3, 4, 33-1, 1944, 1947.

———, 〈新安商人の硏究〉(一, 二, 三), 《東洋學報》 36-1, 2, 3, 1953.

里井彦七郎, 〈十九世紀中國仇敎運動の一側面〉(上, 中), 《東洋史硏究》 13-1·2, 13-4, 1954(《近代中國における民衆運動とその思想》, 東京, 1972에 再收).

夫馬進, 〈明末反地方官士變〉, 《東方學報》 52, 1980-A.

———, 〈'明末反地方官士變' 補論〉, 《富山大學人文學部紀要》 4, 1980-B.

北村敬直, 〈寧都の魏氏 ── 淸初地主の一例〉, 《經濟學年報》 7, 8, 1957, 1958(후에 〈魏氏三兄弟とその時代〉라 改題하여 《淸代社會經濟史硏究》, 1978에 再收).

寺田隆信, 〈明淸時代における商品生産の展開〉, 《岩波講座世界歷史》 12, 東京, 1971.

———, 〈蘇州の哭廟案について〉, 《星博士退官紀念中國史論叢》, 東京, 1978.

斯波義信, 〈中國中世の商業〉, 《中世史講座》 3, 《中世の都市》, 東京, 1982.

山根幸夫, 〈十五·六世紀中國における賦役勞動制の改革〉, 《史學雜誌》 60-11, 1951(同氏, 《明代徭役制度の展開》, 東京, 1966 再收).

———, 〈明帝國の形成と發展〉, 《世界の歷史》 11, 東京, 筑摩書房, 1961.

———, 〈元末の反亂と明朝支配の確立〉, 《岩波講座世界歷史》 12, 1971.

———, 〈明淸時代華北市集の牙行〉, 《星博士退官紀念中國史論叢》, 東京, 1978.

———, 〈明·淸初の華北市集と紳士·豪民〉, 《中山八郎敎授頌壽記念明淸史論叢》, 東京, 1979.

———, 〈明末農民反亂と紳士層の對應〉, 《中嶋敏先生古稀記念論集》 下, 東京, 1981.

———, 〈大西政權と紳士層の對應〉, 《明淸時代の政治と社會》, 京都, 1983.

山本英史, 〈淸初における包攬の展開〉, 《東洋學報》 59-1·2, 1977.

———, 〈'自封投櫃' 考〉, 《中國 ── 社會と文化》 4, 1989.

三田村泰助, 〈朱元璋と紅巾軍〉, 《田村博士頌壽紀念東洋史論叢》, 東京, 1968.

森正夫, 〈明代の江南における'救荒論'と地主佃戶關係〉, 《高知大學學術硏究報告》 17, 人文科學 14, 1968.

———, 〈17世紀の福建寧化縣における黃通の抗租反亂〉(一, 二, 三), 《名古屋大學文學部硏究論集》 59, 62, 74, 1973, 1974, 1978.

———, 〈いわゆる'鄕紳的土地所有'論をめぐって〉, 《歷史評論》 304, 1975.

———, 〈日本の明淸時代史硏究における鄕紳論について〉(一, 二, 三), 《歷史評論》 308, 312, 314, 1975~1976.

———, 〈明代の鄕紳 ── 士大夫と地域社會との關連についての覺書 ──〉, 《名古屋大學文部硏究論集》 77, 《史學》 26, 1980.

森正夫, 〈中國前近代史研究における地域社會の視點〉, 《名古屋大學文學部研究論集》 83, 史學 28, 1982.

西村元照, 〈明代後期丈量に就いて〉, 《史林》 54-5, 1971-A.

――――, 〈張居正の土地丈量―― 全體象と歷史的意義把握のために ――〉(上, 下), 《東洋史研究》 30-1, 2, 3, 1971-B.

――――, 〈劉六劉七の亂について〉, 《東洋史研究》 32-4, 1974.

――――, 〈淸初の包攬―― 私徵體制の確立, 解禁から請負徵稅制へ――〉, 《東洋史研究》 35-3, 1976.

城井隆志, 〈明末, 地方生員層の活動と黨爭に關する一試論―― 提學御史熊廷弼の諸生杖殺をめぐって ――〉, 《九州大學東洋史論集》 10, 1982.

小山正明, 〈賦・役制度の變革〉, 《岩波講座世界歷史》 12, 1971.

小野和子, 〈東林派とその政治思想〉, 《東方學報》 28, 1958.

――――, 〈淸初の思想統制をめぐって〉, 《東洋史研究》 18-3, 1959.

――――, 〈明末淸初における知識人の政治行動〉, 《世界の歷史》 11, 東京, 1961.

――――, 〈明末の結社に關する一考察―― とくに復社について ――〉(上, 下), 《史林》 45-2, 3, 1962.

――――, 〈東林派と張居正―― 考成法を中心に ――〉, 《明淸時代の政治と社會》, 京都, 1983.

松田吉郎, 〈明末淸初廣東珠江デルタの沙田開發と鄕紳支配の形成過程〉, 《社會經濟史學》 46-6, 1981.

矢澤利彦, 〈長江流域敎案の一考察〉, 《近代中國研究》 1, 1958.

――――, 〈長江流域敎案の研究〉, 《近代中國研究》 4, 1960.

安部健夫, 〈米穀需給の研究―― 《雍正史》の一章としてみた ――〉, 《東洋史研究》 15-1, 1957(후에 《淸代史の研究》, 東京, 1971에 再收).

安野省三, 〈淸代の農民反亂〉, 《岩波講座世界歷史》 12, 1971.

岩見宏, 〈淸朝の中國征服〉, 《岩波講座世界歷史》 12, 1971.

岩井茂樹, 〈張居正財政の課題と方法〉, 《明末淸初期の研究》, 京都, 1989.

愛宕松男, 〈朱吳國と張吳國―― 初期明王朝の性格に關する一考察 ――〉, 《文化》 17-6, 1953.

野口鐵郎, 〈初期朱元璋集團の性格〉, 《橫濱國立大學人文紀要》 第 1 類 18 輯, 1972.

――――, 〈白蓮敎結社の成立〉, 《明代白蓮敎史の研究》, 東京, 1986.

前田勝太郎, 〈明代中期以降の福建における水利機構の變貌について〉, 《東方學》 32, 1966.

田中正俊, 〈中國歷史學界における‘資本主義の萌芽’研究〉, 鈴木俊, 《中國史の時代區分》, 東京, 1957.

田中正俊, 〈民變・抗租奴變〉, 《世界の歴史》11, 東京, 1961.

──, 〈中國における地方都市の手工業〉, 《中世史講座》3, 《中世の都市》, 東京, 1982.

──, 〈明淸時代の問屋制前貸生產について ── 衣料生產を主とする研究史的覺え書〉, 《東アジアにおける國家と農民》, 東京, 1984.

井上徹, 〈廣東珠江右岸デルタにおける秩序再編と鄕紳の役割について〉, 《地域社會の視點 ── 地域社會とリーダ》, 名古屋, 1982.

佐藤武敏, 〈明淸時代浙江における水利事業 ── 三江閘を中心に ──〉, 《集刊東洋學》20, 1968.

佐藤文俊, 〈福王府と明末農民反亂〉, 《中國 ── 社會と文化》3, 1988.

佐伯有一, 〈日本の明淸時代研究における商品生產評價をめぐって ── その學說史的展望 ──〉, 鈴木俊, 《中國史の時代區分》, 東京, 1957.

佐々木正哉, 〈同治年間敎案及び重慶敎案資料〉(上, 下), 《東洋學報》46-3, 4, 1963~1964.

酒井忠夫, 〈鄕紳について〉, 《史潮》47, 1952(同氏, 《中國善書の研究》, 東京, 1960 再收).

──, 〈明代の日用類書と庶民敎育〉, 林友春 編, 《近世中國敎育史研究》, 東京, 1958.

──, 〈明代前・中期の保甲制について〉, 《淸水博士追悼紀念明代史論叢》, 東京, 1962.

重田德, 〈淸初における湖南米市場の一考察〉, 《東洋文化研究所紀要》10, 1956(同氏, 《淸代社會經濟史研究》, 東京, 1975에 再收).

──, 〈鄕紳支配の成立と構造〉, 《岩波講座世界歷史》12, 1971(同氏, 《淸代社會經濟史研究》再收).

曾我部靜雄, 〈明の關節生員と納粟監生〉, 《近世東アジア敎育史研究》, 東京, 1970(同氏, 《中國社會經濟史の研究》, 東京, 1977 再收).

倉持德一郎, 〈明初における富民の京師移徙 ── 所謂富戶の設定〉, 《石田博士頌壽紀念東洋史論叢》, 東京, 1965.

淺井紀, 〈明末における帑安の亂と白蓮敎〉, 《史學》47-3, 1976.

淸水泰次, 〈明代の流民と流賊〉(一, 二), 《史學雜誌》46-2, 3, 1935.

──, 〈明の太祖の對權豪策 ── 特に張吳の戰犯及び蘇州の豪農について〉, 《史觀》38, 1952.

湯淺幸孫, 〈湖州莊氏の史案と參訂の史家〉, 《史林》51-4, 1968.

片山誠二郎, 〈明代海上密貿易と沿海鄕紳層〉, 《歷史學研究》164, 1953.

鶴見尚弘, 〈明代における鄕村支配〉, 《岩波講座世界歷史》12, 東京, 1971.

和田正廣, 〈明代擧人層の形成過程に關する一考察 ── 科擧條例の檢討を中心として ──〉, 《史學雜誌》87-3, 1978-A.

和田正廣, 〈徭役優免條例の展開と明末學人の法的位置 —— 免役基準額の檢討を通じて——〉, 《東洋學報》 60-1·2, 1978-B.

———, 〈明代科擧官僚家系の連續的側面に關する一考察〉, 《西南學院大學文理論集》 24-2, 1984-A.

———, 〈明代科擧制度と士大夫〉, 《元明淸期における國家'支配'と民衆像の再檢討——'支配'の中國的特質——〉, 九州大學, 1984-B.

和田淸, 〈明の太祖と紅巾の賊〉, 《東洋學報》 13-2, 1913.

橫田整三, 〈明代における戶口の移動現象について〉(上, 下), 《東洋學報》 26-1, 2, 1938.

Atwell, William S., "From Education to Politics: the Fu She", de Bary, W. T. ed., *The Unfolding of Neo-Confucianism*, Columbia U. P., 1975.

———, "The T'ai-ch'ang, T'ien-ch'i, and Ch'ung-chen Reigns, 1620~1644" in *The Ming Dynasty, 1368~1644*, Part 1, *The Cambridge History of China, V. 7*, Cambridge U.P., 1988.

Busch, Heinrich, "The Tung-lin Academy and Its Political and Philosophical Significance" *Monumenta Serica* XIV, 1955.

Cartier, Michel, "Nouvelles dennées sur la démographie Chinoise a l'epoque des Ming (1368~1644)", *Annales Économies Societés Civilisation 28e Année~N°6*, 1973, Nov ~Dec.

———, and Will, Pierre-Étienne, "Démographie et institutions en Chine: Contribution à l'analyse des recensements de l'epoque Impériale (2 A.D.~1750)," *Annales de Démographie Historique*, 1971.

Cohen, Paul A., "Christian Missions and their Impact to 1900" in Fairbank, John F. ed., *Late Ch'ing, 1800~1911*, Part 1, *The Cambridge History of China, V. 10*, Cambridge U.P., 1978.

Crawford, Robert, "Chang Chü-cheng's Confucian Legalism" de Bary, W. T. ed., *Self and Society in Ming Thought*, New York, 1971.

Dreyer, Edward L., "Military Origins of Ming China," in *The Ming Dynasty, 1368~1644*, Part 1, *The Cambridge History of China, V.7*, Cambridge U. P., 1988.

Durand, John, "Population Statistics of China, .A.D. 2~1953," *Population Studies* 13, 1960.

Entenmann, Robert, "Sichuan and Qing Migration Policy," *Ch'ing-shih wen-t'i* 4-4, 1980.

Fairbank, John K., "Introduction: the Old Order," Fairbank, John K. ed., *Late Ch'ing, 1800~1911*, Part 1, *The Cambridge History of China, V. 10*, Cambridge U. P., 1978.

Geiss, James, "The Cheng-te reign, 1506~1521," in *The Ming Dynasty, 1368~1644*, Part 1, *The Cambridge History of China, V. 7*, Cambridge U.P., 1988.

Huang, Lay, "The Lung-ch'ing and Wan-li reigns, 1567~1620," in *The Ming Dynasty 1368~1644*, Part 1, *The Cambridge History of China*, V.7, Cambridge U.P., 1988.

Hucker, Charles O., "The Tunglin Movement of the Late Ming Period," J. K. Fairbank ed., *Chinese Thought and Institutions*, The U. of Chicago P., 1957.

Jones, Susan Mann and Kuhn Philip A., "Dynastic Decline and the Roots of Rebellion," *The Cambridge History of China*, Vol. 10, Late Ch'ing, 1800~1911, Part 1, ed. by Fairbank, John K., Cambridge U.P., 1978.

Kessler, Lawrence D., "Chinese Scholars and the Early Manchu State," *HJAS 31*, 1971.

Kuhn, Philip A., "The Taiping Rebelion" in Fairbank, John F. ed., *Late Ch'ing, 1800~1911*, Part 1, *The Cambridge History of China*, V. 10, Cambridge U.P., 1978.

Langlois, Jr. · John D., "The Hung-wu reign, 1368~1398," in *The Ming Dynasty, 1368~1644*, Part 1, *The Cambridge History of China*, V. 7, Cambridge U.P., 1988.

Lee, En-han "China's Response to the Full-fledged Christian Challenge, 1860~1900 : An Analysis of Chinese Anti-Christian Thought After the Mid-19th Century," 《아시아문화》 4, 1988.

Liu, Pau K. C. and Hwang, Kuo-shu, "Population Change and Economic Development in Mainland China since 1400," *Modern Chinese Economic History*, ed by Hou, Chi-ming and Yu, Tzong-shian, Taipei, 1979.

Mote, Frederik W., "The T'u-mu Incident of 1449," *Chinese Ways in Warfare*, ed. by Kierman, Frank A. Jr., HUP., 1974.

————, "The Rise of the Ming Dynasty, 1330~1367" in *The Ming Dynasty, 1368~1644*, Part 1, *The Cambridge History of China*, V. 7, 1988-A.

————, "The Ch'eng-hua and Hung-chih reigns, 1465~1505," Ibid, 1988-B.

Ng, Chin-Keong(吳振强), "Gentry-Merchants and Peasant-Peddlers —— the Response of the Fukienese to the Offshore Trading Opportunities, 1522~1566," *Nanyang University Journal* V, VII. 1973.

Oxnam, Robert B., "Policies and Institutions of the Oboi Regency 1661~1669," *JAS 32-2*, 1973.

Struve, Lynn A., "The Southern Ming, 1644~1662," in *The Ming Dynasty, 1368~1644*, Part 1, *The Cambridge History of China*, V.7, Mote, F. W. and Twitchett, D. ed., Cambridge U.P., 1988.

Twitchett, Denniss, "The Cheng-t'ung, Ching-t'ai, and T'ien-shun reigns, 1436~1464," in *the Ming Dynasty, 1368~1644*, Part 1, *The Cambridge History of China*, V.7, Cambridge U.P., 1988.

Van der Sprenkel, O.B., "Population Statistics of Ming China," *Bulletin of the School of*

Oriental and Asian Studies 15-2, 1953.

Wakeman Jr., F., "Localism and Loyalism during the Ch'ing Conquest of Kiangnan: The Tragedy of Chiang-yin," Wakeman and Grant ed., *Conflict and Control in Late Imperial China*, U. of California P., 1976.

Waltner, Ann, "Building on the Ladder of Success: The Ladder of Success in Imperial China and Recent Work on Social Mobility," *Ming Stiudies 17*, 1983.

清代의 思想
—— 經世學과 考證學 ——

曺　秉　漢

머 리 말

　중국의 근대 개혁사상은 19세기 후반 양무론(洋務論)의 중서절충(中西折衷)논리에서 시작되고 그 서구화론이 내정개혁, 즉 변법(變法) 전반으로 확대되었을 때 유교 교학(教學)체계도 분해된다는 사실은 널리 인식되고 있다. 그런데 이 양무나 서구화 변법의 논리는 전통적 유교의 경세학(經世學)이 갖는 공리주의적(功利主義的) 요소가 서구 자본주의의 외압(外壓)에 적응한 결과로서 나타난 것이었다. 유교적 교학체계가 정체론적 시각에서 볼 때는 동양적 황제전제주의, 농업공동체의 체제이념으로서 근대문명에 대한 적응이 불가능하다는 전통사상의 비관주의적 이해가 지배적이 된다.

물론 유교의 교학체계가 갖는 지배이념으로서의 권위주의 속성은 최근까지도 '봉건잔재'로서 역기능을 가져 온 경험이 있다. 그러나 유교라는 교학체계는 동아시아의 가장 장기간에 걸친 지배이념이기도 했지만, 아울러 공자 이래 2천 년이 넘는 역사변천 과정에 적응해 온 다채로운 변화의 논리를 갖고 있었다. 이 교학체계를 뒷받침하고 있는 사회구조와 정치권력의 저항이 완강하여 역사적 적응이 실패했던 경우에, 그것이 유교에 변화의 논리가 결여된 탓만은 아니었던 것이다. 유교에는 주자학 같은 체제이념으로서 경화(硬化)된 요소가 있어 도학(道學)이란 이름으로 이단을 배척하는 '도통주의(道統主義)'에 집착했던 측면도 있었다. 그러나 응변(應變)의 논리로 개혁적 입장에 섰던 유교의 학파를 경세학, 또는 실학(實學)이라 했다. 이는 도통이념에 반대하는 절충주의적 성격을 갖고 있으며, 복고주의의 한계는 있지만 시세(時勢)·사실(事實)의 변화에 도리(道理)를 적용시키는 탄력성을 갖는다. 이 경세학이 고증법(考證法)을 이용한 재야적(在野的) 학문으로서 형성된 것은 명말 청초(17세기)였다.

그런데 청대에는 18세기 건륭(乾隆)·가경(嘉慶)시대에 경세학이 일시 퇴색하고 문헌·골동(骨董) 취미에 열중하던 고증학시대가 있었다. 이 고증학에 대해서는, 과거에 일종의 과학적 성격을 띠었지만 자연과학으로 발전하지 못하고 정치적 실천성을 상실한 학문으로서 찬양과 비난이 엇갈렸던 적이 있다.[1] 19세기 근대개혁론 형성에 경세학이 이룬 역사적 역할에 가려져 고증학에 관한 연구는 그동안 답보상태에 머물렀다가 근래에 상당한 연구성과가 축적되었다. 더구나 명청시대의 사회경제사, 특히 재야 지배층인 신사층(紳士層)에 관한 연구성과를 토대로 청대 경세학이나 고증학의 사회적 토대, 정치적 관련에 대해서도 괄목할 만한 시야의 확대가 가능해졌다. 또한 고증학의 비정치성에 대한 종래의 부정적 시각을 벗어나 그 역사적 역할과 경세학과의 관련이 재검토되고 있다.

이 논고는 이같은 국내외 학계의 동향을 반영하면서 필자의 시각에 따라 청대 사상사를 재구성해 보고자 한 것이다. 시기는 청초로부터 1860년대의 초기 양무운동(洋務運動) 형성기까지로 한정했는데, 이 논고의 임무는 청대

---

1) 梁啓超, 1985, pp. 23~24.

유학사상을 근대 개혁사상의 출발점과 접목시키는 청대 학문의 고유논리를 찾는 데 있다고 생각하기 때문이다. 또 이 논고는 학문·사상의 사회적·정치적 배경과 기능 분석에 중점을 둔 반면에 한 시대의 문화사로서는, 과학사나 예술사 및 명말 이래의 중서문화(中西文化) 교류관계를 소홀히 다룬 면이 있다. 그리고 주로 신사·지식층의 사상에 치중하여 민중생활에의 사상사적 접근은 또 하나의 과제로 남아 있다.

Ⅰ. 淸初의 經世學과 國家權力

1. 淸初의 文化統制와 經世學의 形成

명 왕조가 농민반란에 의해 멸망했을 무렵, 만주 새외(塞外)민족이 산해관(山海關)을 돌파했다. 그들은 농민군을 분쇄하고 잇달아 한족 관민(官民)의 남명(南明)정권을 진압하여 두번째로 전국적인 이민족 정복왕조를 수립했는데, 이는 한족 사대부에게 역사상 비할 바 없는 대재난으로 인식되었다. 명말 청초의 저항사인(抵抗士人)으로서 이 재난에 대한 비판의식으로 뚜렷한 정치개혁 사상가가 되었던 절동(浙東)의 황종희(黃宗羲)는 이 시대의 비극을 "하늘이 무너지고 땅이 갈라지는(天崩地解)" 것으로 표현했을 정도였다. 당말(唐末) 이후 강화되는 두 개의 왕조교체 세력인 농민반란과 북방민족이 동시에 중국왕조 및 그 지지층인 신사(紳士)들의 세계에 도전하여 한때 신사들을 치명적 굴욕과 위기의식에 빠뜨렸던 것이다. 중국 사대부들의 문화적 정통성을 보장하는 것으로 유교의 핵심적 윤리이념인 '춘추대의(春秋大義)'에는 군신(君臣 ; 上下)과 화이(華夷 ; 內外)의 봉건적 차별논리가 지속되어 왔다. 바로 이 사대부의 문화적 우월성을 대표하는 이 이념세계가 청조 지배하에서 상당한 수난과 곡절을 강요당했던 것이다.

청대 경세학 또는 실학의 개념과 고증(考證) 방법을 성립하는 데 가장 유력했던 학자는 절서(浙西)의 고염무(顧炎武)였다. 그는 이 명말청초의 대재난에 대하여 '망국(亡國 ; 易姓改號)'보다는 '망천하(亡天下 ; 夷夏之防)'가 더 중대한 것으로 이해했다. 즉 보국(保國)은 군신(君臣)의 책임이지만 '보천하(保天下)'는 "천한 필부(匹夫)라도 함께 책임이 있다"고 했던 것이다. 이 말은 후세 사인(士人)들의 경세의식(經世意識)을 대표하는 말로 널리 쓰이게 되었지만 그 의미에 대해서는 혼란이 많다. 일설에는 왕가(王家)보다는 민족(국가)이 중요하다는 것으로 이해되고 있지만2) 이에 대한 타당한 반론으로는 중국 사대부에게 춘추대의의 존왕(尊王)은 중요한 것이며, 이보다 더 큰 과제라는 천하는 봉건적 인륜도덕이 관철되는 사대부 지배세계를 의미할 뿐이라고 한다.3)

청조는 반만(反滿) 무장세력에 대한 군사적 진압과 병행하여 지속적 문화통제정책을 추진하여 사인층(士人層)의 사맹(社盟) 및 출판·서원(書院)활동을 금압함으로써, 명말의 동림(東林)·복사(復社)운동과 같은 재야신사(在野紳士)의 공개적이고 집단적인 반관적(反官的) 강학(講學)이나 결사(結社)활동은 불가능하게 되었다.4) 청군의 진공과 남명정권의 몰락과정에서 '반청복명(反淸復明)'의 희망이 점차 퇴색하는 가운데, 복사 여당(餘黨)이나 기사(幾社)의 후계 분파들을 중심으로 시문풍절(詩文風節)의 은일기풍(隱逸氣風)이 각 결사에 일반화하고 있었다. 순치제(順治帝)가 죽고 강희제(康熙帝) 즉위 직후까지는 정성공(鄭成功) 통해안(通海案)·강남주소안(江南奏銷案)·과장안(科場案)·곡묘안(哭廟案)·장씨명사안(莊氏明史案; 文字獄) 등 양자강 남북 신사층의 반관적 자립화 경향이, 그들의 반만(反滿) 감정이나 항량(抗糧)·부패 등 이해관계로 표출될 때마다 청조의 초강경 전제주의 통제정책도 절정에 이르렀다. 이같은 과정에서 반청 문사(文社)는 시주풍류(詩酒風流)를 일삼는 퇴폐주의로 흐르게 되고, 그들의 은일의식은 시주(詩酒) 이외에도 불교(佛敎)·의업(醫業)·유력(遊歷)·훈고(訓詁)·회화(繪畫) 등의 생활을 통해 표현되었다.5)

그럼에도 불구하고 항청거병(抗淸擧兵)에 참가했던 황종희·고염무 등처럼 복사계(復社系) 저항사인의 반청의식이 그같은 퇴폐적 풍류은일로 흐르지 않고 저항적 학문은일〔學隱〕로서 경세치용(經世致用)을 위한 경사학(經史學)으로 전환한 경우도 있었다. 반청의식이 특히 치열했던 절동의 경우, 황

2) 華山·王俊唐, 1972, p.2.
3) 沈嘉榮, 1972, pp.15~17.
4) 小野和子, 1959.12, pp.100~105.
5) 謝國楨, 1968, pp.190~225.

종회와 그의 제자 만사동(萬斯同) 등에 의한 경세적 강학활동이 강경회(講經會)의 조직으로 전개되고, 결국 청대의 고증적 방법은 이 경사학의 도구로서 개발된 것이라는 연구가 나와 있다.[6] 사실 청초와 경세학은, 관념적인 송명(宋明) 성리학의 불학(不學)·무용(無用)을 비판하면서 고전과 현실이라는 객관적 외부세계의 탐구와 실천을 강조함과 아울러 명말에 흔들렸던 유교적 체제윤리로서의 명교(名敎)질서를 유지하는 동시에 민본주의적 현실정치 개혁을 주된 목적으로 삼고 있었다.[7] 이같은 성리학으로부터 경사학으로, 나아가 청 중기 고증학으로의 선회는 도덕주의[尊德性]로부터 주지주의(主知主義; 道問學)로의 시대사조 전환이라는 지적도 있다.[8]

중국 유학사(儒學史)에서 청초 학문의 가장 획기적 특징은, 그것이 확고한 반관적 재야성(在野性)을 토대로 정치의 이록(利祿)에 유혹되지 않고, 재야학자로서 정치를 주지주의적 학술연구의 대상으로 삼아 미래의 실용을 전제로 비판적 분석을 하기 시작했다는 점이다. 청초의 경세치용학에 대하여 일설에는 실천파(實踐派)·기술파(技術派)·경사학파(經史學派) 3갈래로 분류하는 견해도 있다. 이 견해에 의하면 정주(程朱)·양명(陽明) 절충파(折衷派)로 손기봉(孫奇逢)·이옹(李顒)·탕빈(湯斌), 정주학파(程朱學派)로 주지유(朱之瑜)·육세의(陸世儀)·장리상(張履祥)·웅사리(熊賜履)·육롱기(陸隴其) 등이 실천파에 속한다. 송·명 도학(道學) 전체를 모두 비난한 것으로 독특한 안원(顔元)·이공(李塨) 등도 실천파에 속한다. 다음 기술파로는 명말 만력기(萬曆期)에 예수회 선교사 마테오 리치(利瑪竇) 등이 천문(天文)·역산(曆算)·측량수리술(測量水利術)을 전한 뒤, 왕석천(王錫闡)·매문정(梅文鼎) 등 천산학자(天算學者)가 나왔다. 경사학파로는 황종희·고염무·왕부지(王夫之) 등 이른바 항청(抗淸) 3유로(三遺老) 및 비밀(費密)·방이지(方以智)·만사대(萬斯大)·만사동(萬斯同)·염약거(閻若璩)·호위(胡渭)·유헌정(劉獻廷) 등이 있다. 그들은 명의 멸망과 관련하여 명대 정치를 비판하고, 미래의 정치개혁을 대망했으며 실증적 문헌연구를 통해 후일 고증학의 방법

---

6) 小野和子, 1964. 10, pp. 634~643; 謝國楨, 1968, p. 231.
7) 山井湧, 1980. 12, pp. 242, 257~259.
8) 余英時, 1977, pp. 62~63.

을 개척했다. [9] 위의 실천파 가운데서 탕빈·웅사리·육롱기는 청조의 관료로 참여한 자들이었다.

청조는 강희조(康熙朝)에 이들 재야학자들을 회유하기 위한 노력으로 주자학을 관학으로서 크게 진작시키고 박학홍사과(博學鴻辭科)라는 특채시험을 치르기도 했다. 그러나 이 점에서 가장 효과가 있었던 것은 한족 출신 지식인 관료를 준(準)관료적 후원자로 하여 각종 편찬사업을 추진한 것이었다. 가장 대표적인 것으로 강소(江蘇) 출신의 서건학(徐乾學) 형제로 하여금 《명사(明史)》·《대청회전(大淸會典)》·《대청일통지(大淸一統志)》·《통지당경해(通志堂經解)》를 편찬하게 한 것이었다. 서(徐)는 궁정 및 사저의 많은 장서를 바탕으로 만사동·유헌정·고조우(顧祖禹)·염약거·호위 등 대학자들을 불러들일 수 있었다. [10] 이같은 청조의 회유에 대해 끝까지 버틸 수 있었던 학자로는 3유로(遺老) 및 부산(傅山)·이옹 등 소수가 있으나, 그것이 얼마나 곤란한 것이었는지는 황종희가 명사관(明史館)에 그 아들과 제자 만사동을 보낸 고충으로도 알 수 있다. [11]

2. 反專制的 政制改革論

중국 사대부의 전통적 정치제도론에서 역사단계를 가를 정도로 중요한 개념은 봉건제(封建制)와 군현제(郡縣制)였는데, 전자가 삼대(三代) 성왕(聖王)의 제도로서 이념성을 갖는 데 반하여, 후자는 전국시대 이래 삼대의 제도가 붕괴되는 과정에서 천명(天命)·기수(氣數)의 필연적 결과로 나타났다는 현실성을 갖고 있다. 이 봉건·군현 논리는 청초에 명의 멸망 원인으로서 개혁론자들 사이에 거의 합의된 전제군주제에 어떤 방식으로 제약·수정을 가할 것인가라는 과제를 둘러싸고 제도개혁론(變法)의 바탕을 구성하게 된다. 그리고 봉건·군현의 정당성을 가름하는 핵심개념은 어느 쪽이 공천하(公天下)이고 어느 쪽이 사천하(私天下)인가라는 것인데, 명·청 전제군주제가 군현제에 입각해 있으므로 명·청 체제를 긍정하는 현실론자와 그것을

---

9) 山井湧, 1980. 12, pp. 229~234.
10) Struve Lynn A., 1982, pp. 248~255.
11) 高柄翊(1970)설은 통설과는 달리 黃의 運會觀을 통해 그의 華夷사상을 부정한 것이다.

비판하는 개혁론자 사이에는 공·사 개념의 규정이 상반되게 되어 있다. 어쨌든 청초 전제군주제를 수정하려 했던 개혁론에서 봉건론을 지지하며 그것이 청말 근대개혁운동에서 서구의 영향을 받은 지방자치론이나 의회론으로 연결되어 간다는 지적이 있다.12) 그 견해에 의하면 봉건·군현의 공·사를 가르는 표준으로 민리(民利)와 왕조, 법치와 인치(人治), 복고와 시세(時勢) 같은 개념을 적용하고 있다.13) 봉건론을 도입하자는 사람들 가운데도 이들 표준의 적용에 각기 차이가 있는데, 이 문제에 관한 한 가장 전형적인 경우는 고염무에게서 찾을 수 있다.

고염무는 봉건·군현에는 각기 분권(分權)과 집권(集權)에 따르는 결함이 있고, 봉건이 군현으로 변한 것은 시세의 변화이니 봉건제를 그대로 부활할 수는 없다고 했다. 그러나 현실의 군현제가 전제(專制)·사천하의 폐단이 있으므로 봉건제의 뜻만을 군현제에 담아 이를 극복하고자 했다. 회피제에 구애받지 않는 본지인 지방관의 구임(久任; 조건부 세습)과 그 예하 향관(鄕官)의 자체 선임권을 인정하는 것이다. 그의 공천하관(公天下觀)은 군현제 개선론으로서 민본주의와 복고·시세 관념이 반영되고 있다. 한편 황종희의 개혁론은 삼대의 법을 이상화하고 있어, 복고적 봉건론을 공천하 이념으로는 지지하면서도 실제로는 시세를 따른 봉건·군현 절충형 개혁안을 제시했다. 국방을 위해 변경에만 봉건제 방진(方鎭)을 두는 것이다. 그런데 실천주의자 안원은 이상주의적 복고론자로서, 완전한 봉건제의 재현을 요구하고 있었다. 그 반면 군현제를 공천하로 지지한 왕부지는 복고주의를 반대하여 각 시대의 제도는 그 시세의 산물로서 자신의 계통이 있으므로 봉건제의 부활도, 군현제의 부분적 수정이나 절충 같은 개혁도 실패하기 마련이라는 것이다. 또 군현제가 봉건제보다 민생에 유리하다고 했다. 왕부지는 이같은 역사주의적 사실 설명에 그치고 현실개조의 의지는 약했다.14) 고(顧)·황(黃)·왕(王)·안(顔) 등의 논의에서 공천하의 기준을 왕조보다는 민본(民本)에 두고 있다는 점에서 공통되고 있으나 법치·인치, 복고·시세의 기준은 각기 달랐다.

12) 閔斗基, 1980.1 再版 ①.
13) 閔斗基, 1980.1, pp. 211~225 ②.
14) 閔斗基, 1980.1, pp. 230~236 ①.

전제군주제를 부분적으로 제약, 수정한다는 점에서 누구보다 고(顧)·황(黃)이 가장 유력한 방안을 내고 있으나, 고는 주로 지방자치론의 방향에서 논리적 완결성을 갖고 있다. 이에 반하여, 전제군주제에 대한 원리적 비판이 극히 치열하고, 반전제(反專制)를 위한 법제개혁에 이론이 집중하여, 가장 민본적 색채가 선명한 것이 황종희의 《명이대방록(明夷待訪錄)》이란 책이었다. 황에 의하면 천하가 주(主)이고 군주는 객(客)이며, 천하는 일가(一家)의 법이 아니라 천하의 법으로 다스려야 하고, 관료는 군주를 위해서가 아니라 천하만민을 위해 벼슬하는 것이라 했다. 그런데도 현실의 명·청조 군주는 천하사람들이 감히 스스로 사(私)와 이(利)를 이루지 못하게 해놓고, 군주 자신의 대사(大私)를 천하의 대공(大公)이라 하고, 천하를 마치 자기 재산처럼 여긴다는 것이다. 가산국가(家産國家)의 전제군주상이다. 이리하여 군주와 공치(共治)해야 할 재상권(宰相權)을 가로챈 궁노(宮奴;宦官)를 제어하여 재상권을 강화하고 학교를 신사(紳士)의 청의(淸議)기관으로 하여 정치를 공론(公論)으로 감독하고자 했던 것이다. 그러나 이는 군주권의 폐지를 뜻하는 것은 아니며 또 시민적 민권이 아니라 신사민권[紳權]이었음을 유의해야 한다.[15]

나아가 황종희는 《명이대방록》에서 삼대의 법이 후대의 법보다 공천하의 법이며 전제군주의 사적인 일가의 법을 대신하여 올바른 법치가 이루어져야 자의적 전제군주의 혹법에 의한 인치(人治)를 제약할 수 있다고 주장했다. 그동안 유가(儒家)의 인치〔德治〕관념으로부터 전통적으로 비난받아 왔던 진제국(秦帝國) 이래 전제왕가의 패도(覇道), 폭력적 '사법(私法)'만이 유가 사대부들의 법 관념으로 존재해 왔다. 그러나 황종희는 그러한 법은 변경할 수 있으며 그 이상의 도덕적인 '공법(公法)'관념을 삼대의 왕도(王道)의 복고이념을 통해 처음으로 제시한 것이다.[16] 황에 비견할 만한 전제군주 비판은 당견(唐堅)에 의해 제시되었으나, 그에게는 유효한 방안이 결여되어 있다. 당(唐)은 군주의 자의에 의존하는 인치가 얼마나 변덕스런 재난을 불러오는가를 《잠서(潛書)》에서 다음과 같이 개탄했다. "한 현인이 나오면 잘 다스려지리라 기대되고, 한 소인이 나오면 어지러울까 걱정된다.…… 해내(海內)

15) 楷文甫, 1973. 3, pp. 2~3.
16) De Bary W.T., 1957, pp. 172~173.

의 백·억만 생민(生民)이 한 사람 손에 장악되어 어루만져 주면 편히 살고 버려두면 죽는다. 하늘인가! 임금이여, 땅이로다! 임금이여."[17]

전제군주권의 제약을 위해 고염무도 관료공치(官僚共治)와 지방자치를 주장하고 또 동한(東漢) 이래의 향론(鄕論)·청의를 찬미하여 풍속 혁신을 주장했다.[18] 그런데 고(顧)가 정치에는 법제금령(法制禁令)이 필요하긴 하지만 근본은 민심·풍속에 있다 하고, 군주의 '독치(獨治; 전제)와 번잡한 형법(刑法)을 비난하고 있는 것은[19] 유교 덕치(德治)의 정통이론에 머문 것이다. 그런데 왕부지의 경우는 전통적 발상에서 법치를 비난할 뿐 아니라 청의에 대해서도 불만을 표시했다. 그에 의하면 청의는 실(實)이 없는 쇠세(衰世)의 민풍(民風) 타락현상으로서, 정치는 가혹한 신한(申韓)의 형정(刑政)보다는 황로적(黃老的) 간정(簡政)을 통해 군민이 조화를 이루는 것이어야 한다는 것이다. 여기서 항청거병(抗淸擧兵) 이후 호남(湖南) 산중에 은둔했던 저항 사인(士人) 왕부지가 선진(先進) 강절(江浙)지역에서 동림(東林)의 전통을 이어 복사(復社)활동에 참가했던 황종희·고염무에 비해 민족위기 앞에서 붕당공론(朋黨公論)이 미쳤던 영향에 대하여 인식의 차이를 보여주는 것이다.[20] 군주전제를 비판하면서도 그 간정마저 군주의 선의에 맡길 수밖에 없는 효율적 화합의 통치가 있을 뿐이다.

청초 경세학자 중에 황종희와 안이학파(顔李學派)는 삼대 복고이상(復古理想)이 비교적 농후하여 봉건·학교(學校)·선거(選擧)·정전(井田) 등 봉건제도 요소들이 개혁안의 이념형으로 고스란히 등장했다. 경제면에서 정전제를 예로 들면 황(黃)과 안(顔)·이(李)는 그 실시를 주장하는 반면 고염무와 왕부지는 토지사유제 자체의 정당성을 주장했다. 그런데도 황종희와 안·이의 경우, 사실상 부민(富民)의 사유권을 무시한 토지분배가 불가능하다는 현실을 인정하여, 황은 부민의 대토지에 손실을 주지 않는 정전 분배를 주장하고, 안·이는 균전(均田)을 중심으로 한전(限田)·정전을 병행하는 정책을 이념으로 한 점에 특색이 있으나 그 실행방법에 관해서는 다양한 제

---

17) 이 인용문은 陸寶千, 1983, p. 7.
18) 侯外廬, 1958, pp. 235~238.
19) 簡明勇, 1968, pp. 14~15.
20) 稽文甫, 1965. 8, pp. 459~465.

안이 있었다.[21] 안이파의 왕원(王源)은 농민만이 토지를 소유하는 '경자유전(耕者有田)'의 정책을 표방하기도 했다. 고염무나 황종희 모두 천하의 사(私)를 이용하여 천하의 공(公)을 성취한다는 정치론을 전개했으며, 황이 지방신사의 주체성을, 고염무가 지방 대종족의 강화를 주장하고, 왕부지가 부민대고(富民大賈)의 필요성을 인정한 바탕 위에서 황제(국가)의 지나친 조세 수탈과 토지집적을 비난하고 있는 것이 주목된다.[22]

상업에 관해서는 황종희가 농·공·상이 모두 본업이라 주장했으며, 고염무는 각종 이원(利源) 개발을 강구하고 민간상업의 부에 대한 국가의 통제·수탈을 반대했는데, 왕부지의 경우는 상업의 필요성을 인정하면서도 상인의 부도덕성을 혐오하는 모순적 입장에 있었다. 청초에 민간 부민경제(富民經濟)의 보호를 위해 국가의 수탈을 맹렬히 비난한 사상가로 당견도 주목할 만하다. 그리고 안이학파의 경우, 그 공리주의 철학에 따라 재화(財貨)와 식(食)을 병중하고 민간의 사리(私利)를 옹호했는데, '이용(利用)·후생(厚生)'을 위해 농업 중심의 이원 개발도 중시되었다.[23] 이상 청초의 경제사상은 명 후기 이후의 화폐·상품경제 발전이 반영되긴 했으나, 당시 전통적 농업과 상업·수공업의 전국적이고 유기적인 결합관계가 미숙한 수준이었으므로 아직도 중상주의 단계가 아니라 농업이 주축이 되어 신사·지주 중심의 부민경제를 중심으로 황제전제(皇帝專制)의 일정한 제약과 소농민에 대한 윤리적 자선이 제창되는 상태였다.[24]

3. 淸初 經世學의 基本槪念과 方法論

청대 사상의 우주론·인식론적 특색은 대개 기(氣)의 철학으로 알려져 있다. 그리고 기를 본체로 삼는 '이기일원론(理氣一元論)'의 논리적 체계화에서 이룩한 왕부지의 천재성이 그의 진화적 역사인식과 아울러 근대 학계의 상당한 관심대상이 되어왔음은 사실이다. 왕(王)의 기(氣)의 철학에서는 윤

---

21) 胡寄窓, 1981, pp. 456~457, 541~546.
22) 胡寄窓, 1981, pp. 452~454, 462~465, 494~499. 다만 胡가 토지사유제를 시민계급 사상으로 해석한 것은 동의할 수 없다.
23) 胡寄窓, 1981, pp. 455, 468~471, 502~505, 529~531, 536~540.
24) 淸初 黃宗羲 사상이 紳士地主 중심의 질서를 주장한 것임은 溝口雄三, 1980, pp. 270~274.

리적 천도(天道)의 현실적 표현은 구체적 기(器)에 의존하므로 시세에 따라 변하는 다양성을 갖게 된다. 또 천리(天理)는 객관 사물을 받아들인 감각을 통해 심(心)의 '선천(先天) 능력[良能]'이 인식한다. 지(知)와 행(行)은 선지후행(先知後行; 朱子)이나 지행합일(知行合一; 陽明)이 아니라 행과 지의 개념적 구별을 전제로 하여 행을 기초로 한 지행의 통합을 주장했다.[25] 이같은 인식수준은 주자학·양명학의 한계를 훨씬 돌파한 것이다. 그러나 왕부지의 기론(氣論)은 주자·양명 이전의 천인합일(天人合一)의 도(道), 윤리적 천명관(天命觀)에서 벗어난 것은 아니었다. 또 심(心)·이(理) 일체관(一體觀)의 존속으로 인해 합리적 객체 인식은 철저히 관철되기 어려웠으며, 그 탁월한 지행론(知行論)도 유가적 윤리주의의 속박을 돌파할 수가 없었다. 왕부지의 역사관은 천인합일·이세합일론(理勢合一論)을 토대로 천리가 각 역사 진화단계에서 인정(人情)·사세(事勢)에 따라 달리 표현되며,[26] 또 숙명적 순환론을 탈피, 진화적 관점을 주장했으나, 삼대 이래의 개혁은 실질은 계승하고 문식(文飾)만 손질[因革損益]한다는 전통적인 것이었다.[27]

왕부지는 주자학·양명학 같은 특정 학파의 폐쇄적 도통(道統)을 타파했지만, 그래도 삼대 이래 도통의 지속성 속에서 중국 문화의 우주적 보편성과 한족 사대부의 주체성을 재확인했던 것이다. 명청 교체기의 대동란을 거치면서 황종희·고염무·왕부지 등 항청사인(抗淸士人)들에게 가장 고통스런 물음은, 명은 왜 망했는가? 유교적 사대부 문화질서는 이민족 지배하의 망국의 시대를 건더내며 지속할 것인가? 라는 것이었다. 그들의 응답은 제도개혁에 관해서는 각기 견해차가 있었지만, 명말 사대부의 학문적·도덕적 책임에 대한 자기반성은 일치하고 있었다. 아주 현저한 공통점으로는 송·명 도학(道學), 특히 태주학파(泰州學派)·이지(李贄; 卓吾)로 대표되는 양명학 좌파의 선학적(禪學的) 또는 반명교적(反名敎的) 흐름에 대한 반동은 치열한 것이었다. 양명좌파에 반대한 명교주의로의 회귀,[28] 그리고 송·명 도학의 학문적 공소성(空疏性)과 비실용성에 반대한 박학(博學)·실학의 주지(主

25) 肖箑父, 1965, pp. 29~30, 41~44, 49~50.
26) 嵇文甫, 1962, pp. 22~23 ①.
27) 吳澤, 1965, pp. 344~346.
28) 島田虔次, 1970.3, pp. 529~530.

知)·경세주의가 대두했었다. 욕(欲)·사(私)의 문제에 관한 왕부지의 부분
적 긍정도 궁극적으로는 천리의 제약을 받는 것이니, 왕(王)의 이탁오(李卓
吾) 등에 대한 평가는 혹독하여 그를 '중하의관(中夏衣冠)의 화(禍)'를 빚어
낸 홍수맹수(洪水猛獸)에 비하고 있다.[29]

기(氣)의 철학은 송·명 도학의 관념주의에 대한 실학적 반성의 반영이라
할 수 있지만, 그것의 형성과정은 이미 명말 동림파 이래의 실학풍을 이어
양명학 우파 유종주(劉宗周)에서부터 유래하고 있다.[30] 유(劉)의 제자인 진
확(陳確)과 황종희, 그리고 주자학계의 고염무도 기의 철학을 제창했다. 황
종희는 스승의 '신독공부(愼獨工夫)'와 이기일원설을 계승하여 다독서(多讀
書)와 실천의 지행합일에 노력하고[31] 경세치용을 위한 경학(經學)과 사학(史
學)의 연구, 특히 절동 사학의 개창자로서 유명하다. 《명유학안(明儒學案)》
같은 학술사 형식의 개척, 만명(晚明) 근대사의 풍부한 사료수집, 청조의
《명사(明史)》편찬에의 영향은 탁월한 업적이었다. 그의 사학은 주자학의 경
우처럼 경학 도리(道理)의 단순한 재확인을 위한 경학의 보조학으로서의 사
학이 아니라, 경의 도리와 거의 대등관계에 있는 실천적 사공학(事功學)으로
서의 의미를 갖고 있었다. 양명학과 사학과의 사상사적 친근관계에 대해서
는 주목할 필요가 있다.[32] 황의 치열한 역사의식은 근대사 기록을 통해 경
세지식을 얻을 뿐 아니라 천하의 도덕적 풍속·인심을 정치에 직결시키려는
실천적 의지였던 것이다. 사학은 물론 경세학의 한 구성요소로서 고염무나
왕부지도 연구에 주력하여 시세 변천에 대한 깊은 역사감각을 갖고 있었는
데, 고(顧)의 《일지록(日知錄)》, 왕(王)의 《독통감론(讀通鑑論)》등이 가장 잘
알려져 있다.

고염무는 그 학문지침으로서 '박학우문(博學于文)', '행기유치(行己有恥)'
를 제시했다. 그는 주로 양명학 좌파의 선학·청담적(淸談的) 성격을 비난하
여, 주희의 격물치지설(格物致知說)을 계승하면서도 심성을 밝힌다는 치심

29) 嵇文甫, 1962, pp. 68~70 ②.
30) 步近智, 1988, pp. 146~150; 嵇文甫, 1973. 3, p. 1.
31) 許錟輝, 1968, pp. 19~20; 山井湧, 1980, pp. 283~286.
32) 陽明學, 특히 李卓吾와 史의 관련에 대해서는 小島祐馬, 1947, p. 175. 黃의 학술사로
   는 《明儒學案》, 《宋元學案》(후자는 全祖望이 완성)이 있고 그의 晚明史 자료는 布衣로
   明史館에 참여한 제자 萬斯同을 통해 《明史》 편찬에 크게 기여했다.

(治心) 공부에는 반대했다. 또 학문적 공소성(空疏性) 탓으로 과거시험의 팔
고시문(八股時文)에 대한 비난은 준열한 것이었다. 그는 '이학(理學)은 경학
(經學)'이라는 명제를 내걸어 경학에서 이(理)를 탐구하도록 주장했는데, 경
의 연구를 위해서는 음운학(音韻學)에서 착수하여 고의(古意)를 밝히고 고제
(古制)를 고증해야 한다고 독특한 학문 방법론을 제시했다. 33) 그의 박학 측
면은 바로 고증학적 방법론을 통해 학문적 엄밀성을 부여했다. 그의 연구법
은 실지조사와 직접 자료를 중시하고 구체적 증거를 통해 실증하는 경험주
의적 귀납법과 또 고금을 관통하는 사학방법을 사용한 것이다. 34) 그가 송·
명 도학의 어록(語錄) 대신에 차기(箚記)에 의존한 것도 그 박학풍을 반영하
는 것이다. 행기유치는 천하의 치란(治亂)이 풍속에 달렸다고 보고 내면적
치심(治心)보다는 4유(4維;禮義廉恥), 절의(節義)의 외면적 실천을 중시하는
것이다. 그가 청의(淸議)를 중시한 것도 청에 투항한 명의 '이신(貳臣)'에 대
한 비판의식과 관련이 있다. 35) 또 그가 〈생원론(生員論)〉에서 '보신가(保身
家)'만을 목표로 하는 유식(遊食), 특권 지식층인 생원층이나 이들과 더불어
서민을 수탈하는 향환(鄕宦)·이서(吏胥), 또 붕당 형성의 사회적 계기가 된
과거제의 실태에 대해 반대했던 것도36) 이 인심·풍속의 문제와 관련이 있
을 것이다.

이같은 고염무 학문의 두 측면 중에 훨씬 중요한 비중을 차지한 박학의 면
에서 후일 고증학으로의 길이 열렸다고 하겠다. 한편 풍속·인심과 같은 사
회교육의 효과를 극단으로 중시하여 독서보다 실천에 편중한 학파가 안이학
파일 것이다. 명의 멸망에 풍속·인재의 쇠퇴가 끼친 영향을 크게 평가하는
안원은 당시 학문의 3가지 폐단으로 첩괄(帖括;科擧文)·선종(禪宗)·도학
〔宋·明〕을 들고 송대 학자 가운데 호원(胡瑗)과 장재(張載)만 인정할 수 있
다고 했다. 37) 이론적 지식이나 장래 정치개혁을 모색하는 것보다는 천하의
풍속·인심에 작용할 사회 인재교육이야말로 재야실학자로서는 가장 직접

33) 侯外廬, 1958, pp. 205~206.
34) 侯外廬, 1958, pp. 225~229. 그는 이같은 방법으로 경·사·지리·음운·금석학을
   연구, 《音學五書》·《天下郡國利病書》등 저술을 남겼다.
35) 華山·王庤唐, 1972, pp. 3~5.
36) 侯外廬, 1958, pp. 248~249.
37) 容肇祖, 1972, pp. 68~69.

적인 실천성을 갖는 것이었다. 또 이 풍속·인심에 영향을 주는 학문의 정통성을 둘러싸고 이단학문과의 실천투쟁에 돌입하는 것이야말로 일종의 학단(學團) '십자군'같은 집단적 열정을 불러일으킬 만한 것이었다. 그런데 이 안이학파는 부패 사회를 향한 분투선언에도 불구하고 비현실적인 복고주의와 번쇄한 예의의 속박으로 말미암아 사회개혁의 길은 닫혀 버리고 말았다.

그럼에도 불구하고 안이학의 전체체계가 아니라 그 부분적 요소 가운데는, 당시 중국사회의 전진을 위해 불가결한 데도 정통유교에서는 빈약했었던 귀중한 요소가 내포되어 있었다. 청대 각 학파 가운데 유일하게 송·명도학 전부를 이단으로 몰았던 안원 사상은 그 대가로 공자 이전의 시대로까지 소급하는 송학에 맞먹는 도통정신으로 한껏 복고를 단행하지 않으면 안되었다. 그러나 그 사상에는 주정(主靜)·공담(空談)을 반대하여 예(禮)의 실습을 중시하고 사(事)에서 이(理)를 찾고, 사를 통해 심신을 닦는 '습행(習行)'·'습동(習動)'의 실천주의가 있었다. 그리고 이른바《상서(尙書)》의 '3사(三事; 正德·厚生·利用)'를 내걸고 의(義)로써 이(利)를 추구한다고 맹자를 재해석했으며, 《주례(周禮)》 '향삼물(鄕三物)' 가운데 하나인 '6예(六藝; 禮·樂·射·御·書·數)'를 내걸고 도와 예(또는 術)가 일치한다는 공리주의를 표방했다. 그 교육과정에는 전통적 경(經)·사(史) 문장 이외에 예(禮)·악(樂)을 필두로 천산(天算)·지리·병법·무예·수(水)·화(火)·공학(工學)이 들어 있었다.[38] 안이학(顔李學)은 결국 강남 선진지역의 고증학에 패배하여 후계자 이공이 고증학 같은 독서학문을 수용했던 것이다.[39]

지금껏 정리해 본 청초 경세학의 내용과 방법을 중심으로 경세학의 개념을 검토하고자 한다. 명대 양명학의 도덕 차원의 '지행합일'관념이 청초 경세학에서 정치 차원의 '정교합일(政敎合一)'관념으로 전환하는 가운데,[40] 유교 '실학'·'경세학'의 개념도 그 시대적 내용이 변하게 되었다. 유교의 기본개념은 '수기치인(修己治人)'으로서 출발점부터 실학을 목표로 지향하고 있지만, 청대에 와서는 주자·양명학의 수기(도덕) 중심으로부터 치인(정

---

38) 容肇祖, 1972, pp. 73~76, 朱子學 비판은 吳相勳, 1984 참조.
39) 錢穆, 1972 5版, pp. 206~207.
40) Nivison, David S., 1967, pp. 67~68.

치)으로 중점이 옮겨지게 되었다.[41] 실학이란 것은 공언(空[虛]言)이 아닌 실사(實事)의 학문을 뜻한다. 그러나 그 실사에 관해서도 그것의 인식[知]만이 아니라 실천[行]이 요구되며 실사의 실행에도 도덕적 실행과 공리적·정치적 실행의 차이가 구분되었다. 엄밀히 말해서 실사의 지식과정인 고증이나 기의 철학은 경세학의 도구 내지 토대일 수는 있으나 경세학 자체는 아니었다. 또 실천주의도 실학의 불가결한 속성이긴 해도 그것이 도덕적 실천인 경우에는 엄밀한 의미에서의 실학, 즉 경세학은 아닌 것이다. 명말 청초 이후에는 경세학의 개념은 공리적·정치적 실천이 핵심이라 할 것이다.

원래 경세관념은 유학의 목적개념으로서 실학개념의 구체적 의미가 될 것이다. 그런데 송·명시대에 실학으로 자처되었던 주자학·양명학에서는 개인의 도덕 수양이 사회 및 우주적 질서와 일체화되어 파악되고, 정치보다는 오히려 도덕이 경세의 기초적 입각점으로서 중시되었다. 왕안석(王安石)이나 엽적(葉適) 같은 송대 개혁론자들이 이단으로 평가된 요인은 주자학적 시각으로는 그것이 정치면만 강조하여 공리주의적 실천[事功]으로 흘렀다는 것이다. 따라서 청대 경세학에서는 도덕과 공리 두 측면의 양립 가능성과 결합이 주장되는 공통된 특색이 있었다.[42] 이 두 요소의 타협에서는 학설에 따라 정도차는 있을지라도 공리적 측면이 청대 경세학의 핵심적 요소가 될 것이다. 제도개혁의 경우에 유교적 도덕성을 부여받은 개혁인가, 세속화한 개혁인가가 문제가 될 것이다. 그리고 공리주의 문제에서는 주자·양명학에서의 실용성이 도덕적 실용성이었음에 반하여, 청대 안이학파의 경우는 공리적 실용성이라는 지적도 있다.[43] 명말 청대에 지식층·신사의 수적 팽창과 청조 입관(入關)으로 인한 만(滿)·한(漢) 갈등으로 신사내의 사회분화도 발생했다는 현상이 주목된다. 따라서 청대 경세학은 그 이전의 유교 경세론과 차이가 있었다. 그것은 우선 주지적(主知的) 박학, 객관적 고증방법의 뒷받침을 받는 것이고, 또 하나는 신사층내 사회분화의 결과, 정치적으로 소외된 재야 지식층이 거의 직업적 학문을 통해 정치를 연구한 것이다.[44] 즉 민본적 도덕성을 바탕으로 한 공리적인 정치·기술면의 연구인 것이다.

---

41) 全海宗, 1959.
42) Chang, Hao, 1974. 11, pp. 40~42, 47~51.
43) Chang, Chung-ying, 1979, pp. 37~42.
44) Leonard, Jane Kate, 1975. 12, pp. 3~5.

II. 乾嘉朝 考證學時代의 文化와 政治

1. 四庫全書 편찬과 淸朝 '大一統'

사고전서(四庫全書)는 청 중기 건륭(乾隆) 37년(1772)에 정부가 전국에 서적수집을 명령하고 다음 해(1773) 사고관(四庫館)을 개설하여 서적의 고증·교감(校勘)·분류·제요(提要) 작업을 거치면서, 사고 전체의 찬수(纂修)가 완성된 것은 건륭 52년(1787)이었다. 전통적 중국 왕조의 문화주의적 통치관행에 따라 청대에도 강희·옹정제(雍正帝)를 거치면서, 《명사》, 《속삼통(續三通)》, 《고금도서집성(古今圖書集成)》등 많은 편찬사업이 진행되었던 것이다. 그러나 건륭대의 사고전서 편찬은 존목(存目) 6,700여 종, 수서(收書) 3,500종이라는 방대한 규모로부터 국가의 정치적 목적, 전국 신사층의 문화적 반응에 이르기까지 역사적 성격이 사뭇 다른 것이었다. 주자학을 관학으로 삼고 있던 국가의 관찬(官纂)사업에 고증학자들이 대거 진출하여 주도권을 잡고 또 3,100여 종에 이르는 많은 서적이 금서로 되거나 파괴되었다.[45]

그런데 종래 이 사고전서 편찬사업은 청대에 특히 격심했던 문자옥(文字獄)이나 다름없는 획기적 문화탄압으로서 연구되기도 했었다.[46] 그런데도 사고전서 계획의 실현과정을 보면 사고관의 설립과 편찬과정을 선도한 것은 학자 관료 주균(朱筠)과 그가 후원하는 고증학 그룹이 중심이었고, 건륭제는 문화·국가의 최고 통일자로서 덕치 이념의 상징적 실현을 추구한 것이었다.[47] 이 시기에는 이미 한족 사대부, 특히 고증학자들 사이에 국가를 후원자로서 재야학계와 연결시키려는 노력이 발생하고, 국가도 이 재야학문인 고증학의 국가적 유용성을 인정하게 된 것이라 하겠다. 주균은 재야학계의 후견자로서 국가와 학계가 상호 필요로 하던 단계에서 이를 연결시키는 매개가 되었으며 기윤(紀昀; 總纂官)·주균·소진함(邵晋涵)·정진방(程晋芳)·주영년(周永年)·왕념손(王念孫) 등 고증학 관료 및 거인(擧人) 대진(戴

---

45) 戴逸, 1989. 2, pp. 170~171, 173, 177.
46) 岡本さえ, 1977, pp. 47~53.
47) Kent, Guy R. 1987, pp. 57~61, 78~79.

震) 등이 사고관에 참여했다. 이같은 단계에 이르기 위해서는 청조와 한족 사대부간에 화이사상을 둘러싼 종족적 긴장이 해소될 필요가 있고, 또 재야 고증학계의 학문적 역량과 명성이 관학인 주자학을 압도할 수준에 와야 한다. 또 한 가지 요인을 들면 특별한 실용적 기여도가 없이 고증학처럼 방대한 자료를 필요로 하는 학문이 성장하고, 또 이를 후원하기 위해서는 표면상이나마 왕조의 번영과 이에 따르는 성세(盛世)의식이 작용해야 한다는 것이다.

이러한 조건을 건륭대의 청조는 충족시키고 있었다. 옹정대에 황제의 이념투쟁을 대표하는 문서로서, 《성유광훈(聖諭廣訓)》, 《대의각미록(大義覺迷錄)》, 《붕당론(朋黨論)》은 주목할 만한 것이다. 이들이 모두 한족 관료·신사층을 대상으로 화이문제를 군신대의(君臣大義)의 명교문제로 전화시켜 황제의 법가적 상벌대권(賞罰大權)을 주자학의 형식적 교조화를 통해 관철해 나가려는 교묘한 이념조작이었다. [48] 옹정제의 단호하지만 각박한 시대가 끝나고 건륭제가 즉위했을 때 만한(滿漢) 긴장도 거의 해소되고, 한인 신사들이 청조 성세의 관료사회에 적응해 가고 있었다. [49] 바로 주균의 사고전서 편찬계획에 적극 찬동했던 재야역사이론가 장학성(章學誠)은, 이 국가편찬사업에 적극 호응하여 지방관의 서적 수집·관리를 위한 기구를 설치하고, 지방학교를 통해 서적을 호적처럼 관리하도록 제의했던 것이다. [50] 이는 국가의 문화전제(文化專制)에 능동적으로 협조하는 것이며, 그 사상적 배경은 삼대(三代) 성세의 정치·문화적 대통일세계를 대청(大淸)황제의 전제 평화에서 기대했던 것이다.

2. 考證學派의 形成과 社會 背景

고증학적 방법이 명말 진제(陳第)·방이지(方以智) 등에 기원하여 청초 고염무·황종희 등에 의해 경사학의 학문적 도구로서 개척되었다. 그러나 이같은 고증학적 요소와 박학·실학 관념이 가장 분명한 개념 범주로 표명되었던 고염무에게서조차 고증학이란 독자적 학문분야로서 의식된 것은 아니

---

48) 閔斗基, 1980 ③ ; Nivison, David S., 1959, pp. 223~228.
49) 閔斗基, 1980, p. 66, 69 ④.
50) 曹秉漢, 1984. 9, pp. 164~165 ; Nivison, David S., 1966, pp. 79~80.

266

었고, 그런 뜻에서 이 청초의 경세치용학은 고증학과 성격이 아주 다른 것이었다.[51] 고증학은 경세학에서는 박학의 도구에 지나지 않았지만 그뒤 독립된 학문으로 발전함에 따라 그 개념에 몇 가지 독자적 특징을 갖게 되었다. 그것은 고전에서 실사구시(實事求是)를 추구하는 문헌학적 실증·귀납에 몰두하고 학문이 사상·생활과 분리되어 경학이 청초의 경세적 경사학과는 달리 몰가치화(沒價値化)한 것이라는 지적이 있는 것이다.[52] 이학(理學)은 경학에서 추구한다는 고염무의 명제는 대진(戴震)에 계승되어 "경(經)의 도(道)를 밝히는 것은 사(詞)이며, 사를 구성하는 것은 자(字)이니, 자로부터 사를 통하고 사로부터 도를 통해야 한다고"고 했다. 성인의 도는 경전 속의 문자와 전장제도(典章制度; 名物度數)에서 탐구해야 한다는 주지주의[道問學]적 방법론을 분명히 확립했던 것이다.[53]

그런데 고증학이 명백히 송대 주자학, 즉 '송학(宋學)'에 대항하는 '한학(漢學)'의 이름으로 역사에 등장한 것은 18세기 중엽 소주(蘇州)에서 혜동(惠棟) 중심의 이른바 '오파(吳派)' 고증학이 제창된 다음부터였다. 17세기말 염약거(閻若璩)와 호위(胡渭)는 한대 자료를 이용하여 주자학 이론이 의존하고 있던 경(經), 《고문상서(古文尙書)》와 《주역》 일부[河圖洛書]에 대해 각기 《상서고문소증(尙書古文疏證)》과 《역도명변(易圖明辨)》을 지어 그 위작임을 고증함으로써, 고증학의 학문으로서의 독자적 존재를 확립한 선구자로 볼 수 있다. 그러나 학파적 관심에서 반주자학 기치를 내건 고증학파는 아니었다.[54] 당시 고증학은 혜동의 오파[江蘇 蘇州]와 강영(江永)·대진의 환파(皖派; 安徽 남부) 두 계통으로 형성되었는데, 혜동이 한(漢) 경학을 중심으로 처음부터 복고 반송적(反宋的) 급진파였음에 비해, 강영과 대진은 동림파의 영향으로 초기에 주자의 격치를 계승, 예학(禮學)·음운(音韻)·역산(曆算) 등을 탐구하는 박학으로 발전한 것이라 한다. 대진이 반(反)주자학의 독자 기치를 세운 것은 당시 고증학 중심지이던 양주(揚州)에서 혜동을 만나 그 영향권에 들어가면서부터라는 지적이 있다.[55] 그럼에도 불구하고 오파가 복

51) 山井湧, 1980, pp. 336~341.
52) 山井湧, 1980, pp. 252, 257~258.
53) 錢穆, 1972, pp. 312~314.
54) Elman, Benjamin A., 1983. 12, p. 80, 84.
55) 錢穆, 1972, pp. 307~310, 320~322.

고 반송에 묶여 한대 경사(經師)의 고훈(古訓)과 가법(家法)에 충실했으나 환파는 고학(古學)을 중시하더라도 제경(諸經)을 회통(會通)하여 사실을 구하는 데 치중했다는 점에서56) 선진지역 출신으로 당시 관·학계에서 영향력이 있던 오파에 비해 장래의 학문적 가능성이 더 컸다고 할 수 있다.

대진이 유명한 휘주(徽州 ; 新安) 상인의 출신지이기는 하지만, 상대적으로 후진지역인 안휘 남부에서 양주·북경(北京)과 같은 전국적 학인신사(學人紳士)의 문화교류지로 진출하면서 반송의 기치를 내건 것은 그 학문적 성장의 자각인 것이다. 깊은 학식에도 불구하고 과거 실패자였던 혜동과 대진의 사회심리를 중심으로 과거의 시험과목인 팔고시문과 그 이념적 내용인 주자학에 대한 그들의 반감과 공명심에서 반송적 한학의 성립을 설명하려는 시도도 있다.57) 또 팔고시문의 문체·내용상의 결함으로 인하여 뜻있는 문인·학자가 과거공부 이외의 진정한 문학·학문을 하고자 하여 학문과 관계(官界)가 둘로 갈라지게 된 것이라 한다.58) 한학파의 반주자학 선언은 고증학의 방법론적·학파적 성장을 반영한 것이다. 또 이 고증학을 지지, 연구하는 재야 신사학계의 광범한 확립을 배경으로 해서만 과거공부로부터의 이탈, 학문과 관료계의 일정한 분립현상이 가능한 것이다. 실제로 이같은 현상은 청 중기 건륭대에 나온 두 불후의 명작 백화소설(白話小說)인 《유림외사(儒林外史)》·《홍루몽(紅樓夢)》에서도 확인되는 것이다.59)

그러나 중국과 같은 과거관료제의 위력이 대단한 지위지향 사회에서 철저한 관·학 분리가 현실적으로 가능한 것은 아니었지만, 개혁적 경세관(經世觀)이나 뛰어난 학문을 지닌 관료·학인 가운데는 관료계와 교학(敎學)간의 일정한 분리를 모색한 재야성은 있었던 것이다. 고증학이 전통 유학사에서 유례없는 수준의 '전문성(專門性)'에 도달한 배경에도 이같은 학문의 일정한 독립성, 즉 탈정치적 '학은(學隱)'정신의 작용이 있었던 것이다. 다만 그 학문적 은일(隱逸)의 지향이 건륭대 이후에도 만·한 민족모순이나 청조의 정치적 탄압에 말미암은 것이라는 해석은 설득력이 없다. 무엇보다도 이같

---

56) 錢穆, 1972, p. 320, 324.
57) 徐復觀, 1985, 3版, pp. 512, 518, 525~528.
58) 徐復觀, 1985, pp. 540~541.
59) 曹秉漢, 1987. 12, pp. 162~163.

268.

은 관·학 분리 관념의 부분적 작용에 대해서는 명말 이래 광범하게 형성된
재야 신사·독서인층을 배경으로 사실상 엄격하게 정원이 한정된 과거·관
료기구로부터 이탈된 지식인층의 양적 팽창이 날로 심각해 갔다는 사실을
고려에 넣어야 한다.60) 이처럼 남아도는 신사 가운데 특히 생감층(生監層)이
'보신가(保身家)'적인 유식(遊食)·수탈 계층으로 고정화되는 현상은, 유력
종족의 국가적 책임을 강조하던 고염무의 강력한 비난을 받기도 했었다.61)
한 연구에 의하면 강남 선진지역의 서원(書院)을 중심으로 전개된 고증학운
동은 결국 전통적 신사 계층의 운동으로서 특히 상층 신사가 주도했지만 하
층 신사·독서인도 상당수 학문적 열정으로 명성을 얻었다고 하며, 양주 염
상(鹽商)과 같은 대상인들의 사대부문화에의 참여와 후원도 주목되고 있
다.62)

특히 유의해야 할 것은 청 중기에 학문이 꽤 직업화되어, 고증학운동의
지도적 명사였던 왕명성(王鳴盛)·전대흔(錢大昕)·조익(趙翼) 등은 진사(進
士) 출신 관료로서 사회지위를 유지하는 수단으로 관직을 취득했으면서도
학문에 주된 생의 목적을 두고, 적당한 시기에 은둔생활을 택하고 있다는
것이다.63) 금전보수나 후견을 받기 위해 고증학자들은 정밀하고 축적된 지
적 숙련이 요청되는 일에 종사하게 되었다. 이들은 국가의 편찬사업이나 명
사적(名士的) 학인관료의 반관적(半官的) 후원에 크게 의존했다. 주균·주규
(朱珪) 형제, 완원(阮元)·필원(畢沅) 등이 재야학계를 관의 주변에 결집시킨
주요 학자 고관들이었다. 특히 완원은 양주 염상가 출신으로 그 자신이 탁
월한 환파 고증학자이며 학해당(學海堂) 등 서원을 건립,《황청경해(皇淸
經解)》,《주인전(疇人傳)》(과학) 같은 서적편찬사업을 통해 건가(乾嘉)시대
후기 고증학운동을 주도했던 것이다. 재야학자들은 이 관료와의 연계관계
에 의존하여 관의 막우(幕友)와 준관학화(準官學化)된 서원 등 학교의 교직
같은 직책에 임용될 수 있었다. 서원의 교직은 주로 상위 신사의 독점물이
었지만 특히, 강남 도시의 서원의 경우는 상당한 수입과 명망이 있었다. 옹

60) Ho, Ping-ti, 1964, pp.214~215.
61) 閔斗基, 1980 ⑤; Wakeman, Jr., Frederic, 1975, pp.31~34.
62) Elman, Benjamin A., 1984, pp.89~95.
63) Elman, Benjamin A., 1984, pp.95~96.

정제 시기(1733) 이후 관 통제하의 서원의 증설이나 종족 및 상인에 의한 서원·지방학교의 재정지원, 지방관의 문학 막우직, 또는 지방지(地方志) 등 지방 편찬사업 등이 모두 청의 전반적 문화통제하에서 학문의 비정치화와 더불어 준(準)직업적 재야학문의 성장에 도움이 되었던 것이다.[64]

명대 후기 이래의 강남 민간 인쇄술 발달과 소주·남경(南京)·항주(抗州)·상숙(常熟)·영파(寧波) 등 강절(江浙) 도시의 민간 장서(藏書)의 발달 및 서적시장의 성립도 청대 고증학의 성장배경으로서 주목되고 있다. 즉 명대 이래 강남 각지의 민간 학인(學人)·인쇄가의 출판사업, 관·민간의 총서(叢書)·유서(類書) 편찬, 천일각(天一閣;寧波 范氏)·급고각(汲古閣;常熟 毛晋) 등 전통있는 사인(士人) 장서 및 염상 등 대상인의 장서 같은 현상이 지적되고 있다.[65] 특히 우리의 흥미를 끄는 것은 한국사에도 등장하는 북경〔南市〕유리창(琉璃廠)의 서적시장을 중심으로 조선 실학자의 서적 구입과 청조 학자와의 문화교류일 것이다. 청의 고증학자 기윤·옹방강(翁方綱)·손성연(孫星衍) 등은 조선 북학파(北學派) 학자들과 교류했으며, 특히 완원은 조선의 김정희(金正喜)·박제가(朴齊家)와의 학술교류로 저명하다.[66]

3. 考證學의 方法과 範圍

청초 경세학에서 송·명 도학의 도덕 중심 관념론으로부터 정치 현실의 세계로 관심의 주된 방향을 돌리면서, 객관 실학의 방법으로서 개척된 고증학은, 18세기 중엽 건륭대 이후 만한 조야(朝野)의 동화과정에서 비정치적인 독자적 학파로 정착하게 되었다. 그런데 이 고증학의 방법은 관념적 의리학(義理學)으로부터 전환한 청대 기(氣)의 철학의 구체적·객관적 사고와 관련된 것이며, 청대에 기의 철학은 전반적 생활신조로서는 관학인 주자학보다 아주 열세였다 해도 학문방법으로서 이미 시대를 주도하게 된 고증학을 뒷받침한 철학이었다.[67] 문헌상의 언어학적·역사적 '사실'들이 비교적 고립된

64) Elman, Benjamin A., 1984, pp. 99~111, 119~137.
65) Elman, Benjamin A., 1984, pp. 141~159. 인쇄술의 발달이 지식층의 수적 증대와 科擧 경쟁의 격화에 미친 효과에 대해서는 Ho, Ping-ti, 1964, pp. 212~215.
66) Elman, Benjamin A., 1984, pp. 155~156. 阮元과 金正喜의 관계에 대해서는 全海宗, 1963 참조.
67) 山井湧, 1980, p. 170.

개별문제로서 실증적 연구의 대상이 된 것이다. 그런데 고증학에는 오파 혜동의 한학파(漢學派)보다 처음 그 영향을 받았던 대진의 환파가 중심이 되었다. 환파는 한대 전주(傳注)를 이용하면서도 사실의 탐구에 목적을 두고 한학도 비판대상이 될 수 있었던 것이다. 아울러 대진은 음운·명물·전장제도의 고증에 치중하고 명말의 천산·지리학도 계승하고 있었다. 이 '실사구시', '명물도수(名物度數)'의 학문이 궁극적으로 지향하는 목표는 고경(古經)의 의리(義理)를 추구하고 도(道)를 아는 데 있으며, 이를 위한 가장 중요한 방법으로 문자소학(文字小學)을 제시했던 것이다. 68)

혜동·대진 이후 고증학자들은 고증학의 범위를 경학 이외의 여러 분야로 확대시켜, 오파 왕명성·전대흔 등의 고증사학(考證史學), 왕중(汪中) 등의 제자학(諸子學)이 발달했다. 그 사학(지리)·제자학은 경학 고증을 위한 보조방법이라는 수준을 넘어 독자적 학문분야로 심화되는 것이었다. 또 완원과 전대흔의 천산학 연구도 유교체계내에 편입되었다. 고증학의 복고주의는 고대학문 속에 존재했었던 새 지식영역을 재창조하는 기능을 했던 것이다. 69) 또 고증학의 가장 기초적인 실증방법으로서 훈고(訓詁)·문자 특히 음운학을 포함한 소학(小學; 언어학)이 한대 이래의 전통을 이어 비약적으로 발전한 것이 청대 학문의 큰 특징이라 할 것이다. 그리고 고증학의 역사적 방법으로 고고(考古)·금석학(金石學)이 고염무·대진·필원·옹방강·완원 등에 의해 거의 독자적 학문영역으로 발전되어 20세기의 갑골학(甲骨學)·금문학으로 계승된 것도 청대 학문의 업적이었다. 아울러 지적할 것은 고증학의 보조학으로서 사고전서 등 서적편찬 사업과 관련하여 목록학[校讐學]·판본학(版本學)·교감학(校勘學) 등이 발달했다는 사실이다. 교감학 전문가로는 노문초(盧文弨) 등이 대표적이며, 또 손성연·소진함 등 고증학자에 의한 망실된 구본(舊本)의 복원·집질(輯佚) 작업이 성과를 얻은 것도 이 시대의 특색이라 할 것이다. 70)

고증경학(考證經學)이라는 학문을 주축으로 하여 여러 관련 학문이 독자적 영역으로 전문화되는 현상이 심화되고 있었다. 고증학은 그 실증성·전

68) 侯外廬, 1958, pp. 413~419.
69) Elman, Benjamin A., 1983. 12, pp. 74~75, 85~86.
70) Elman, Benjamin A., 1984, pp. 68~70, 163~164, 182~183, 189~191, 215~220 참조.

문성에 바탕을 두고 학자의 독창성과 그 학문 성과의 누적에 따른 진화 가능성이 새로운 시대의 학문정신으로 대두되었다.[71] 그런데 고증학은 이같은 뚜렷한 업적에도 불구하고, 그 이념에 '실학', '박학'과 더불어 '고학(古學)'이라는 복고주의 요소가 있었다. 반송적(反宋的) 한학의 제창에서 알 수 있듯이 복고적 이상주의는 주자학적 도통에 도전한다는 긍정적 의미도 갖고 있었다. 그러나 유교 경학의 테두리에 회귀함으로써 끝내는 한대 이전의 고적(古籍)에 속박되어 고대문헌학 속의 '실학'이 되고 말았던 것이다. 그것은 현실의 물질세계(자연과 사회)와 인간의 미래에 대한 관심으로는 연결되지 못했던 결과이다.[72] 이 점에서는 고증학도 주자학과 마찬가지로 유교적 세계관·역사관의 테두리를 벗어나지 못하고 있었다. 그런데도 고증학은 고염무가 천명한 대로 경학적 의리에의 회귀를 궁극목표로 표방했음에도 불구하고, 그 표방과는 달리 그 전문적 방법을 풀어놓은 결과 유교 경학의 지위를 상대적으로 격하시키는 작용이 있었다.

염약거·호위의 업적과 논쟁이 있은 이래 유교 경전의 진위도 실증될 수 있음이 학계에 공인되었다. 이같은 경의 실증을 위해 소학(小學)이나 역사학적 방법을 이용했던 것이다. 소학은 명말 방이지 이래 청초의 고염무를 통하여 음운학이 확립되고, 그 뒤 강영·대진·단옥재(段玉裁)·왕념손·왕인지(王引之)로 이어지는 환파 고증학자와 오파의 전대흔에 의해 크게 발전했다. 그런데 이 음운학은 현대 언어학이 아니라 경학의 도구로서 연구되었고, 음운이 시대에 따라 변천해 왔으며, 음운이 문자보다 앞선다는 점에 착안하여 중국 소학에서 획기적 발전을 이룬 것이다. 그밖에 문자학·훈고학에서도 단옥재·소진함 등의 업적이 있었다.[73]

청 중기 고증사학으로 이름난 학자로서 전대흔·왕명성은 혜동의 오파 고증학의 가법(家法)을 지켜 그 전파에 기여하고, 사학에서는 사실의 직서(直書)를 주장, 주관적 포폄(褒貶)을 반대하며, 사학 고증의 보조지식으로 광범한 분야에 걸친 박학의 필요가 인정되었다. 왕명성은 제자학·지리·전제

71) Elman, Benjamin A., 1984, pp. 221~229.
72) 侯外廬, 1958, p. 417.
73) 胡奇光, 1987, pp. 230~240, 260~262, 283~286. 段玉裁의 《說文解字注》, 王念孫의 《廣雅疏證》, 邵晋涵의 《爾雅正義》가 대표작이다.

(典制)·보학(譜學)·야사(野史)·설화[小說 筆記]·시문집·금석고고 등의
사료가치를 주장하고, 전대흔은 음운학·천산·지리·금석·전제·보학 등
의 전문가로서 심지어 몽고어문을 익혀 원사(元史) 연구에 업적을 남겼다.
전대흔은 특히 유교상의 경사일치(經史一致)를 주장함으로써 사학의 독자적
지위를 강화시켰다.[74] 한편 제자학도 경학 고증의 일환으로 2천 년 만에 역
사에 재등장하게 되었는데, 불우한 빈궁서생(書生) 왕중(汪中)의 고증학을
통해 거의 독자적 학문으로 발전했다. 왕중은 제자 가운데 묵자(墨子)와 이
단 유교인 순자(荀子)를 재발굴하여 각기 선진(先秦)·한대의 유력한 학문이
었던 것으로 고증했으며, 또 청초 양명학 우파 학자 진확과 마찬가지로 주
자학의 성전(聖典)인 《대학》을 유가 지파(支派)의 저술로 격하했던 것이
다.[75] 고증학이 한학의 구속을 벗어나 선진의 학술·제도를 실증하려 할 때
공자의 유교마저 제자백가 앞에 상대화되고, 공자의 교(敎) 이전의 주례(周
禮)가 삼대(三代) 성왕의 정치제도의 유산으로서 중시되었다. 왕중과 사론가
(史論家) 장학성(章學誠)은 서로 견해가 틀리지만 주례를 각기 그들 학설의
주요 출발점으로 하고 있었다.[76]

　　대개 고증학은 고립된 개별 문자나 사실을 대상으로 하는 번쇄(繁瑣)한 학
문으로 알려져 있지만, 기(氣)의 사상으로 고증학의 철학을 전개한 학자가
대진이었다. 그의 《맹자자의소증(孟子字義疏證)》 등에 전개된 기의 철학은
초순(焦循)·완원을 통해 19세기 전반으로 계승되는 것이다. 대진의 기의 철
학은 철저한 기일원론(氣一元論)으로서, 송대 이래 청초 왕부지까지의 기 철
학에 늘 존속하던 관념론적 잔재를 정리하여 도리(道理)·천명(天命)·태극
(太極)과 같은 형이상적 이념의 개입 여지를 현저히 줄인 점에 획기적 의의
가 있었다. 대진에 의하면 도(道)·기(器)의 '도'와 이(理)·기(氣)의 '이'는
명확히 구분되는 개념이었다. '도(道)'와 '기(器; 사물)'는 상호 전화과정에
있는 동일한 '기(氣)'의 두 측면으로서 '도'가 '기화유행(氣化流行)', 변동
하는 미성형(未成形)의 물질적 실재의 총칭인 반면에, '이'는 추상적·불변

74) 杜維運, 1984, pp. 281~286, 298~310. 王의 《十七史商榷》, 錢의 《二十二史考異》가 대
　　표적이다.
75) 侯外廬, 1958, pp. 467~473.
76) 侯外廬, 1958, pp. 480~481.

적인 사물의 조리·규칙으로서, 특히 우주적 '일리(一理)'로서뿐 아니라 개별 사물의 차별성 속에서만 존재하는 '분리(分理)'로서 개념화되고 있다는 점에 과거의 '기철학'과는 중대한 차이가 있었다.[77] 바로 이 점에서 '천인합일(天人合一)'적 세계질서의 한 구성요소로서 '일리[天命]'라는 관념적 실재를 불식할 수 없었던 왕부지에 비해 '명목론적(名目論的)' 경험주의 측면에서 대진은 착실한 진보를 이룩한 것이다. 비록 전통적 천인합일의 세계관이 존속하고는 있어도 개별 사물의 차별성, 즉 실재 현실과 개성을 중시하는 그의 철학이야말로 고증학의 철학으로서 또한 민본주의적 윤리관도 전개할 수 있었다.

대진의 글에 의하면 상고 성현의 정치는 민(民)의 정(情)을 성취시켜 주는 것이었는데 지금은 존자(尊者)·장자(長者)·귀자(貴者)가 '이(理)'로써 비자(卑者)·유자(幼者)·천자(賤者)를 책벌(責罰)하는 통에 아랫사람들이 천하인의 같은 정(情), 같은 욕(欲)을 위에다 전달하지 못하고 죄인이 되는 자가 헤아릴 수 없다. 법(法)에 죽으면 연민(憐憫)하는 자라도 있지만 이(理)에 죽으면 누가 연민할 것인가!"라는 통렬한 항변이 나왔다. 이같은 주자학적 명교주의(名敎主義)에 반대하는 민본주의 선언은 개인의 정욕을 긍정하는 성정론(性情論)의 철학에 기초를 둔 것이다. 대진의 '기철학'에서는 객관세계 현상의 독자성과 차별성을 중시하고 주자학적 내성(內省)이 아니라 개인의 감각과 '심지(心知)'를 통한 외물(外物)의 객관적 인식이 강조되었다. 도덕〔必然〕은 객관세계 사물의 자연, 즉 성정에 기초해야 한다는 개성의 주장도 객관세계의 윤리성과 인간 혈기(血氣)·심지(心知)의 가능성에 대한 믿음에 기인한다.[78] 이 대진의 성정론이 심(心)의 선천능력과 주체성을 과장한 명말 양명좌파 이탁오의 성정론만큼 반체제적이지는 않다. 그렇다고 하여 사욕을 억제한다는 점에서 절욕론(節欲論)에 지나지 않으며 그 점에서 주자학과의 간격도 그다지 크지 않다는[79] 해석도 대진 철학의 민본적 저항의식의 의미를 과소평가한 것이다.

그런데 이 대진의 '기철학'·이욕일체론(理欲一體論)은 왕부지가 아니라 안

77) 周輔成, 1973, pp. 84~88. 그는 대진의 관념론 청산을 너무 과장했다.
78) 周輔成, 1973, pp. 90~93.
79) 坂出祥伸, 1983, pp. 6~8.

274

이학파의 안원·이공·정정조(程廷祚)의 학설과의 상관관계가 추측되기도
한다.[80] 어쨌든 대진의 민본·성정론은 공자《논어(論語)》의 인(仁)·예(禮)
의 설과 연결되고, 완원·초순의 고증적 방법을 통해 더욱 부연되었다. 즉
인은 개인의 정욕을 반영하되 천하인 상호간에 공평하게 공유되는 것이며,
법가적 이(理) 대신에 욕망을 구현하는 예(禮)가 다시 주목을 받게 되었
다.[81] 18세기말부터 왕중 이후 순자학(荀子學)이 다시 일어나 맹자의 인과
순자의 예를 조화시키려는 맹순절충적(孟荀折衷的) 학풍이 발생했다. 초
순·능정감(凌廷堪)·노문초·장혜언(張惠言) 등이 대표적이다.[82] 특히 초순
은 천산학을 역학(易學) 연구에 적용한 고증학자로서, 인(仁; 恕)에 의한 정
(情)의 방통(傍通)을 주장하고, 학문 분야간에도 통(通)과 서(恕)의 개념을
통해 학파적 대립[門戶]의 타파와 절충적 학풍을 강조했는데, 이 절충학풍
의 경우 사론가 장학성의 영향을 받은 것이다.[83] 그것은 고증학이 고증법이
라는 연구방법만으로 학문체계로서 완결될 수 없었기 때문이다.

4. 考證學에 대한 文化界의 反應

고증학의 연구방법이 갖고 있는 장점으로서 그 실증성과 전문성·독창성
은 전통적인 각 학문·문예 분야에 깊은 영향을 주었다. 건가기(乾嘉期)의
고증 열조(熱潮)로 인해 문화계 각 분야는 고증학의 자극으로 그 방법을 부
분적으로 흡수하거나 또는 고증법에 대항하기 위해서라도 각기 전문성·독
창성을 심화하지 않을 수 없었다. 우선 문학면에서는 고문사(古文辭)의 동성
문파(桐城文派)와 원매(袁枚)의 성정파(性情派) 시론(詩論)이, 사학에서는 장
학성의 역사이론과 조익의 사학이, 경학에서는 상주(常州) 공양학(公羊學),
그리고 서북사지학(西北史地學) 등이 모두 고증학의 충격에 대한 일정한 형
식의 반응으로 성립되거나 발전한 것이다. 또한 건륭대의 저명한 백화소설,
《유림외사》와 《홍루몽》도 고증학시대의 객관주의·성정론의 사조를 바탕으
로 창작된 중국의 전통적 사실주의 문학의 금자탑이었다.

80) 山井湧, 1980, pp. 199~217 참조.
81) 溝口雄三, 1980, pp. 308~313; Elman, Benjamin A., 1985. 12, pp. 172~173, 177~187.
82) 大谷敏夫, 1983, pp. 329~335.
83) 坂出祥伸, 1983, pp. 27~29, 42~43, 47~50.

동성문파의 고문사는 안휘 동성인을 중심으로 18세기 방포(方苞)에서 시작되어 유대괴(劉大櫆)를 거쳐 건륭대의 요내(姚鼐)에 이르러 이론적으로 확립되고 문파(文派)를 형성하게 되었다. 이 문파는 강소 상주(常州)로 전파되어 독자적인 양호파(陽湖派) 고문사파를 형성하게 되었는데, 운경(惲敬)·장혜언·이조락(李兆洛) 등이 그 중심이었다. 동성문파는 19세기 중엽에 매증량(梅曾亮)·방동수(方東樹)·관동(管同) 등을 거쳐, 호남 출신의 태평천국 진압자인 대관료 증국번(曾國藩)에 전해짐으로써 증과 그 막료들을 중심으로 청말까지도 문장계에 큰 영향력을 유지하는 유파를 형성하게 되었다. 육조(六朝) 시문(時文), 즉 변려문(駢儷文)을 반대하는 당대 한유(韓愈)의 문장 복고운동으로 시작된 이 고문(古文)운동은 송·명대에도 계속되었으나, 동성문파에서는 당송(唐宋) 팔가(八家)를 떠받드는 명말 귀유광(歸有光)의 고문사를 입문으로 삼고 있다. 방포의 고문의법(古文義法)은 문(文)이 도(道)를 싣는다는 입장에서 정주학의 의리(義理)를 중심으로, 당송 고문과《좌전(左傳)》·《사기(史記)》서사문(敍事文)을 추구했다.84) 방포는 과거(科擧)의 팔고문(八股文; 時文)을 반대하여 체제옹호의 입장에서 고문의법을 통해 청대 시문(時文)을 포함한 문체의 개혁을 시도한 것이라 할 것이다.85) 유대괴는 6경(六經)을 존중하면서도 사장학(辭章學)에 치중하여 음절(音節)과 신기(神氣)를 탐구했고, 이 문장론은 요내에 이르러 더욱 체계화되었다.86)

요내는 비록 대진의 학설을 수용하여 의리·문장·고거학(考據學)의 병행을 주장했으나 그의 의리학은 실은 정주학으로서, 이에 대한 고증학의 공격을 막고 또 그의 본령인 문장에 고증을 이용하고자 한 것이다.87) 원래 방포의 의법설(義法說)은《사기》의 사론(史論) 형식을 차용한 문도합일론(文道合一論)이었는데, 요내의 의리·문장·고거 병행론에서 그 절충 범위가 확대되고 의리의 문식(文飾)·선전에서 문장의 기능을 극대화하고자 한 것이다.88) 청대 주자학이 의리학의 본령을 발휘하지 못하는 상황에서 의리 기능을 떠맡고 나선 것이 이 문장론이었다고 하겠다. 19세기 청조의 위기에 직

84) 姜書閣, 1966, pp.14~18, 23~25.
85) 黃保眞·蔡鍾翔·成復旺, 1987, pp.253~254, 261.
86) 魏際昌, 1988, pp.52~53, 87~88.
87) 姜書閣, 1966, pp.35~37.
88) 尤信雄, 1975, pp.150~152, 158~160.

면하여 고증학의 비정치성을 가장 먼저 큰 목소리로 비난하고 나선 것은 바로 이 동성문파 방동수의 《한학상태(漢學商兌)》였으며, 태평천국 동란의 최전선에 나선 증국번 집단이 호남 주자학파 내지 동성문파였음도 주목할 현상이었다.

청대의 시단(詩壇)에는 왕사정(王士禎)의 신운설(神韻說), 심덕잠(沈德潛)의 격조설(格調說), 옹방강(翁方綱)의 기리설(肌理說), 그리고 원매(袁枚)의 성령설(性靈說;性情說)이 서로 각축하고 있었는데, 적어도 피상적 이론상으로는 원매의 진보성은 분명했다. 또 사(詞)에는 진유송(陳維崧) 등 양선파(陽羨派), 주이존(朱彝尊)·여악(厲鶚) 등 절서파(浙西派), 장혜언 등 상주파(常州派) 사학(詞學)이 있었다. 많은 고증학자들이나 요내 같은 문인들이 관직에서 은퇴해 학문생활을 하는 동안 서원의 교직이 중심이었지만, 시인 원매는 진사 출신 지방관으로서 젊은 나이에 남경의 수원(隨園)으로 은퇴하여 시문창작과 교유활동만 하면서 매문(賣文)만으로 부유한 생활을 누렸는데, 묘비명 한편을 짓는 데 1천 량(兩)을 받은 적도 있었다.[89] 더구나 가난한 진사학자 장학성이 비난한 바에 의하면 원매는 화신(和珅), 복강안(福康安) 등 부패집단을 포함한 귀인(貴人)에 아첨하고 남색(男色)을 권장하며 많은 축첩·배우·골동품·식도락 등 취미생활을 즐기면서 풍류를 자처하여 사대부가(家) 재녀(才女)들에게 시를 가르치고 시집을 냈다고 한다.[90]

원매의 저술에는 성정론에 의한 욕(欲)의 긍정, 학파적 도통(道統)의 부정, 6경(六經)이 모두 사(史)라는 견해 등 진보적 입장도 들어 있다.[91] 그는 도(道)·예(藝;術) 일체설을 주장하고 경(經)의 진위를 의심하여 도와 경의 지위를 깎아 내렸으며, 또 각 학파의 성립은 시세[氣運]에 따른 것이라 하여 한(漢)·송학(宋學) 등 문호(門戶)대립을 반대했다. 고문(古文)과 고증을 대비하여 고문은 도(道)·'작(作)'이고, 고증은 기(器)·'술(術)'이므로 전자가 우월하다고 했다.[92] 이것은 원매가 시의 성령을 해석하여 참된 자아와 진정(眞情)의 중요성과 각 개인의 독자적 일가(一家) 실현을 주장했던 것

89) Hummel, Arthur W., 1944, p. 955.
90) Nivison, David S., 1966, pp. 263~267.
91) 錢穆, 1972, pp. 428~434.
92) 簡有儀, 1988, pp. 25~26, 245~246, 270~271, 273~275.

과[93] 아울러, 시문의 독창성과 문화영역상의 독자성을 강화하고자 한 것이다. 경(經)과 도통·성정 등의 문제는 원의 발상이라기보다는 고증철학의 영향을 받은 것이며, 고증에 대한 멸시는 고증학시대의 고증파의 침해에 대한 저항선언인 셈이다. 그러나 고증만을 저술이라 볼 수 없듯이 그가 문장만을 저술이라 고집한 것도 장학성·손성연·초순 등의 비판을 받게 되었다.[94]

원매는 부인의 정조관념, 전족이나 재가금지에 반대하고 여성의 시작(詩作)을 고무하면서도 축첩이나 기타 가부장적 윤리에 순응하였다. 또 그는 팔고문에 창조성이 결여되었음을 알면서도 과거개혁을 주장하지 않았다.[95] 원매는 신흥 상인문화적 요소가 혼합된 도시 사대부문화의 한 형태를 대표하며, 거기에는 부분적 진보성과 아울러 왜곡된 봉건문화의 부패성도 나타나 있는 것이다. 이와 대조적인 문인으로는 성정의 해방을 주장하되 민본적 의식을 가진 경세형(經世型) 은일문인(隱逸文人)을 들 수 있는데, 《유림외사》의 작가 오경재(吳敬梓)나 양주팔괴(揚州八怪)의 하나로 시·서·화(詩·書·畫) 삼절(三絶)로 알려진 정섭(鄭燮; 板橋)일 것이다.

정판교(鄭板橋)는 염상(鹽商)경제로 번영하던 건륭대 양주의 시인·서화가로서 지방관 은퇴 전후에 그림을 팔아 생계를 이었다. 그의 사상은 명말 공안파(公安派; 袁宏道 등) 및 유·불·도 3교와 청대 경세사상의 영향을 받았다.[96] 정판교는 원매와 동일한 성정론자(性情論者)로서 보수적인 신운파, 격조파와 투쟁했다. 그러나 농민의 고통에 동정하여 사대부의 위선에 분개했던 정판교는 분세질속적(憤世疾俗的) 광기에도 불구하고 유교적 정통주의의 속박을 벗어나지 못한 점에서는[97] 원매보다 보수적이었다. 한편 일개 생원으로 남경에 이거(移居)한 오경재는 과거에 대한 불만으로 위진(魏晉)·육조풍(六朝風)의 노장(老莊)현학적(玄學的)인 풍류은일(風流隱逸)사상과 반예속(反禮俗) 정신을 갖게 되었다.[98] 그러나 유교사인(士人)인 오경재가 안이

93) 顧遠薌, 1988, pp. 92~98.
94) 坂出祥伸, 1983, pp. 26~27.
95) Ropp, Paul S., 1981, p. 50, pp. 141~143.
96) 沈賢愷, 1988, pp. 32~33, 54~55, 216.
97) 嚴濟寬, 1972, pp. 84~86, 88.
98) 陳美林, 1984, p. 22 ; 李漢秋, 1982, p. 103.

278

학(顔李學)의 경세사상을 받아들이고[99] 또 한편 과거관료와는 어느 정도 분리된 재야적 문화·학술을 추구해 가고 있었다.[100] 조점(曹霑;雪芹)의 소설 《홍루몽》에 반영된 가장 특징적인 사상은 명말 이탁오·공안파 시인 이래의 성정해방론과 유·불·도 3교절충사상일 것이다.[101] 종교 교단이 아니라 위진(魏晉)시대 노장사상과 불교철학이 명말 이래의 반명교적 성정해방 사상과 결합하여 태주학파 이탁오 만한 전투성은 상실한 채 '대관원(大觀園)'의 이상세계의 몰락이라는 '출세간적(出世間的)'이고 비관적인 형태로 묘사된 것이다.[102] 이러한 두 통속소설이나 양주팔괴와 같은 반관적(反官的) 감성해방 의식은 명대 후기 이후 강남 도시지역에 출현하는 저항적 은일사인(특히 예술가), '시은(市隱)'의 개념[103]을 통해 분석되어야 할 것이다.

고증학과 문학과의 사이에 광범한 공통의 사상기조 또는 반작용 관계가 있다는 것이 이제 확인되었지만, 그것은 사학에서도 마찬가지였다. 18세기 후반 고증학의 개별 문제 연구법 중심의 몰가치성 경향에 반발하여 형성된 장학성의 《문사통의(文史通義)》의 역사이론도 실은 고증학의 방법론적 전문성이 갖는 대단한 충격력에 적응한 결과이기도 했다.[104] 뿐만 아니라 대진은 고증철학을 구성하고 의리(義理) 중심의 고증·문사(文辭)라는 학문 3분야의 병행설을 제창하고 있었던 것이다.[105] 이같은 대진의 참신한 문제제기는 장(章)뿐만 아니라 동성문파의 요내에게도 큰 영향을 주었다. 고증에 소질이 없던 장학성이 이미 고증학의 타격을 받은 주자학과는 다른 새 의리학 체계를 구성하는 데 극복해야 할 과제는, 대진 고증학의 '이학(理學)은 경학(經學)에서' 구한다는 명제와 문자·제도의 고증을 거쳐야 의리에 도달한다는 명제에 어떻게 대응할 것인가라는 물음이었다.[106] 장학성은 '6경은 모두 사[六經皆史]'라는 명제를 내걸고 이 과제를 '전문가학(專門家學)'과 '회통(會通)'이라는 두 개념으로 해결할 수 있었다.

99) 陳美林, 1984, pp. 8~9.
100) 曹秉漢, 1987.12, pp. 143~144.
101) 余英時, 1980.11, pp. 161~166;韓進廉, 1980.6, pp. 79~90.
102) 余英時, 1981. p. 41, pp. 50~53, 128~131;曹秉漢, 1986.9, pp. 115~120.
103) 市隱개념은 宮崎市定, 1975, pp. 325~331.
104) 創修良, 1981.5, pp. 87~88.
105) 余英時, 1977, pp. 11~13.
106) 余英時, 1977, pp. 45~46.

'육경개사'론에서 삼대 성왕의 도(道)가 담긴 기(器)로서 6경은 주공(周公)이 집대성한 삼대의 정전(政典 ; 정치제도), 즉 주의 관례(官禮 ; 周禮)이며, 공자는 그 6경을 정리함으로써 정사(政事)를 통해 의리를 밝히는 경세의 교(敎)를 세운 것이다. 후대 사(史)의 의리는 바로 경세로서 이 6경, 《춘추(春秋)》의 의(義)에 유래하며, 6경은 성인의 기(器)로서 특별한 권위가 있기는 해도 삼대 이후 현세의 정치변화를 포함할 수 없는 한계로 인해서 시대적으로 한정된 고사(古史)일 수밖에 없다. 그러나 삼대의 사(史)인 6경은 '인혁손익(因革損益)'이라는 제도의 본질적 계승, 부분적 수정을 거친 것으로서, 후대 '풍기(風氣 ; 學風) 순환'의 세계에서 모범으로 해야 할 복고의 근원이기도 했다.[107] 청대 한(漢)·송학(宋學)의 갈등을 겪으면서 의리·고증·문사라는 3대 풍기의 순환규칙으로 파악된 시세에 맞서 장학성은 학파 대립의 타파를 제창하고 경(經)·사(史)·자(子)·집(集), 유사 이래의 모든 문헌, 특히 정치문헌〔掌故〕을 사학으로 포괄했는데, 이것이 '회통'이라는 절충논리였다. 또 장은 개인의 기질에 따라 적합한 분야를 전문으로 연구, '심득(心得)'으로 독창적 일가의 의리를 이루도록 '전문가학〔專家〕'의 논리를 제시했던 것이다.[108] 전가적 경세학, 신의리학으로서의 사학을 확립시키기 위해 장은 새로운 방법론상의 개조를 고안해야만 했다.

장학성은 이같은 사학이론의 전통을 양명 우파 황종희와 그 계승자인 만사동·전조망(全祖望) 등 절동사학(浙東史學)의 계보에서 찾고 있었다.[109] 그런데 전조망은 육·왕(陸·王) 중심의 주·육(朱陸) 절충주의 이학으로부터 고증방법까지 수용한 사학자로서, 전대흔 등 고증사학과는 달리 사학을 천하의 도덕적 정치질서를 지탱하는 실천적 경세학으로 인식하고, 만명(晚明) 근대사의 문헌사료 기록과 포폄(褒貶)을 위해 일생을 헌신했던 것이다.[110] 한편 《22사차기(二十二史劄記)》의 저자로 알려진 조익은 고증사학의 자극을 받아 동류의 사실(史實)들을 정사(正史)로부터 뽑아 비교·귀납하는 고증법을 이용하되, 역대 풍속·정사(政事·制度)의 변천, 즉 시세의 변천과 치란

---

107) 曺秉漢, 1984. 12, pp. 971~975.
108) 曺秉漢, 1984. 9, pp. 125~135, 146~161.
109) 余英時, 1977, pp. 54~62.
110) 杜維運, 1984, pp. 317~318, 330~331.

(治亂)의 인과(因果)를 끌어낸다는 진취적 경세사학(經世史學)을 개척했다.[111] 이 고증학시대의 독창적 학자로서 현대에 중국에서보다 일본에서 먼저 널리 알려진 인물에 장학성과 최술(崔述; 東壁)이 있다. 최술의 《고신록(考信錄)》은 상고(上古)에서 공맹(孔孟)에 이르는 시기의 전적(典籍), 즉 유교 경전에 대하여 고증학 방법이 아니라 기록된 사실의 진위를 탐구한다는 고사(古史) 연구의 방법을 채택하고 있다.[112] 경의 이념적 권위를 부정할 수준은 아닌데도 후일 5·4시대에 경이 고대사로 격하되는 과정에서 최(崔)·장(章)은 새로운 시각에서 주목을 받게 된 것이다.

청대 역사지리학은 고염무의 《천하군국이병서(天下郡國利病書)》·《조역지(肇域志)》, 고조우(顧祖禹)의 《독사방여기요(讀史方輿紀要)》 같은 17세기의 거저(巨著)에서 확립된 것이다. 특히 청초의 사지학(史地學)은 경세학·병학(兵學)과의 관련에서 주목되었지만, 대개 지리연구가 사학의 문헌학적 관심에 종속된 것이 일반적이었다. 19세기에 들어서면서 지리학이 청초 경세학적 관심을 회복하게 된 것은 서북(西北)사지학의 형성을 주요 계기로 한 것이다. 이 사지학의 흥기는 홍양길(洪亮吉)·이조락(李兆洛)을 중심으로 한 상주학파(常州學派)와 관련이 깊고 상주 출신 조익의 역사의식도 주목되고 있다. 사지학은 홍, 이 등에 의해 고증에서 경세실용학으로 이행되면서 결국 번부(藩部)에 대한 서북사지학으로 전개되었다. 특히 이조락의 경우는 러시아와 해외제국[海國]에 대한 관심으로 확장되어, 그의 저술은 아편전쟁 시기를 전후한 공자진(龔自珍)·위원(魏源) 같은 개혁사상가에 연결되었다.[113] 그런데 이같은 사지학계의 경세적 관심이 서북변방으로 기울게 된 배경은 물론, 강희·옹정·건륭 3대에 걸치는 서북 경영과 대일통(大一統) 제국의 건설이라는 현실을 바탕으로 이리장군(伊犂將軍) 송균(松筠; 蒙古旗人) 휘하에 유배관료였던 기운사(祈韻士)·서송(徐松)의 몽고·동터키스탄[新疆] 방면 역사지리 연구가 진행된 결과였다.[114] 서송의 경우 서북사지학은 대제

---

111) 杜維運, 1984, pp. 371~373, 378.
112) 內藤虎次郎, 1967, pp. 503~509.
113) 大谷敏夫, 1982, pp. 89~95, 100~104.
114) 內藤虎次郎, 1967, pp. 521~529. 祁韻士·徐松에 의한 《新疆識略》, 祁韻士의 《皇朝藩部要略》, 徐松의 《西域水道記》, 張穆의 《蒙古遊牧記》, 何秋濤의 《朔方備乘》이 대표적이다.

국의 영광 과시, 신강 개발, 러시아에 대한 변방 경계 등 경세학적 의미가
있었다.115) 이 서북사지학은 19세기 중엽 이후 열강에 의한 대외위기가 심화
되면서 그 경세학적 중요성은 절정에 달하게 되는데 위원의《해국도지(海國
圖地)》는 바로 양무(洋務)·변법(變法) 등 근대 개혁운동의 출발점이 되었던
것이다.

고증학의 충격을 통해 파생된 새 학문 영역으로서 19세기 근대개혁에 가
장 심원한 영향을 끼쳤던 것은 상주 공양학파(公羊學派)일 것이다. 이 상주
지역은 이미 지적되었듯이 운경·장혜언 등의 양호(陽湖) 고문사학이 일어
난 지역이었다. 또 노문초를 통해 전래된 상주의 고증학에는 손성연·홍양
길·이조락이 대표적 학자였는데, 홍·이는 사지학으로 기울고 있었다. 한
편 상주는 명말 이래 무석(無錫) 동림당 학풍의 영향이 여전히 작용하여 경
세의식이 강했었다.116) 이같은 상주의 경세학풍과 고증학의 결합으로 상주
공양학이나 사지학, 기타 경세학이 형성되었던 것이다. 상주 공양학의 창시
자는 무진(武進;常州府) 장존여(莊存與)였는데, 그는 누대 과거(科擧) 명가
출신의 고관으로서 장씨 가학(家學)의 바탕 위에, 고증학의 강력한 충격에
대항하여 한학(漢學)·송학(宋學) 절충의 방법으로 공양의 미언대의(微言大
義)를 통해 의리학을 지키고자 한 것이다. 한학의 일종으로서 금문경학(今文
經學)인 공양춘추학의 의리를 부흥함으로써 주자학 대신 반고증학의 기능을
한 것이다.117) 장존여의 공양학이 주자학적 이학으로《공양춘추》를 이해하고
《주례》를 통해 전장제도를 보충한 금문·고문(古文) 절충의 학문이며, 청대
대일통 천하를 위해 도덕규범을 세우고자 한 보수주의 학문이라는 지적도
있다.118)

상주 공양학의 방계인 공광삼(孔廣森)은 후한 하휴(何休)설을 받아들이지
않고 독자적인 주자학적 의리로 삼과구지(三科九旨)를 해설한 학자였다.119)
상주 공양학이 하휴의 삼과구지설을 바탕으로 변법개제(變法改制) 이념을
내포함으로써·개혁적 대일통 이념을 지향하게 된 것은 19세기초 유봉록(劉

115) 王㴽均, 1984, pp.189~191.
116) Elman, Benjamin A., 1984.4, pp.259~267.
117) Elman, Benjamin A., 1986.6, pp.72~80.
118) 楊向奎, 1979, pp.178~179.
119) 竹內照夫, 1942, pp.274~276.

逢祿)에 의한 것이다.[120] 유는 장존여의 외손이며, 본격적 개혁사상가 공자진·위원에게 공양학을 전수했는데, 그의 시대는 이미 청의 쇠퇴가 뚜렷해진 시기였다. 고증학의 충격파에 대한 청대 학계의 반응은 이처럼 학문의 전문성·독창성을 강화하는 바탕 위에서 청조 체제의 능동적 옹호를 위해 청초의 경세주의 이념을 부활시키려는 움직임이었다고 할 수 있다.

Ⅲ. 鴉片戰爭期 經世學과 洋務思想의 形成

1. 鴉片戰爭期의 公羊學派 思想

청대 고증학의 시대는 일반적으로 건륭·가경대(嘉慶代)를 지칭하며 그 학풍을 건가학파(乾嘉學派)라 부르는 데도 청대 학풍의 시기구분에서 의미가 있다. 상주 공양학파에 속한다는 항주인(抗州人) 공자진이 처음으로 변법(變法) 개혁론을 저술하기 시작한 것은 가경 20년(1815)경 청년기였는데, 이 가경제시대는 백련교란(白蓮敎亂)으로 시작되어 가경 18년의 천리교(天理敎) 임청사건(林淸事件) 때에는 궁성이 기습당하는 사태까지 일어났다. 이미 건륭대의 10차 대외출정, 6차 강남순행(江南巡行)과 같은 낭비재정과 총신 화신(和珅) 인맥의 전국적 부패에서 악화된 청조의 쇠퇴가 민란으로 표면화된 것이 가경대였던 것이다. 게다가 영국에 의한 아편밀무역과 은화유출로 인한 청조 전국경제의 혼란은 날로 심화되었다. 도광조(道光朝)의 1830년대는 아편금지 논쟁과, 강남 독무(督撫) 도주(陶澍)·하장령(何長齡)·임칙서(林則徐) 등 개명관료에 의한 행정적 차원의 재정개혁으로 새로운 시대의 개막이 예고되고 있었다.[121] 최근 공자진과 위원으로 대표되는 아편전쟁 전후의 정치개혁론에 대하여 청초 황종희·고염무 등 변법론의 축소형 부활이라는 일반론에 머물지 않고, 소급하여 18세기말 이래 경세사조의 부흥에서부터 직접적 기원을 찾는 연구가 진행중에 있다.

우선 공양학을 비롯한 상주의 경세학풍의 형성배경과 아울러, 가경초 권신 화신의 숙청과 관련한 상주 홍양길과 장혜언의 개혁 건의와 그들의 경세

---

120) 楊向奎, 1979, pp. 185~188 ; 湯志鈞, 1980, pp. 150~153.
121) 魏秀梅, 1985 참조.

사상이 공·위의 본격적 개혁론의 성립 배경으로서 주목되고 있다. 장(張)
은 《주역(周易)》에서 '미언대의'를 구하고 주자학적 이(理) 대신 예(禮)와 형
(刑)을 강조하고 있었다.[122] 오랜 문학막우(文學幕友) 생활 끝에 한림(翰林)
으로 등장한 고증학자 홍양길은 화신 인맥의 철저한 제거를 건의했다가 신
강 변방으로 유배됨으로써, 청조 문자옥하에서 오랫동안 잠들었던 청의(淸
議)의 실마리를 열었다는 상징성을 갖고 있다. 이같은 의협적 행동은 그의
청조쇠세(淸朝衰世) 의식에 말미암은 것인데, 그 쇠세 논리는 전통적 중국사
의 왕조순환관을 집약했을 뿐 아니라 청대에 급성장한 인구팽창 속도를 전
통적 농업사회의 생산력으로는 지탱할 수 없다는 맬더스적 파국(破局)의 논
리로 전개되고 있다. 그의 개혁론은 관료행정·사풍(士風)의 개혁, 소농민
보호를 위한 농본주의 같은 보수적 처방에 지나지 않았다.[123] 그러나 중국
전근대의 왕조말 모순 가운데 청조의 그것이 갖는 역사적 심각성은 주목할
만하다. 토지겸병과 그 이상으로 부각된 인구과잉으로 인한 거대한 실업인
구〔流民〕에의 절망감이[124] 전통사회의 중국사에서 이처럼 이론적으로 강조
된 적이 없었던 것이다.

도광대에 도주 등 강남 독무의 막하에서 재정개혁 등 지방 행정 경력을 쌓
은 신사(紳士) 포세신(包世臣)과 위원은 말년 주현관(州縣官)이 되기 전까지
장기간의 일류 막우생활을 통해 뛰어난 경세론자로 성장해 갔다. 과거에서
수용 못한 지식인의 과잉현상은 준(準)직업화된 유교 학문에서 흡수하게 되
었는데, 18세기 이후의 고증학과 실용학이 그러한 전문학자의 출구였던 것
이다. 정규관료가 아니지만 신사로서 정치의식을 가진 막우 가운데 일부는
재야학문으로서의 경세학을 연구하게 되었는데, 어지러워가던 19세기에 지
방관의 행정적 수요가 그것을 더욱 필요로 하게 되었기 때문이다.[125] 한편
공자진 같은 경우는 북경의 내각·예부(禮部) 등 내직(內職)에서 하급관리로
생을 끝냈는데, 은자적 비판의식으로 세상을 위한 불평을 경세학의 형태로
심화시켰다. 과거 관료로서 좌절한 재사(才士)들이 정치소외 속에서 정치를
논한 재야적 경세학이 포(包)·공(龔)·위(魏) 3인의 학문이었다고 할 것이

122) Whitbeck, Judith, 1984, pp. 324~325.
123) 王家儉, 1984, pp. 240~246.
124) 胡寄窓, 1981, pp. 570~574.
125) Jones, Susan Mann, 1975. 12, pp. 40~42.

다.

그런데 이들의 경세학은 청초 경세학자들의 제도개혁〔變法〕론과 비할 때
에는 현저히 위축된 형태에 지나지 않고 특히, 전제(專制) 군권(君權)을 제
약하려는 제도개혁론 같은 것은 청말 변법정국에 가서야 서구 의회제나 지
방자치제라는 새로운 양식을 차용하여 재등장해 오는 것이다. 이 점에서 공
자진·위원 등 아편전쟁기 공양학파가 건가(乾嘉) 시기 공양학 및 청말 강유
위파(康有爲派) 공양학파의 사이에서 어떠한 역사적 매개기능과 성격을 갖
고 있었는지 비교·분석할 필요가 있다. 사실 이들의 사상은 아편전쟁 시기
에 아직 근대를 맞을 준비가 무르익은 상태는 아니었으나, 그들이 도달한
수준에서부터 중국인들은 양무나 변법을 추진하지 않으면 안되었다. 1840년
대 이후 변법운동기까지의 반세기 남짓한 기간은 누적된 패배의 경험에서
서구 신문명의 주요 내용에 대한 이해를 한 단계씩 확대하고 그것을 받아들
일 고유논리를 중국의 과거에서 찾던 단계였다. 이때 명말 청초 황종희·고
염무 등의 경세학은 공·위가 도달한 근대의 출발점과 아울러 거의 동시대
적 의미를 갖는 선구적 지침으로 재발견되어[126] 양무·변법 논리의 형성에
작용하게 되었던 것이다.

공자진·위원의 경세학이 상주 공양학에 속한다는 것은 학계의 상식으로
되어 있으나 사실 두 사람의 학문에서 공양학이 차지하는 비중은 일부에 지
나지 않으며, 다만 공양학의 학문적 성격이 일종의 역사철학 내지 고대 정
론(政論)이었으므로 양자의 변법론(變法論)에서 공양학이 갖는 논리적 상징
성이 컸던 점이 주목된다. 또한 양자의 공양학은 후일 청말의 강유위파 공
양학과 같은 배타적 이데올로기의 지위는 아니었으며, 아울러 장존여에서
유봉록으로 이어진 좁은 범위의 문호적(門戶的) 가학(家學)도 아니었다. 공
자진은 저명한 고증학자 단옥재(段玉裁)의 외손으로서, 그의 학문은 소학(小
學)·금석학·교수학(校讐學)·장고학(掌故學)·방지학(方志學)·사학·서
북사지학·제자학·공양학·시학(詩學)·불학(佛學)과 같은 여러 분야에 걸
쳐 있다. [127] 이같은 사정은 위원도 마찬가지여서 그의 학문도 주자학·양명

126) 顧炎武의 경우 가장 일찍 1820~1830년대(道光朝)에 이미 경세론자로서 학계의 주목
    을 받고 있다. 이는 Bartlett, Thomas, 1984, pp. 56~58.
127) 朱傑勤, 1972 再版 ; 胡思庸, 1981. 8, pp. 28~29.

학·고증학·공양학·사학·장고학·제자학·시학·불학 등에 걸쳐 있었
다.[128] 고증학시대를 거치면서 전문성이 강화된 각 학문이 경세학의 형성과
정에서 더욱 확대된 절충적 토대 위에 결집된 것이라 생각되지만, 3교절충
경향은 이후 청말까지 공양학파의 시대적 특색으로서 주목된다.

공·위 두 사람의 역사인식과 변법론을 보면 모두 역사진화관과 복고·순
환론이 동시에 융합되어 있고, 따라서 그들의 변법사상은 기본적으로 유교
적 고도(古道)의 이념 테두리 안에서 제약을 받을 수밖에 없는 것이다. 이
역사관 및 변법사상의 학문적 형성배경으로 공(龔)의 경우는 '6경개사(六經
皆史)'의 사론과 공양학이, 위(魏)의 경우에는 공양학·역학(易學) 및 제자
중의 노자·손자사상이 관련되어 있었다.[129] 한대 공양학의 동중서(董仲舒)
가 하휴(何休) 이상으로 중시되고 양자의 삼통(三統)·삼세설(三世說)이 적
용되기는 했으나, 그 의미도 한대나 청말과는 상당히 달랐다고 생각된다.
공자진의 경우 공양학의 목적사관적(目的史觀的) 기능으로서 춘추 '대일통
(大一統)'의 이상세계는 미래의 단계로서 기대된 것이 아니라, 현세에서 지
속되어야 할 청조 성세(盛世) 관념으로 나타나고 있다.[130] 역사변천의 필연
성과 현세의 위기를 경고하는 쇠세의식(衰世意識)이 강조되고 있는 공·위
의 대일통 대망(待望)은 바로 강희·옹정·건륭의 청조 성세의 회복·유지
였다고 생각된다. 아편전쟁의 패배를 보며 위원이 쓴 청조 군정사(軍政史)
《성무기(聖武記)》는 이 기대감이 잘 반영된 저술이었다. 위원의 경우 왕부지
적 진화사관이 좀더 뚜렷이 나타났다.[131] 그런데도 복고순환관의 억지작용
이 만만찮은 것은 그 진화관이 갖고 있는 한계로서 '이(理·道) 불변(不變),
세(勢)가변(可變)'이라는 전통주의 사고 때문이라 생된다.

공자진의 변법사관에서 삼세설과 아울러 나타나는 '통삼통(通三統)'은
왕조순환관인 동시에 문질(文質)교대·인혁손익(因革損益)이라는 문화(제도)
진화론으로 이해되기도 한다.[132] 그것은 장학성이 이미 주장했던 고금절충
의 개혁 방식으로서 중국문화·사회체제의 본질적 부분의 지속성을 전제로

128) 王家儉, 1981, pp. 5~8, 17~18, 37~40.
129) 楊向奎, 1979, pp. 197~198 ; 吳澤, 1971.1, pp. 84~87 ; 侯外廬, 1958, pp. 665~669.
130) 周啓榮, 1984, pp. 306~313.
131) 劉廣京, 1984, pp. 376~377.
132) 陸寶千, 1983, pp. 230~233.

한 유학 고유의 변법논리였다. 공자진은 사(私)와 정(情)을 긍정하고 식(食)·화(貨) 병행의 부를 주장했다. 천하동란과 왕조교체 요인으로까지 파악한 토지소유 불평등의 모순을 해결하기 위해 토지재분배를 주장하면서, 공은 전통적 종족제도를 이용한 토지의 차등배분으로 부민(중소지주) 중심의 종법공동체(宗法共同體)를 건설하자는 제안을 했다. 또 상업의 제한된 필요성을 인정하면서도 농본적(農本的) 입장에서 상업 통제를 주장했다.[133] 이같은 경제관념은 청초 황(黃)·고(顧) 등의 견해보다 조금도 전진한 것이 없고, 종족제의 경제적 조직화 주장에서 고염무의 종족·부민 중시 관념이 홍양길·공자진의 쇠세의식과 같은 음산한 시대적 배경을 통해 경화(硬化)된 논리를 발견할 수 있다.

그밖에 공자진은 관료기구나 과거제·언로(言路) 등 행정운용면에서 개혁을 주장했는데, 이에 비해 위원의 개혁 주장은 지방 행정실무에 참여한 체험에 일치하는 기술적 수준에 머물렀다. 그는 인치(人治)주의 입장에서 변법에 신중성을 보이고 '법외(法外)의 폐(弊)'를 제거하면 법의 근본이 회복된다고 주장했다. 제도의 운용은 '이간(易簡)', '민리(民利)'를 바탕으로 변통(變通)해야 하며 '제폐(除弊)'를 통해 '흥리(興利)'한다는 것이다. 사욕을 반대하는 그의 이학적(理學的) 완강함과 아울러 국가의 민부(民富) 수탈에 대해서도 아주 비판적이었다.[134] 공자진이 사관(史官)의 경세의식을 갖고서 인재·공론(公論)의 중요성을 절감했으나 청조 관료계에서 소외되어 저항적 변법 청의를 토하고 있던 명사형(名士型)이었음에 비해, 위원은 보다 실제적인 책사형(策士型)으로서 지방대관(大官)의 막우로서 《황조경세문편(皇朝經世文編)》을 편집하고 어지러워 가던 1830년대의 강남에서 염정(鹽政)·조운(漕運)·치하(治河)·화폐 문제의 개혁 논의에 참여, 상당한 기여를 했던 것이다.[135]

공자진의 개혁안 가운데 자신의 서북사지학 연구를 바탕으로 심원한 식견을 나타낸 제안은 서북 변방(新疆지역)에 망국의 근원인 유민을 이주시켜 종래의 군사적 개발[屯田]을 민간 식민지 개척으로 전환시키자는 것이었다.

133) 趙靖·易夢虹, 1980, pp. 41~50.
134) 吳澤, 1971, pp. 82~93; 楊向奎, 1979, p. 203.
135) 陳耀南, 1979, pp. 120~177 참조.

그것은 동시에 러시아에 대비한 변방정책도 고려되어 신강성(新疆省) 설치
안으로 제시된 것이지만 후일 양무관료 좌종당(左宗棠)에 의해 현실화되었
다. 그런데 논의의 역사적 배경으로서 유민(遊民)·변방(邊防) 문제와 아울
러 청조 '대일통' 제국하에서 '중외일가(中外一家)'라는 사상 보기드문 성세
의 천하관(天下觀)을 갖고 전개되었다는 점이 주목된다.[136] 한편 식민·변방
문제도 이제 3억이 넘는 인구와 근대 열강의 외압을 고려해 볼 때 당시 중국
의 지주(地主) 농업국가 체제가 직면한 절박한 위기국면에서 중국인이 해결
해야 할 문제의 조그만 돌파구를 탐색해 본 것으로 여겨진다. 또한 이 서북
사지학은 곧 아편전쟁을 계기로 하여 동남 해방(海防)이 더욱 절박한 문제로
떠올랐을 때 위원의 세계사지학(世界史地學)으로 확대되는 것이다.

2. 鴉片戰爭 이후의 海防論과 傳統的 經世學

전통적 지주농업사회, '대일통'적 황제체제에의 도전은 19세기에 들어서
면서 영국 자본주의의 아편밀수를 계기로 아편전쟁이라는 강력한 외압을 통
해 본격화되었다. 1839년 흠차대신(欽差大臣) 임칙서(林則徐)가 광동(廣東)에
파견되어 1830년대의 아편금지논쟁을 마무리짓는 금연(禁煙)정책이 완강히
추진된 결과, 청조는 영국 자본주의의 '선견포리(船堅砲利)'의 위력에 굴복
하고, 중국의 전통적 경세학은 전례없는 새로운 변통을 필요로 하게 되었
다. 아편전쟁 이전에도 일부 관료 중에는 선견포리에 대한 인식이 있었지
만, 전쟁중에 속죄양으로 유배당했던 임칙서는 물론 대만(臺灣)과 복건(福
建)의 방어에 임했던 요영(姚瑩)·서계여(徐繼畬), 그리고 질강에서 막우로
전쟁을 체험한 위원 등이 전쟁을 통해 발분, 경세적 활동이나 저술을 남긴
대표적 인물이다.[137] 이제 서구에 대한 대응으로서의 '이무(夷務)'는 청조
정치의 핵심으로 떠올랐으며, 이 시기의 해방론(海防論) 가운데 대표적인 위
원의 《해국도지》는 몇 가지 위원의 독창적 부분이 있는 것은 사실이지만,
대개 전쟁시기의 객관 정세에 규정되어 임칙서 등 당시 사대부들의 해방론
이 종합적으로 집약된 것이라는 지적이 있다. '이이공이(以夷攻夷)', '이이관

136) 孫廣德, 1984, pp. 282~284.
137) 玉家儉, 1964, pp. 10~13.

이(以夷款夷)'는 물론, 유명한 '사이장기(師夷長技)'도 전쟁중에 소수 관료에
의해 주장 또는 시도되었는데, 임칙서는 남양(南洋)에서 선포(船砲)를 구매
하고 개화포탄(開花炮彈)을 제조했으며, 임의 지지하에 반사성(潘仕成)·장
경(長慶)·공진린(龔振麟) 등이 조선(造船)을 시도했던 것이다. [138]

그리고 위원의 《해국도지》는 임칙서가 전쟁중 양광총독으로서 번역시킨
《사주지(四洲志)》 등에 크게 의존했고, 위원 이외에 요영이 《강유기행(康輶
紀行)》을, 서계여가 《영환지략(瀛寰志略)》을 저술하고 있음을 보면 위원의
저술의 업적을 인정하더라도 그것이 아편전쟁 시기에 아주 고립된 현상만은
아니었던 것이다. 임칙서는 전시에 《사주지》·《오문월보(澳門月報)》 등을
비롯하여 《각국율례(各國律例)》(國際法)와 서양 화기제조법에 관한 상당수의
서적을 번역하고 있다. 또한 전쟁 전 아편밀수로 인한 중국의 재정, 민간경
제 위기를 둘러싸고 금연논쟁이 치열해지는 과정에서 임칙서가 철저한 금연
파가 된 사상적 배경은 정부의 군사·재정뿐 아니라 민생이나 '상민교곤(商
民交困)'의 해결을 바탕으로 했기 때문이라는 지적도 있다. 임은 이 민본경
제에서 상력(商力)을 중시하여 은폐(銀幣)의 주조, 중국 상인의 해외진출,
민간 광산개발을 주장했다는 것이다. [139] 임의 민본주의는 신사·상인·소농
민을 포괄하는 민부(民富)의 옹호를 주장하고, 이를 위해 관료계의 반부패
투쟁과 그 외연(外延)으로서 아편 엄금을 위한 대영(對英)투쟁이라는 애국주
의로 발전되어 간 것이라고 한다. [140] 또 한 가지 이 민본주의의 결과로서 민
심·민력 동원에 의한 지구전 성격이 강조되며 그것이 《해국도지》에도 계승
되었다는 것이다. [141]

이같은 임칙서관은 아편전쟁을 애국적 '저항파'와 부패한 '투항파' 및 제
국주의, 양대 진영의 국내외적 대결로 파악하는 범문란(范文瀾) 사론에 따
라[142] 엄금파(嚴禁派)의 역사적 진보성이 지나치게 과장되는 경향이 있다.
비록 그것이 상대적으로 애국적·저항적 성격을 띠고 있음이 사실이라 해
도, 문제는 그 민본·애국이 갖는 청조 전제주의 옹호라는 전근대성을 경시

138) 王家儉, 1964, pp. 104~126.
139) 陳勝粦, 1985, pp. 11, 17~19, 22.
140) 陳勝粦, 1985, pp. 62~65, 68~74.
141) 胡思庸, 1973, p. 120.
142) 范文瀾, 1962; 田中正美 1967, pp. 234~235, 242~243.

할 수 없다는 것이며, 따라서 전쟁에 대한 엄금파의 반응이 청조체제를 돌파한 근대적 국가체제 개혁을 지향한 것으로 인식되어서는 안된다는 것이다. 때로는 임칙서나 위원 사상이 1860~1880년대의 양무활동을 건너뛰어 19세기말 강유위 등의 서구식 변법운동으로 직결되는 '부르죠아' 정치체제에의 지향을 가진 것으로 설명되기도 했었다.[143] 그것은 그 저항파의 민족적 자각과 '사이장기(師夷長技)'의 성격을 과장한 데다 대외 굴종적인 양무활동에 대한 중국 대륙 학계의 지나친 평가절하에 무비판적으로 추종한 결과였다.

위원의 경세사상은 공자진이나 임칙서와 아울러 위기에 직면한 청조의 '대일통'적 성세를 유지하는 데 기본적 전제를 두고 있었다. 따라서 그의 저술에서 가장 주목받는 해방론도 그 대일통적 전제주의 경세론 체계 속에서 그 위치가 파악되어야 하며, '사이장기' 같은 요소만 고립적으로 강조되어서는 안된다. 위원에 의하면 가장 근본적인 과제는 우(憂)·분(憤)으로 인심의 '매환(寐患)'을 타파하고 실사(實事)·실공(實功)으로 인재의 '허환(虛患)'을 제거하는 것이었다. 국가 행정은 '명실종핵(名實綜核)'에서 시작해야하며 과거문(科擧文)을 버리고 장고(掌故 ; 제도문헌)를 연구할 필요가 있다고 했다.[144] 그러한 국내의 정치적 변통에 궁극적으로는 변법의 계기가 내포되기 마련이라 하더라도 아직 법외의 폐단을 제거, 제도의 본래 기능을 회복한다는 기술적 수준에 머물러 있었다.[145] 다음에 '사이장기'에는 서양서적 번역, 선포의 제조, 수사(水師)의 개편, 민간공업 및 해운의 장려와 같은 근대적 요소가 도입되고 있다.

그런데 이같은 서구 군사·기술 도입의 목적이 양무단계를 넘어선 자본주의 공업화 수준에 도달하고 있는지 평가하려면 이 '사이장기'를 《해국도지》의 전반적인 정치적·전략적 틀 속에 위치시켜 그 성격을 파악해야 할 것이다. 19세기초 서북사지학에서 《해국도지》와 같은 세계사지로 확대된 계기는 물론 아편전쟁을 통한 해방론(海防論)의 대두에 있었다. 또 이 저술은 전쟁의 승자였던 영국을 주된 가상적으로 삼아 미지의 중양(重洋)을 거쳐 극서

---

143) 藤間生大, 1977, pp. 126~133.
144) 馮友蘭, 1971, p. 78.
145) 小野川秀美, 1969, p. 9.

290

(極西)의 영국에 이르는 세계사지를 통해 '이정(夷情)'을 파악하고자 한 것이다. 따라서 세계 각국의 역사저리·정치제도·풍속 등에 관한 위원의 소개는 모두 서구, 특히 영국을 대상으로 한 해방(海防)전략에 종속하는 것이다.[146] 더구나 그의 해방전략은 서양에 대한 공격적 대응이 아니라 청조 천하 대일통 질서의 방어에 목적이 있었다. 서구, 특히 영국의 식민지나 상업·군사기지가 분포된 지역 가운데 중국에 가장 근접한 지역으로 해방전략의 요충이라 할 곳이 동남아시아, 즉 '남양(南洋)'이었으며,《해국도지》에는 화교(華僑)를 발판으로 남양 국가들간의 대(對)영국 방위연합체의 형성을 구상하고 있다. 전통적인 조공무역 관계를 이용하여 중국이 남양으로 해상 진출을 시도하도록 제안되고 있는 것이다.[147] 그것은 일정한 정도의 공격성이 있음에도 불구하고 근대 민족주의적 국가 경쟁이나 군사적 팽창주의와는 거리가 있었다.

한편 남양과 중국 연해로 침투하고 있는 서구 국가들의 특징은 위원의 시각으로는 도덕적 가치가 결여됨으로써 분열된 국가간에 상업과 무력의 경쟁이 치열하다는 것이었다.[148] 이같은 세계상(世界像)에서는 중국의 도덕적 통일세계가 중심일 수밖에 없고 서구와의 교섭은 대등외교 관념이 아니라 '이이제이(以夷制夷)'의 전통적 이무(夷務) 범주를 크게 벗어나지는 못하고 있는 것이다. 한편 위원을 통해 아편전쟁 후의 해방론이 압축된 논리로 제시되었다. 그런데 서구의 출현으로 인해 해방의 전략적 중요성이 미증유의 신국면에 이르렀음에도 불구하고 서북의 육방(陸防；塞防)에 비해 아직은 질적으로 달라진 것이 아니라 군사적 비중의 우선순위 변화에 지나지 않았음을 주목해야 할 것이다. 후일 1870년대말 해방·육방 논쟁과 같은 분열은 아직 없었지만, 본질적 내정개혁 문제로 투쟁하게 된 청일전쟁 이전에는 그러한 해방·육방 논쟁은 아직 결정적 이념 차를 갖는 분열은 아니었던 것이다.

이상과 같은 해방론이 본격적 실행단계에 들어간 것은 남경조약에 의한 개항 이후 거의 20년이나 지난 1860년대에 2차 아편전쟁의 참패와 태평천국 동란의 진압과정을 겪고 난 뒤였다. 15년에 걸친 내란과 이를 틈탄 영·불

146) 吳澤·黃麗鏞, 1971, pp.118~119.
147) Leonard, Jane Kate, 1984, pp.99~105, 109~111, 142~148.
148) Leonard, Jane Kate, 1984, pp.153~156.

등 열강의 침입으로 국력이 피폐한 상황에서 자강운동(自强運動)이 착수된 것은 중국으로서는 아주 불리한 여건이었다. 그런데 양무라 불리는 이 자강운동을 제창하고 추진한 것은 아편전쟁기의 공양학파가 아니라 태평천국을 진압한 강대한 한인관신(漢人官紳) 세력이었는데, 이른바 증국번(曾國藩)의 상군계(湘軍系), 이홍장(李鴻章)의 회군계(淮軍系), 좌종당(左宗棠) 등의 상군 별파(別派)가 그것이다. 태평천국을 진압한 주도세력인 상군집단은 증국번·호림익(胡林翼)을 정상으로 한 호남 주자학 집단이었으며, 거기에는 나택남(羅澤南)·유용(劉蓉)·강충원(江忠源)·좌종당·곽숭도(郭崇燾) 등이 포함되는 것이다. 19세기의 체제위기에 직면하여 정치적 변통(變通)을 제창했던 공양학을 제치고 수구적 도덕론을 바탕으로 한 관념적 주자학이 어떻게 양무와 같은 서구문명 도입활동에 주도권을 장악할 수 있었던가? 그 배경으로 1830년대 이래 이미 동성문파 방동수의 고증학 공격이나 광주(廣州)지역 한송절충(漢宋折衷) 학풍의 흥기로 상징되는[149] 고증학풍의 퇴조와 주자학의 경세주의화 사조를 들 수 있다.

청대에 고증학 전통이 없던 상대적 후진지역인 호남에서 주자학 재기의 선구는 당감(唐鑑)이었다. 그는 철저한 도통주의(道統主義) 입장에서 육왕(陸王)·고증학을 배척하면서도 주자학의 의리에 실천적 경세학의 의미를 새로 부여하고 있었다. 청초의 호남 경세학자 왕부지의 학문이 또한 도광시대에 호남에서 재발견되어 증국번·곽숭도 등에 의해 경세적 이학(理學)을 뒷받침하는 것으로 인식, 보급되기 시작했다고 한다.[150] 증국번의 경우, 당감의 주자학과 동성 고문사파의 영향을 받고 의리(義理)·고거(考據)·문사(文辭)·경제(經濟)를 유학의 4과로 결합시키고 있다. 다시 말해 증은 주자 의리만으로 경세를 포괄하려는 당의 견해에 만족하지 못하고 '경제〔事功〕'를 정치적 변통의 학문영역으로서 도학(道學)과는 분리, 일정한 전문성이 필요함을 주장한 것이다. 그리하여 증의 경세학은 의리와 경제를 함께 포괄하는 예학(禮學)의 개념으로 종합되고, 일체의 학문적 분파를 배제하여 육왕·제자학까지 예학의 보조학으로 절충되는 것이다.[151] 주자학을 근본으로

149) Elman, Benjamin A., 1984, pp. 242~247.
150) 大谷敏夫, 1985. 9, pp. 72~74.
151) 曺秉漢, 1978. 12, pp. 95~114.

명교(名敎) 체제의 수호를 표방하며 태평천국을 진압한 중국번이 송대 왕안석이나 엽적의 공리주의까지 정치적 변통수단으로서 절충한다는 사실이야말로 증(曾)의 경세학의 가장 현저한 특징이었다.

증의 경세사상이 위원과 같은 기술적 수준에서 제도운용의 변통을 인정하고, 나아가 1860년대 양무론으로 전개된 배경에는 경세학의 공리적 요소가 작용하고 있으며, 주자학적 의리는 이에 대한 억제력으로서 전통적 지배체제 이념을 집약한 것이다. 증의 경세학에 대한 평가는 종래 태평천국을 옹호하는 반(反)양무적 명분론의 제약을 받아 왔는데, 그 결과 이 공리적 요인을 과소평가하고 주자학의 체제이념적 측면에만 치중해서는 안될 것이다.[152] 증이 호남 주자학 집단 가운데 진보파에 속한다면 나택남 등은 보수적 위도(衛道)주의를 체현하고 있다. 그러나 유용에 대한 연구에 의하면 이 강렬한 위도주의자들은 극기구세(克己救世) 의식을 갖고, 아편전쟁 이후 표면화된 난세의 근원을 서구 외압보다 내치(內治)에 구하여 인심·풍속과 이치(吏治)·민생의 만회를 위해 능동적인 도덕적 실천주의를 통한 정치적 경세를 지향했던 것이다.[153] 그들에게는 도덕은 정치의 기초이며, 전통적 체제이념〔名敎〕의 수호야말로 경세의 궁극 목적이자 과제였으므로 경세는 공론이 아닌 실천으로서의 주자학 의리 속에 내포될 수 있었다. 그런데 호남 경세학풍의 형성에는 호남 출신 관료, 경세가 도주·하장령·위원 및 복건 출신 임칙서의 영향이 있었으며, 그것은 좌종당이나 호림익에서 확인되는 것이다. 그 영향하에 좌종당은 사지·병학·농학과 같은 극히 실용적인 학술에 열중하고 있었다.[154]

증국번·좌종당의 상군과 증의 막료이자 문생(門生) 출신 이홍장의 회군이 주축이 된 태평천국과의 전쟁은 이들 상·회군 지도자들에게 선포(船砲)의 제조, 군사 개편, 서양서적 번역과 같은 양무사업을 일으키는 계기가 되었다. 이른바 양무운동의 경과와 역사적 성격에 대해서는 따로 근대사의 서술 부분으로 미루고 여기서는 양무론의 기본개념과 전통적 경세학과의 관련만 검토하기로 한다.

---

152) 章繼光, 1988, pp. 97~100, 106~108.
153) 陸寶千, 1983, pp. 356~362.
154) 李國祁, 1984, pp. 415~417, 423.

3. 洋務論의 槪念과 經世學과의 關聯

동치(同治) 초 북경과 상·회군 관료 사이에 거의 동시에 시작된 양무운동은 결국 상·회군계가 그 주도권을 장악하게 되었음은 널리 알려진 사실이다. 이 양무사업이 시작되던 1860년대에 '양무'란 용어가 갖던 초기 개념이 고착화되어, 양무활동은 다음 단계로의 역사발전이 불가능할 뿐 아니라 오히려 이를 저지하는 반동·투항적 활동으로 한때 널리 인식되어 왔었다. 양무의 초기 개념을 정의하자면 결국 해방론(海防論)을 주축으로 결합된 외교와 군사(군수공업) 분야에 서구 근대문명의 새 요소를 도입하자는 것이다. 이는 아편전쟁 이후에도 종래의 조공무역 관행을 관념상으로는 타파하지 못하여 기본적으로 외교가 통상·군사로부터 독립하지 못했던 것에 비하면 큰 발전이었다.[155] 위원이 명대 이래 천지기운이 일변하여 서북에서부터 동남으로 나아가 '중외일가(中外一家)'로 귀결할 것이라 하고 서구문명의 장점을 발견하고 있는 점은 물론 주목할 만하다.[156] 그러나 그것은 중국 중심 대일통(大一統) 왕조세계의 동심원적 확대·연장으로서 서구는 기본적으로 '이이제이(以夷制夷)'의 대상이며 '이무(夷務)'의 범주에 들어 있었다. 위원으로서는 서구국가, 특히 영국이 병(兵)과 상(商)을 중심으로 하여 교화(敎化)에는 힘쓰지 않는 불신의 대상이므로 그들의 국제법이란 것도[157] 중국의 '이이제이'를 위한 수단으로밖에 파악될 수 없었던 것이다.

이에 반하여 1860년대 양무운동의 대표적 이론가인 풍계분(馮桂芬)은 당시 최선진지역이던 소주(蘇州)의 한림 출신 재야신사 지도자로서, 태평천국 토벌전 말기에 영·불군의 상해 방위전에 협력하고 증국번·이홍장과 결합하여 강남 감량(減糧;감세) 개혁을 추진한 인물이었다. 이 풍계분이 위원의 '사이장기(師夷長技)'는 더욱 추진시키면서도 '이이제이'에 대해서만은 무질서한 전국(戰國)의 종횡가적(縱橫家的) 기만책동이라 비난한 것은 1860년대 양무론이 부분적으로 위원과는 다른 서양관(西洋觀)에 입각한 것임을 알

155) 王爾敏, 1982, pp.10~11, 20.
156) 王家儉, 1964, pp.37~39, 44~45.
157) 王家儉, 1964, p.42.

수 있다. 그런데 이같은 서양관은 왕조적 이해관계에서 영·불이 태평천국 진압에 협조하여 해관(海關)의 세수(稅收)를 '공정히' 관리해 주고, 제2차 아편전쟁에서 북경에 입성하고서도 청조를 멸망시키지 않은 점을 양인(洋人)의 도덕성으로 파악했던 증국번 등 양무파 대관(大官)들의 서양관에서도 공통적으로 나타나는 현상이었던 것이다. 이 점에서 종래의 양무 비판론은 서구의 불평등조약 체제를 받아들인 양무파의 투항적 자세를 비난하고 위원의 '이이제이'를 주체적 국방론으로 파악하는 논리적 근거를 찾았다.[158] 바꿔 말하면 투항적 양무파가 '사이장기'의 기술적 측면에서 임칙서·위원을 계승했더라도 그보다는 아편전쟁기 저항파와의 단절성을 민족주의 측면에서 확인하려는 입장이었던 것이다.

그런데 문제는 아편전쟁기 저항파의 서양관에는 기본적으로 서양을 외교의 대상으로 여기지 않는 화이론적(華夷論的) 폐쇄성이 양무파보다 더욱 견고하다는 점이 지나치게 경시되어서는 안되며, 또한 동치조 이후의 양무론에 과연 주체적 동기가 없었던가에 대해 반론이 제기되고 있다는 점일 것이다. 증국번의 경우 서구를 상(商)·전(戰) 관념으로 파악하고 외교면에서 '이이제이' 대신 '성신(誠信)'외교를 제기했는데, 동시에 외교의 중요성은 국내 자강(自强)에 종속되는 것으로 인식되었다. 이같은 양무관은 당시 공친왕(恭親王) 등 양무파에 전반적으로 일치된 인식이었다.[159] 여기서 상·전 관념은 강력한 외압(外壓)의 상승에 따라 1870년대 후반에 이홍장 및 그 진보적 막료들, 이른바 '초기 변법론자'들에 의해 상무(商務)가 해방론(海防論)의 군사·외교적 수준에서부터 분화되어 중상주의적 부국강병론으로 전개되어 간 것은 널리 알려져 있다.[160] 그러나 1860년대에 제기된 상·전 관념은 위원이 병·상 관념으로 서구를 파악한 것과 마찬가지로 서구 문명의 중상적 군사팽창을 부정하는 농본(農本)·덕치론(德治論)의 논리에 지나지 않았다. 한편 성신(誠信)외교는 불평등조약을 승인한 토대 위에서 국제 관계의 현실을 받아들여 서양을 외교대상으로 격상시키고 국제법을 단순한 '이이제이'의 책략이 아닌 성신외교의 일부로 편입시킨 점에서 그 평가에

---

158) 范文瀾, 1962, p. 190 ; 藤間生大, 1977, pp. 130~133.
159) 王爾敏, 1982, pp. 15~21.
160) 吳章銓, 1982, pp. 46~60.

복잡성이 따르는 것이다. 다만 임칙서·위원의 '이이제이'가 비록 폐쇄적 국제관의 한계는 있다 해도 강렬한 문화주의적 주권옹호 전술이었다는 점에서 그 저항력을 중시해도 무리는 아닐 것이다.

양무활동이 외교·군사·통상 분야에서 서구와 대응하는 가운데, 군수·민간분야의 공업화와 과학·기술 같은 근대부문의 도입이 확대됨과 아울러 이 시기 개혁운동에서 전통적 내정개혁이 차지하는 역사적 비중에 대한 평가가 지나치게 축소됨으로써 양무·변법개혁의 전체적 성격에 대한 편향적 이해로 기울기 쉬웠다. 제2차 아편전쟁 후에는 양무파는 물론 수구파도 개혁의 필요성을 인정했는데, 다만 수구파는 내정개혁만 강조하고 그것도 인심·기절(氣節) 같은 도덕성을 통해 구제도의 기능 회복을 주장하게 되었다. 한편 양무파도 양무보다 내정개혁을 자강의 근본으로 여겼지만, 당장 착수해야 할 비상수단으로서 양무를 무시할 수 없다는 것이 증국번·이홍장 등의 견해였다.[161] 그런데 이 1860년대 양무파의 내정개혁은 기술적 변통이든, 제도적 개혁이든간에 전통적 방식에 의존했던 것이다. 심지어 선포·기계의 도입, 천산학(天算學) 학습조차도 왜인(倭仁) 등 수구파의 주자학 도통주의 입장에서는 공리주의적인 풍속의 악화로 간주되어 철저한 배척을 받았다.[162] 도덕·인심을 세계질서의 중심으로 여기는 도학적(道學的) 덕치경세(德治經世)에서 '중체서용(中體西用)'이라는 절충적 편법은 이미 공리주의적 이단일 수 있는 것이다.

그러나 전통적 유교는 주자학 같은 도학만의 전유물은 아니며, 특히 명말 청초 이래로 관념적 도통이념에 반대하는 반(反)도학적 실학, 바꿔 말하면 공리적 실용학이 유교 경세학의 중심으로 대두해 왔음은 이미 확인된 사실이다. 이 경세학은 도덕과 공리를 절충하면서도 그 중심이 공리로 이동하고 있으며, 기술적·정치적 개선에 도움이 되는 모든 전통적 이단학파가 '회통(會通)'이란 관념으로 절충되었다. 심지어 안이학파(顔李學派)의 공리주의, 고증학의 상대적으로 몰가치적 전문화 경향 속에서는 명말 이래 유입된 서양 천산학도 유학(儒學)의 사공(事功) 분야로 편입되어 있었다. 19세기 후반 중국번·이홍장이나 풍계분이 주자학파로서 서용(西用)의 가능성을 고려하

161) 石錦, 1982, pp. 94~99.
162) Levenson, Joseph R., 1968, pp. 65~71.

게 된 이론적 배경은 이 유교 경세학의 공리적 요소를 확대·적용한 것이었다. 다만 이같은 유교의 공리주의가 허용할 수 있는 변통의 범위가 어디까지인지가 문제일 뿐이다. 이 문제는 종래 '중체서용', 정확하게는 중국학을 근본으로, 서학을 실용으로 삼는다는 주체적 서구문명 수용의 논리와 관련하여 많은 논란이 있어 왔다.

'중체서용'의 관념이 처음 개념화되어 나타난 것은 1860년대 풍계분의 《교빈려항의(校邠廬抗議)》에서부터였으며, 1890년대 후반 청일전쟁 후의 정제(政制)개혁운동 와중에서 나온 장지동(張之洞)의 《권학편(勸學篇)》을 통해 정치적 구호로 널리 통용되게 된 것임은 상식화된 사실이다. 풍이나 장이 각기 양무파에 관련된 선구적 이론가 또는 주도적 양무관료인 까닭으로 중체서용론이 바로 양무론의 고유한 개혁논리로 통념화되어 왔다. 그런데 그동안의 연구 결과 풍이나 장 등 양무운동과 관련된 많은 인물들이 정도차는 있으나 이론적으로는 정치제도 개혁의 내용을 갖고 있고, 심지어 '변법'의 대적(大敵)이라던 이홍장마저 부분적 정제개혁의 요소가 있었음이 논증되었던 것이다.[163] 따라서 이른바 양무운동과 1890년대 후반의 근대개혁운동간에 그 사상적 성격의 차이를 정치제도 개혁의 인정 여부에서 찾던 종래의 통설은 더 이상 지지할 수 없다는 것이다. 그렇다 하여 두 운동의 성격차이가 이론의 실천 여부에만 달린 것으로 단정할 단계는 아직 아닌 것 같다.

분명한 것은 전통적 유교 경세학의 고유한 사상구조 속에 기술적 또는 제도적 수준의 정치개혁론이 시세에 따른 실용적 변통의 논리로 지속되어 왔다는 것이다. 다만 청대의 경세학에서 상당한 기간에 걸쳐 준비되어 온 정제(政制)개혁, 즉 변법의 논리는 유교의 복고적 진화 관념에 따르는 시간적 고금절충(古今折衷)의 논리였다. 그것은 현실의 필요 속에서 고대(三代)의 이상을 재해석하는 사유과정이었다. 근대에 와서는 이같은 고대 이상의 재해석이, 중국의 국내 현실뿐 아니라 이와 밀접히 관련된 외압요인으로서의 서구 근대의 현실에 대해서도 적용되어, 공간적 중서절충(中西折衷) 논리로 중점이 점차 이동해 갔던 것이다. 다시 말해 중국 고대 성인의 이상을 현대 서구문명에서 발견한다는 것인데, 이는 중국 중심의 대일통적 왕조세계관

---

163) 閔斗基, 1985, pp. 20~40.

의 부단한 붕괴과정에서 현실화되었다. 청조 대일통 세계관은 1860년대 양무운동의 시작과 더불어 서구세계의 이질적 문화체계와의 타협적 공존을 공인함과 더불어 절반이 무너졌다. 이 기간중에 정치제도개혁에도 고유한 변법방식이 아니라 중서절충을 확대하자는 서구화 변법론이 바로 양무파 내에서 이론적으로 형성되어 왔다. 그러나 청조 대일통 세계관의 완전한 타파와 근대 민족국가 체제로의 전환을 위해서는 유교의 고유한 구성요소였던 경세학의 기능이 유교의 정(政)·교(敎)·학(學) 합일이라는 전체 체계를 변질 또는 해체시키는 방향으로 전화할 필요가 있는 것이다. 그 시점은 19세기말 서구화 변법운동의 시기였으며, 유교 경세학·고증학은 근대적 전문(專門)·실용(實用) 과학으로 대체되는 것이다.

맺 음 말

중국 근대화 과정은 서구 자본주의의 외압하에 군사·정치적 대응으로 시작되었다. 중국 관료·신사층의 지배적 가치체계인 유교사상 가운데 도덕 편향의 주자학·양명학 같은 도학이나 문헌학적 지식에 치중한 고증학은 서구 근대문명의 도전에 효과적 대응을 할 수 없었다. 19세기 후반의 양무나 서구화 변법은 정치지향적인 유교 경세학을 매개로 해서 전개된 것이며, 유교 경세학의 마지막 형태인 강유위의 공양학에 이르러서는 정교(政敎)합일적 교학체계(敎學體系)로서의 유교 자체가 분해되기 시작했던 것이다. 서구화 변법운동의 좌절과 더불어 유교 경세학의 역사적 사명은 끝난 것이다.

경세학의 본질은 유교의 도덕체계[內學]와 양립가능한 전제 위에서 정치적 공리·실용성[外學]을 추구하는 데 치중하는 것이며, 그 정치적 개혁은 기술적·행정적 수준으로부터 제도적 수준에 이르는 변통(變通)을 주장한다. 경세학에는 유교의 복고적 진화관에 따르는 전통적 변법론이 있다. 이 변법론은 고대이상의 현실적 재해석을 통해 시세에 맞는 제도 변통을 추구하는 고금절충(古今折衷)의 논리이기 때문에, 변통의 범위는 고(古)의 이념에 제약을 받기 마련이지만, 청초에는 민본적(民本的) 반전제(反專制) 성격을 띠기도 했다. 이같은 경세학이 송·명 도학[朱子學·陽明學]에 필적하는 학문으로 심화된 것은 청초의 반청(反淸) 재야학자들에 의한 것이었다. 명대 후기 이래의 신사·지식층의 수적 팽창과 신사의 정치적 요구를 배경으로 관료계·과거제에서 소외된 재야 신사·지식층에 의해 정치적 내용의 민간 학문이 형성되게 되었다. 특히 청조하에서의 재야 지식층의 누적과 만한(滿漢) 종족 갈등은 이같은 재야 경세학의 성립을 촉진시켰다.

청초 경세학은 그 공리적 '실학' 이외에 주지주의적 '박학'과 복고주의적 '고학(古學)'의 요소를 갖고 있다. 이 경세학에서는 경사(經史)에서 실증을 구하는 고증법이 발달하게 되었는데, 청조의 엄격한 문화통제에 따른 정론(政論)의 금지로 청초 경세학은 곧 쇠퇴하게 되었다. 이것이 재야학문으로서의 고증학의 흥기에 한가지 배경이 되긴 했으나 신사·지식층의 주체적 요인으로 고증학의 전문성의 발전, 청조 성세(盛世)에 대한 동화(同化)의식을 들 수 있다. 사실 건륭대의 사고전서 편찬사업도 청조의 전제주의 대일통(大一統) 성세를 과시하려는 정교합일적 문화정책과 재야 고증학계의 능동적인 학문적 요구가 결합된 성과였다. 국가와 관료학자, 상인자본의 후원이나 관학화(官學化)된 서원, 막우직 같은 재야학자의 생계수단, 인쇄와 장서의 발달이 상대적으로 몰가치적인 문헌학의 발달에 유리한 환경이 되었다.

고증학의 발달은 의리(義理)·경세학의 몰락을 초래한 원인으로 비난받을 것이 아니라,그 방법의 객관성·독창성·전문성으로 인해 많은 분야의 학문을 개척하고 여러 학파의 독자성을 향상시켰다. 경학·사학·소학(小學; 文字·音韻·訓詁)·금석학·천산학(天算學)·제자학·사지학(史地學)·교감학(校勘學)·목록학 등이 유학의 한 분야로서 연구되었다. 고증학의 충격을 흡수하고 쇠퇴한 주자학적 의리(체제이념)의 기능을 대신하기 위해 동성문파(桐城文派)의 고문사론(古文辭論)이 발달하고, 절동(浙東)〔章學誠〕 경세사학(經世史學)과 상주(常州) 금문경학파(今文經學派)는 정제(政制) 개혁론의 계기를 내포한 경세적 학문관을 전개했다. 이들 신(新)의리·경세학의 특징의 하나는 제학파의 광범한 절충이 시도된 것이다. 청초 기(氣)의 철학을 이어서 고증학 자체에서도 인욕(人欲) 긍정의 민본적 신의리학이 일어났으며, 19세기에 들면서 서북사지학의 발달은 장래 아편전쟁기의 세계사지로 연결되는 중요한 경세적 역할을 수행했다.

19세기 전반의 경세론을 대표하는 상주 공양학〔龔自珍·魏源〕은 전통적 범주내의 변법론의 전개로서 유명한데, 그들의 학문은 금문경·고문경, 제자학, 유·불·도 3교에 이르는 극히 절충적인 것이었으며 장고(掌故) 및 사지학 같은 실용학을 중시했다. 또한 공양학의 역사인식과 개혁내용도 한대나 청말과는 다른 것이었고 복고적 진화관에 따른 전통적 정치개혁으로 현실의 청조 대일통 성세를 회복·지속시키는 데 목적이 있었다. 아편전쟁기 임칙서·위원의 사상이 갖는 민본적·애국적 '저항파'의 성격이라는 것도 후일의 양무운동을 건너뛰어 19세기말 강유위의 서구식 변법운동으로 직결되는 것은 아니었다. 《해국도지》의 이념은 전통적 내정개혁 관념과 청조 대일통 세계관을 전제로 해서 그 '사이장기론(師夷長技論)'이나 서구관을 파악해야 하는 것이다.

실제 서구를 이질적 문명세계로서 외교의 대상으로 인정한 것은 아편전쟁기 저항파가 아니라 1860년대의 타협적 양무파였다. 이들 양무파의 주축이 된 상군·회군계 관료들의 기원이 주로 호남 중심의 주자학 집단이었다는 사실이 주목된다. 이 주자학 추종자들은 실천적 의리학의 부흥으로 체제위기에 대처하고 유교 경세학의 공리주의와 점차 타협함으로써 양무론으로 전개된 것이다. 그러나 초기 양무파의 개혁론이 양무(외교·군사·통상)보다는 전통적 내정개혁을 이념적 기초로 삼고 있었으며, 그 후 제국주의 외압의 격화에 따라 차츰 양무파 안에서 서구화 내정개혁 사상이 심화되어 갔다는 점이 근래 주목되고 있다.

참고문헌

簡有儀, 《袁枚硏究》, 臺北, 文史哲, 1988.

姜書閣, 《桐城文派評述》, 臺北, 商務印書館, 1966.

顧遠薌, 《隨園詩說的硏究》, 北京, 1988.

杜維運, 《淸代史學與史家》, 臺北, 東大圖書公司, 1984.

范文瀾, 《中國近代史》 上冊, 北京, 1962.

謝國楨, 《明淸之際黨社運動考》, 臺北, 商務印書館, 1968 再版.

徐復觀, 《中國思想史論集》 續編, 臺北, 時報文化出版, 1985 3版.

沈賢愷, 《鄭板橋硏究》, 臺北, 1988.

梁啓超, 《淸代學術槪論》, 《梁啓超論淸學史二種》, 上海, 復旦大學, 1985 所收.

300

余英時, 《論戴震與章學誠 —— 清代中期學術思想史研究 ——》, 臺北, 1977.

———, 《紅樓夢的兩個世界》, 臺北, 聯經出版社, 1981 2版.

王家儉, 《魏源對西方的認識及其海防思想》, 臺北, 1964.

———, 《魏源年譜》, 臺北, 中央研究院 近代史研究所, 1981版.

尤信雄, 《桐城文派學述》, 臺北, 1975.

陸寶千, 《清代思想史》, 臺北, 廣文書局, 1983 3版.

魏秀梅, 《陶澍在江南》, 臺北, 中央研究院 近代史研究所, 1985.

魏際昌, 《桐城古文學派小史》, 北京, 1988.

章繼光, 《曾國藩思想簡論》, 長沙, 1988.

錢 穆, 《中國近三百年學術史》上冊, 臺北, 商務印書館, 1972 5版.

趙靖・易夢虹 主編, 《中國近代經濟思想史》上冊, 北京, 1980.

朱傑勤, 《龔定盦研究》, 臺北, 1972 再版.

陳美林, 《吳敬梓研究》, 上海, 1984.

陳勝粦, 《林則徐與鴉片戰爭論稿》, 廣州, 1985.

陳耀南, 《魏源研究》, 九龍, 1979.

胡奇光, 《中國小學史》, 上海, 1987.

胡寄窓, 《中國經濟思想史》下, 上海, 1981.

黃保眞・蔡鍾翔・成復旺, 《中國文學理論史》4, 北京, 1987.

侯外廬, 《中國思想通史》제 5 권, 北京, 1958.

溝口雄三, 《中國前近代思想の屈折と展開》, 東京大學出版會, 1980.

內藤虎次郎, 《支那史學史》, 東京, 1967.

藤間生大, 《近代東アジア世界の形成》, 東京, 1977.

山井湧, 《明清思想史の研究》, 東京大學出版會, 1980. 2.

小野川秀美, 《清末政治思想研究》, 東京, 1969.

坂出祥伸, 《中國近代の思想と科學》, 京都, 同朋舍, 1983.

De Bary, W.T., *Chinese Despotism and the Confucian Ideal, A Seventeenth-century View*", Chicago & London, The Univ. of Chicago Press, 1957.

Elman, Benjamin A., *From Philosophy to Philology —— Intellectual and Social Aspects of Change in Late Imperial China*, Harvard Univ. Press, 1984.

Guy, R. Kent, *The Emperor's Four Treasuries —— Scholars and the State in the Late Chien-lung Era*, Harvard Univ. Press, 1987.

Ho, Ping-ti, *The Ladder of Success in Imperial China —— Aspects of Social Mobility, 1368~1911*, New York, 1964.

Hummel, Arthur W., *Eminent Chinese of the Ch'ing Period*, Vol. 2, Washington, 1944.

Leonard, Jane Kate, *Wei Yuan and China's Rediscovery of the Maritime World*, Harvard Univ. Press, 1984.

Levenson, Joseph R., *Confucian China and Its Modern Fate*, Univ. of California Press, 1968.

Nivison, David S., *The Life and Thought of Chang Hsüeh-cheng(1738~1801)*, Stanford Univ. Press, 1966.

Ropp, Paul S., *Dissent in Early Modern China── Ju-lin Wai-shih and Ch'ing Social Criticism*, Ann Arbor, The Univ. of Michigan Press, 1981.

Wakeman, Jr. Frederick, *The Fall of Imperial China*, New York, 1975.

高柄翊, 〈黃宗羲의 新時代待望論〉, 《東洋史學硏究》 제 4 집, 1970.

閔斗基, 〈熱河日記에 비친 淸朝의 漢人統治策〉, 《歷史學報》 20, 1963. 후에 《中國近代史 硏究》, 1973, 1980 再版, 一潮閣에 수록됨 ④.

──, 〈淸朝의 皇帝統治와 思想統制의 實際〉, 《震檀學報》 25·26合輯, 1964. 후에 위 《中國近代史硏究》 所收, ③.

──, 〈淸代封建論의 近代的 變貌── 淸末地方自治論으로의 傾斜와 紳士層──〉, 《亞細亞硏究》 10-1, 1967. 후에 《中國近代史硏究》 所收, ①.

──, 〈淸代'生監層'의 性格〉, 《亞細亞硏究》 8-4, 1965. 후에 《中國近代史硏究》 所收, ⑤.

──, 〈中國의 傳統的 政治像── 封建·郡縣論議를 중심으로──〉, 《震檀學報》 29·30합집, 1966. 후에 《中國近代史硏究》 所收, ②.

──, 〈中體西用論考〉, 《東方學志》 18, 1978. 후에 《中國近代改革運動의 硏究》, 一潮 閣, 1985에 再收.

吳相勳, 〈顏元의 思惟구조〉, 《高柄翊先生回甲紀念論叢》, 한울, 1984. 12.

全海宗, 〈釋實學〉, 《震檀學報》 제 20 호, 1959.

──, 〈淸代學術과 阮堂〉, 《大東文化硏究》 창간호, 1963.

曹秉漢, 〈曾國藩의 經世禮學과 그 歷史的機能──太平天國과 洋務運動에 관련하 여──〉, 《東亞文化》 제 15 집, 서울대, 1978. 12.

──, 〈章學誠 儒敎史學의 基本槪念과 그 政治的 意味──'專家'와 '史'의 개념 분 석을 중심으로──〉, 《歷史學報》 103집, 1984. 9.

──, 〈章學誠 經世史學의 折衷的 理論基礎〉, 《高柄翊先生 回甲紀念史學論叢》, 한울, 1984. 12.

──, 〈紅樓夢의 社會史的 分析──官紳·豪商 批判과 民本意識──〉, 《釜山史學》 제 11 집, 1986. 9.

──, 〈淸中期 八股科擧制下의 社會心理와 在野的 士人文化의 形成〉, 《釜山史學》 제 13 집, 1987. 12.

簡明勇, 〈顧炎武〉, 《中國歷代思想家》 7册, 中華文化復興運動推行委員會 主編, 臺北, 商 務印書館, 1967, 1968 再版.

容肇祖, 〈顏元的生平及其思想〉, 위《中國近三百年學術思想論集》三編, 存萃學社編, 香港, 崇文書店, 1972.

稽文甫, 〈王船山的史學方法論〉, 《王船山學術論叢》, 北京, 1962, ①.

───, 〈論王船山與黃梨洲政治思想中的一個岐異點〉, 《王船山學術討論集》下册, 湖南省·湖北省哲學社會科學會聯合會合編, 北京, 1965.

───, 〈王船山與李卓吾〉, 위《王船山學術論叢》1962, ②.

───, 〈黃梨洲思想的 分析〉, 《中國近三百年學術思想論集》四編, 香港, 1973. 3.

周啓榮, 〈從'狂言'到'微言' ── 論龔自珍的經世思想與經今文學〉, 《近世中國經世思想研討會論文集》, 臺北, 中央研究院 近代史研究所編, 1984.

周輔成, 〈戴震的哲學〉, 위《中國近三百年學術思想論集》四編, 香港, 1973.

戴 逸, 〈四庫全書和法國百科全書〉, 《歷史研究》, 北京, 1989. 2.

步近智, 〈晚明時期儒學的演變與影響〉, 《中國史研究》, 北京, 1988. 1.

石 錦, 〈清末自强觀的內容·分野及其演變(1840~1895)〉, 李恩涵·張明園 等, 《近代中國── 知識分子與自强運動》, 臺北, 1982 再版.

肖萐父, 〈王夫之哲學 思想初探〉, 위《王船山學術討論集》上册, 北京, 1965.

孫廣德, 〈龔自珍的經世思想〉, 위《近世中國經世思想研討會論文集》, 1984.

沈嘉榮, 〈論顧炎武的愛國思想〉, 위《中國近三百年學術思想論集》三編, 1972.

楊向奎, 〈清代的今文經學〉, 《清史論叢》 제1집, 中國社會科學院 歷史研究所 清史研究室編, 北京, 1979.

嚴濟寬, 〈試論鄭板橋的文學主張〉, 《中國近三百年學術思想論集》三編, 香港, 1972.

余英時, 〈曹雪芹的反傳統思想〉, 《紅樓夢研究集刊》 제5집, 上海, 1980. 11.

吳章銓, 〈洋務運動中的商務思想 ── 以李鴻章爲中心的探討〉, 《近代中國── 知識分子與自强運動》, 臺北, 1982 再版.

吳澤·黃麗鏞, 〈魏源'海國圖志'研究 ── 魏源史學研究之二〉, 《中國近三百年學術思想論集》二編, 1971.

吳 澤, 〈王船山歷史觀略論〉, 《王船山學術討論集》 下册, 1965.

───, 〈魏源的變法思想和歷史進化觀點 ── 魏源史學研究之一 ── 〉, 《中國近百年學術思想論集》二編, 香港, 1971.

王家儉, 〈洪北江的憂患意識〉, 《近世中國經世思想研討會論文集》, 臺北, 1984.

王聿均, 〈徐松的經世思想〉, 《近世中國經世思想研討會論文集》, 臺北, 1984 所收.

王爾敏, 〈十九世紀中國士大夫對中西關係之理解及衍生之新觀念〉, 《中國近代思想史論》, 臺北, 1982 3版.

劉廣京, 〈魏源之哲學與經世思想〉, 《近世中國經世思想研討會論文集》, 臺北, 1984.

李國祁, 〈由左宗棠的事功論其經世思想〉, 《近世中國經世思想研討會論文集》, 臺北, 1984.

李漢秋, 〈吳敬梓與魏晋風度〉, 《儒林外史研究論文集》, 合肥, 1982.

湯志鈞,〈清代經今文學的復興〉,《中國史研究》, 北京, 1980. 2.

馮友蘭,〈魏源底思想〉,《中國近三百年學術思想論集》二編, 香港, 1971.

韓進廉,〈略談紅樓夢的民主思想與佛學觀念的關係〉,《紅樓夢研究集刊》, 제 3 집, 1980. 6.

許鉸輝,〈黃宗羲〉,《中國歷代思想家》7册, 臺北, 1968 再版.

胡思庸,〈論林則徐的思想〉,《中國近三百年學術思想論集》四編, 香港, 1973.

――――,〈龔自珍思想論略〉,《河南師大學報》, 第 4 期, 1981.

華山・王廣唐,〈論顧炎武思想〉上・下,《中國近三百年學術思想論集》三編, 香港, 1972.

岡本さえ,〈清代禁書―― その著者たちの思考――〉上,《東洋文化研究紀要》73册, 1977.

宮崎市定,〈明清蘇松地方の士大夫と民衆―― 明代史素描の試み――〉,《アジア史研究》제 4 권, 同朋舍, 1975.

大谷敏夫,〈清末史地學研究の背景―― 李兆洛の學との關連において――〉,《人文科學論集》, 鹿兒島大, 17, 1982.

――――,〈揚州-常州學術考―― その社會的關連――〉, 小野和子 編,《明清時代の政治と社會》, 京都大學 人文科學研究所, 1983.

――――,〈清末湖南官僚形成過程について―― 經世思想及び政策との關連において――〉,《東洋史研究》44-2, 1985. 9.

島田虔次,〈章學誠の位置〉,《東方學報》41, 東京, 1970. 3.

小島祐馬,〈李卓吾と六經皆史〉,《支那學》12-5, 1947.

小野和子,〈清初の思想統制をめぐって〉,《東洋史研究》18-3, 1959. 12.

――――,〈清初の講經會について〉,《東方學報》36, 1964. 10.

田中正美,〈アヘン戰爭時期における抵抗派の成立過程―― アヘン對策をめぐって――〉,《東アジア近代史の研究》, 東京, 1967.

竹內照夫,〈清代公羊學の形成に就て〉,《中國文學月報》90, 1942.

Bartlett Thomas, "Ch'ing Period Views of Ku Yen-wu's Statecraft Scholarship", 위《近世中國經世思想研討會論文集》, 臺北, 1984.

Chang, Chung-ying, "Practical Learning in Yen Yüan, Chu Hsi and Wang Yang-ming", in Wm. Theodore De Bary and Irene Bloom eds.; *Principle and Practicality―― Essays in Neo―Confucianism and Practical Learning*, New York, Columbia Univ. Press, 1979.

Elman, Benjamin A., "The Unravelling of Neo―Confucianism: From Philosophy to Philology in Late Imperial China",《清華學報》新 15 卷, 12期 合刊, 1983, 12.

――――, "The Ch'ang-chou New Text School: Preliminary Reflections", 위《近世中國經世思想研討會論文集》, 臺北, 1984. 4.

――――, "Criticism as Philosophy: Conceptual Change in Ch'ing Dinasty Evidential

Research", 《清華學報》 新 17 卷, 1·2 期 台刊, 1985. 12.

────────, "Scholarship and Politics : Chuang Ts'un-yü and the Rise of the Ch'ang-chou New Text School in Late Imperial China", in *Late Imperial China*, Vol. 7, No. 1, 1986. 6.

Chang, Hao, "On the Ching-shih Ideal in Neo—Confucianism", *Ch'ing-shih Wen-ti*, Vol. 3. No. 1, 1974. 11.

Jones, Susan mann, "Scholarticism and Politics in Late Eighteenth Century China", *Ch'ing-shih Wen-ti,* Vol. 3, No. 4, 1975. 12.

Leonard, Jane Kate, "Protest and the Ch'ing Intellectual", *Ch'ing-shih Wen-t'i*, Vol. 3, No. 4, 1975. 12.

Nivison, David S., "Ho-shen and His Accusers", in David S. Nivison & Arthur F. Wright, eds., *Confucianism in Action*, Stanford Univ. Press, 1959.

────────, "Knowledge and Action in Chinese Thought Since Wang Yang-ming", in Arthur F. Wright, *Studies in Chinese Thought,* Chicago, 1967.

Struve, Lynn A., "The Hsü Brothers and Semiofficial Patronage of Scholars in the K'ang-hsi Period", *Harvard Journal of Asiatic Studies*, Vol. 42-1, 1982.

Whitbeck, Judith, "From K'ao-cheng to Ching-shih: Kung Tzu-chen and the Redirection of Literati Commitment in Early Nineteenth Century China", 《近世中國經世思想研討會論文集》, 臺北, 1984.

찾 아 보 기

遊牧社會의 構造

하자노프 지음 김호동 엮음
신국판 / 484쪽

이 책은 지구상에 존재했던 유목민에 대해서 거의 망라적으로 다루고 있어 인류학적인 현지조사의 편협성을 보이지 않으면서도 인류가 남긴 풍부한 고고자료와 문헌자료를 종횡으로 구사하여 역사학적인 태도도 견지하고 있다는 장점을 가지고 있다. 또한 우리로서는 접하기 힘든 러시아측의 문헌들을 넓게 참고하고 서방측 연구까지 광범위하게 포괄하고 있다는 점도 이 책이 갖는 특징이다. 유목이란 무엇이고 유목민과 유목사회 그리고 유목국가란 도대체 무엇인가에 대해 잘 묘사하고 있다.

中國近世政治史研究

曺永祿 著

신국판 / 반양장 346쪽

현재 동국대학교 사학과 교수인 저자의 박사학위 논문으로서 明代 科道官의 言官的 機能에 대해 논술한 것이다. 과도관은 명대 특유의 언관으로서 그 정치적 비중이 매우 높으며, 이에 대한 종합적이고 체계적인 연구는 명대 정치사의 본질적 해명에 기여할 수 있다.

그는 누구인가
孫文評傳

시프린 지음 / 閔斗基 엮음
신국판 / 293쪽

명분과 실제, 이론과 실리의 한계를 짐작조차 못하게 하는 수수께끼 같은 혁명가. 자기의 구걸대상인 제국주의 열강으로부터는 시종 신임을 얻지 못하고 때로는 조롱당하기까지 하면서도 당시의 중국인에게는 거의 절대적인 희망이었던 손문의 착잡한 모습이 〈손문평전〉에는 거의 완벽하다 할 만치 잘 묘사 되어 있다. 손문의 활동을 정치사적으로만 조명하는 것이 아니라 개인으로서의 성격적 약점까지도 부각시켜 한 혁명가의 전체상을 그리고 있기 때문이다.

中國大同思想研究

陳正炎·林其錟 지음 / 李成圭 옮김
신국판 / 반양장 404쪽

각종 유형과 형식을 망라하여 前近代중국의 대동사상을 종합 정리하여 분석한 최초의 책이며, 중국의 이상사회, 즉 유토피아의 꿈을 다룬 사상사 연구서로서 대동사상의 여러 형태를 구체적으로 분석한 각 장절에서는 그 특정한 시대적 배경과의 관계 및 사회적 연원을 주목하였다. 중국의 역대 대동사상을 주목하는 것은 지난번 민주화 요구를 탄압하고 사회주의 실험을 선언한 중국이 과연 중국적 사회주의를 건설할 수 있을 것인가를 다소나마 예측하는 데 기여할 수 있을 것이다.